호모레퍼런스

호모레퍼런스

인류사의 한가운데, 참조에서 창조로 이어지는 여정

초 판 1쇄 2025년 07월 21일

지은이 김문식
펴낸이 류종렬

펴낸곳 미다스북스
본부장 임종익
편집장 이다경, 김가영
디자인 윤가희, 임인영
책임진행 이예나, 김요섭, 안채원, 김은진

등록 2001년 3월 21일 제2001-000040호
주소 서울시 마포구 양화로 133 서교타워 711호
전화 02) 322-7802~3
팩스 02) 6007-1845
블로그 http://blog.naver.com/midasbooks
전자주소 midasbooks@hanmail.net
페이스북 https://www.facebook.com/midasbooks425
인스타그램 https://www.instagram.com/midasbooks

ⓒ 김문식, 미다스북스 2025, *Printed in Korea.*

ISBN 979-11-7355-314-1   03900

값 32,000원

※ 파본은 구입하신 서점에서 교환해드립니다.
※ 이 책에 실린 모든 콘텐츠는 미다스북스가 저작권자와의 계약에 따라 발행한 것이므로 인용하시거나 참고하실 경우 반드시 본사의 허락을 받으셔야 합니다.

미다스북스는 다음세대에게 필요한 지혜와 교양을 생각합니다.

인류사의 한가운데,
참조에서 창조로
이어지는 여정

호모레퍼런스
Homoreference

김문식

미다스북스

추천사

김남조
_ 한양대학교 관광학과 교수 / 전 관광학회장

이 책은 인류 문명의 거대한 흐름을 '참조'라는 새로운 시각으로 풀어내며, 관광과 문화 연구자들에게도 깊은 통찰을 제공합니다. 다양한 문명과 인간의 교류가 어떻게 혁신을 이끌었는지 생생하게 보여줍니다.

정창원
_ MBN 매일방송 기획실장 / 이사

저자는 관광학 박사로서 전 세계의 주요 현장을 직접 발로 뛰며 얻은 경험을 기초로 '참조'라는 키워드를 발견했습니다. 복잡한 인류사를 대중적 언어로 풀어내 시대를 읽는 통찰을 제공했다는 점에서 박수를 보냅니다.

임형준
_ 유엔 세계식량계획(WFP) 말라위 국가 사무소장 겸 대표

아프리카에서 여러 해 일하며 인류 문명의 뿌리와 그 흐름에 대해 자연스러운 질문을 품게 되었습니다. 『호모레퍼런스』는 인류가 어떻게 서로를 참조하며 문명을 진화시켜 왔는지를 촘촘한 논리와 통찰로 풀어낸 책입니다. 김문식 작가의 시선은 과거와 현재를 넘나들며, 우리가 누구이며 어디로 가야 하는지를 다시 생각하게 만듭니다. 인류 문명을 새로운 시선으로 보고 싶은 독자에게 권합니다.

문영명
_ 목사 / 국제어린이양육기구 컴패션 미주 대표

『호모레퍼런스』는 인류가 서로의 지식과 경험을 참조하며 성장해온 역사를 깊이 있게 조명합니다. 이 책은 집단적 지혜와 연대의 힘이 어떻게 문명을 발전시켰는지 보여주며, 나눔과 섬김의 가치를 실천하는 우리 모두에게 큰 울림과 영감을 줍니다.

구자춘
_ 성균관대학교 산업협력단 단장 / 기계공학과 교수

『호모레퍼런스』가 제시하는 '참조'의 힘에 깊이 공감합니다. 인류 문명과 기술 진보의 본질이 집단적 지식의 축적과 창조적 참조에 있음을 이 책은 탁월하게 보여줍니다.

이준모
_ 컨선월드와이드 한국 대표

인류가 시작된 아프리카에는 우분투(Ubuntu)라는 오래전부터 내려오는 말이 있습니다. 뜻은 '네가 있어야 내가 있다'라는 뜻입니다. 작가는 점점 개인적이고 분절되어 가는 사회에 인류의 본질은 『호모레퍼런스』라고 말합니다. 작가가 바라본 시각과 사회학적 분석의 결과는 서로의 지식과 경험을 참조하는 인류 사회의 공존 공식을 제시합니다. 역사의 보이지 않는 진실들을 이 책을 통해 획기적으로 드러내고 있습니다.

정경
_ EBS FM 〈정경의 클래식 클래식〉 진행자 / 바리톤

저자이신 사람 김문식은 따뜻합니다. 글은 그 사람의 성품입니다. 이 책은 인류 문명의 거대한 흐름을 음악처럼 유려하게 풀어냅니다. 과거와 현재, 미래를 잇는 인류의 창조적 참조의 힘을 감동적으로 전합니다. 결국 그의 세계는 인류 문화 세계로 향합니다.

오성익
_ 국토교통부 중앙토지수용위원회 사무국장 / 경제협력개발기구 분과 부의장 / 연세대학교 행정대학원 겸임교수

『호모레퍼런스』는 인류 발전의 본질을 집단적 지식과 참조의 힘에서 찾고 있습니다. AI 등 신기술이 이끄는 미래를 고민하는 이들에게, 지속가능한 발전의 원리를 새롭게 성찰하게 하는 귀중한 저술입니다. 온고지신의 지혜가 담긴 이 책을 추천합니다.

조상연
_ 코아미인포마마켓(주) 대표이사 / 전시전문가

수많은 전시를 기획하며 '인류는 어떻게 이토록 다양한 문명을 꽃피웠을까?' 하고 늘 궁금했습니다. 그 답을 이 책에서 찾았습니다. 인류의 문명 발전을 '참조'라는 렌즈로 새롭게 조명한 부분은 신선한 충격입니다. 혁신과 창조의 시대를 살아가는 전시 기획 전문가들에게도 분명 깊은 통찰을 선사할 것입니다.

김도정
_ 경영학 석사 / 의학 전문의

진료에서나 논문 작성에서도 출처와 레퍼런스가 필요합니다. 의학뿐 아니라 모든 분야에서 우리가 하는 일과 행동의 논리(rationale)는 먼저 살다 간 분들의 경험을 바탕으로 합니다. 바로 레퍼런스입니다. 김문식 작가님은 『호모레퍼런스』를 집필하기 위해 직접 현장을 방문하여 많은 자료와 사진을 레퍼런스로 채택하였습니다. 가까운 분들께 꼭 권하고 싶은 책입니다.

머리말: Preface

인류사는 참조의 역사다

　인류사의 시간 척도는 개인의 인지 범위를 완전히 벗어납니다. 한 인간의 생인 100년을 하루라고 가정할 때, 인류사는 60,000일에 해당하는 시간입니다. 생명체로서 인간은 600만 년에 이르는 장대한 여정에서 겨우 하루살이와 같은 찰나의 순간을 살아갑니다. 이런 한계 속에서도 감히 인류사에 대한 이야기를 시작하려 합니다.

　"오스트랄로피테쿠스 아파렌시스"라는 이름이 등장하는 순간, 많은 이들은 생각하기를 포기하기 시작합니다. "또 고리타분한 학술 용어인가", "이게 나와 무슨 상관이 있지?"라고 말입니다. 그러나 이 생소한 이름은 '남방의 유인원'이라는 단순한 의미를 담고 있을 뿐입니다. 인류사란 그런 것입니다. 근접하면 놀랍도록 단순하고 명료한데, 거리를 두면 불가해한 미지의 영역처럼 느껴집니다. 이 낯선 학명 뒤에 교과서는 갑자기 4대 문명을 등장시킵니다. 마치 그 중간 과정은 알 필요도 없다는 듯, "이제부터 생각하세요"라고 말하며 인류사를 시작합니다. 수많은 의문점 사이에서 단지 믿음으로 인류사의 거대한 공백을 채우도록 요구받았고, 결국 인류사는 이해의 대상이 아닌 단순 암기 과목으로 전락했습니다. 우리가 흔히 말하는 창조론과 진화론은 지금도 다양한 내용과 방법으로 논의되고 있습니다. 때로는 인류에 대해서 살펴볼 때 창조론은 믿음을 기반으로 하며 비과학적이라 말하기도 하고, 진화론은 과학이라는 이름 아래 그 안에서 더 자세히 고찰해 보아야 할 이야기조차도 모두 믿으라고 인류는 요구받기도 했습니다.

　돌이켜 생각해 보면, 신이 인간을 창조했다고 믿으라는 것과 인류가 직립보행을 시작한 다음 이후 과정에 대한 설명 없이 갑자기 4대 문명이라는 복잡한 문화 체계가 등장했다고 믿으라는 것 중 어느 쪽이 더 합리적인지 질문받는다면, 전자가 오히려 더 설득력 있게 들릴 수도 있다는 점이 흥미롭습니다. 오늘날 접하는 인류사는 마치 마술쇼와도 같습니다. 마술사가 빈 의자를 천으로 가리고 주문을 외우자 갑자기 아름다운 여인이 등장하는 것처럼, 수백만 년의 진화 과정이 몇 페이지로 압축되고, 갑자기 화려한 문명들이 완성된 형태로 등장합니다. 현대 사회에 사는 사람들은 인류사에 대한 설명을 의심 없이 받아들이도록 길들여져 오기도 했습니다. 인류사의 이해는 암기 시험이 아니라 인간 본질에 대한 깊은 탐구입니다.

대부분의 현대인은 서구 학자들이 정립한 역사관과 시각에 익숙해져 있습니다. 이는 그들의 연구가 잘못되었다는 의미가 아닙니다. 다만 인류 문명을 온전히 이해하기 위해서는 더 다양한 시각이 필요합니다. 유럽과 미국 중심의 역사관을 넘어, 다른 문명권의 관점에서도 인류사를 바라볼 때 더 완전한 모습을 볼 수 있을 것입니다.

280만 년 전 첫 인류 조상의 등장으로부터 위대한 여정이 시작되었습니다. 100만 년이 흘러 인류는 타제석기를 고안했고, 또 다른 100만 년 동안 이 도구만을 들고 지구를 누볐습니다. 그리고 마침내 복합무기인 돌도끼를 발명하면서 비약적인 발전의 문이 열렸습니다. 이러한 발전의 원동력은 무엇이었을까요? 바로 "참조"입니다. 인류는 서로의 지식과 경험을 공유하고 발전시키며 오늘날의 문명을 구축했습니다.

여기서 잠시, 인류 발전의 핵심에 자리한 "참조"와 "모방"의 차이에 대해 짚고 넘어가고자 합니다. 인류는 오랜 세월 서로의 행동을 관찰하고 따라 하는 "모방"을 통해 지식을 전수받아 왔습니다. 그러나 모방은 본질적으로 관찰한 대상을 그대로 반복하는 데 그치는 경우가 많습니다. 반면, 참조는 단순한 반복을 넘어, 기존의 지식과 경험을 바탕으로 새로운 해석과 개선, 창조로 나아가는 능동적이고 창의적인 행위입니다. 한 집단에서 시작된 도구의 사용법이 다른 집단에 전파될 때, 단순히 따라 하는 것을 넘어 각자의 환경과 필요에 맞게 변형하고 발전시키는 과정, 이것이 바로 참조의 힘입니다. 참조는 모방을 포함하지만, 거기서 멈추지 않습니다. 참조는 비판과 응용, 그리고 새로운 창조로 이어집니다. 인류는 모방을 통해 빠르게 지식을 확산시켰고, 참조를 통해 그 지식을 더욱 정교하게 다듬으며 문명을 발전시켜 왔습니다. 이 차이는 곧, 인류가 단순히 따라 하는 존재가 아니라, 과거를 바탕으로 미래를 창조하는 존재임을 의미합니다. 참조와 모방의 이 미묘한 차이가 바로 인류 진화의 본질이자, 우리를 '호모레퍼런스'라 부르는 이유입니다.

이 책을 집필하는 과정에서 끊임없이 자문했습니다. 한 개인으로서 이토록 광대한 인류의 역사를 어떻게 담아낼 수 있을까? 알려지지 않은 진실이 존재한다는 점은 자명합니다. 필자 역시 불완전한 존재로서 기존에 알려진 사실에 의존할 수밖에 없었습니다. 이 책에는 필자의 사유를 확장하여 기존의 사실과 배치되는 부분도 있을 것입니다. 어쩌면 과학적이지 않을 수도, 보편타당하지 않을 수도 있습니다. 그러나 인류사를 이해하는 전체적인 흐름에 대해서는 크게 빗나가지 않으리라 확신합니다.

본서는 개별 문명의 세부 사항보다는 인류 역사의 거시적 흐름을 파악하는 데 주력했습니다. 인류가 어떻게 아프리카에서 출발해 전 지구로 퍼져나갔는지, 각 대륙에서 어떻게 상호작용했는지를 이해함으로써, 분절된 지식들이 하나의 이야기로 연결되는 데 초점을 맞추었습니다. 물론 인류사를 비전공자인 필자가 담는 데는 한계가 있습니다. 반면 비전공자의 입장에서 인류사를 이해하는 과정은 독자들에게 오히려 더 친숙하게 다가갈 수 있다는 장점도 있습니다. 아나톨리아의 괴베클리 테페, 레바논 바알베크의 트릴리톤, 인도네시아 구눙 파당 유적은 4대 문명 등장 훨씬 이전에 놀라운 인류의 능력을 보여주는 증거일 가능성이 있습니다. 이들 유적이 공통적으로 시사하는 것은 고도로 조직화된 사회 없이는 불가능한 건축 기술이 이미 존재했다는 사실입니다. 누비아, 하라파, 하수나, 사마라, 우바이드, 에리두, 양사오, 홍산 등 셀 수 없이 많은 문화가 인류 이주 경로의 중요 지점마다 번성했고, 그들은 수천 년에 걸쳐 서로의 지식을 참조하고 발전시켰습니다. 메소포타미아 문명은 이러한 점진적 발전의 결과물이며, 이후 이집트 문명, 미케네 문명, 미노스 문명으로 이어져 결국 그리스 문명의 토대가 되었습니다.

이 책을 통해 필자가 전하고자 하는 핵심은 바로 이것입니다. 인류는 모두 '호모레퍼런스', 즉 '참조하는 인간'이라는 사실입니다. 인류의 진정한 힘은 개인의 천재성이 아닌 집단적 지식의 축적과 참조에 있었습니다. 그리고 이 참조의 역사는 인류가 아프리카를 떠나 전 세계로 퍼져나간 그 순간부터 시작되었습니다. 본서가 독자 여러분에게 인류사에 대해 암기가 아닌 이해의 시각을 제공하고, 기존의 인식을 조금이라도 바꾸는 데 기여할 수 있다면 수년간의 집필 노력은 충분히 가치가 있었다고 생각합니다. 부족하고 틀린 부분이 있더라도 이를 통해 더 활발한 토론과 탐구가 이어지는 것, 그것이야말로 호모레퍼런스의 정신을 실천하는 길일 것입니다.

인류는 호모레퍼런스로서의 실천을 통해 오늘날의 문명을 이루었으며, 앞으로도 절대자의 섭리 안에서 미래를 창조해 나갈 것입니다.

인류는 호모레퍼런스입니다.

> 읽기 전에

인류의 진화와 문명의 발전은 독창적 창조의 역사가 아닌, 끊임없는 참조와 모방의 과정이었다. 이 책은 1부 참조하는 인간의 탄생과 진화, 2부 문명의 기원과 확장, 3부 호모레퍼런스의 미래와 본질로 구성하였다.

1부 1장에서는 현대 인류가 직면한 기술과 지식의 폭발적 성장이 야기하는 역설적 상황을 다룬다. 인류는 과거 어느 때보다 많은 정보를 가지고 있지만, 정작 그것을 제대로 이해하고 전승하는 능력은 오히려 퇴보하고 있다.

1부 2장에서는 도구의 발명과 진화 과정을 추적한다. 250만 년 전 최초의 석기 제작에서부터, 인류는 이전 세대의 기술을 참조하고 발전시키며 진화해왔다. 이 과정에서 발달한 "창조적 참조 능력"은 인류를 특별하게 만든 핵심 요소였다.

1부 3장에서는 호모 사피엔스의 성공이 단순한 생물학적 우월성이 아닌, 문화적 학습과 사회적 네트워크의 확장에 있었음을 보여준다. DNA 분석 결과는 다른 인류 종들과의 활발한 교류와 혼혈이 있었음을 증명하며, 이는 인류가 생각했던 것보다 훨씬 더 복잡한 진화의 역사를 시사한다.

2부 4장에서는 4대 문명 이전에 존재했던 고대 문명들의 흔적을 추적한다. 튀르키예의 아나톨리아, 불가리아의 프로바디아, 인도네시아의 구눙 파당 등에서 발견되는 놀라운 기술적 성취들은 인류가 알고 있는 문명의 역사가 빙산의 일각에 불과할 수 있음을 암시한다.

2부 5장에서는 동서양 사상의 놀라운 연관성을 다룬다. 기원전 6세기에서 3세기 사이, 유라시아 대륙의 양 끝에서 유사한 철학적 통찰이 동시에 출현한 것은 우연이 아니었다. 실크로드 이전부터 존재했던 "보이지 않는 문명의 네트워크"가 이를 가능하게 했다.

3부 6장에서는 호모레퍼런스의 의미를 통해 인류가 진실을 축적함으로써 생존해왔으며, 참조가 그 진실을 지켜내고 변화시키는 가장 기본적인 도구임을 설명하며, 인류를 호모레퍼런스로 규정하였다.

이러한 증거들은 인류가 본질적으로 "참조하는 존재"임을 보여준다. 인류는 늘 이전 세대의 지혜를 참조하고 재해석하며 발전해왔다. 현대 사회의 기술적 성취 역시 수만 년 또는 수십 만 년에 걸친 이 창조적 참조의 산물이다. 이것이 바로 우리를 호모레퍼런스라 부르는 이유이다.

목 차

추천사　004
머리말　007
읽기 전에　011

1부　참조하는 인간의 탄생과 진화　017

1장　우연 없는 진화　019
2장　도구와 복합지능　057
3장　모방의 유전자　121

2부　문명의 기원과 확장　163

4장　빙하기와 최초문명　165
5장　사상의 교차로　225

3부　호모레퍼런스의 미래와 본질　391

6장　호모레퍼런스의 미래　393

> 일러두기

이 책은 인류 진화와 문명의 거대한 흐름을 다루면서, 독자가 보다 쉽게 이해할 수 있도록 다음과 같은 편집 및 집필 원칙을 적용하였습니다.

1. 용어 및 명명 방식
본문에 등장하는 인류학적 학명과 고고학 용어는 대부분 발견 지역이나 연구자 이름에서 유래한 편의적 명칭입니다. 복잡하거나 생소한 명칭 뒤에는 가능한 한 어원을 간략히 설명하여 독자의 이해를 돕고자 하였습니다. 이러한 명명은 특정 철학적 의미나 평가를 담고 있지 않음을 알려드립니다.

2. 외국어 병기 원칙
서문, 내용 요약, 목차에서는 한글 표기만 사용하였으며, 본문에서는 각 용어가 처음 등장할 때만 한글 표기 뒤 괄호 안에 외국어를 병기하였습니다. 이후에는 한글 표기만 사용하였고, 어원 설명 등 특별한 경우에만 외국어를 2회 병기하였습니다. 이 점은 독자의 혼란을 줄이고, 원문의 정확한 이해를 돕기 위함입니다.

3. 시대 구분과 인류 분류의 유동성
구석기, 신석기, 청동기 등 시대 구분과 네안데르탈인, 크로마뇽인 등 인류 분류는 학계에서 편의상 사용되는 개념으로, 실제로는 매우 유동적이고 복잡한 상호작용과 공존이 있었습니다. 따라서 이 책에서는 이러한 경계를 절대적 사실로 보지 않고, 열린 시각으로 인류 역사를 바라볼 것을 권합니다.

4. 과학적 증거와 해석의 한계
인류사 연구는 제한된 화석과 유물, DNA 분석 등의 증거에 기반하며, 새로운 발견에 따라 기존 이론이 수정될 수 있습니다. 본서의 내용도 현재까지 알려진 자료와 연구 성과를 바탕으로 하였으며, 학문적 발전에 따라 재해석될 수 있음을 밝혀둡니다.

5. 요지 파악을 위한 요약문
각 장과 꼭지의 제목 뒤에는 핵심 내용을 한두 문장으로 요약한 문구를 배치하여, 독자가 본문의 요지를 사전에 파악하고 효율적으로 독서할 수 있도록 하였습니다.

6. 참고자료 및 인용 방식
각 장 말미에 '참고'란을 두어 저자가 참고한 주요 자료와 그 내용을 간략히 소개하였으며, 본문 내 주석은 최소화하여 독자가 본문 흐름에 집중할 수 있도록 하였습니다. 필요한 경우 각주나 참고란에서 보충 설명을 제공하였습니다.

7. 사진 및 이미지 저작권
본문에 수록된 모든 사진과 이미지는 저자가 직접 촬영한 것으로, 별도의 저작권 문제가 없음을 명확히 밝힙니다. 사진 설명에는 촬영 장소와 상황을 구체적으로 기재하여 독자의 이해를 돕고자 하였습니다.

8. 독자에게 드리는 말씀
이 책은 인류 진화와 문명을 다양한 관점에서 탐구하고자 하였으며, 기존 통설과 다른 해석이나 저자의 견해가 포함되어 있을 수 있습니다. 독자 여러분께서는 열린 마음으로 다양한 가능성을 염두에 두고 읽어주시길 부탁드리며, 부족한 점이나 다른 견해가 있으시더라도 활발한 학술적 토론의 계기가 되기를 희망합니다.

Homoreference

1부
**참조하는 인간의
탄생과 진화**

**2부
문명의
기원과 확장**

**3부
호모레퍼런스의
미래와 본질**

Homoreference

우연 없는 진화　　　　　　　　　1장

1. 진보와 퇴보
2. 사고의 해방
3. 잃어버린 지혜
4. 문명의 취약성
5. 초연결의 단절
6. 대화의 위기

7. 다중적 진실
8. 거부된 진실
9. 하루살이의 우주
10. 루시의 시간
11. 걷기 혁명

1장을 시작하며

　인류의 역사는 독창적 창조가 아니라, 끊임없는 참조와 모방의 과정이었다. 기술의 발전은 인류의 삶을 극적으로 변화시켰지만, 그 복잡성과 속도는 새로운 사회적 불평등과 지식의 단절, 그리고 적응의 한계를 드러내며 진보와 퇴보가 공존하는 역설적 상황을 만들어냈다. 스마트폰과 같은 혁신적 기술은 우리의 생활 방식을 바꿨지만, 정작 그 본질을 이해하고 전승하는 능력은 오히려 퇴보하고 있다. 현대인은 방대한 정보에 노출되어 있지만, 그 의미를 제대로 소화하지 못한 채 단순한 사용자로 전락하고 있으며, 이는 사회적·경제적 불평등을 심화시키고 문명의 취약성을 드러낸다.

　이러한 현상에는 인류의 사고방식이 오랫동안 이분법적 틀에 갇혀 있었다는 점이 배경으로 작용한다. 창조론과 진화론의 대립처럼 복잡한 현실을 단순화하려는 경향이 강했으나, 진정한 발전은 기존의 틀을 넘어서는 열린 사고에서 비롯된다. 인류의 지식 체계는 언제나 불완전했고, 문자와 기록만으로는 세대 간 지식의 온전한 전승이 불가능했다. 암묵지와 같은 경험적 지혜는 쉽게 사라졌고, 현대의 기록 시스템 역시 미래 세대에 지금의 지혜를 온전히 남길 수 있을지 불확실하다. 더욱이 현대 문명은 극단적 전문화와 효율화로 인해 더욱 취약해졌으며, 알고리즘 기반의 초연결 사회는 오히려 사회적 단절과 갈등을 심화시키고 있다.

　이런 문제를 해결하기 위해서는 인류의 역사 해석이 제한된 증거와 편견에 좌우되기 쉽다는 점을 인정해야 한다. 우리가 알고 있는 것은 전체의 극히 일부에 불과하며, 다양한 해석과 가능성에 열려 있는 자세가 필요하다. 과거의 진실을 외면하면 문명의 발전은 정체되고, 잘못된 믿음은 권력과 결탁해 사회 전체를 억압할 수 있다. 진정한 발전은 불편한 진실을 직시하고 다양한 관점과 증거를 받아들이는 데서 시작된다.

인류는 하루살이처럼 찰나의 시간을 살지만, 도구와 지식의 참조를 통해 시공간의 한계를 극복해 왔다. 루시의 발견처럼, 인류의 진화는 단순한 직선이 아니라 복잡한 그물망이었고, 변화와 혁신의 가능성은 항상 열려 있었다. 직립보행의 시작은 인류 최초의 참조 행위였고, 이는 손의 해방과 도구 사용, 사회적 협력, 그리고 문화적 전승으로 이어졌다. 이 과정에서 참조와 모방은 단순한 반복이 아니라, 창조적 학습과 혁신의 동력이 되었다.

결국 인류의 진정한 힘은 집단적 지식의 축적과 참조에 있다. 우리는 과거의 경험을 참조하고, 현재의 도전을 분석하며, 미래를 위한 새로운 적응 방식을 발전시켜야 한다. 이것이 바로 '호모레퍼런스'의 본질이며, 인류가 앞으로도 진화해 나갈 수 있는 가장 큰 원동력이다.

1. 진보와 퇴보

기술의 발전은 인류의 삶을 극적으로 변화시켰다. 그러나 그 복잡성과 속도는 사회적 불평등과 지식의 단절, 그리고 적응의 한계를 드러내며, 진보와 퇴보가 공존하는 역설적 상황을 만들어내고 있다.

필자가 어렸던 1980년대 중반 정도에 있었던 일이다. 동네 시장에 보일러 가게가 있었다. 시장에서 가게를 운영하던 보일러공이 어느 날 휴대전화를 구입했다. 그때 처음 나온 휴대전화는 빨간 벽돌 한 장 크기로 지금의 기준으로 보면 말도 안 되는 무게와 크기였다. 동네 사람들은 궁금해서 모여들었고 며칠 동안 그 보일러 가게는 보일러가 아닌 휴대전화로 인해 떠들썩했다. 난방 기술자였던 그는 휴대폰 때문에 하루아침에, 동네에 유명 인사가 되었다. 그리고 얼마 지나지 않아 그는 선거 참관인이라는 전혀 예상치 못했던 새로운 사회적 역할을 부여받게 되었다. 그 보일러공은 선거 참관인을 하고 싶었으나 중학교 졸업이라는 이유로 몇 번인가 거절당한 상태였다. 단순한 통신 기기 하나가 한 인간의 사회적 지위와 영향력을 완전히 바꾸어놓은 것이다.

이 작은 사건은 기술이 어떻게 인간의 삶을 변화시키는지 보여주는 상징적인 순간이었다. 한때 1kg에 달하는 벽돌처럼 무거웠던 휴대폰이 이제는 무게가 10분의 1로 줄어 손바닥 위에 올라오게 되었다. 진화된 스마트폰은 인류의 생활 방식을 근본적으로 바꾸었고 어디까지 바꿀지 그 끝을 모른다. 이 변화는 인간이 이루어 낸 농업혁명보다도 더 극적으로 인류의 4분의 1에 해당하는 사람들의 삶의 방식을 바꾸어 놓았다. 그러나 이러한 기술 혁명의 이면에는 깊은 그림자도 존재한다. 전 세계 인구의 상당수가 여전히 디지털 혁명의 혜택을 누리지 못하고 있으며, 이는 인류의 구성원들이 어느 집단에 속했느냐에 따라 새로운 형태의 사회적 불평등을 만들어내고 있다. 현대의 기술 발전은 이전 시대와는 질적으로 완전히 다른 양상을 보인다. 인터넷, 인공지능, 로봇공학, 자율주행 시스템, 무인 기술, 원격 제어와 같은 새로운 기술들은 이전의 기술들과는 차원이 다른 복잡성과 전문성을 요구한다.

필자는 1990년 후반에 한 동료가 직접 자동차의 엔진 점화 장치를 고치는 것을 보았다. 근래 그 동료를 다시 만나 우연히 그 이야기가 나왔다. 그는 지금 나오는 자동차는 전자장치가 많아서 도저히 그때처럼 고칠 수는 없다고 말하는 것이었다. 한 세기 전만 해도 재능이 있으면 그 분야의 전문가가 아닌 평범한 일반인이라도 자동차의 작동 원리를 완전히 이해하고 수리할 수 있었다. 그러나 현대의 전기차는 수십에서 수백 개의 마이크로프로세서(microprocessor)와 수백만에서 수억 줄의 코드로 작동하며, 이는 한 명의 전문가가 완전히 이해하기 어려운 수준의 복잡성을 가지고 있다. 일반인들은 더 말할 나위가 없다. 더욱 우려되는 것은 이러한 기술적 복잡성의 증가가 단순히 기술적 영역에만 국한되지 않는다는 점이다. 이는 사회 구조의 변화, 직업의 변화, 교육 시스템의 변화, 그리고 궁극적으로는 인간의 인지 구조와 사고방식의 변화까지 만들고 있다. 이전 세대만 해도 다루어야 할 정보의 양이 많지 않았고, 이를 처리하는 데 주어진 시간도 비교적 넉넉했다. 그저 가족이나 동료, TV, 라디오, 학교 등 몇몇 채널을 통해 정보를 접한 뒤, 이에 대해 충분히 숙고할 수 있는 시간적 여유가 있었다. 지금은 어떤가! 그 채널이 몰라보게 다양해졌다. 몇 개만 존재했던 공중파는 공중파, 케이블·위성방송, 개인 미디어, 유튜브의 많은 개인 방송 등 수많은 정보 전달 채널로 분화했다. 현재는 전 세대보다 더 많은 정보에 노출되고 그 처리를 요구받고 있다. 그리고 그 정보를 처리하는 방식은 단순화되었으나 많은 시간을 몰입하게 하고, 더 빠른 속도로 새로운 기술을 알아가야 하는 상황이다. 그뿐만 아니라 이러한 상황을 이해하고 정보를 습득하면서 그것을 빠르게 익혀야 하는 시간 주기가 점점 빨라지고 있다.

인류는 스스로 만든 지식과 기술을 전달하는 수단으로 문자 체계라는 전달체계를 만들었지만, 이 문자 체계를 통한 인류의 지식 체계는 불완전했다. 인류의 문자 체계는 언제나 발달된 지식과 기술을 전달하기 위한 필요에 의해 나중에서야 만들어져 왔다. 이로 인해 온전히 지식과 기술을 전달하기에 부족한 문자 체계를 갖춰왔다. 현재도 같은 상황이 반복되고 있다. 인류는 역사상 가장 발달한 문자 체계와 기록 기술을 보유하고 있으면서도, 현대의 첨단 기술을 후세에 온전히 전달하는 것이 거의 불가능한 상황에 부닥쳐 있다. 이는 마치 중세 시대의 장인이 자신의 기술을 글로만 남겼을 때 후대가 그것을 완벽히 재현할 수 없었던 것과 비슷하다. 현대의 기술은 지나치게 복잡하고 상호 의존적이어서, 문서화된 지식만으로는 그 본질을 전달하기 어렵다. 인류는 지금 이 순간에도 이러한 한계에 직면해 있다.

농경 시대에 벼를 베는 일이나, 산업화 시기 신발 공장에서 신발을 만드는 일과 같은 기술은 약간의 시간과 노력만 들이면 습득할 수 있었고, 한 번 익힌 기술만으로도 평생 숙련공으로 살아갈 기회를 충분히 가질 수 있었다. 그러나 지금 일어나는 기술의 발달은 이런 인류의 루틴과 기억을 부정하고 있다. 현재는 어떤 한 사람이 거의 컴퓨터에 적응할 만하면 다른 컴퓨터 운영프로그램이 나온다. 그리고 거기서 그치지 않고 1년도 채 걸리지 않아 모든 것이 업데이트된다. 스마트폰에 설치하는 앱도 하루가 다르게 변하고 있다. 여기에 전자펜슬, 에어팟, 드론 등 수많은 전자기기가 용도는 물론 그 이름조차 외울 수 없을 정도로 쏟아져 나오고 있다. 사람들은 사용 설명서를 읽을 틈도 없이 그 흐름을 따라가기에 바쁘다. 새로운 것을 만들고 이러한 기술들을 진정으로 이해하고 통제할 수 있는 능력은 극소수의 전문가들에게만 국한되어 있다. 대부분의 현대인은 자신들이 매일 사용하는 기술의 작동 원리를 이해하지 못한 채, 단순한 사용자로 전락하고 있다. 1930년 케인스(John M. Keynes)는 이미 소수의 사람이 노동과 기술을 독점할 것으로 예측했고 그 시대는 이미 와 있다. 대다수 인류는 단순한 사용자일 뿐이고 기술이 고도화될수록 기술자는 점점 더 소수로 남게 된다. 이 흐름이 계속되면서 우리는 경제적 불평등은 물론 사회적 불평등까지 심화되는 시대에 살고 있다. 이는 어쩌면 인류가 끊임없이 추구해온 기술 발전과 문화 발전이 남긴 또 하나의 보이지 않는 뒷면일지도 모른다. 그럼에도 불구하고 인류는 지금까지 끊임없는 역사의 참조, 철학의 참조를 통해 발전의 길을 모색해왔다. 지금의 상황 역시 인류가 끊임없이 해왔던 과정이라고 보는 것이 더 적절할 것이다.

인류는 약 300만 년의 역사를 돌아보며, 오랫동안 지속되어 온 경제적·사회적 불균형을 해소할 수 있는 중요한 시점에 와 있다. 많은 이들이 인류가 멸종되지 않고 역사를 계속 이어나갈 것이라 믿지만, 기원전 수많은 문명이 종말을 맞이했듯이 현재의 문명도 어떤 요인에서든 종말을 겪을 가능성이 상존한다. 최선의 방책은 그러한 종말을 방지하기 위해 부단히 노력하는 것이며, 이 노력에는 반드시 불평등 해소의 여정이 포함되어야 한다. 중요한 것은 현대의 발달한 정보 전달과 가공 체계를 활용하여 이러한 도전에 진지하고 적극적으로 대응하고 준비하는 자세이다. 인류는 지금 문명사의 중대한 전환점에 서 있다. 기술의 발전이 인류의 적응 능력을 압도하는 시대가 될 것인지, 아니면 인류가 새로운 차원의 진화를 이루어낼 것인지는 전적으로 현세대의 선택과 준비에 달려 있다. 이 선택의 핵심에는 참조라는 인류의 근본적 능력이 중요한 역할을 한다. 인류는 과거의 경험을 참조하고, 현재의 도전을 분석하며, 미래를 위한 새로운 적응 방식을 발전시켜야 한다. 1970년대의 무거운 휴대폰이 오늘날의 스마트폰으로 진화했듯이, 인간의 적응 능력도 새로운 차원으로 진화할 수 있을 것이다. 이것이 바로 호모레퍼런스(Homoreference)로서 인류가 마주한 가장 큰 도전이자 기회일 것이다.

2. 사고의 해방

인간의 사고방식 중 가장 오래되고 강력한 것은 이분법적 사고다. 우리는 세상을 선과 악, 진실과 거짓처럼 둘로 나누어 이해하려는 경향이 있다. 이러한 이항 대립은 현실의 복잡성과 다양성을 제한해 더 깊은 통찰을 방해한다. 진정한 사고의 해방은 기존의 틀을 넘어, 다양한 관점과 새로운 가능성을 상상하고 탐구하는 열린 태도에서 비롯된다.

인간의 사고방식 중 가장 오래되고 강력한 것 중 하나는 이분법적 사고다. 자크 데리다(Jacques Derrida)는 이를 "이항 대립(binary opposition)"이라 부르며, 서양 철학의 근간을 이루는 사고방식이라고 지적했다. 선과 악, 빛과 어둠, 진실과 거짓처럼 세상을 둘로 나누어 이해하려는 경향은 인간의 기본적인 인지 방식이 되어왔다. 그러나 이러한 이분법적 사고는 때로 이해를 제한하고, 더 깊은 통찰을 방해하는 걸림돌이 되기도 한다.

　필자는 관광학 분야에서 연구되는 문화를 대학에서 가르쳤다. 대학원 강의를 하면서 학생의 대부분이 직장과 대학원을 병행하는 이들이었는데, 이런 바쁜 이들에게 어떤 방식으로 문화 지식을 전해줘야 접근이 편할지 고민했다. 근래 대학원 등록금은 대단히 비싸다. 최소한 이 바쁜 와중에 대학원에 다니는 사람들에게 대학원 등록금이 아깝지 않게 해야 한다고 생각했다. 그 결론은 인류사의 근본적인 흐름을 통해 문명의 본질을 함께 탐구하여 최소한 인류사가 무엇인지는 이해하는 시간을 가져야겠다는 쪽으로 방향을 잡았다. 그렇게 강의 내용을 정리하기 시작한 지 약 2년의 시간이 흘렀을 때였다. 동료 중에 늘 학문에 대해 필자와 진솔하게 토론하는 친구가 있었다. 어느 날 같이 책을 쓰자는 제안을 해왔다. 그렇지 않아도 필자는 인류 문화사를 정리하고 싶은 생각이었는데, 좋은 기회라고 생각했다. 대화를 나누던 중 그는 인문학에 기반을 둔 관광과 문화의 관계, 그중에서도 음식문화에 관한 주제에 관심을 보였다. 필자는 그보다 더 포괄적인 주제를 다루면서 인문학적 논의를 할 수 있는 책을 쓰자고 다시 의견을 내놓았고, 그 과정에서 자연스럽게 인류의 기원에 관한 이야기가 나왔다. 그 순간 처음 보는 벽에 부딪혔다. 평소 철저히 학문적 태도를 보여주던 그가 종교적 신념을 이유로 진화론에 대해 논의하는 것을 그다지 원하지 않았다. 그간 많은 대화를 나누면서 보지 못했던 모습이었다. 물론 필자는 그 부분의 관점 차이가 잘못되었다고 지적하는 것은 아니다. 아니 오히려 그 동료의 개인적인 생각에 충분히 지지를 보낸다.

　이 경험은 인류의 여러 가지 사고가 이분법적 틀에 갇혀 있는 모습을 보여주었다. 현대 사회는 표면적으로는 자유로운 사고를 표방하지만, 인류의 기원을 논하는 것과 같은 경우에는 기묘한 이분법의 감옥에 갇혀 있다. 창조론이냐 진화론이냐, 이 두 선택지 중 하나를 고르라는 암묵적 강요 속에서, 합리적 지성인이라면 당연히 진화론을 선택해야 한다는 분위기가 지배적이다. 이분법의 역사는 흥미로운 순환을 보여준다. 과거에는 정반대의 상황이 펼쳐졌다. 창조론이 절대적 진리로 군림하던 시절, 많은 과학자들은 진화라는 단어를 입에 올리지 못한 채, 시간에 따른 생물의 변화라는 완곡한 표현으로 자신의 연구를 포장해야 했다. 현재의 모습은 그때와 거울처럼 닮아 있다. 단지 창조론과 진화론의 자리가 바뀌었을 뿐이다.

누군가 인류 기원에 대한 제3의 가설을 제시하거나, 기존 이론들의 한계를 지적하면 어떻게 될까? 아마도 그는 순식간에 비합리적 인간이라는 낙인이 찍힐 것이다. 다윈 시대가 창조론이라는 철옹성으로 사고의 자유를 가두었다면, 지금 시대는 진화론이라는 새로운 성벽을 쌓아 올린 것은 아닐까? 그러나 인류 역사상 가장 혁신적인 발견들은 대부분 당대의 상식과 합리성이라는 울타리를 뛰어넘은 사람들에 의해 이루어졌다. 코페르니쿠스가 천동설이라는 상식에 도전하지 않았다면 어떻게 되었을까? 아인슈타인(Albert Einstein)이 뉴턴 물리학이라는 합리성의 한계를 넘어서지 않았다면 어떻게 되었을까? 지금 사용하는 스마트폰, 인터넷, 전기차, 인공지능 등 이 모든 혁신적 발명은 비합리적이라 치부되었던 꿈꾸는 자들의 손에서 탄생했다. 과학적 발견들이 지닌 새로운 가능성은 무궁무진하다. 현대 물리학은 한 입자가 동시에 여러 상태로 존재할 수 있다는 것을 밝혀 주었다. 양자 얽힘 현상은 일상적 논리로는 설명할 수 없는 신비한 연결을 보여준다. 이는 이분법적 사고가 얼마나 제한적인지를 단적으로 알게 해주는 예시다. 인류의 DNA 연구 결과도 비슷한 통찰을 제공한다. 일반적으로 인류를 단일한 종으로 생각하지만, 실제로 현생인류의 DNA에는 네안데르탈인(Neanderthal), 데니소바인(Denisovan) 등 다양한 인류 종의 유전자가 섞여 있다. 이는 인류의 진화가 단순한 직선적 발전이 아닌 복잡한 그물망처럼 얽힌 과정이었음을 알 수 있게 해준다.

이제 더 근본적인 질문을 던져야 한다. 왜 그토록 이분법적 사고에 집착하는가? 아마도 그것이 복잡한 현실을 단순화하여 이해하기 쉽게 만들기 때문일 것이다. 그러나 이러한 단순화는 종종 현실의 풍부함을 놓치게 만든다. 창조론과 진화론의 대립에서도, 인류 기원의 더 심오한 진실들을 놓치고 있는지도 모른다. 이처럼 사고의 해방은 기존의 틀을 부정하는 것에서 시작되는 것이 아니라 그것을 넘어서는 새로운 가능성을 상상하는 것에서 시작된다. 창조론이 제기하는 존재의 의미에 대한 질문과 진화론이 제시하는 변화의 메커니즘은 반드시 상충하는 것만은 아닐 수 있다. 어쩌면 그것들은 같은 진실의 서로 다른 측면을 보여주는 것일지도 모른다.

지금 필요한 것은 열린 사고이다. 이는 단순히 모든 것을 수용한다는 의미가 아니라 더 깊은 이해를 위해 다양한 관점을 탐구할 수 있는 용기를 의미한다. 마치 현대 물리학이 입자성과 파동성을 모두 인정하듯이, 인류의 기원을 이해하는 데 있어 더 포용적인 관점을 발전시켜야 한다. 이러한 열린 사고는 단순한 학문적 태도를 넘어, 현대 사회의 많은 문제들을 해결하는 데도 중요한 통찰을 제공할 수 있다. 기후 변화, 인공지능의 발전, 팬데믹의 위협과 같은 복잡한 문제들은 이분법적 사고로는 해결할 수 없다. 더 유연하고 창의적인 사고방식이 필요하다.

결국 진정한 사고의 해방은 얼마나 자유롭게 질문할 수 있는가에 달려 있다. 기존 답변들에 만족하지 않고, 끊임없이 새로운 가능성을 탐구하는 자세야말로 인류를 진정한 호모레퍼런스로 만드는 원동력이 될 것이다. 그리고 이러한 탐구의 여정에서, 창조론과 진화론을 넘어서는 더 깊은 진실을 발견할 수 있을지도 모른다. 단지 두 길만이 존재하지도 않고, 더 많은 선택지가 있을 것이다.

▶ 찰스 다윈 연구소(The Charles Darwin Research Station, CDRS)(사진ⓒ저자 촬영)

찰스 다윈 연구소는 갈라파고스 제도의 산타크루스 섬에 있다. 1964년 찰스 다윈 재단에 의해 설립되어 현재까지 운영되는 생물학 연구소이다. 갈라파고스 제도의 해양생태계를 보존하기 위해 연구와 프로젝트가 현재도 꾸준히 진행 중인 곳이다. 찰스 다윈의 이름과 같이 연구소 안에는 찰스 다윈이 당시에 사용했다고 하는 도구들과 연구 노트 등이 전시되어 있다. 여러 종류의 거북이들을 대상으로 산란 시기별 여러 산란장을 운영하며 보호와 연구를 지속하고 있다.

3. 잃어버린 지혜

인류는 첨단 기억 장치와 기록 기술을 갖추고 있지만, 고대 문명의 지혜와 기술을 온전히 이해하거나 전승하지 못하는 한계에 직면해 있다. 이는 암묵지의 소실과 지식 전달 체계의 부족에서 비롯된 문제다. 따라서 앞으로는 과거의 지혜를 겸손하게 참조하고 효과적으로 전승하는 새로운 시스템을 마련하는 것이 인류 문명의 지속과 미래 세대를 위한 중요한 과제로 남아 있다.

어린 시절, 어른들이 모든 것을 알고 있다고 믿었다. 그것은 아이들만의 순진한 착각이었다. 성인이 되어 깨닫게 된 것은 가장 박식한 어른들조차 끝없는 망각의 그림자와 싸우고 있다는 사실이다. 때로는 기억이 왜곡되어 있거나, 어떤 경험들은 아예 접하지 못했기에 그저 알지 못하는 영역으로 남아 있다. 이러한 개인 차원의 망각은 놀랍게도 인류 전체의 모습과 닮아 있다. 첨단 기억 장치와 집단지성, 해석학과 명제학 같은 현대의 발달한 도구들을 가지고 있음에도, 인류는 여전히 수많은 공백 지대와 마주하고 있다. 이 상황은 나이가 들수록 더욱 선명하게 다가온다. 인류가 가진 지식의 바다 너머에는 훨씬 더 광대한 미지의 영역이 펼쳐져 있는 것이다.

실제로 인류는 마야의 12각 돌을 어떤 기술로 만들었는지, 피라미드를 어떻게 쌓았는지, 모아이 석상이 왜 그렇게 큰 규모로 거기에 서 있는지, 진시황의 무덤 안이 어떻게 생겼는지 등의 단순한 의문점조차 해결하지 못하고 있다. 이러한 집단적 망각은 단순한 시간의 흐름 탓만은 아닐 것이다. 그것은 인류의 지식 전승 체계가 가진 근본적인 한계를 보여주는 것인지도 모른다. 여기에 튀르키예의 괴베클리 테페(Göbekli Tepe), 카라한 테페(Karahan Tepe) 같은 더 오래된 고대 유적지가 발견되면서, 집단적 무지는 더욱 깊어만 간다. 대부분의 사람은 이를 너무 오래된 일이라며 쉽게 치부한다. 현대 문명의 찬란한 성취에 도취한 인류는 과거의 수수께끼들을 그저 먼 이야기처럼 여길 뿐이다. 페루 쿠스코 근처의 12각 돌은 오늘날 최첨단 기술로도 재현하기 어려운 정교함을 자랑한다. 각 돌은 완벽하게 맞물려 천 년이 넘는 세월 동안 지진에도 미동조차 하지 않았다. 이집트의 피라미드는 현대 건축학의 관점에서 보더라도 경이로울 정도의 정밀함과 규모로 보는 이들을 놀라게 한다. 이스터섬(Easter Island)의 모아이 석상들(moais)은 그들의 크기만큼이나 거대한 의문을 남기고 있으며, 진시황의 무덤은 그 내부에 어떤 비밀을 간직하고 있는지 아직도 밝혀내지 못하고 있다.

이 미해결의 수수께끼들 앞에서 인류는 너무나 쉽게 문자가 없어서 또는 기록이 충분하지 않아서라는 변명을 내세운다. 그러나 이는 무지를 포장하는 피상적인 설명에 불과하다. 당시의 문자 체계가 현재보다 덜 발달했다는 것은 사실이지만, 그들은 분명 이 거대한 프로젝트들을 실현할 수 있을 만큼 충분히 발달한 기술과 지식 체계를 가지고 있었다. 더욱 우려되는 것은 이와 같은 지식 단절 현상이 현대에도 다른 형태로 반복되고 있다는 점이다. 오늘날 인류는 그 어느 때보다 발달한 문자 체계와 기록 기술을 보유하고 있다. 모든 기술적 진보는 상세한 문서로 기록되고 있다. 그러나 이 기술 문서들은 해당 분야의 전문가가 아닌 이상 이해하기 어려운 암호와 다름없다. 문자라는 도구가 지적 유산을 전달하는 가장 효과적인 수단임은 분명하지만, 그것만으로는 충분하지 않다는 것이 점점 더 분명해지고 있다.

현대의 기술이 갈수록 복잡해지고 전문화되면서, 지식 전달 문제는 더욱 심각해지고 있다. 한 분야의 전문가조차 다른 분야의 기술을 이해하기 어려운 상황에서, 과연 후대에 현재의 기술과 지식을 온전히 전달할 수 있을까? 이는 마야의 12각 돌이나 피라미드 건설 기술이 후대에 전달되지 못한 것과 본질적으로 동일한 문제일 수 있다. 그러나 더 근본적인 문제는 얼마나 많은 것을 잃어버렸는지조차 모른다는 점이다. 이는 "알 수 없는 것들의 알 수 없음"이라는 더욱 근본적인 인식론적 문제를 제기한다. 고대 문명들이 어떤 놀라운 기술들을 보유하고 있었는지, 그리고 그것 중 얼마나 많은 것들이 영원히 사라졌는지 결코 알 수 없을 것이다. 이와 같은 상황은 현대 문명에 의미 있는 교훈을 던진다. 지금 만들어내는 엄청난 양의 정보와 지식이 과연 미래 세대에게 제대로 전달될 수 있을까? 현재의 기록 시스템은 충분히 효과적인가? 아니면 아무도 모르는 사이에 중요한 지식들이 소실되고 있는 것은 아닐까? 이는 단순한 수사적 질문이 아니라 인류 문명의 연속성과 직결되는 실존적 과제다.

고대 문명의 놀라운 성취들을 완전히 이해하지 못하는 것은 단순히 시간의 간극 때문만은 아니다. 그들의 지식 체계가 현대적 이해 방식과는 근본적으로 다른 형태로 존재했을 가능성이 크다. 현대의 발달한 문자 체계가 있었다 하더라도, 그들의 기술과 방법론을 완벽하게 전달하는 것은 여전히 어려웠을 것이다. 이는 지식 전달의 본질적인 한계를 보여준다.

주목할 만한 것은 "암묵지(tacit knowledge)"의 문제다. 도제 시스템에서 스승이 제자에게 직접 전수하는 종류의 지식, 문서화하기 어려운 경험적 지혜들은 세대가 바뀌면서 쉽게 사라진다. 현대 사회에서도 이러한 암묵지의 전승은 여전히 중요한 과제로 남아 있다. 그렇다면 어떻게 해야 할까? 첫째, 현재의 지식 전달 시스템을 더욱 강화하고 개선해야 한다. 단순한 문서화를 넘어서, 실제적인 지식과 경험이 전승될 수 있는 새로운 방식을 모색해야 한다. 둘째, 과거의 지혜를 더욱 겸손하게 바라보아야 한다. 이해하지 못하는 고대의 기술들은 어쩌면 현대 문명이 잃어버린 의미 있는 통찰을 담고 있을지도 모른다. 마지막으로, "참조의 연속성"을 유지하는 것의 중요성을 인식해야 한다. 한 세대의 경험과 지혜가 다음 세대에게 온전히 전달될 수 있도록, 더 효과적인 참조 시스템을 발전시켜야 한다. 이는 단순한 기술적 과제가 아니라 인류 문명의 존속과 발전을 위한 근본적인 도전이다. 과거의 지혜를 잃어버린 것처럼, 미래 세대도 지금의 지혜를 잃어버리지 않도록 하는 것, 그것이 현대를 사는 인류의 중요한 책무일 것이다.

4. 문명의 취약성

현대 문명의 극단적 전문화와 효율화는 한 부분의 위기가 전체 시스템의 붕괴로 이어질 수 있는 위험을 키운다. 이는 첨단 기술과 경제력을 갖춘 사회일수록 더욱 취약하다는 사실을 보여준다.

가끔 미국이나 유럽에서 전쟁이나 재난 같은 사회적 위기가 발생하면, 사람들은 앞다투어 마트로 달려가 화장지를 사재기한다. 이 광경은 처음에는 이해하기 어려웠고, 다소 우스꽝스럽게까지 보였다. 세계 최강국이라 자부하는 나라들에서, 하필 화장지를 두고 이런 현상이 벌어진다는 것을 어떻게 이해해야 하느냐는 의문이 들었다. 최근 우리나라에서는 차량용 요소수 대란이 있었고, 비슷한 시기에 미국에서는 아기 분유 부족 사태가 벌어졌다. 세계 최고의 기술력과 경제력을 자랑하는 나라들에서 화장지, 요소수, 아기 분유 같은 기초적인 생필품이 부족해진다는 사실은 현대 문명의 취약성을 적나라하게 보여준다. 이 같은 현상의 근본 원인은 특정 국가나 기업에 대한 과도한 의존, 소비자들의 패닉 구매, 정부의 늑장 대응 등이 복합적으로 작용한 결과다. 그러나 더 깊이 들여다보면, 이는 현대 문명이 추구해 온 극단적 전문화와 효율화의 필연적 결과임을 알 수 있다.

인류의 기술 발전이 가져온 전문화와 세분화는 현대 문명의 취약성을 더욱 높이고 있다. 마치 정교한 시계처럼 수많은 부품들이 서로 맞물려 돌아가는 현대 문명은 어느 한 부분의 고장이 전체 시스템의 붕괴로 이어질 수 있는 위험한 상태에 놓여 있다. 이러한 취약성은 2022년 시작된 우크라이나-러시아 전쟁(Ukraine-Russia War)을 통해 적나라하게 드러났다. 냉전 종식 이후 전 세계적으로 구축된 경제 네트워크와 정교한 분업 체계는 이 전쟁으로 인해 심각한 타격을 입었다. 반도체 제조에 필수적인 네온 가스의 공급 중단이나, 자동차 와이어링 하네스(wiring harness)의 생산 차질은 전 세계 산업 생태계에 연쇄적인 혼돈을 유발했다. 우려되는 것은 이러한 위협이 전쟁에만 국한되지 않는다는 점이다. 예측 불가능한 자연재해, 사이버 공격, 전력망 붕괴, 금융 시스템의 교란 등 현대 문명을 위협할 수 있는 요인들은 실로 다양하다. 2023년 튀르키예-시리아 지진이 보여주듯, 한 지역의 재난은 글로벌 공급망 전체에 장기적인 혼란을 초래할 수 있다.

여기서 주목해야 할 것은 현대 산업의 고도화된 전문성이 이러한 위험을 더욱 증폭시킨다는 점이다. 특정 핵심 부품이나 원자재의 생산이 소수의 전문 기업이나 지역에 집중된 경우, 해당 지역의 피해는 곧바로 전 세계적인 공급망 위기로 확대될 수 있다. 대만의 TSMC가 생산하는 첨단 반도체나, 일본의 특수 화학 소재처럼, 대체가 거의 불가능한 핵심 기술과 생산 시설들이 존재한다. 현대 기술의 복잡성은 이와 같은 핵심 기술이 손실될 경우, 그 복구를 극히 어렵게 만든다. 특정 산업의 기술과 노하우가 한번 단절되면, 그것을 복원하는 데는 수년, 때로는 수십 년이 걸릴 수 있다. 일부 기술은 영원히 잃어버릴 수도 있다. 이는 마치 고대 문명의 놀라운 기술들이 사라져 버린 것처럼, 현대의 첨단 기술도 언제든 잃어버린 기술이 될 수 있다는 것을 의미한다.

이러한 상황은 중요한 질문을 던진다. 과연 현재의 기술 발전 방식은 지속가능한 것인가? 효율성과 전문성만을 추구하다가 전체 시스템의 회복력을 희생하고 있는 것은 아닌가? 인류의 문화는 오히려 단절에 대한 취약성만 점점 더 키워가고 있는 것은 아닐까? 이제는 단순한 기술의 발전을 넘어, 그것의 지속가능성과 회복력을 어떻게 확보할 것인가에 대한 진지한 고민이 필요한 시점이다. 인류가 창조한 정교한 기술문명이 동시에 만든 취약성의 그물망에서 벗어나기 위해서는 효율성과 안정성의 새로운 균형 모델을 찾아야 할 것이다.

5. 초연결의 단절

알고리즘 기반의 초연결 디지털 사회는 정보의 개인화와 효율성을 높였다. 하지만 오히려 사회 구성원들을 서로 다른 정보 생태계에 고립시키고, 세대·진영 간 단절과 갈등을 심화시키고 있다. 이는 민주주의의 대화와 타협마저 위협하는 새로운 사회적 위기를 초래하고 있다.

대부분 선진국의 사례는 디지털 시대의 역설을 가장 선명하게 제시해준다. 세계에서 가장 발달한 디지털 인프라를 보유한 현대 사회는 새로운 기술을 수용하는 데 있어 놀라운 개방성을 보여 왔다. 그러나 이러한 빠른 수용은 예기치 않은 사회적 균열을 만들어내고 있다. 알고리즘에 기반한 정보 전달 시스템은 정치적, 사회적 갈등을 이전에는 상상할 수 없었던 수준으로 증폭시키고 있다. 디지털 플랫폼의 알고리즘은 처음에는 개인화된 서비스라는 이름으로 환영받았다. 사용자의 취향과 관심사에 맞춘 정보를 선별적으로 제공함으로써, 정보 과잉 시대의 효율적인 해결책으로 여겨졌다. 그러나 이러한 맞춤형 서비스는 점차 사회 구성원들을 서로 다른 정보 생태계 속에 고립시키는 결과를 낳았다. 같은 사회에 살면서도 전혀 다른 정보 우주 속에서 생활하는 사람들이 늘어나고 있다.

알고리즘적 분리는 선진국들에서 더욱 두드러지게 나타난다. 고도로 발달한 정보 전달 체계, 세분된 직업 구조, 다원화된 가치관이 오히려 사회적 단절을 촉진하는 요인으로 작용하고 있다. 더욱 심각한 것은 이러한 정보의 격리가 상대 진영을 근본적인 위협이나 적으로 인식하게 만드는 데까지 이르렀다는 점이다. 민주주의의 기본 전제인 대화와 타협의 가능성이 사라지고, 상대방을 제거해야 할 대상으로 보는 적대적 관계가 형성되고 있다. 알고리즘의 확증 편향 강화 효과는 자기 강화적 속성을 지닌다. 개인은 자신의 기존 성향과 일치하는 정보만을 지속적으로 제공받으면서, 점점 더 강화된 편향성을 보이게 된다. 이는 마치 거대한 원심분리기가 작동하는 것처럼, 사회 구성원들을 점점 더 극단적인 방향으로 분리하고 있다. 알고리즘적 분리가 세대 간 단절을 더욱 심화시키고 있다. 새로운 세대와 기성세대는 같은 물리적 공간에 살면서도, 완전히 다른 디지털 세계를 경험하고 있다. 각자가 알고리즘화된 정보 거품 속에서, 서로의 언어와 문화를 이해하지 못하는 상황이 벌어지고 있다. 이는 단순한 세대 차이를 넘어, 문명의 단절로까지 이어질 수 있는 위험한 징후다. 이러한 알고리즘적 분리는 전 세계에서 일어나고 있는 정치적 혼란의 주요 원인 중 하나로 작용하고 있다.

이러한 현상은 민주주의의 근본적인 작동 원리 자체를 위협하며, 이는 또 다른 심각한 문제로 이어지고 있다. 민주주의는 서로 다른 의견을 가진 사람들 사이의 대화와 타협을 전제로 하는데, 알고리즘에 의한 정보 거품은 이 대화의 가능성 자체를 차단하고 있다. 각자의 확신 속에 고립된 개인들은 점점 더 극단적인 입장으로 치닫게 되며, 이는 사회적 갈등의 깊이를 더욱 심화시킨다. 젠더 갈등, 세대 갈등, 이념 갈등과 같은 사회적 균열이 알고리즘에 의해 더욱 증폭되고 있다. 각 진영은 자신의 입장을 지지하는 정보만을 선택적으로 받아들이면서, 사회적 대화의 가능성은 점점 더 희박해지고 있다. 이는 마치 서로 다른 행성에 살고 있는 것처럼, 같은 현실에 대한 완전히 다른 해석과 이야기를 만들어내고 있다.

이 위기 상황에서도 희망의 단서를 발견할 수 있다. 젊은 세대들이 보여주는 새로운 가능성이다. 이들은 디지털 기술을 태생적으로 체득하고 있으면서도, 그것의 한계와 위험성을 인식하는 균형 잡힌 시각을 발전시키고 있다. 알고리즘의 편향성을 인식하면서도, 그것을 창의적으로 활용하여 새로운 형태의 연대를 만들어내려 시도하고 있다. 이 새로운 세대는 메타버스(metaverse)와 크라우드펀딩(crowdfunding), 인공지능을 이용한 활발한 실험을 진행하고 있다. 이러한 도전들은 알고리즘적 분리를 극복하기 위한 적극적인 노력의 좋은 시작점이 되고 있다. 또한 일부 기술 기업들은 정보 편향 현상을 완화하고 다양한 관점의 정보를 제공하는 알고리즘을 개발하기 시작했다. 시민사회에서는 서로 다른 진영 간의 대화를 촉진하는 플랫폼을 만들려는 시도가 이어지고 있다. 물론 이러한 노력을 거스르는 흐름도 거센 것이 현실이다. 지금 필요한 것은 알고리즘과 함께 살아가는 새로운 지혜다. 알고리즘을 거부하거나 맹신하는 것이 아니라 그것을 비판적으로 이해하고 현명하게 활용하는 능력이 필요하다. 이는 단순한 디지털 이해력을 넘어, 알고리즘 시대의 새로운 정보 흡수 체계를 요구한다.

호모레퍼런스로서의 인류는 알고리즘이라는 새로운 참조 시스템을 어떻게 활용할 것인지 진지하게 고민해야 한다. 알고리즘은 사람들의 참조 능력을 확장할 수도, 제한할 수도 있다. 관건은 알고리즘을 어떻게 설계하고 활용하느냐에 있다. 다양성과 연결성을 촉진하는 방향으로 알고리즘을 발전시킨다면, 그것은 오히려 사회적 대화와 이해를 증진하는 도구가 될 수 있을 것이다. 인류는 지금 문명사의 중대한 전환점에 서 있다. 알고리즘이 만드는 초연결성이 역설적으로 사회적 단절을 심화시키는 이 시대에, 새로운 형태의 연결과 대화의 가능성을 모색해야 한다. 그것이 바로 디지털 시대를 살아가면서 해결해야 할 과제 중 하나이다.

6. 대화의 위기

기술 발전과 디지털화, 사회 구조의 변화는 인류에게 새로운 가능성과 편리함을 제공했다. 하지만 그 이면에는 가족과 사회의 대화 단절, 다층적 갈등, 그리고 민주주의 합의 기반의 약화라는 심각한 위기가 함께 나타나고 있다. 이를 극복하기 위해서는 세대와 집단을 아우르는 새로운 소통과 연대의 방식이 절실히 요구된다.

1984년 서울 종각의 종로서적. 그곳에서 우연히 집어 든 앨빈 토플러(Alvin Toffler)의 『제3의 물결(The Third Wave)』은 믿기 힘든 미래를 예견하고 있었다. 친구를 기다리며 무심코 펼쳐본 그 책에서, 토플러는 당시로서는 상상하기 어려운 세상을 그리고 있었다. 정보와 지식이 주요 자원이 되고, 중앙집권적 시스템이 해체되며, 개인과 지역의 자율성이 증가하고, 대량생산 체제가 맞춤형 서비스로 대체되며, 기술과 컴퓨터로 연결된 글로벌 사회가 도래하리라는 예측이었다. 심지어 핵가족의 추가 분화와 새로운 형태의 가족 출현까지 내다보았다. 당시에는 터무니없는 공상처럼 들렸다. 인터넷도, 스마트폰도, 태블릿도 없던 시절이었다. 휴대용 카세트 플레이어의 대표적인 모델 중 하나였던 마이마이를 허리에 차고 다니는 것만으로도 첨단 기술의 얼리어답터로 여겨지던 시대였다. 토플러의 예측은 놀라울 정도로 정확했다. 필자는 평생에 걸쳐 토플러가 예견한 변화들이 하나둘 현실이 되는 것을 목격하며 전율을 느꼈다. 그리고 이제 인류는 그의 예측을 넘어 한 걸음 더 나아가고 있다. 인공지능, 유튜브, 개인 미디어와 같은 새로운 기술들은 인간 사이의 직접적인 대화 자체를 불필요해지도록 만들어가고 있다.

기술의 발달이 가져온 예상하지 못한 결과는 오히려 소통의 단절이었다. 한국 사회는 1970년대만 해도 친족 중심의 공동체 문화가 강했다. 가족들은 저녁 시간이 되면 같은 TV 프로그램을 보며 대화를 나누었고, 삼시 세끼를 함께 하는 것이 자연스러웠다. 비록 핵가족화가 진행되고 있었지만, 여전히 많은 시간을 공유했고 부모와 자녀 세대와의 대화 시간은 지금보다 훨씬 많았다. 1970년대 한국 사회에는 오늘날 인도나 베트남 등 일부 아시아 국가에서 볼 수 있는 친족 중심주의가 남아 있었다. 당시에는 대부분의 가정에서 저녁 시간에 같은 공중파 방송을 시청하거나 서로 이야기를 나누는 것이 일상이었다. 한국의 농경사회처럼 삼시 세끼를 함께 하며 살아가던 대가족 중심의 생활에서 가족 구성원 수는 줄어들었지만, 그럼에도 가족 간의 시간 공유는 많았고 자녀 세대는 부모와의 대화 시간도 상대적으로 많았다. 그런 가족 구조는 현재에 이르러 혼자 사는 가정이 서울만 하더라도 2023년 통계청 기준으로 37%를 넘고 있다. 그리고 개인 스마트폰의 발달로 가족이 함께 공유하는 매체가 거의 없어지고 있는 상황이다. 가족이기는 하지만 서로 다른 관심사로 인해 대화가 실종되고 있다. 그 현상은 가족뿐 아니라 사회까지 심각하게 번지고 있다.

현대 사회의 단절과 갈등은 포스트모더니즘이라는 현상으로 포장되어 더욱 심화하고 있다. 선진국이라고 칭하는 사회일수록 젠더 갈등, 세대 갈등, 지역 갈등, 인종 갈등, 산업군 간의 갈등, 경제적 갈등, 정치적 갈등 등이 더욱 첨예화되고 있다. 이러한 상황은 첨단 기술과 높은 교육 수준을 자랑하는 사회들에서 더욱 두드러지게 나타난다. 민주사회에서 갈등은 필요한 요소이기는 하지만 그 갈등이 심화하여 대화 자체를 단절시키는 단계까지 이르게 되면 그 사회는 새로운 혁명의 기로에 놓이게 된다. 이는 마치 온도계의 수은주가 끝없이 올라가다 결국 유리관이 깨지는 것과 같은 이치이다. 갈등의 지형도는 놀라울 정도로 다층적이고 복잡하다. 젠더 갈등은 단순한 남녀 간의 대립을 넘어 정체성과 권력 구조에 대한 근본적인 질문을 제기한다. 새로운 세대와 기성세대 간의 갈등은 단순한 가치관의 차이를 넘어, 사회자원의 분배와 미래의 방향성을 둘러싼 첨예한 대립으로 발전했다. 지역 갈등은 역사적 불균형 발전의 결과물이면서 동시에 현대 사회의 새로운 균열을 반영한다.

더욱 복잡한 것은 이러한 갈등들이 서로 얽혀 있다는 점이다. 인종 갈등은 경제적 불평등과 맞물려 있고, 산업군 간의 갈등은 세대 갈등과 중첩되며, 정치적 갈등은 이 모든 요소를 증폭시키는 촉매제 역할을 한다. 이는 마치 복잡계 시스템에서 발생하는 연쇄 반응과 같아서, 하나의 갈등이 다른 갈등을 강화하는 악순환을 만들어낸다. 현대 사회의 특징은 이들 갈등이 전통적인 계급투쟁의 형태를 넘어, 훨씬 더 복잡하고 다층적인 양상을 띤다는 점이다. 디지털 기술의 발달로 인한 정보의 분절화, 알고리즘에 의한 확증 편향의 강화, 소셜미디어를 통한 극단적 의견의 증폭 등이 이 갈등을 더욱 심화시키고 있다. 우려되는 점은 이러한 상황이 제도적 해결 방식에 대한 신뢰마저 잠식하고 있다는 것이다. 민주주의의 기본 전제인 대화를 통한 합의의 가능성 자체가 의문시되는 상황이 도래했다. 선거, 법원, 언론 등 전통적인 갈등 조정 메커니즘에 대한 불신이 깊어지면서, 사회는 점점 더 위험한 방향으로 나아가고 있다.

역사는 이와 같은 대화의 단절이 항상 혁명적 변화의 전조였음을 보여준다. 프랑스 혁명, 러시아 혁명, 그리고 수많은 사회 변혁의 순간들은 모두 대화의 단절이 극에 달했을 때 발생했다. 대화가 불가능한 수준의 갈등은 언제나 혁명적 분출을 통해 해소되어 왔다. 그러나 그러한 위기 상황에도 희망은 있다. 신세대들은 그 갈등의 구조를 인식하고, 새로운 방식의 대화와 소통을 모색해나간다. 디지털 네이티브(digital native) 세대는 기술을 통한 획기적인 형태의 연대와 대화를 시도하고 있다. 중요한 것은 이러한 시도들이 실질적인 사회적 변화로 이어질 수 있도록 제도적, 문화적 지원을 제공하는 것이다.

7. 다중적 진실

인류가 알고 있는 역사는 극히 제한된 일부 증거에 불과하다. 그마저도 단일한 관점으로 해석하려는 태도는 전체 진실을 왜곡할 수 있다. 따라서 다양한 해석과 가능성에 열린 자세로 인류의 기원과 문명을 바라보는 통합적 이해가 필요하다.

인류의 역사를 100개의 연결된 고리로 생각해 보자. 확실히 알고 있는 것은 기껏해야 5개의 고리에 불과하다. 아니 그보다도 더 적을지도 모른다. 그런데 이 몇 개 안 되는 고리를 가지고 나머지 95개의 고리를 마치 다 알고 있는 것처럼 이야기한다. 이는 마치 코끼리의 발톱만 보고 전체 모습을 추측하는 것과 다름없다. 과학이라는 렌즈를 통해 개미를 코끼리로, 말을 토끼로 잘못 해석하고 있는지도 모른다. 더욱 심각한 것은 이 불완전한 5개의 고리에 대한 해석조차 단 하나의 관점으로 고정하려 한다는 점이다. 현대 과학의 성과들은 분명 경이롭다. 그러나 그것이 유일한 진실이라고 단정 짓는 순간, 또 다른 형태의 독단에 빠지게 된다. 진정한 과학적 태도란 현재 나타난 증거의 한계를 겸허히 인정하고, 다양한 해석의 가능성을 열어두는 것이어야 하지 않을까? 이러한 맥락에서 인류의 기원을 바라보는 관점도 재고할 필요가 있다. 지금까지 발견한 엄청난 수의 화석과 유물들은 거대한 시간의 강에서 건져 올린 몇 방울의 물에 불과하다. 이 희박한 증거들을 바탕으로 인류의 전체 역사를 단 하나의 이 야기로 정리하려는 시도는 너무나 성급할 수 있다.

600만 년이라는 인류 역사의 대부분을 고작 제한된 수의 화석과 단편적인 증거들을 통해서만 이해하려 하고 있다. 이는 마치 수천 페이지의 장대한 소설을 몇 장의 찢어진 조각만으로 재구성하려는 시도와 다름없다. 그런데도 이 제한된 증거들을 바탕으로 만들어진 결론들을 마치 확고한 진실인 것처럼 받아들이고 있다. 일부 고인류학자와 고고학자들은 자신의 전문 분야에서 발견된 증거들을 특정 학문적 틀 안에서만 해석하려는 경향이 있다. 각자가 자신이 발견한 부분적 진실에 집착하다 보니, 인류 역사의 완전한 모습을 파악하지 못하는 한계가 생긴다. 이처럼 단편적인 증거들을 통합적 시각에서 바라보지 않는다면, 인류 역사의 전체적인 맥락과 의미를 온전히 이해하기는 어렵다.

인류가 확보한 증거는 극히 제한적이며, 이것이 우리의 이해를 제약하는 핵심적인 요인이다. 600만 년이라는 시간 동안 존재했을 수많은 인류의 흔적 중 발견한 것은 빙산의 일각에 불과할 것이다. 최근 발견되는 증거들은 지금까지 알고 있는 것보다 훨씬 더 복잡하고 다양한 인류의 역사가 존재했음을 암시한다. 이러한 연구 중에, 데니소바인이나 플로레스인의 발견은 인류 진화의 역사가 생각했던 것보다 훨씬 더 복잡하고 다양했을 수 있다는 것을 보여준다.

문화인류학자 마빈 해리스(Marvin Harris)는 우리에게 깊은 통찰과 의미 있는 교훈을 일깨워준다. 그는 포틀래치(potlatch, 북미 원주민들의 재물 증여와 파괴 의식), 구세주 운동, 식인 왕국, 신성한 암소의 수수께끼, 중세 유럽의 대 마녀광란과 같은 독특한 문화 현상들을 연구했다. 그에 따르면 현대인의 관점에서는 도저히 이해할 수 없는, 심지어는 비합리적으로까지 보이는 그 문화적 현상들이 당시의 맥락에서는 나름의 합리성과 의미를 지니고 있었다고 한다. 해리스의 연구가 시사하는 바는 분명하다. 과거의 문화를 이해하기 위해서는 현대적 편견과 선입견을 내려놓아야 한다는 것이다. 이는 인류의 기원을 연구할 때도 마찬가지다. 지금까지 나온 몇 개의 증거들을 현대적 관점으로만 해석하려 할 때 과거의 진실을 보지 못하게 될 수 있다.

모두가 사실이라고 믿는 것이 과연 진정한 사실일까? 이는 마치 플라톤(Plato)의 동굴 비유처럼, 우리가 보는 것이 실재의 그림자에 불과할 수도 있다는 근본적인 의문을 제기한다. 인간의 인식은 본질적으로 불완전하다. 사람들은 자신의 편견, 선입견, 문화적 배경, 교육 환경 등에 의해 끊임없이 영향을 받는다. 현대 과학은 새로운 증거를 발견한다. 최근의 DNA 분석 기술은 지금까지 이해하지 못했던 인류 게놈(genome)의 특이성을 계속해서 밝혀내고 있다. 그 특이성 중 하나는 인간의 뇌 발달과 관련된 유전자들 중 상당수가 지구상의 다른 어떤 생명체에서도 발견되지 않는 독특한 패턴을 보인다는 점이다. 이는 현재까지 알려진 과학의 메커니즘만으로는 설명하기 어려운 특징을 갖고 있다.

또한 최근의 고고학적 발굴에서는 인류가 알고 있던 것보다 훨씬 더 오래된 문명의 흔적이 발견되고 있다. 튀르키예의 괴베클리 테페는 기존에 알려진 최초의 신전보다 7,000년이나 더 오래된 정교한 건축물이다. 이는 기존 문명의 연대기와 전통적 사회 구성 시스템을 완전히 다시 쓰게 만드는 발견이다. 이 새로운 발견들은 더 근본적인 질문을 던진다. "너무 좁은 시각으로 인류의 역사를 바라보고 있는 것은 아닐까?" 세상 모든 만물에 대해 창조론자들은 신의 창조로, 진화론자들은 점진적 진화로 설명하려는 동안, 정작 우리는 훨씬 더 복잡하고 흥미로운 진실을 놓치고 있을지도 모른다.

인류의 인지능력이 약 7만 년 전에 급격히 발달한 이유를 아직도 제대로 설명하지 못하고 있다. 이 시기에 무슨 일이 일어났었기에 인류는 갑자기 복잡한 언어를 사용하고, 예술 작품을 만들며, 추상적 사고가 가능해졌을까? 기존의 설명들은 이러한 급격한 변화를 충분히 설명하지 못한다. 흥미로운 것은 전 세계의 고대 문명들이 공통으로 가지고 있는 천문학적 지식이다. 그들은 어떻게 현대적인 관측 도구 없이도 우주의 주기와 행성의 운동을 정확히 이해할 수 있었을까? 마야 문명의 달력은 현대 천문학의 계산 값과 놀라울 정도로 일치하는 정확성을 보여준다. 이집트의 피라미드는 오리온자리의 별들과 정확히 일치하는 배열을 이루고 있다. 이 수수께끼들은 단순한 호기심 거리가 아니라 인류의 정체성과 미래에 대한 근본적인 질문을 제기한다. 만약 생각했던 것보다 인류의 역사가 더 복잡하고 신비한 것이라면, 현재와 미래에 대해서도 다시 생각해 봐야 하지 않을까?

인류에게 필요한 것은 보다 통합적이고 포용적인 이해 방식이다. 이는 각 해석 체계의 고유한 가치를 인정하면서도, 그것들을 더 넓은 맥락 속에서 재구성하고 해석해 나가는 과정이 될 것이다. 마치 홀로그램(hologram)의 각 조각이 전체 이미지의 정보를 담고 있듯이, 각 해석 체계는 인류 기원의 진실을 바라보는 고유한 창(窓)이 될 수 있다. 진정한 과학적 태도는 알지 못하는 것에 대한 겸손한 인정에서 시작된다. 지금까지 나온 증거들은 거대한 퍼즐의 몇 조각에 불과할 수 있으며, 그 조각들을 어떻게 해석하느냐에 따라 전혀 다른 그림이 만들어질 수 있다. 중요한 것은 어떤 하나의 해석에 집착하지 않고, 다양한 가능성에 열려 있는 자세를 유지하는 것이다.

〈참 고〉

▶ **Krause, J., Fu, Q., Good, J. M., Viola, B., Shunkov, M. V., Derevianko, A. P., & Pääbo, S. (2010). The complete mitochondrial DNA genome of an unknown hominin from southern Siberia. Nature, 464(7290), 894–897.**

시베리아 데니소바 동굴에서 발견된 뼛조각 하나가 인류사를 바꿔놓았다. 과학자들이 이 작은 조각에서 DNA를 추출해 분석한 결과, 완전히 새로운 인류를 발견한 것이다. 연구진은 먼저 이 DNA가 진짜 고대 것인지 확인해야 했다. 오래된 DNA에는 특별한 손상 흔적이 남아 있어서 이를 통해 진위를 가릴 수 있었다. 분석 결과 이 DNA는 네안데르탈인도 현생인류도 아닌, 전혀 다른 종류의 인류였다. 이 발견으로 우리는 데니소바인이라는 새로운 인류가 존재했다는 걸 알게 됐다. 고작 뼛조각 하나로 인류 가족의 새로운 구성원을 찾아낸 셈이다. 인류 진화가 생각보다 훨씬 복잡했다는 증거이기도 하다.

▶ **Brown, P., Sutikna, T., Morwood, M. J., Soejono, R. P., Jatmiko, Saptomo, E. W., & Due, R. A. (2004). A new small-bodied hominin from the Late Pleistocene of Flores, Indonesia. Nature, 431(7012), 1055–1061.**

인도네시아 플로레스 섬에서 놀라운 발견이 있었다. 키 1미터 정도의 아주 작은 인류 화석이 나온 것이다. 과학자들은 이들을 '호빗'이라고 부르기 시작했다. 이 작은 인류는 정말 특별했다. 뇌도 작고 몸집도 작았지만, 분명히 우리와 같은 인류였다. 다른 어떤 인류 종과 비교해도 이렇게 작은 건 처음이었다. 턱뼈와 이빨 모양도 독특해서 완전히 다른 진화 과정을 거쳤다는 걸 알 수 있었다. 이 발견 덕분에 인류 진화가 생각보다 훨씬 다양하고 복잡했다는 사실을 깨닫게 되었다. 우리가 아직 모르는 인류의 이야기가 더 많이 있을지도 모른다.

8. 거부된 진실

프톨레마이오스(Claudius Ptolemy)의 천동설처럼 인류는 종종 편안한 거짓을 집단적으로 받아들이고 불편한 진실을 외면해왔다. 이는 문명의 발전을 저해하고 권력의 도구로 악용되어 왔다. 따라서 진정한 발전을 위해서는 기존의 확실한 진리도 끊임없이 의심하고 다양한 관점과 새로운 증거에 열린 태도를 가져야 한다.

약 1,900년 전, 천문학자 프톨레마이오스는 우주의 중심에 지구가 있다는 주장을 수학적으로 정교하게 다듬어서 체계화하였다. 태양, 달, 행성들, 그리고 모든 별이 지구를 중심으로 돈다는 주장이었다. 당시로서는 이보다 더 명백한 진실은 없었다. 매일 태양이 동쪽에서 떠올라 서쪽으로 지는 것을 본다. 밟고 있는 땅은 끄떡없이 단단하다. 이런 일상적 경험 앞에서 지구가 우주의 중심이라는 생각은 너무나 자연스러웠다. 이런 관점만 있었던 것은 아니다. 인류는 생각보다 더 이른 시기에 진실을 알고 있었다. 프톨레마이오스보다 약 400년이나 앞선 시기에, 기원전 300년경에 그리스의 철학자 아리스타르코스(Aristarchus)가 이미 지동설을 주장했다. 지구가 태양을 중심으로 돈다는 혁명적인 발상이었다. 그런데도 이 진실은 철저히 외면당했고, 인류는 1,600년이라는 긴 세월 동안 잘못된 진리를 확실한 사실로 믿으며 살았다.

이러한 집단적 자기기만의 역사는 단순한 과학적 오류의 문제를 넘어선다. 그것은 인류가 얼마나 쉽게 편안한 거짓을 선택하는지 보여주는 상징적 사례다. '잘못된 진리를 믿어도 괜찮지 않을까?'라는 안일한 태도는, 실제로는 문명 전체의 발전을 저해하는 위험한 자세가 된다. 천동설의 지배는 단순한 천문학적 오해에 그치지 않았다. 그것은 교회의 권위와 결합하여 새로운 사고를 억압하는 도구가 되었고, 결과적으로 인류의 지적 탐구 전반에 걸림돌로 작용했다. 갈릴레오의 재판은 이러한 억압이 얼마나 폭력적일 수 있는지를 보여주는 상징적 사건이었다. 이러한 편안한 오류는 손쉽게 권력과 결탁한다. 천동설은 단순히 하나의 천문학 이론이 아니었다. 그것은 인간이 우주의 중심이라는 교만한 믿음을 정당화했고, 이는 다시 특정 집단의 권력을 강화하는 도구로 사용되었다. 잘못된 진리는 결국 권력의 도구가 되어 인류를 억압하는 기제로 작동한다.

현대 사회는 이러한 새로운 형태의 자기기만을 만들어내고 있다. 기후 변화에 대한 부정, 인공지능의 위험성에 대한 안일한 태도, 사회적 불평등을 정당화하는 그럴듯한 이론 등 이러한 현대판 천동설들은 당장은 편안할지 모르지만, 장기적으로는 심각한 대가를 치르게 될 수 있다. 디지털 시대의 알고리즘은 대부분 사람의 확증 편향을 더욱 강화하는 방향으로 작동한다. 믿고 싶은 것만을 보여주는 필터 버블은 마치 현대판 프톨레마이오스의 천구처럼, 제한된 세계관 속에 가두어버린다. 소셜 네트워크 서비스(Social Network Service, SNS)를 통해 퍼지는 허위 정보들은 과거 천동설보다 더 빠르게, 더 광범위하게 퍼질 수 있다. 역사는 이러한 진실 거부가 항상 심각한 대가를 동반했음을 보여준다. 중세 유럽이 천동설에 집착하는 동안, 다른 문명권에서는 더 정확한 천문학적 지식을 발전시켜 항해와 농업에서 우위를 점했다. 마찬가지로 현대 사회에서도, 불편한 진실을 외면하는 국가나 사회는 결국 그 대가를 치르게 될 것이다.

지금까지 당연하다고 여겨온 많은 진실이 사실은 시대적 편견에 불과할 수 있다. 현재 절대불변이라 여겨지는 경제 성장과 발전에 관한 여러 통념들은 미래 세대에게 현대판 천동설로 비춰질지도 모른다. 기후 변화나 생태계 파괴와 관련된 안일한 태도는, 미래 세대에게는 믿기 힘든 집단적 자기기만으로 평가될 수 있다. 더욱 근본적인 문제는 무엇을 모르는지조차 모르는 경우가 많다는 것이다. 럼즈펠드(Donald H. Rumsfeld)가 지적했듯이, 아는 것들과 모른다는 것을 아는 것들 외에도 모른다는 사실조차 모르는 것들이 존재한다. 이는 심리학에서 말하는 조하리 윈도우(Johari Window)의 미지 영역과도 맞닿아 있다. 조하리 윈도우는 인간 인식의 네 가지 영역을 보여주는데, 그중 가장 깊은 곳에는 나도 모르고 타인도 모르는 영역이 존재한다. 인류의 지식도 마찬가지다. 알고 있는 것들과 아직 발견하지 못한 것들을 넘어, 그 존재 자체를 상상조차 하지 못하는 영역이 있을 수 있다. 이처럼 깊은 차원의 무지를 겸허히 인정하는 것이야말로 진정한 지식의 시작일 것이다. 그렇다면 어떻게 이러한 자기기만의 덫에서 벗어날 수 있을까? 첫째, 현재의 확실한 진리를 끊임없이 의심하고 검증해야 한다. 둘째, 불편하더라도 새로운 증거와 관점을 기꺼이 받아들일 수 있는 열린 자세가 필요하다. 셋째, 집단적 사고의 한계를 인정하고, 다양한 관점과 해석의 가능성을 존중해야 한다. 현대 사회에서는 정보의 홍수 속에서 사실을 분별하는 능력이 더욱 중요해졌다. 알고리즘이 만들어내는 멍해지는 진공상태를 벗어나, 의식적으로 다른 관점과 증거들을 찾아보는 노력이 필요하다. 이는 단순한 지적 훈련이 아니라 문명의 생존과 직결되는 핵심적 과제다.

아리스타르코스에서 코페르니쿠스(Nicolaus Copernicus)까지 1,600년이 걸렸던 것처럼, 어떤 진실들은 인정받기까지 매우 긴 시간이 소요될 수도 있다. 그러나 그 진실을 거부하는 동안 치러야 할 대가는 점점 더 커질 수 있다. 현대 문명은 많은 도전에 직면해 있다. 기후 위기, 생태계 파괴, 사회적 불평등 등은 더 이상 외면하거나 부정할 수 없는 단계에 이르렀다. 필요한 것은 용기다. 불편한 진실을 직시하고, 기존의 믿음이나 이해관계를 넘어설 수 있는 용기야말로 인류가 지금까지 그래왔듯이, 새로운 도전을 극복하고 한 단계 더 진화할 수 있는 열쇠가 될 것이다.

〈참 고〉

▶ Luft, J., & Ingham, H. (1955). The Johari window, a graphic model of interpersonal awareness. Proceedings of the Western Training Laboratory in Group Development. UCLA Extension Office.

조하리 윈도우라는 흥미로운 심리학 이론이 있다. 우리가 가진 정보를 창문처럼 네 칸으로 나눠서 생각해보는 것이다. 첫 번째 칸은 '열린 창문'이다. 나도 알고 남들도 아는 것들이다. 두 번째는 '닫힌 창문'으로 나만 알고 있는 비밀스러운 부분이다. 세 번째가 재미있는데, '보이지 않는 창문'이라고 할 수 있다. 남들은 내 습관이나 특징을 보지만 정작 나는 모르는 것들 말이다. 마지막은 '미지의 창문'으로 아무도 모르는 영역이다. 이 모델을 알면 자신을 더 잘 이해하고 다른 사람들과도 더 잘 소통할 수 있다고 한다. 창문을 하나씩 열어가며 서로를 알아가는 과정인 셈이다.

▶ Verhoeven, J. D., Pendray, A. H., & Dauksch, W. E. (1998). The key role of impurities in ancient Damascus steel blades. JOM, 50(9), 58–64.

다마스커스 검의 아름다운 무늬는 어떻게 생겨났을까? 오랫동안 수수께끼였던 이 질문에 과학자들이 답을 찾았다. 연구진이 실제 다마스커스 검을 자세히 들여다본 결과, 표면의 복잡한 무늬가 내부 구조와 직접 연결되어 있다는 걸 발견했다. 철 안에 들어 있는 아주 작은 탄화물 입자들이 띠 모양으로 배열되면서 그 특유의 무늬를 만들어낸 것이다. 더 흥미로운 건 이 무늬가 우연이 아니라는 점이다. 철에 섞인 바나듐, 몰리브덴 같은 미량 원소들이 핵심 역할을 했다. 결국 다마스커스 검의 신비로운 무늬는 재료의 성분과 제작 기법이 만들어낸 과학적 결과물이었던 셈이다.

9. 하루살이의 우주

인류는 우주적 시간의 흐름에서 하루살이처럼 찰나의 존재에 불과하지만, 도구와 지식의 축적을 통해 자신의 한계를 극복해 왔다. 이는 유한성과 무지를 겸허히 인정하고 다양한 시간 척도를 고려해 미래 세대에 대한 책임과 문명의 연속성을 고민하는 태도가 호모레퍼런스의 핵심 과제임을 보여준다.

인류는 지구상에서 유일하게 복잡한 문명을 건설하고, 세대를 거쳐 지식을 축적해 온 종이다. 달에 착륙할 수 있는 우주선을 만들어내고, 원자의 구조를 해독했으며, 유전자를 조작할 수 있는 수준에 이르렀다. 그러나 이 찬란한 성취에도 불구하고, 우주적 시간의 척도에서 보면 인류의 존재는 한순간에 불과하다. 수십억 년의 지구 역사와 광활한 우주의 시간 속에서 인류는 한순간을 살다 가는 하루살이와 같은 존재이기 때문이다. 이러한 시간적 유한성은 인류의 모든 찬란한 성취에 피할 수 없는 그림자를 드리운다. 인류 역사의 시간 척도는 생각할 수 있는 인지능력을 완전히 벗어난다. 한 인간의 평생인 100년을 하루로 환산한다면, 인류 역사는 무려 60,000일에 해당한다. 600만 년에 이르는 인류의 여정에서 현대인은 반나절도 채 살지 못하는 하루살이와 같은 존재다. 이처럼 찰나의 시간을 사는 현대인이 인류사 전체를 이해한다는 것은 거의 불가능한 도전처럼 보인다. 이러한 방대한 시간의 흐름 속에서도 1987년 네이처지에 발표된 연구는 주목할 만하다. 이 연구는 5개 대륙 147명의 미토콘드리아 DNA를 분석하여, 20만 년 전 아프리카에서 현생인류가 시작되었다는 증거를 제시했으며, "미토콘드리아 이브(Mitochondrial Eve)" 가설을 제시한 획기적인 연구로 평가받는다. 이 연구에서는 모계로만 전해지는 미토콘드리아 DNA의 특성을 감안하여 돌연변이율을 계산하여 공통 조상까지의 시간을 역추적했다. 연구 결과 놀랍게도 모든 현생인류의 미토콘드리아 DNA가 약 20만 년 전 아프리카에 살았던 한 여성으로부터 유래한 것으로 밝혀졌다. 이를 통해 "아프리카 단일 기원설(Out of Africa theory)"은 강력한 지지를 받게 되었다. 물론 이 연구는 엄밀한 과학적 방법론을 적용하였으며, 합리적인 결론을 도출하고 있다.

그러나 이후 네안데르탈인, 데니소바인, 북경원인(北京猿人) 등의 발견으로 인류의 기원은 더욱 복잡한 수수께끼가 되었다. 아직 인류가 모르는 과학이 생각보다 더 많이 남아 있음이 분명하다. 늘 인류는 당대의 과학이 모든 것을 해명해 줄 수 있는 것처럼 생각하고 말해왔다. 인류가 알고 있는 것은 이 거대한 시간의 강에서 몇 방울의 물에 불과할 뿐이다. 이러한 시간적 제약과 아직 개발되지 않은 과학적 조사 방식은 역사에 대한 이해를 근본적으로 제한한다. 하루살이가 계절의 변화를 이해할 수 없듯이, 수십만 년에 걸친 진화와 변화의 과정을 온전히 파악하기는 어렵다. 그럼에도 불구하고 많은 연구자들의 끊임없는 노력으로 인류에 대해 조금이라도 설명할 수 있는 자료가 축적되어 왔다. 현대 과학기술은 이해 범위를 확장하고 있다. DNA 분석 기술은 수십만 년 전 조상들의 이야기를 들려주고, 지질학적 증거들은 수백만 년 전 지구의 모습을 보여준다. 그러나 이러한 발견들은 우리가 오히려 얼마나 많은 것을 모르고 있는지를 더욱 분명하게 깨닫게 해준다.

인류는 스스로 매우 폭넓은 사고를 하고 있다고 믿지만, 그것은 착각일지도 모른다. 현재까지 밝혀진 바에 따르면, 생물학적, 공간적, 시간적 제약이 사고의 범위를 제한할 수 있음을 인식할 필요가 있다. 인류는 기껏해야 몇 세대 정도의 시간 범위 안에서 생각하도록 진화해왔다. 그러나 문명의 중대한 변화들은 수백, 수천 세대에 걸쳐 일어났다. 기후 변화나 생태계 파괴와 같은 현대의 도전들도 이와 같은 긴 시간 척도에서 이해해야 하는 문제들이다. 그런데 놀라운 것은 인류가 생물학적 한계를 인식하고 이를 극복하기 위해 끊임없이 도구를 만들어왔다는 점이다. DNA 분석을 통해 수십만 년 전 조상들의 발자취를 추적하고, 인공위성으로 기후 변화를 관측하며, 슈퍼컴퓨터로 미래를 예측한다. 하루살이와 같은 짧은 생명을 가진 종이 만든 이 도구들은 시·공간적 한계를 뛰어넘게 해준다. 이것이야말로 호모레퍼런스가 가진 가장 특별한 능력, 즉 도구를 통해 자신의 한계를 극복하는 능력이다.

인류의 DNA 속에는 이러한 오래된 시간의 흔적들이 고스란히 남아 있다. 현대 인류의 유전자 속에는 네안데르탈인의 면역체계가, 데니소바인의 고산 적응 능력이 여전히 살아 숨 쉬고 있다. 개개인은 수십만 년에 걸친 진화의 이야기를 몸 안에 담고 있는 것이다. 그러나 이러한 유전적 기억은 인류가 가진 문화적 기억과는 다르다. 문화적 기억은 끊임없이 재해석되고 재구성된다. 각 세대는 자신의 관점에서 과거를 이해하려 하고, 이 과정에서 많은 것들이 왜곡되거나 잊힌다. 이는 마치 긴 시간의 강을 건너는 동안 일부 짐을 잃어버리는 것과 같다. 그렇다면 어떻게 이 한계를 극복할 수 있을까? 첫째, 인식적 한계를 겸손하게 인정해야 한다. 둘째, 다양한 시간 척도를 동시에 고려하는 능력을 발전시켜야 한다. 셋째, 현재의 행동이 먼 미래에 미칠 영향을 상상하고 고려하는 능력을 키워야 한다. 비록 우주의 광대한 시간에 비해 인류의 존재는 순간에 불과하지만, 바로 이 짧음이 인류에게 더 큰 책임감을 요구한다. 개개인은 비록 짧은 시간을 살지만, 그 시간 동안 인류 문명의 연속성을 유지하고 발전시켜야 할 책임이 있다. 이것이 바로 호모레퍼런스로서 짊어져야 할 숙명적 과제이다.

〈참 고〉

▶ Cann, R. L., Stoneking, M., & Wilson, A. C. (1987). Mitochondrial DNA and human evolution. Nature, 325(6099), 31–36.

놀라운 발견이 있었다. 전 세계 사람들의 미토콘드리아 DNA를 추적해보니, 우리 모두가 20만 년 전 아프리카에 살았던 한 여성의 후손이라는 것이다. 과학자들은 이 여성을 '미토콘드리아 이브'라고 부른다. 연구진이 그린 계통도를 보면 마치 거대한 가족나무 같다. 세계 곳곳에 흩어져 사는 사람들이 모두 하나의 뿌리로 연결되어 있다. 지도에는 우리 조상들이 아프리카를 떠나 지구 전체로 퍼져나간 놀라운 여행 경로가 그려져 있다. 이 연구 덕분에 인류가 어디서 왔고 어떻게 전 세계로 퍼졌는지 알 수 있게 됐다. DNA가 들려주는 인류 대이동의 이야기인 셈이다.

10. 루시의 시간

루시의 발견은 인류가 340만 년 전 이미 직립보행을 했다는 결정적 증거를 남기며, 진화가 단순한 직선이 아닌 다양한 인류 종의 공존과 복잡한 상호작용, 그리고 환경 적응의 역사임을 보여줌으로써, 인류의 변화 가능성과 유한한 존재로서의 겸손함, 그리고 혁신의 중요성을 일깨워준다.

1974년 에티오피아의 하다르(Hadar) 지역에서 일어난 한 발견은 인류의 시선을 340만 년 전으로 끌어올렸다. 미국의 인류학자 도널드 조핸슨(Donald C. Johanson)이 발견한 "오스트랄로피테쿠스 아파렌시스", 일명 "루시(Lucy)"의 등장은 인류 역사의 한 장을 극적으로 다시 써야 할 만큼 중요한 사건이었다. 발견 당시 라디오에서 비틀즈의 "Lucy in the Sky with Diamonds"가 흘러나왔고, 이 우연한 순간은 인류 최고의 조상 중 하나에게 루시라는 친숙한 이름을 선사했다.

오스트랄로피테쿠스 아파렌시스라는 이름이 등장하는 순간, 많은 사람들은 생각하기를 포기하기 시작한다. '또 고리타분한 학술 용어인가, 이게 나와 무슨 상관이 있지?'라고 말이다. 사실 이 어렵게 느껴지는 이름의 비밀은 의외로 단순하다. 오스트랄로피테쿠스는 남쪽의 유인원이라는 뜻으로, 라틴어 남쪽과 그리스어 유인원의 조합이다. 아파렌시스는 단지 이 화석이 처음 발견된 에티오피아의 아파르(Afar) 지역을 가리킬 뿐이다. 이처럼 심오한 철학이나 복잡한 의미가 담긴 것이 아니라, 대부분의 학명은 단순히 발견 지역의 이름을 붙이는 방식으로 만들어진다.

여기서 잠시 명명(命名)과 해석의 문제를 생각해 볼 필요가 있다. 명명학은 이름의 기원과 의미를 객관적으로 분석하는 데 중점을 둔다. 그러나 해석학자 리처드 팔머가 지적했듯이, 진정한 이해란 텍스트와 독자, 그리고 그들을 둘러싼 역사적, 문화적 맥락을 총체적으로 파악하는 과정이다. 루시라는 이름이 시사하는 바도 마찬가지다. 단순히 이름의 유래를 아는 것에서 그치지 않고, 그것이 인식에 미치는 영향까지 이해할 필요가 있다. 340만 년 전의 화석에 친숙한 현대의 이름을 부여함으로써, 먼 과거와 현재 사이의 심리적 거리를 좁히고 있다. 그리고 루시라는 이름도 발견 당시 비틀즈의 노래 "Lucy in the Sky with Diamonds"를 듣고 있었던 연구팀에 의해 이름 붙여졌을 뿐이다. 별다른 의미도 철학도 없다. 사람들이 기대하는 심오한 철학과 의미는 거기에 없다.

루시는 결정적인 증거를 남겼다. 그녀의 골반과 다리뼈는 분명한 직립보행의 흔적을 보여주었지만, 두개골 용량은 현대 인류의 3분의 1에 불과했다. 이는 그동안 믿어 왔던 큰 뇌를 가진 뒤에 직립보행이 시작되었다는 가설을 완전히 뒤집는 증거였다. 그러나 대부분의 현대인은 이 발견이 가진 혁명적 의미를 실감하지 못한다. 340만 년이라는 시간은 예측하여 생각할 수 있는 인지 범위를 완전히 벗어나기 때문이다. 이는 마치 망원경으로 관측한 먼 은하의 모습을 보는 것과 같다. 은하가 거기 있다는 것은 알지만, 그것이 의미하는 바를 온전히 이해하기는 어렵다. 루시의 시대와 현재 사이의 시간 간극은 너무나 거대해서, 일상적 경험으로는 파악하기 어렵다. 루시와 함께 발견된 것 중에는 집단적 보행의 흔적을 보여주는 발자국 화석이 있다. 이는 새로운 행동 방식이 개체 간에 전달되고 학습되었음을 보여준다. 현대 인류가 여러 가지 기술을 서로에게 가르치고 배우듯이, 340만 년 전 직립보행이라는 혁신적 기술을 서로 참조하고 전수했다.

루시의 발견은 또 다른 중요한 통찰을 제공한다. 그녀의 시대에 아프리카에는 다양한 인류 종들이 공존했다. 이들은 서로 다른 방식으로 환경에 적응하며 진화했고, 때로는 서로 교류하며 새로운 가능성을 만들어냈다. 이는 진화가 단순한 직선적 발전이 아니라, 복잡한 그물망처럼 얽힌 과정이었음을 보여준다. 루시가 살았던 340만 년 전의 아프리카 환경도 중요한 메시지를 전한다. 당시는 기후 변동이 심했던 시기로, 이는 인류가 얼마나 뛰어난 환경 적응력을 가졌는지를 보여준다. 변화하는 환경 속에서 새로운 생존 전략을 발전시켰고, 이는 현대 인류가 직면한 기후 위기에도 중요한 시사점을 제공한다. 루시의 화석은 우리가 얼마나 많은 것을 모르고 있는지를 보여준다. 그녀의 발견 이후에도 계속해서 새로운 인류 화석들이 발견되고 있으며, 이는 인류의 진화 과정이 생각했던 것보다 훨씬 더 복잡하다는 것을 암시한다. 지금까지 발견한 화석들은 전체 그림의 극히 일부분에 불과할 것이다. 이러한 맥락에서, 하루살이의 시각으로 340만 년의 시간을 이해하려는 노력은 인간의 유한함을 깨닫게 하며, 동시에 겸손함과 경외감을 불러일으킨다. 거대한 시간의 흐름 속에서 매우 짧은 순간을 살아가는 존재이지만, 동시에 그 시간의 의미를 이해하고 미래를 계획할 수 있는 유일한 존재이기도 하다.

　루시가 우리에게 전하는 핵심 메시지는 변화의 가능성일 것이다. 그녀의 종은 멸종했지만, 그들이 시도한 혁신은 다음 세대로 이어졌고, 결국 인류의 존재를 가능하게 했다. 이는 현대 인류에게도 의미 있는 교훈을 전달한다. 시도되는 혁신들이 비록 당장은 완벽하지 않더라도, 그것들은 미래 세대를 위한 중요한 디딤돌이 될 수 있다는 것이다. 관점을 보다 넓게 가진다면 그 길은 더욱 명확하고 빨라질 것이다. 그리고 이에 대한 무관심은 지금 인류사를 이해하지 못하는 대다수를 양산하게 된다는 사실 또한 분명하다.

〈참 고〉

▶ Chene, G., Tardieu, A-S., Trombert, B., Raia-Barjat, T., & Amouzougan, A. (2013). La parturition de Lucy, chemin vers l'extinction? [Lucy's parturition, a way towards extinction?]. Gynecologie Obstetrique & Fertilite, 41(9), 478-484.

이 연구는 320만 년 전 초기 인류인 루시의 골반 구조를 분석했다. 루시의 골반은 직립보행에 적응하면서 독특한 형태로 진화했는데, 이로 인해 출산이 매우 어려워졌다. 연구진은 루시가 출산할 때 태아가 골반을 비스듬히 통과해야 했을 것으로 추정한다고 밝혔다. 이는 직립보행의 진화가 인류에게 새로운 도전을 가져다주었음을 보여준다.

11. 걷기 혁명

직립보행의 시작은 인류에게 손의 해방과 도구 사용, 협력적 사회 구조, 문화 전승 등 신체적·인지적·사회적 혁신을 동시에 가져온 최초의 집단적 참조 행위로, 이후 인류 문명의 모든 발전의 기초가 되었다는 점에서 '걷기 혁명'이라 불린다.

한 동작의 변화가 세상을 바꾸었다. 두 발로 서서 걷기 시작한 순간, 인류는 전혀 새로운 진화의 길로 접어들었다. 직립보행의 시작은 단순한 자세 변화가 아닌, 인류 문명의 시작을 알리는 신호탄이었다. 더욱 중요한 것은 이것이 인류 최초의 의미 있는 참조 행위였다는 점이다. 직립보행이 가져온 가장 혁명적인 변화는 손의 해방이었다. 자유로워진 두 손은 도구를 만들고 사용할 수 있게 되었으며, 이는 인류에게 있어 기술 혁신의 시작점이 되었다. 더 높은 시야는 포식자를 일찍 발견할 수 있게 해주었고, 먼 거리를 효율적으로 이동할 수 있게 되었다. 그러나 이러한 신체적 변화보다 더 중요한 것은 이 혁신이 최초의 문화적 전승이 되었다는 점이다. 직립보행은 인지적 변화를 동반하였다. 시야가 넓어지면서 더 복잡한 공간 인식이 가능해졌고, 도구를 다루면서 손과 뇌의 협동 능력이 발달했다. 이는 후일 인류가 더 정교한 도구를 만들고 사용할 수 있는 신경학적 기반이 되었다. 자유로워진 손은 단순한 신체의 해방을 넘어, 뇌의 진화를 촉발한 핵심 요인이 되었다. 직립보행은 에너지 효율성 면에서도 획기적인 진보였다. 네발 보행에 비해 에너지 소비가 현저히 줄었고, 이는 더 먼 거리를 이동할 수 있게 해주었다. 이동 범위의 확대는 새로운 환경에 대한 적응력을 높였고, 결과적으로 인류가 아프리카를 벗어나 전 세계로 퍼져나갈 수 있는 기반이 되었다.

더욱 혁명적인 것은 직립보행이 가져온 사회적 변화였다. 두 손으로 먹이를 나르고 도구를 사용할 수 있게 되면서, 집단 구성원들 간의 협력이 더욱 중요해졌다. 한 개체가 먹이를 운반하는 동안 다른 개체들이 주변을 경계할 수 있었다. 이런 협력적 행동은 새로운 형태의 사회적 유대를 만들어냈다. 직립보행은 최초의 문화 전달 체계를 만들어냈다. 한 개체가 발견한 이 효율적인 이동 방식은 다른 개체들에 의해 관찰되고 모방되었다. 이는 단순한 행동의 복제를 넘어, 의도적인 학습과 전수의 시작이었다. 이러한 문화적 전승 능력은 이후 도구 제작, 불의 사용, 언어의 발달로 이어지는 인류 문명의 기초가 되었다. 이 과정에서 참조의 정교화도 이루어졌다. 처음에는 단순한 모방에 불과했던 것이, 점차 의도적인 교육과 학습으로 발전했다. 부모는 자녀에게, 숙련자는 초보자에게 더 효율적인 걷기 방식을 가르치기 시작했다. 이는 인류 최초의 체계적인 지식 전수 시스템의 시작이었다.

직립보행의 시작은 또한 인류의 첫 번째 집단적 혁신이었다. 이는 개인의 우연한 발견이 집단의 지혜로 발전하는 과정을 보여준다. 더 효율적인 보행 방식이 발견되면, 그것은 곧 집단 전체의 자산이 되었다. 이러한 집단적 학습과 혁신 능력은 이후 인류 문명 발전의 핵심 동력이 되었다. 직립보행은 부가적으로 진화적 압력을 동반하였다. 두 발로 걷는 것은 골반의 구조를 변화시켰고, 이는 출산 과정을 더 어렵게 만들었다. 그 결과 더 미숙한 상태로 태어난 인류의 새끼는 더 긴 양육 기간을 필요로 하게 되었다. 이에 따라 더 복잡한 사회적 관계와 발달된 학습 능력이 요구되었다. 이러한 변화들은 서로 맞물려 상승 작용을 일으켰다. 직립보행은 도구 사용을 가능하게 했고, 도구 사용은 뇌의 발달을 촉진했으며, 뇌의 발달은 더 복잡한 사회적 관계 형성으로 이어졌다. 이는 다시 더 정교한 도구의 발명과 사용으로 이어졌다. 이러한 피드백 루프는 인류 진화의 독특한 경로를 만들어냈다.

이 최초의 혁신이 현대 문명에 주는 함의를 생각해볼 필요가 있다. 직립보행이 보여준 참조를 통한 진화의 모델은 현대 사회에서도 여전히 유효하다. 인류는 여전히 이전 세대의 지식과 경험을 참조하며 발전하고 있으며, 이는 인공지능 시대에도 변함없는 인류의 핵심 능력일 것이다.

〈참 고〉

▶ White, T. D., Asfaw, B., Beyene, Y., Haile-Selassie, Y., Lovejoy, C. O., Suwa, G., & WoldeGabriel, G. (2009). Ardipithecus ramidus and the paleobiology of early hominids. Science, 326(5949), 75-86.

440만 년 전 아르디피테쿠스 라미두스(Ardipithecus ramidus)라는 우리 조상이 살았다. 이들은 참 독특했다. 나무 위에서도 능숙하게 움직이면서 동시에 땅에서는 두 발로 걸을 수 있었다. 루시로 유명한 오스트랄로피테쿠스보다도 더 원시적이었지만, 이미 인간 쪽으로 진화하기 시작한 모습을 보여줬다. 숲에서 살면서 나무 열매를 따 먹었고, 뇌 크기나 이빨 모양도 유인원과는 달랐다. 이 발견 덕분에 우리 조상들이 어떻게 천천히 직립보행을 배우고 환경에 적응해갔는지 알 수 있게 됐다. 인간이 되어가는 과정의 초기 모습을 보여주는 귀중한 증거인 셈이다.

< 참고 문헌 >

<국내 문헌>
1. 리처드 도킨스 (1993). 『이기적 유전자』. 을유문화사.
2. 리차드 팔머 (1988). 『해석학이란 무엇인가』. 문예출판사.
3. 마빈 해리스 (1992). 『문화의 수수께끼』. 한길사.
4. 마빈 해리스 (2000). 『음식 문화의 수수께끼』. 한길사.
5. 마빈 해리스 (2000). 『식인의 제왕』. 한길사.
6. 제러미 리프킨 (2005). 『노동의 종말』. 민음사.
7. 제러미 리프킨 (2020). 『소유의 종말』. 민음사.
8. 찰스 다윈 (2019). 『종의 기원』. 사이언스 북스.
9. 최재천 (2023). 『다윈의 사도들』. 사이언스 북스.

<국외 문헌>
1. Brown, P., Sutikna, T., Morwood, M. J., Soejono, R. P., Jatmiko, Saptomo, E. W., & Due, R. A. (2004). A new small-bodied hominin from the Late Pleistocene of Flores, Indonesia. Nature, 431(7012), 1055-1061.
2. Cann, R. L., Stoneking, M., & Wilson, A. C. (1987). Mitochondrial DNA and human evolution. Nature, 325(6099), 31-36.
3. Chene, G., Tardieu, A-S., Trombert, B., Raia-Barjat, T., & Amouzougan, A. (2013). La parturition de Lucy, chemin vers l'extinction? [Lucy's parturition, a way towards extinction?]. Gynecologie Obstetrique & Fertilite, 41(9), 478-484.
4. Krause, J., Fu, Q., Good, J. M., Viola, B., Shunkov, M. V., Derevianko, A. P., & Pääbo, S. (2010). The complete mitochondrial DNA genome of an unknown hominin from southern Siberia. Nature, 464(7290), 894-897.
5. Luft, J., & Ingham, H. (1955). The Johari window, a graphic model of interpersonal awareness. Proceedings of the Western Training Laboratory in Group Development. UCLA Extension Office.

6. Verhoeven, J. D., Pendray, A. H., & Dauksch, W. E. (1998). The key role of impurities in ancient Damascus steel blades. JOM, 50(9), 58-64.

7. White, T. D., Asfaw, B., Beyene, Y., Haile-Selassie, Y., Lovejoy, C. O., Suwa, G., & WoldeGabriel, G. (2009). Ardipithecus ramidus and the paleobiology of early hominids. Science, 326(5949), 75-86.

도구와 복합지능　　2장

1. 도구의 진화
2. 우연한 발견
3. 새로운 시각
4. 다른 세상
5. 긴 유년기
6. 시간의 함정
7. 첫 무기

8. 아프리카의 수수께끼
9. 시간의 오류
10. 점의 오만
11. 경계의 허상
12. 공존의 증거
13. 구분의 감옥

2장을 시작하며

　인류의 도구 사용과 진화의 역사는 단순한 기술 발전의 이야기가 아니다. 그것은 창조적 참조 능력의 발현과 진화의 과정이기도 하다. 인류는 어느 순간부터 지구상의 다른 종들과는 구별되는 독특한 특징을 갖게 되었다. 그 시기가 정확히 언제인지는 아무도 알지 못한다. 우리는 다만 그 순간을 추정해 볼 뿐이다. 여러 가지 정황을 통해 그 시점을 가늠할 수 있지만, 도구의 발견이 그 중요한 순간 중 하나였다는 점에는 이견이 없을 것이다.

　도구의 발견은 의도적인 목적보다는 우연에 의해 이루어졌다. 초기 인류는 나무줄기, 부러진 나뭇가지, 돌멩이를 우연히 주워 던지거나 흔들었을 것이다. 그러던 중 단순도구로 인해 다른 개체가 아파하거나 도망가는 상황이 반복되면서 그 효용성을 점차 깨닫게 되었다. 이러한 단순도구를 사용한 최초의 개체는 돌멩이, 막대기 등을 휴대하고 사용했으며, 옆에 있는 동족들은 그것을 참조하여 따라 했다. 이런 과정을 통해 인류는 최초의 단순도구를 사용하기 시작했다. 자연물을 비의도적으로 집어던지거나 굴릴 때는 이것을 도구라고 하기에 완결성이 떨어진다. 우리는 여러 동영상을 통해 까마귀가 돌을 병에 넣어 물을 마시거나 원숭이가 나뭇가지를 가지고 노는 모습을 보지만, 이를 진정한 의미의 도구 사용이라고 말하지는 않는다. 어느 순간 한 인류가 같은 물건을 여러 번 의도성을 가지고 사용했을 때 비로소 인류가 도구를 사용했다고 정의할 수 있다. 그리고 공동체의 대다수 구성원이 그것을 참조하고 널리 사용하게 되면서, 인류의 혁신을 가능하게 하는 실용적이고 효과적인 도구로 자리 잡는다. 170만 년 전 호모 에렉투스가 석기에 나무를 결합하여 인류 최초의 복합도구를 만들었다는 주장이 있다. 일부 학자들은 30만 년 전이라고 주장하기도 하는데, 아직 명확한 시기를 단정 짓지는 못하고 있다. 정확한 시기는 앞으로 고고학자나 역사학자들의 더 많은 연구를 통해 밝혀질 것이다.

최초의 복합도구 이전에 인류는 돌멩이, 나뭇가지, 나무줄기 등의 단순도구를 사용했다. 이 단순도구의 발견으로 인류는 더욱 많은 동물을 사냥할 수 있게 되었다. 그리고 점차 도구들 사이에 효용성의 차이가 있음을 깨닫게 되었다. 이러한 깨달음은 일회성 도구에서 소지하고 지니는 다회성 도구로의 발전을 가능하게 했다. 바로 이 순간 도구를 만드는 기술이 접목되기 시작했다. 이는 단순도구가 일회성에서 다회성으로, 주워서 사용하는 것에서 소지하는 것으로 바뀌는 중요한 전환을 의미한다. 어느 날 한 인류가 돌멩이에 나무가 연결된 형태를 자연에서 습득하거나 스스로 나무줄기를 가공하여 돌도끼를 만들었을 가능성이 높다. 이 순간 단순도구가 복합도구로 발전했으며, 인류는 단순한 기술적 진보를 넘어 인지적 도약의 전환점을 맞이하게 되었다. 단순도구에서 복합도구로 발전시키는 행위는 현대의 관점에서 본다면 한 개인이 금속 재료로부터 자전거를 완성하는 정도의 복잡성을 띤다. 이러한 도구의 발전은 상당한 인지적 발전 없이는 거의 불가능한 과정이었다.

인류의 특이점은 놀라울 정도로 긴 유년기에 있다. 다른 동물들이 태어나자마자 걷고 뛰는 것과 달리, 인류는 10년 이상의 긴 유년기를 보낸다. 이 비효율적으로 보이는 특성이 역설적으로 인류 발전의 핵심 동력이 되었다. 긴 유년기는 학습을 위한 특별한 시간을 제공했고, 이 기간에 축적된 학습 경험은 다음 세대로 전달되었다. 각 세대는 이전 세대의 지식을 토대로 새로운 발견을 추가했다.

인류의 역사 인식은 생각보다 더 제한적이다. 기원후라고 이름 붙여진 2천 년 정도의 시간에 대해서만 문자와 구전을 통해 이해하고 있다고 착각하는 경우가 많다. 그마저도 시간이 지날수록 사실은 왜곡되고, 해석은 현대의 관점에 맞춰 재구성된다. 그런데 250만 년 전을 이해할 수 있을까? 올도완 문화(Oldowan culture)는 250만 년 전이다. 현대의 의식체계로 이해하고 설명한다는 것은 많은 제약이 따른다. 검치호랑이, 매머드(mammoth)와 함께 살아본 경험도 없고, 당시 기후는 빙하기와 간빙기가 10만 년 주기로 반복되었던 시기였다. 이러한 상황을 현대인이 완벽히 이해하는 것은 거의 불가능하다. 물론 이 글을 쓰다가도 빙하기, 간빙기라는 단어에 글을 읽다가 머리가 아득해지는 경험을 하지는 않을까 하는 우려도 있다. 그런데 한 번 정도는 이정도의 인류 역사는 짚고 넘어가야 인류에 대한 기초적인 이해가 가능하다는 생각이 지속적으로 든다. 인류에 대한 기본적인 공감이야말로 복잡한 정보의 홍수 속에서 어디로 가야 하는지를 알려주는 방향타가 될 것이다.

다시 본래의 이야기로 돌아가자. 최근의 발견들은 또 한 번 잃어버린 고리에 관해 이야기하고 있다. 2020년 앤디 헤리스(Andy Herries)와 그의 동료들이 남아프리카에서 발견한 증거들은 오스트랄로피테쿠스, 파란트로푸스(Paranthropus), 초기 호모 에렉투스가 같은 시기에 비슷한 공간에서 공존하고 있었음을 추론하게 하였다. 이는 기존 주류 진화학설에서 호모 사피엔스가 크로마뇽인(Cro-Magnon), 네안데르탈인과 경쟁하여 그들을 도태시켰을 것으로 보는 견해와는 다르다. 헤리스의 발견은 기존의 학설과 다른 증거를 제시하였다. 이는 열성 유전자가 도태된다는 기존 진화론의 설명과 배치된다. 여러 인류 종이 오랜 기간 공존했다는 사실은 단순한 경쟁 구도를 넘어선 복잡한 상호작용이 있었음을 시사한다.

인류 역사를 이해하기 위해 우리는 편의상 여러 시기로 구분했다. 이에 따라 구석기, 신석기, 청동기, 철기 시대로 범주화하여 각 시대를 구별했다. 또한 시대별로 사람들과 문화를 다르게 설명하며, 이를 바탕으로 평가 기준을 마련했다. 각 시대 사람의 모습까지도 그에 맞춰 분류하려 했다. 그 분류가 틀렸음을 증명하듯 실레시 세마우(Sileshi Semaw)는 올도완 석기와 아슐리안(Acheulean) 석기가 같은 시기에 사용되었다는 것을 발견했다. 이는 앤디 헤리스가 여러 종이 공존했음을 밝혀낸 것과 동일한 결론으로 이어진다. 이처럼 인류가 만든 시대 구분이 편의에 따라 이루어졌다는 것과 너무 먼 과거를 추론하는 데에는 열린 생각이 필요하다는 것을 알 수 있다. 휴대폰 초기 모델인 접혀지는 모토롤라를 쓰는 사람과 삼성 갤럭시, 아이폰을 쓰는 사람이 다른 시대에 사는 사람인가. 과연 휴대폰 기종으로 그 사람의 시대를 구분한다면 현대의 모든 사람이 웃을 일이다. 이처럼 우리는 인류의 긴 역사를 이해하는 데 유사한 잘못을 범하고 있는지도 모른다.

인류 역사를 바라보는 많은 추론과 견해에 대해 열린 생각을 가질 필요가 있다. 형식적인 시대 구분이나 특정한 기준에 얽매이지 않고, 보다 유연하고 포괄적인 시각으로 역사를 바라보아야 한다. 인류의 진화에는 경쟁과 도태의 과정도 존재하였으나, 다양한 종들이 융합하고 동화되며 발전해 온 복잡한 상호작용의 역사도 존재했다. 지속적인 참조를 통해 도구의 발전을 거듭하고, 발전된 도구를 긴 유년기 동안 습득하고, 그 습득된 지식을 바탕으로 공동체를 확장하는 등의 모든 과정이 결합하여 오늘날의 인류가 탄생한 것이다. 인류의 참조 능력은 시간이 지나면서 점점 증폭되었고, 그것을 통한 끊임없는 기술의 발달은 인류를 다른 아종과 비교하여 특별하게 만든 진정한 원동력이 되었다.

1. 도구의 진화

도구의 진화는 250만 년 전 올도완(Oldowan) 석기의 발명에서 시작해, 한 개체의 우연한 발견과 참조가 집단의 지식으로 축적되고 전승되며, 복합도구의 출현과 함께 인류의 창조적 참조 능력이 본격적으로 진화하여 오늘날의 문명 발전의 핵심 동력이 되었다.

직립보행이 인류의 첫 번째 신체적 혁신이었다면, 도구의 발명과 전승은 인류 최초의 창조적 참조 행위였다. 250만 년 전, 오스트랄로피테쿠스 가르히(Australopithecus garhi)가 올도완 석기를 처음 만들었을 때, 이는 단순한 도구의 발명을 넘어서는 사건이었다. 누군가가 처음으로 돌을 깨뜨려 날카로운 도구를 만들었고, 다른 이들이 그것을 보고 배우며 전승했다. 이것이 인류 역사상 최초의 의도적인 창조와 참조의 순간이었다.

필자는 동네 산책을 할 때 유치원에 입학하기 전쯤 된 아이들 몇 명이 놀이터에서 노는 모습을 보곤 한다. 한 아이가 놀이터 바닥에 나뭇가지로 어른들은 이해하지 못하는 뭔가를 그리면 옆에 아이는 그것을 따라 한다. 이 장면은 그리 평화롭게 끝나지는 않는다. 그림을 그리는 아이보다 작은 아이가 그림을 그리고 있는 아이의 나뭇가지를 빼앗으려 달려든다. 내가 보기에 그림을 그리는 아이의 나무나 주변에 나뒹구는 많은 나무는 거의 같았다. 곧이어 안 뺏기려는 아이와 뺏으려는 아이의 작은 실랑이로 그 상황은 이어진다. 그러면서 아이들의 인지능력이 길러진다. 단순도구를 사용하는 최초의 인류도 같은 상황이었을 것이다.

최초의 단순도구로 추정되는 석기는 250만 년 전 올도완으로 시작되어, 130만 년 전 아슐리안 석기, 그리고 12만 년 전 무스테리안(Mousterian)으로 구분하고 있다. 오스트랄로피테쿠스 가르히는 올도완이라는 단순도구를 사용하기 시작하면서 주식으로 육식이 가능해졌다. 올도완은 단순한 깨진 돌조각이었다. 이것을 이용하여 고기를 자르거나 뼈의 골수까지 파먹는 용도 등으로 사용했을 것으로 추정된다. 이전에는 대부분의 육식 동물이 인류보다 자연계에서 상위에 있어 육식동물이 남긴 고기 잔해, 우연히 발견한 사체, 작은 동물들을 통해 부분적인 육식을 해왔다. 올도완이라는 단순도구를 사용하면서 상황은 바뀌었다. 인류는 자연계의 생태계에서 그 전보다 높은 위치를 점하게 되었다. 이전보다 육식을 주식으로 할 수 있는 환경이 만들어졌다. 인류는 동물성인 육식을 주식으로 하면서 뇌의 크기가 커지기 시작했다. 단순도구의 사용이 뇌의 크기가 커지는 신체의 변화에까지 영향을 미치게 된 것이다.

혹시나 해서 이 점 하나 짚고 넘어가겠다. 선사시대 인류는 아무렇게나 굴러다니는 돌로 석기를 만들지 않았다. 부싯돌이라고 하면 보통 불을 붙이는 데 쓰이는 돌을 떠올리게 된다. 하지만 당시 인류가 석기의 재료로 사용했던 부싯돌은 특정한 돌의 종류로, 깨질 때 유리처럼 날카롭게 깨지는 성질을 가진 돌을 의미한다. 인류가 제작한 대부분의 도끼류 석기는 이러한 부싯돌과 같이 날카롭게 깨지는 특성을 보인 돌 종류를 주로 사용하였다. 타제석기 제작 시 아무 돌이나 단순히 깨진 돌을 사용하는 경우는 드물었다. 고인류는 어딘가 원시적이었을 것이라는 생각을 가지지 말아야 한다.

최초의 도구 제작은 제작이라기보다는 엉성한 형태로, 단순히 깨진 돌 중에서 가장 날카로운 조각을 선별하여 사용하는 정도였다. 고인류는 여러 번의 시행착오 끝에 부싯돌과 같은 종류의 돌이 더 효과적임을 점차 알아갔다. 어떤 날에는 운이 좋은 개체가 우연히 더 좋은 도구를 구하기도 했다. 부분 육식을 하던 초기 인류 집단에서는 한 개체가 우연히 옆에 있는 날카로운 돌을 골라 효과적으로 사용하는 것을 보고 다른 개체들이 이를 모방했다. 이 지점에서 올도완을 가끔 돌도끼와 혼동하는 오해가 있다. 올도완은 단순한 타제석기로, 돌 자체만을 사용했다는 점이 중요하다. 이런 경험을 통해 돌의 효능감을 느낀 집단은 점점 더 효과적인 타제석기를 찾고 활용하게 되었다. 올도완이라 불리는 타제석기 하나를 효율적으로 사용할 수 있다는 발견은 인류 역사의 중요한 변곡점이었다. 이후 초기 인류는 이 경험을 관찰하고 참조하여 점진적으로 개선해 공동체의 자산으로 발전시켰다. 인류는 최초의 올도완을 사용한 이후 약 250만 년에서 백만 년이라는 긴 시간 동안 타제석기라는 단순도구에서 벗어나지 못했다. 현대 인류가 스스로를 대단히 과학적이고 합리적이라고 평가하는 것과 대조적으로, 당시 인류는 백만 년 동안 단순한 돌멩이만을 가지고 생활했다. 단순도구인 돌멩이, 나뭇가지, 칡넝쿨들만을 백만 년 동안 사용한 것이다. 이는 웃음보다는 경이로움을 자아내는 사실이다. 기원후 역사는 겨우 2,000년에 불과하다. 그 시간도 현대인에게는 길어 보이지만, 백만 년이라는 시간은 상상 불가능한 영역이다. 인류는 이처럼 상상도 못할 만큼 긴 시간을 살아온 존재이다.

100만 년이라는 시간 동안 인류는 타제석기라는 도구에 머물러 있었다. 이 타제석기로 인해 인류는 자연계에서 상위 포식자로 자리매김했다. 전보다 많은 동물성 영양분을 공급받았고, 그 결과 뇌 용량이 지속적으로 증가하였다. 이러한 진화적 변화를 통해 인류는 단순한 돌도끼에서 시작하여 점차 복합적인 도구를 제작할 수 있는 능력을 갖추게 되었다. 약 170만 년 전, 호모 에렉투스는 중요한 혁신을 이루어냈다. 그들은 석기에 나무를 결합하여 인류 최초의 복합도구를 만들어냈다. 이는 단순한 기술적 진보를 넘어선 인지적 도약을 의미했다. 서로 다른 재료의 특성을 이해하고, 그것들을 결합하여 새로운 기능을 창출하는 능력은 이전과는 차원이 다른 창조적 사고를 필요로 했다. 이 복합도구의 발명은 인류 역사에서 참조가 빛을 발하는 혁신적인 사건이었다. 인류가 처음으로 자연에서 얻어지는 돌멩이, 나뭇가지, 나무줄기 같은 단순도구를 조합하여 전혀 새로운 인위적 도구를 창조한 순간이었다. 더욱 중요한 점은 이 혁신이 일회성에 그치지 않고 집단 내에서 참조되고 공유되며 지속적으로 사용되었다는 사실이다. 발명, 참조, 공유, 지속적 사용이라는 메커니즘이 그 집단에 자리 잡았고, 한 개체의 혁신적 발견이 전체 집단의 생존 능력을 향상시키는 새로운 패러다임으로 작동하기 시작했다.

인류는 그 전에 타제석기를 만드는 기술을 참조하여 돌도끼를 만들었고, 그 기술을 집단이 공유하고 지속적으로 사용하였다. 그렇게 약 백 만년 동안을 살았다는 것이 지금까지 밝혀낸 사실이다. 타제석기에서 돌도끼로 넘어가는 데, 백 만년이 걸렸다. 이처럼 느린 기술 진보는 현대인의 시각으로는 상상하기 어려울 만큼 긴 시간에 걸쳐 이루어진 과정이다. 돌도끼를 발명하고 인류의 도구 문화의 전승은 점차 더 복잡하고 정교한 형태로 발전했다. 세대를 거치면서 도구를 만드는 기술뿐만 아니라, 적절한 재료를 선택하는 눈썰미, 효과적인 제작 방법, 도구의 활용법까지 함께 전수되었다. 이는 인류 최초의 체계적인 기술 교육 시스템의 시작이었다.

복합도구의 발명과 그 지식의 전승은 인류를 지구 생태계의 지배적 종으로 만든 결정적 전환점이 되었다. 다른 종들이 신체적 진화를 통해 환경에 적응하는 동안, 인류는 도구라는 착탈 가능한 신체 기관을 발명함으로써 이전에는 볼 수 없었던 수준의 적응력을 갖게 되었다. 추운 기후에는 도구로 만든 옷과 거처로, 부족한 힘은 도구의 지렛대 효과로, 둔한 이빨과 발톱은 날카로운 도구로 보완할 수 있게 된 것이다. 도구 사용은 부가적으로 인지적 발달을 동반하였다. 복합도구를 만들고 사용하는 과정에서 인류의 뇌는 더 복잡한 인과관계를 이해하고, 미래를 예측하며, 추상적 개념을 다루는 능력을 발달시켰다. 이는 다시 더 정교한 도구의 발명으로 이어졌고, 도구와 뇌가 서로를 발달시키는 선순환이 시작되었다. 도구 문화가 만든 사회적 학습 시스템도 인류 발전의 핵심 동력이었다. 도구를 만드는 기술은 단순한 모방만으로는 전수되기 어려웠다. 체계적인 교육과 훈련이 필요했고, 이는 더 긴밀한 사회적 유대와 협력을 요구했다. 도구를 매개로 한 지식의 전승은 인류를 진정한 호모레퍼런스로 만들었다.

이 도구 문화의 전통은 지금도 현대 문명의 근간을 이루고 있다. 250만 년 전 올도완 석기에서 시작된 도구의 진화는 지금의 인공지능, 우주선, 전자화폐, 양자 컴퓨터로 이어지고 있다. 도구의 형태와 복잡성은 변했지만, 창조적 참조를 통한 발전이라는 기본 메커니즘은 여전히 동일하다. 현대의 기술 혁신 과정은 선사시대 도구 제작의 패턴을 놀랍도록 정확하게 반영한다. 한 발명가의 혁신적 아이디어가 다른 이들에 의해 참조되고, 개선되며, 새로운 용도로 확장되는 과정은 올도완 석기가 아슐리안 석기로, 다시 무스테리안 석기로 발전해 간 과정과 본질적으로 다르지 않다. 인류가 만든 최신 도구인 인공지능도 이러한 참조 학습의 원리를 따른다는 점이다. 기계학습 알고리즘은 주어진 데이터를 참조하여 패턴을 학습하고, 그것을 바탕으로 새로운 결과를 만들어낸다. 이는 마치 초기 인류가 선배들의 도구 제작 기술을 참조하고 학습하여 새로운 도구를 만들어낸 것과 같은 원리다.

  250만 년 전 처음으로 돌을 깨뜨려 도구를 만들고, 그 기술을 서로 참조하고 전승했던 순간은 인류 역사의 결정적 전환점이었다. 이는 단순한 도구의 발명을 넘어, 창조와 참조를 통한 지식 축적이라는 인류만의 독특한 진화 전략의 시작이었다. 한 개체의 우연한 발견이 집단의 지식이 되고, 그 지식이 다시 새로운 발견의 토대가 되는 선순환이 시작된 것이다. 올도완 석기에서 시작하여 복합도구로 이어진 기술의 진화는, 이후 인류가 이룩할 모든 기술적 혁신의 원형이 되었다. 도구를 만들고, 그것을 개선하며, 그 지식을 전승하는 과정에서 인류는 창조적 참조 능력을 발전시켰고, 이는 문명 발전의 핵심 동력이 되었다. 이제 인류는 인공지능과 같은 전례 없는 도구들을 만들어내고 있다. 그러나 이 최첨단 기술의 발전 과정에서도, 인류는 여전히 250만 년 전 첫 도구 제작자들이 보여준 것과 같은 창조적 참조의 원리를 따르고 있다. 이는 도구의 발명과 그것을 통한 참조 학습이야말로 인류 기술 문명의 본질임을 보여준다. 오스트랄로피테쿠스 가르히가 최초로 만든 올도완 석기에서 시작된 이 위대한 여정은, 지금도 계속되고 있다.

▶ 구석기 시대를 대표하는 석기인 주먹도끼(Handaxe)전시(사진©저자 촬영)
   국립춘천박물관 소장

국립춘천박물관 선사 전시관에서 촬영한 이 사진에는 구석기 시대의 대표적인 석기인 주먹도끼가 전시되어 있다. 양면을 정교하게 다듬어 만든 아몬드형 도구로, 사냥이나 동물 해체, 가죽 작업 등에 두루 사용되었다. 주먹도끼는 당시 인류가 체계적으로 도구를 제작했음을 보여주는 중요한 유물이다. 한반도를 비롯해 전 세계 구석기 유적지에서 발견되는 것을 보면, 인류 공통의 기술과 지혜가 담겨 있다고 할 수 있다. 전시된 크고 작은 주먹도끼들을 보면 수만 년 전 조상들의 기술 수준과 생활 모습을 짐작할 수 있다. 각기 다른 모양과 크기에서 그 시대 사람들의 손길과 삶의 흔적이 느껴진다.

〈참 고〉

▶ Mosquera, M., Ollé, A., Rodríguez, X. P., García-Antón, M. D., Gómez de Soler, B., Martínez, K., Morales, J. I., Lombera-Hermida, A., Saladié, P., Carbonell, E., & Bermúdez de Castro, J. M. (2015). The earliest Acheulean in Europe: Evidence from Barranc de la Boella, Spain. Quaternary International, 357, 22-43.

스페인에서 100만 년 전 돌도끼가 발견됐다. 그런데 이 돌도끼가 보통이 아니었다. 아주 정교하게 만들어져 있어서 당시 인류가 얼마나 똑똑했는지 알 수 있었다. 연구진이 이 도구를 여러 각도에서 자세히 살펴본 결과, 만든 사람이 계획을 세우고 의도적으로 제작했다는 걸 확인했다. 돌을 어느 방향으로 쳐야 하는지도 정확히 알고 있었다. 흥미로운 건 이 도끼가 아프리카나 중동에서 만든 것들과 비슷하다는 점이다. 당시 인류가 아프리카에서 유럽으로 이주하면서 도구 만드는 기술도 함께 가져온 것 같다. 100만 년 전 우리 조상들이 생각보다 훨씬 기술적이었다는 증거다.

2. 우연한 발견

인류의 도구 사용은 우연히 자연물을 집어 들었던 순간에서 출발해, 반복적 경험과 참조 학습을 통해 일회성 사용에서 의도적 보유와 다회성 사용으로 진화했으며, 이 과정에서 도구의 효율성과 특성을 이해하고 집단 내에서 지식이 전승되면서 인류만의 창의적 사고와 문화 발전의 토대가 마련되었다.

인류는 생존을 위해 경쟁을 벌이는 동물군 중 최초로 돌멩이, 나뭇가지, 나무줄기와 같은 기초 도구들을 사용하기 시작했다. 고고학적 증거에 따르면, 우연히 부러진 나뭇가지를 가지고 다니던 초기 인류 개체가 있었고, 그것으로 같은 동족을 의식하지 않은 상태에서 때리는 상황이 발생했다. 때리는 개체와 맞은 개체 모두 이 경험에 놀랐을 가능성이 높으며, 처음에는 그 도구를 놓고 도망가는 경우도 있었다. 시간이 지나면서 이러한 사건을 겪은 인류 개체들은 점차 나무 도구를 더 오래 보유하고 다루는 방법을 익혀 나갔다. 이와 유사한 행동은 현재 호모 사피엔스와 가장 가까운 영장류인 침팬지와 보노보(bonobo)에서도 쉽게 관찰된다. 관찰 결과를 근거로 볼 때, 오스트랄로피테쿠스 가르히가 단순한 돌멩이, 나뭇가지, 나무줄기 도구를 점차 휴대하며 사용하게 되었다는 가설은 설득력이 있다. 물론 이 과정은 백 년이나 이백 년보다 훨씬 긴 기간에 걸쳐 점진적으로 이루어졌다. 모든 위대한 발견의 시작에는 우연한 순간이 있기 마련이다. 인류가 최초로 도구를 사용하게 된 순간도 마찬가지였다. 침팬지와 보노보에서 관찰되는 것처럼, 인류의 초기 조상들도 처음에는 우연히 주변의 자연물을 집어 들었다. 부러진 나뭇가지, 날카로운 돌멩이, 단단한 나무줄기 등은 자연이 제공한 최초의 도구였다. 다만 일회성으로 가공하지 않은 자연계의 구성품 하나를 사용했다고 해서 그것을 도구라고 명명하기에는 무리가 있다. 편의상 도구라고 칭하지만, 진정한 의미의 도구는 의도적으로 다회성으로 사용한 물건을 지칭하는 것이 더 정확하다.

도구 사용의 최초 순간은 아무도 기억하지 못하지만, 분명히 존재했다. 그것은 순간적인 사건이었을 가능성이 높다. 어느 한 개체가 우연히 나뭇가지로 동족을 때리게 되었을 때, 양쪽 모두 크게 놀랐으리라 추정된다. 맞은 개체는 예상치 못한 충격에, 때린 개체는 자신의 행동이 만들어낸 예상 밖의 결과에 당황했을 것이다. 이 순간은 단순한 사고를 넘어 도구의 힘을 처음으로 경험한 역사적인 전환점이었다. 이러한 우연한 경험이 반복되면서 인류는 점차 도구 사용에 대한 효능감을 인식하기 시작했다. 초기에는 자연계에서 주운 물건을 일회성으로만 사용했다고 볼 수 있다. 이는 까마귀가 병에 든 물을 마실 때만 돌멩이를 넣거나, 원숭이가 개미 사냥을 할 때만 막대기를 사용하고 버리는 행동과 유사했다. 초기 인류의 도구 사용 또한 이러한 수준에서 크게 벗어나지 않았다.

250만 년 전 오스트랄로피테쿠스 가르히는 까마귀나 원숭이와는 달랐다. 그들은 어떤 곳에는 경험상 효과적인 도구가 많고 어떤 곳에는 적다는 것을 인지하기 시작했다. 도구 사용이 일회성에서 보유와 휴대로 발전한 것이다. 이 변화는 단순한 시간의 연장이 아니라 인류의 근본적인 사고방식의 전환을 의미했다. 이로써 진정한 도구의 역사가 시작되었다. 도구란 인위적인 가공과 보유라는 개념이 있어야 완결성을 갖는다. 이러한 변화는 스마트폰을 2년에 한 번씩 바꾸는 현대인의 시각에서 보면 상상하기 어려울 정도로 오랜 시간 동안 이루어졌다. 다시 말해 수십만 년에 걸쳐 발생한 점진적인 과정이었다. 이 과정에서 돌멩이는 점차 휴대하기 편한 형태로 변화했고, 사용 목적에 따라 다양화되기 시작했다.

100만 년에 걸친 타제석기 사용 과정에서 가장 중요한 변화는 의도적 보유의 시작이다. 이는 주어지거나 우연히 접할 수 있는 것에서 벗어나 의도성을 가지고, 일회성이 아닌 다회성으로 사용하기 위해 도구를 보유한다는 개념의 탄생을 의미한다. 인류는 타제석기를 제작하며 인지능력에 자극을 받았다. 이러한 자극은 타제석기가 점차 개선되고 휴대성이 향상되면서 더욱 확대되었다. 그리고 돌도끼를 만들어 내면서 인지능력이 체계화되고 고도화되었다. 물론 당시 인류가 100만 년이라는 긴 시간 동안 단순히 돌멩이를 들고 다녔다는 사실을 현대적 관점에서 이해하기는 어렵다. 현대 교육 시스템 속에서 발달한 현대인의 인지능력과 비교해서 생각해서는 안 될 일이다.

도구를 의도적으로 사용하다가 어느 날 한 개체가 이를 지속적으로 가지고 다니기 시작했다. 이 개체는 도구를 꾸준히 사용했고, 다른 구성원들은 그 효능감을 경험하며 이를 참조하게 되었다. 이러한 경험 과정에서 인류는 인지능력에 중대한 도약을 이루게 되었다. 도구를 계속 가지고 다닌다는 행위는 현재만을 생각하던 삶에서 미래라는 개념이 도입되었음을 의미한다. 미래를 고려하면서 인류는 비록 대단히 느린 속도였지만 계획을 세우기 시작했다. 이 변화에는 상당히 긴 시간이 소요되었으리라 추정된다. 점차 집단은 더욱 세련된 도구를 활용하게 되었고, 비록 단순한 돌멩이였지만 이를 통해 자연계의 먹이사슬에서 상위 집단으로 진입했다. 이와 같은 점진적 변화는 미래를 예측하고 계획하는 인지능력을 극대화하는 촉매제가 되었다. 이 과정은 현대인의 관점에서 본다면 마치 20세기 무성 영화를 보는 듯한 느린 진행이었다. 100만 년에 이르는 인류의 역사는 개별 행동이 상호 참조되어 점차 공동체 문화로 자리 잡아 가는 체계화의 과정이었다. 도구라는 매개체를 통해 인류에게 의도성과 보유의 개념이 도입되었고, 이 두 개념은 인류의 놀라운 인지능력 향상을 가져왔다.

초기 도구 사용의 진화는 호모레퍼런스로서 인류의 본질을 가장 잘 보여주는 과정이기도 하다. 한 개체의 우연한 발견이 다른 개체들에 의해 관찰되고 모방되면서, 도구 사용은 개인의 경험을 넘어 집단의 문화가 되어갔다. 이는 앞서 살펴본 직립보행의 전파와 마찬가지로, 참조를 통한 학습의 힘을 보여준다. 그러나 도구 사용의 전파는 직립보행의 전파와는 다른 차원의 복잡성을 가지고 있었다. 걷는 방식은 단순히 모방만으로도 학습이 가능했지만, 도구의 효과적인 사용법은 더 복잡한 학습 과정을 필요로 했다. 어떤 돌이 좋은 도구가 될 수 있는지, 나뭇가지는 어떤 것이 적합한지, 그것들을 어떻게 다루어야 하는지 등의 지식이 함께 전달되어야 했다. 이 과정에서 인류는 단순한 모방을 넘어서는 새로운 차원의 학습 능력을 발전시켜 나갔다. 도구를 더 오래, 더 효과적으로 사용하기 위해서는 도구의 특성을 이해하고, 그것을 다양한 상황에 적용할 수 있는 응용력이 요구되었다. 이는 추상적 사고와 창의적 문제 해결 능력의 발달을 촉진했다.

자연물의 사용에서 올도완 석기로의 발전은 인류 역사에서 가장 중요한 도약 중 하나였다. 자연이 제공한 도구를 그대로 사용하는 것에서, 의도적으로 도구를 가공하는 단계로 넘어간 것이다. 이는 단순한 기술적 진보가 아닌 인류의 사고방식 자체가 근본적으로 변화했음을 의미한다. 오스트랄로피테쿠스 가르히가 보여준 도구 사용의 점진적 발전은 이후 올도완 문화의 토대가 되었다. 도구를 더 오래 보유하면서, 그들은 자연스럽게 도구의 효율성을 높이는 방법을 고민하게 되었다. 어떤 모양의 돌이 더 유용한지, 어떤 나뭇가지가 더 오래 사용할 수 있는지와 같은 경험적 지식이 축적되었다. 이 과정이 개인의 경험을 넘어 집단의 지식으로 발전했다. 한 개체가 발견한 효과적인 도구의 특징은 다른 구성원들에 의해 관찰되고 모방되었다. 이는 최초의 기술 교육이자, 문화적 지식 전승의 시작이었다.

우연한 발견에서 시작된 도구 사용의 역사를 통해, 인류만의 독특한 진화 경로를 이해할 수 있다. 부러진 나뭇가지를 집어 든 순간부터, 그것을 계속 보유하기로 하고, 더 나은 도구를 찾아 나서기까지의 과정은 인류가 호모레퍼런스로 진화해 온 여정을 보여준다. 이 과정의 핵심에는 항상 참조를 통한 학습이 있었다. 한 개체의 우연한 발견이 다른 개체들에 의해 관찰되고 모방되면서, 개인의 경험은 집단의 지식이 되었다. 이러한 참조 학습 능력은 이후 올도완 석기로 대표되는 의도적 도구 제작의 토대가 되었고, 궁극적으로는 현대 문명의 기술 발전으로 이어진 것이다. 우리가 지금 사용하는 모든 도구와 기술의 근원을 거슬러 올라가 보면, 그 시작점에는 우연히 나뭇가지를 집어 든 한 개체의 호기심 어린 순간이 있었을 것이다. 그 작은 시작이 수백만 년에 걸친 진화와 발전을 거쳐, 오늘날의 첨단 기술 문명으로 이어진 것이다. 이것이야말로 참조를 통한 학습과 발전이라는 인류 고유의 능력이 만들어낸 기적이다.

▶ 청동기 시대 거푸집(사진ⓒ저자 촬영) 산르우르파 고고학 및 모자이크 박물관(Şanlıurfa Archaeology and Mosaic Museum) 소장

금속 주조용 거푸집. 기원전 3,300년~1,200년 청동기 시대에 석회암으로 만든 금속 주조용 거푸집이다. 청동기 시대 사람들은 이러한 거푸집에 녹인 구리와 주석 합금(청동)을 부어 도구나 무기 등을 제작하였다. 거푸집 제작에는 정교한 기술이 필요했다. 제작자는 원하는 도구의 정확한 음각 형태를 돌에 새겨야 했고, 금속이 흘러 들어갈 주입구와 공기가 빠져나갈 통로도 세심하게 설계해야 했다. 이러한 기술은 당시 문명의 발전 수준을 가늠할 수 있게 하는 중요한 증거이며, 석기에서 금속으로 넘어가는 주요 문화 발전 단계를 보여준다.

〈참고〉

▶ Kuhn, S. L., & Zwyns, N. (2014). Rethinking the initial Upper Paleolithic. Quaternary International, 347, 29-38.

이 연구에 따르면, 초기 후기 구석기시대 사람들은 원재료 채취부터 폐기까지 매우 체계적이고 정교한 석기 제작 기술을 보유하고 있었다. 지역마다 다른 도구 형태가 나타나면서도 기술이 광범위하게 전파된 것은 인류 집단 간의 활발한 지식 공유와 모방이 이루어졌음을 보여준다. 각 집단이 개발한 우수한 기술이 다른 지역으로 퍼져나가면서 각 환경에 맞게 변화하고 발전했던 것이다. 이는 수만 년 전 인류가 이미 반복적 참조와 혁신을 통해 고도로 발전된 도구 제작 문화를 이룩했음을 입증한다.

3. 새로운 시각

초기 인류의 도구 사용과 생활양식은 현대인의 기준이나 상식만으로는 온전히 해석할 수 없으며, 우리가 알고 있는 도구와 사회 구조는 빙산의 일각에 불과하므로, 당시의 다양하고 유연한 도구 활용과 사회적 관계, 그리고 참조와 모방을 통한 집단적 학습의 힘을 열린 시각으로 탐구해야 인류 진화의 진정한 복잡성과 창의성을 이해할 수 있다.

앞에서 이야기한 단순도구 외에도 지금의 상식으로는 상상하기 어려운 다른 형태의 도구들이 사용되었을 가능성이 있다. 초기 인류를 이해하기 위해서는 현생인류의 물리적, 규범적 기준만으로 추론하는 것은 오류를 범할 수 있다. 따라서 초기 인류의 도구 사용과 생활양식을 이해하기 위해서는 현대적 관점을 넘어서는 새로운 접근이 필요하다. 지금까지 발견하고 이해한 도구들은 아마도 초기 인류가 사용했던 도구의 일부에 불과하다. 현대 인류의 상상력으로는 미처 생각하지 못한 다른 형태의 도구들이 존재했을 가능성이 크다. 왜냐하면 현대인의 제한된 경험과 지식으로는 당시의 모든 가능성을 포착하기 어렵기 때문이다.

초기 인류를 이해하려 할 때 종종 현대의 잣대를 들이대는 오류를 범한다. 지금의 지구 환경, 대륙의 형태, 기후 조건을 기준으로 과거를 해석하려 하고, 현대의 상식과 규범으로 그들의 행동을 판단하려 한다. 이는 마치 스마트폰 시대의 관점으로 석기 시대를 이해하려는 것만큼이나 부적절한 시도다. 가족제도는 이러한 해석의 오류를 보여주는 대표적인 예시다. 현대 사회의 일부일처제는 인류 역사에서 매우 최근에 등장한 제도다. 지금 지구에서 인류와 가장 가까운 친척인 침팬지와 보노보의 사회 구조를 보면, 강한 수컷을 중심으로 하는 종족 번식 체계가 더 자연스러운 형태였음을 추정할 수 있다. 그들의 사회는 현재 인류의 도덕적, 윤리적 기준과는 전혀 다른 원리로 작동했다. 이러한 차이는 단순히 가족 구조에만 국한되지 않는다. 소유의 개념, 영역의 의미, 집단의 형성과 해체, 권력의 행사 방식 등 사회를 구성하는 모든 요소가 지금의 형태와는 판이하게 달랐다. 과거를 이해하려면 편견의 렌즈를 벗어던질 필요가 있다. 초기 인류의 생활 방식은 현재 정상이라고 여기는 모든 것들과 근본적으로 달랐다. 그들에게 소유라는 개념은 존재하지 않았을 가능성이 크며, 가족이라는 단위도 지금과는 전혀 다른 의미를 가졌다.

현생 유인원들의 행동 양식은 중요한 통찰을 제공한다. 침팬지 집단에서 관찰되는 위계질서, 협력 관계, 갈등 해결 방식은 초기 인류 사회의 모습을 추정할 수 있게 해준다. 이들 사회는 엄격한 규칙보다는 유연한 관계를 통해 유지되었다. 이 관점은 초기 도구 사용에 대한 이해도 새롭게 한다. 지금까지 학계는 발견된 석기와 같은 물리적 증거만을 중심으로 그들의 기술 수준을 판단해 왔다. 하지만 부패하기 쉬운 유기물로 만든 도구들, 혹은 도구라고 인식하지 못하는 다른 형태의 사물 활용이 존재했을 가능성이 높다. 이러한 관점의 전환은 인류의 진화 과정을 이해하는 데도 새로운 통찰을 제공한다. 우리는 도구의 발전 과정을 단순한 기술적 진보의 관점에서만 생각해 왔다. 하지만 초기 인류의 도구 사용은 훨씬 더 다양하고 유연했을 것이다. 상황과 필요에 따라 자연물을 임시방편으로 활용하다가 버리는 방식도 있었고, 현대 인류가 미처 생각하지 못한 방식의 도구 활용법도 있었다. 사회적 관계와 도구 사용의 상호작용도 중요한 관점이다. 현생 유인원들의 사회에서 도구 사용은 단순한 실용적 목적을 넘어 사회적 학습과 문화 전승의 매개체 역할을 한다. 초기 인류 사회에서도 도구의 사용과 전승은 단순한 기술적 측면을 넘어, 사회적 유대와 학습의 중요한 매개체였다. 이는 인류의 진화가 단순한 생물학적 변화나 기술적 진보만으로는 설명할 수 없는 복잡한 과정이었음을 시사한다. 사회적 관계, 문화적 전승, 도구 사용, 인지능력의 발달은 서로 긴밀하게 연결되어 있었으며, 이들은 현대의 관점으로는 쉽게 이해하기 어려운 방식으로 상호작용했다.

초기 인류의 도구 사용에서 가장 중요한 것은 참조를 통한 학습이었다. 한 개체가 우연히 발견한 도구 사용법을 다른 개체들이 관찰하고 모방함으로써 집단 전체의 지식이 되었다. 침팬지 사회에서도 관찰되는 이러한 학습 방식은 인류가 진정한 호모레퍼런스로 발전하는 첫 걸음이었다. 당시의 참조 학습은 지금보다 더 유연하고 창의적이었을 수도 있다. 한 개체가 돌을 던져 성공적으로 사냥을 했다면, 다른 개체들은 그 행동을 단순히 모방하는 데 그치지 않고, 각자의 방식으로 응용하고 발전시켰을 것이다. 어떤 이는 더 큰 돌을, 다른 이는 더 날카로운 돌을 선택하는 식으로 말이다. 이 창조적 참조의 과정이 바로 도구 진화의 핵심 동력이었다. 인류가 발견한 올도완 석기, 아슐리안 석기, 무스테리안 석기로 이어지는 발전은 수많은 세대에 걸친 참조와 개선이 누적되어 만들어낸 결과물이다. 각 세대는 이전 세대의 도구를 참조하고 개선하면서, 조금씩 더 나은 도구를 만들어냈다. 이러한 참조를 통한 학습과 발전은 오늘날까지도 인류 문명의 근간을 이루고 있다. 인류는 여전히 이전 세대의 지식과 경험을 참조하고, 그것을 바탕으로 새로운 혁신을 만들어내고 있다. 이것이 바로 초기 인류부터 이어져 온 가장 본질적인 특성이다.

4. 다른 세상

250만 년 전 초기 인류는 지금과는 전혀 다른 기후와 환경, 다양한 호모 종의 공존, 그리고 낮은 이산화탄소 농도 등 혹독하고 복잡한 생태계에서 진화했으며, 이 과정에서 각 집단은 고유한 생존 전략과 문화를 발전시켰고, 이러한 다양성과 상호작용이 현대 인류의 적응력과 창의성의 근원이 되었다.

여러 기록에 따르면, 초기 인류가 살던 250만 년 전의 대륙들은 현재와 거의 유사한 형태를 보였으나, 빙하기와 간빙기의 시작으로 기후 변동이 심했으며 대기 중 이산화탄소 농도는 지금보다 낮았다. 이 시기는 생물의 진화와 이동에 많은 영향을 미쳤으며, 인류에게도 마찬가지였다. 250만 년 전 대기 중 이산화탄소 농도는 현재 약 420ppm의 절반 수준인 180~280ppm 정도였다. 이러한 낮은 이산화탄소 농도는 인체의 호흡과 산소 공급 과정에 직접적인 영향을 미쳤을 것이다. 낮은 이산화탄소 환경에서는 혈액의 산소 포화도가 지금보다 더 낮았을 것으로 추정되며, 이는 초기 인류의 활동 방식을 크게 제약했다.

장거리 달리기나 지속적인 추적 사냥과 같은 고강도 활동에서 초기 인류는 현대 인류보다 더 빈번한 휴식이 필요했다. 산소 운반 능력의 제한으로 인해 초기 인류는 짧은 거리의 반복적인 이동이나, 낮은 강도의 지속적인 걷기와 같은 활동을 선호했다. 이는 당시 발견되는 인류의 이동 패턴과도 일치하는데, 고고학적 증거들은 초기 인류가 한 번에 긴 거리를 이동하기보다는 짧은 거리를 자주 이동하는 패턴을 보였음을 시사한다. 또한 이러한 생리적 제약은 집단 사냥 전술의 발달을 촉진했다. 한 명이 오래 달리지 못하는 대신, 여러 명이 번갈아 가며 사냥감을 추적하는 방식이 발달했을 가능성이 높다. 이러한 환경적 제약이 초기 인류의 사회적 협력을 강화하는 중요한 요인으로 작용했다. 이 시기에 최초의 호모 종이 등장하기 시작했다. 오스트랄로피테쿠스(Australopithecus)가 있었고, 오스트랄로피테쿠스의 한 계통인 강한 턱과 어금니가 특징적인 파란트로푸스가 공존하고 있었다는 증거들도 발견되고 있다. 즉 현생인류의 인종 구분과 유사하게, 당시에도 보다 다양한 호모 종의 집단이 존재했다. 이는 오늘날 단일 집단으로 존재하는 현생인류와는 사뭇 다른 상황이었다.

아! 그리고 글을 쓰다 보니 필자 혼자 신나서 써 내려갔던 것 같아, 책을 쓰는 중간에 뜬금없이 오스트랄로피테쿠스와 파란트로푸스의 어원에 관해 간략하게 설명하고 넘어가겠다. 대부분의 사람은 평생을 학자들이 단순하게 생각했던 부분에 대해 인지적인 빈곤을 느끼곤 한다. 학자들의 이름 붙이기 과정은 사실 매우 단순하다. 이를 그들은 명명학이라는 그럴듯한 이름으로 부른다. 이건 학자들이 편의를 위해 붙인 이름인데, 많은 사람들은 뭔가 대단한 뜻이 있을 것이라고 미루어 생각한다. 명명학은 그저 이름 붙이기를 간결하게 표현한 말일 뿐이다.

오스트랄로피테쿠스의 어원은 앞장에서도 잠시 설명하였지만, 추가하자면, "Australis"(남쪽의, 라틴어)와 "pithekos"(원숭이, 그리스어)의 합성어이다. 남방 원숭이라는 의미로, 최초 발견지가 남아프리카였기 때문에 붙여졌다. 참고로 1925년 레이먼드 다트(Raymond Dart)가 처음으로 명명했는데 이것까지 기억하기에는 무리가 있고 그저 발견된 지역 때문에 붙여진 이름이라는 사실 정도만 기억하면 좋을 것 같다. 책 중간중간에 해설이 있기도 한데 고고학에서 사용되는 이름들은 대부분 발견된 지역으로 붙여지는 경향이 있다. 그 이름에는 특별한 의미가 담겨 있지 않다. 아마 읽는 사람들에게는 그저 남방 원숭이라고 하면 보다 보기가 편했을지도 모른다. 파란트로푸스(Paranthropus)의 어원은 지금과는 조금 다르다. 이 말은 "para"(옆의, 근처의, 그리스어)와 "anthropos"(사람, 그리스어)의 합성어이다. "사람과 나란히"라는 뜻으로 인류의 직접적인 조상이 아닌 인류와 나란히 진화한 다른 호모 속(屬)으로 보아야 한다. 이 파란트로푸스란 말은 1938년 로버트 브룸(Robert Broom)이 명명했다.

주제와는 조금 벗어나는 이야기이지만, 오스트랄로피테쿠스를 명명한 레이먼드 다트는 해부학자였고 파란트로푸스를 명명한 로버트 브룸은 의사이자 고생물학자였다. 두 사람 모두 남아프리카공화국에서 오랜 기간 대학에 몸담으며 연구 활동에 매진했다. 이들의 삶과 학문 분야는 기성세대에게는 낯선 영역이다. 우리나라의 기성세대는 개발도상국 시절을 살아오며, 생존과 경제 발전이라는 시대적 과제에 집중할 수밖에 없었다. 핑계처럼 들릴 수도 있지만, 그들이 현실적인 문제에 집중했던 것은 당시 상황에서 어쩔 수 없는 선택이었다. 기초 학문이 도외시되던 시기였다. 그 결과 지금의 인류사는 주로 유럽 몇 개국 학자의 관점에 의해 정리되었다. 물론 이러한 인류사를 정리한 학문적 성취가 잘못되었다고 지적하는 것이 아니다. 다만 여러 관점에서 인류사가 정리되었다면 보다 공정한 인류사가 기록되었을 것이라는 생각을 이야기하는 것이다. 필자는 젊은 세대들이 이제는 고고학, 역사학, 고생물학, 지리학과 같은 순수 학문 분야에도 경제적 장벽 없이 자유롭게 도전하고, 인류 지식 발전에 기여할 수 있기를 바란다. 생각이 많다 보니 가끔 이렇게 주제에서 벗어나기도 한다.

다시 본론으로 돌아가겠다.

이처럼 대륙의 형태와 기후, 그리고 동종 내 집단의 다양성 등, 현생인류와는 확연히 구분되는 환경적 맥락 속에서 초기 인류가 진화했다는 점은 중요하다. 초기 인류는 평균 20도의 기후에서 살다가, 어느 날 갑자기 예고 없이 마지막 빙하기인 십 만 년 동안 지속되는 영하의 한랭기를 맞이했을 것이다. 당장 현대인은 영하 10도나 20도 정도에서 한 달이라도 아무것도 없이 생존할 수 있을까? 이러한 혹독한 기후 여건은 복잡하고 역동적인 환경 속에서 인류가 발전해 왔음을 보여준다. 따라서 초기 인류에 대한 이해를 위해서는 이러한 환경적 차이를 충분히 고려해야 한다.

인류는 30만 년 전부터 호모 사피엔스라고 스스로를 분류하고 있다. 그리고 지구에 유일한 호모 종으로 존재하고 있다. 만약 네안데르탈인과 데니소바인 등이 아직도 지구에 함께 생존하여 인구 구성이 호모 사피엔스, 네안데르탈인, 데니소바인이 각각 1/3씩을 차지하고 있다고 가정한다면, 현재 어떤 상황이 전개되고 있을지 궁금하다. 과연 지금과는 어떤 다른 상황이 벌어질까? 치열하게 싸울까? 아니면 공존할까? 그리고 만약 네안데르탈인이 더 똑똑하고 영리해서 호모 사피엔스가 절명 위기에 처한다면 인류는 어떤 생각을 할 것인지 궁금하다.

250만 년 전 지구는 지금의 모습과 판이하였다. 대륙들은 현재와 비슷한 모습을 갖추고 있었으나, 기후는 현재와는 전혀 다른 양상을 보였다. 고인류학자들이 발견한 증거들은 상상하는 것보다 더 다양하고 복잡한 세상의 모습을 보여준다. 빙하기와 간빙기를 교차하면서 생태계는 혹독한 상황을 겪어야만 했을 것이다. 250만 년 전 이

전에는 대륙이 오랜 시간에 걸쳐 천천히 이동했다. 이전의 지구는 지금과는 전혀 다른 지형을 가지고 있었으며, 많은 육지가 서로 연결되어 있었다. 초기 인류는 이러한 지형을 따라 이동하고 생활했을 것이다. 현재 바다로 나뉜 대륙들은 당시에는 하나로 이어진 길이었을 가능성이 있다. 기후 역시 현재와 비교하면 크게 달랐다. 고인류학자들의 연구에 따르면, 초기 인류는 상상하기 어려운 기후 조건 속에서 살았다. 현재의 사막이 과거에는 울창한 초원이었을 가능성이 있으며, 열대 우림 지역 역시 한때 한랭한 기후를 지녔을 수도 있다. 인류가 유일한 호모 사피엔스로 살아가는 지금과 달리, 초기 인류는 여러 종류의 인류와 함께 지구를 공유했다. 니콜라스 토스(Nicholas P. Toth)의 연구가 보여주듯이, 여러 호모 사피엔스 집단이 서로 다른 영역에서 살아가며 때로는 교류하고, 때로는 경쟁했다. 현대에 인종적 차이라고 불리는 개념보다 훨씬 더 다양한 유형의 호모 종이 과거에는 존재했다.

다양한 인류의 공존은 현대와는 전혀 다른 사회적 역학을 만들어냈다. 서로 다른 사피엔스 집단들, 네안데르탈인(Homo neanderthalensis), 데니소바인(Denisova hominins), 호모 플로레시엔시스(Homo floresiensis), 호모 루졸렌시스(Homo luzonensis) 등의 호모 속에 속한 종들은 각자의 생존 전략과 문화를 발전시켰으며, 이들 사이의 상호작용은 매우 복잡했으리라 추정된다. 최근의 DNA 연구가 보여주듯, 이들 사이에는 교배도 이루어졌다. 물론 지금까지 밝혀진 호모 속 외에도 아직 발견되지 않은 다양한 집단이 존재했을 가능성이 높다.

환경적 요인도 지금과는 완전히 달랐다. 다양한 인류 종의 공존은 자원을 둘러싼 경쟁과 협력의 복잡한 패턴을 만들어냈다. 각 집단은 서로 다른 환경에 적응하면서, 독특한 생존 전략과 문화를 발전시켰으리라 추정된다. 이러한 공존은 기술과 문화의 발전에도 독특한 영향을 미쳤음이 분명하다. 호모 사피엔스 집단 간에만 인적 및 기술 교류가 있었다고 볼 수 없다. 호모 사피엔스와 네안데르탈인 사이에도 그러한 교류가 존재했을 가능성이 높다. 그 당시 호모 종의 기술이 단순히 지금보다 뒤쳐진다고 단정 지을 수도 없다. 네안데르탈인은 호모 사피엔스보다 병원균에 대한 약한 면역체계로 인해 생존을 위협받았다. 그러나 문화적이고 과학적인 부분에서 네안데르탈인이 호모 사피엔스보다 뒤떨어져 경쟁에서 밀렸다고 확신해서는 안 된다.

네안데르탈인의 유전체 분석 결과에 따르면, 네안데르탈인은 호모 사피엔스보다 면역체계에서 중요한 역할을 하는 인간 백혈구 항원(HLA) 유전자의 다양성이 현저히 낮았다. 네안데르탈인의 주요 조직 적합성 복합체(MHC) 클래스 I 유전자는 현대 인류의 절반 수준의 유전적 다양성만을 보유하고 있었다. 이는 네안데르탈인의 새로운 병원체에 대한 면역 반응이 상대적으로 취약했음을 의미한다. 2018년 네이처지에 발표된 한 연구에 따르면, 네안데르탈인의 톨유사수용체(toll-like receptor, TLR) 유전자군이 현대 인류보다 제한적이었다는 것이다. 톨유사수용체는 병원체를 인식하고 초기 면역반응을 유도하는 핵심 단백질로, 이 유전자군의 제한된 다양성은 네안데르탈인이 특히 바이러스성 감염병에 취약했을 것임을 시사한다. 실제로 고고학적 증거들은 네안데르탈인 집단에서 주기적인 인구 감소가 있었음을 보여주는데, 이는 전염병의 영향 때문이었을 가능성이 높다. 이미 2020년에도 병원균에 의한 공격으로부터 일시적으로 모든 인류가 엄청난 위협에 직면했었다. 네안데르탈인도 이런 병원균 공격에 의해 절멸에 가까운 순간을 맞이했을 수도 있다.

반면 호모 사피엔스는 아프리카에서 오랜 진화 과정을 거치며 다양한 병원체에 노출되었고, 이는 더 강력하고 적응력 있는 면역체계의 발달로 이어졌다. 현대 인류의 유전체에서 발견되는 높은 수준의 면역 관련 유전적 다양성이 이를 입증한다. 다만, 호모 사피엔스도 아프리카를 벗어나 새로운 환경에 정착하는 과정에서 처음 접하는 병원균에는 취약했던 것으로 추정된다. 이는 현대 인류의 이주 경로에서 발견되는 인구 병목 현상의 한 원인으로 여겨진다. 호모 사피엔스가 유일하게 살아남은 이유는 여러 가설로 설명된다. 기술적 우월성 때문일 수 있고, 다른 호모 종들이 병균에 대한 취약성으로 멸종했을 가능성도 있으며, 종간 경쟁에서 생존에 성공했을 가능성도 있다. 또한 단순히 환경적 요인이나 "운"이 작용했다는 견해도 있다. 중요한 사실은 결과적으로 호모 사피엔스만이 유일하게 지구상에 살아남았다는 점이다. 인류에게 기후와 지형의 변화는 생존을 어렵게 만들었고, 그 어려움은 다양성을 더욱 촉진했다. 서로 다른 환경에 적응하면서, 각 인류 집단은 독특한 생존 전략을 발전시켰다. 추운 기후에 적응한 집단은 보온을 위한 기술을, 건조한 기후의 집단은 물 확보를 위한 기술을 참조하여 지속적으로 발전시켰다.

환경적 다양성은 인지능력의 발달에도 큰 영향을 미쳤다. 다양한 기후와 지형에 적응하고, 여러 인류 종과 상호작용을 하는 과정에서, 초기 인류는 더 유연하고 창의적인 문제 해결 능력을 발전시켰다. 이는 현대 인류의 인지적 능력의 기초가 되었다. 다양한 환경과 여러 인류 종의 공존이라는 독특한 상황은 현대 인류의 적응력과 창의성의 근원이 되었다. 인류가 가진 문화적 다양성과 기술적 혁신 능력은 이러한 초기 조건에서 비롯되었다. 서로 다른 집단들이 각자의 방식으로 환경에 적응하고, 그 과정에서 발전시킨 기술과 문화를 교류하면서, 인류는 전례 없는 학습과 혁신 능력을 발전시켰다. DNA 연구가 보여주듯, 현대 인류의 유전자 속에는 이러한 다양성의 흔적이 여전히 남아 있다. 네안데르탈인과 데니소바인의 유전자가 현대 인류 안에 살아 있는 것처럼, 과거의 다양한 인류 종들의 지혜와 적응 전략은 현재 인간의 생물학적, 문화적 유산의 일부가 되었다. 현재 인류가 마주하고 있는 기후 변화와 환경 문제들은 초기 인류가 경험했던 것과 비슷한 도전이다. 다만 중요한 차이점이 있다면, 지금은 경쟁하고 참고할 다른 호모 종이 없다는 것이다. 이 위기를 극복하기 위해서는 과거 인류가 축적한 기술과 지식을 참고하는 호모레퍼런스로서의 역량을 발휘해야 할 것이다.

〈참 고〉

▶ Wood, B., & Constantino, P. (2007). Paranthropus boisei: Fifty years of evidence and analysis. American Journal of Physical Anthropology, 134(S45), 106-132.

탄자니아 올두바이 협곡(Olduvai Gorge)에서 발견된 파란트로푸스 화석은 초기 인류의 다양한 진화 형태를 보여주는 중요한 증거다. 이 발견은 동아프리카가 인류 진화의 핵심 무대였음을 입증하고 있다. 화석 분석 결과 파란트로푸스는 현재 우리와는 상당히 다른 식성과 적응 전략을 가지고 있었던 것으로 밝혀졌다. 이들은 당시 환경에 맞춰 독특한 생존법을 개발했던 것으로 보인다. 이러한 연구는 초기 인류의 생활상과 진화 과정을 이해하는 데 결정적인 단서를 제공한다.

5. 긴 유년기

초기 인류의 긴 유년기는 성장이 느린 약점처럼 보이지만, 오히려 부모와 집단의 행동을 관찰하고 모방할 수 있는 충분한 학습 시간을 제공해 참조와 모방, 창의적 문제 해결 능력, 그리고 체계적 지식 전승을 가능하게 하며, 이것이 인류 문명 발전의 근원이 되었다.

초기 인류는 단순도구의 발명 말고도 여러 방면에서 급격한 발전을 거듭했을 것으로 추론된다. 초기 인류가 사용했던 돌멩이, 나뭇가지, 나무줄기와 같은 단순도구 이외에도, 자연에서 우연히 발견된 접착제나 기타 유기물 자원들이 활용되었을 가능성이 크다. 이러한 단순도구와 다른 자원들은 오스트랄로피테쿠스 가르히 등의 초기 인류에게 중요한 변화의 계기가 되었다.

이 단순도구와 다른 자원의 활용은 인류의 관찰 및 학습 능력 발달의 토대가 되었다. 태어나자마자 걸을 수 있는 초식동물과는 달리, 초기 인류는 비교적 긴 유아기를 거쳤다. 오히려 이 시간이 생존에 유리하게 작용했는데, 부모와 집단 구성원들을 관찰하고 모방할 충분한 시간을 제공했기 때문이다. 이는 다른 동물군의 결정적인 약점을 강점으로 전환한 것이라 할 수 있다. 단순도구의 활용과 장기 유아기를 통해, 초기 인류는 행동의 관찰과 학습에 집중할 수 있었다. 이는 이후 참조, 모방, 인용 등의 행동으로 이어져, 오늘날 호모 사피엔스의 지적 능력과 문화 발전의 기반이 되었다. 즉 이 시기 초기 인류의 변화가 결국 현대 문명 발달의 토대가 되었다고 할 수 있다. 이처럼 초기 인류가 단순도구를 사용하며 겪은 변화는 단순한 기술적 진보 이상의 의미를 지닌다. 그것은 관찰과 학습, 모방의 능력을 촉발해 인류 진화의 새로운 장을 열었다고 할 수 있다. 이는 오늘날 인류가 누리는 지적 능력과 문화적 성취의 근원이 되었다.

초기 도구의 발견은 여러 가지가 있었을 것이다. 돌멩이나 나뭇가지 외에도 자연 접착제처럼 우연한 발견을 통해 얻은 물질들이 도구로 활용되었을 가능성이 크다. 오스트랄로피테쿠스 가르히는 자연 속에서 다양한 물질의 특성을 탐색하고 실험했을 것이다. 이러한 과정에서 현대적 시간 개념과는 다른 방식으로 수만 년, 혹은 수십만 년에 걸쳐 축적된 경험이 참조의 시간으로 작용했으며, 이는 필연적으로 인류의 참조 DNA가 형성되는 계기가 되었을 가능성이 있다.

진화의 관점에서 보면, 영장류의 긴 유년기는 독특한 특징이다. 초식동물들이 태어나자마자 걷고 뛰는 것과 달리, 영장류는 10년 이상의 긴 유년기를 보낸다. 유년기가 길다는 조류조차도 길어야 1년 이내에 성체로 성장한다. 얼핏 보면 생존에 불리해 보이는 긴 유년기라는 약점은 오히려 인류 발전의 핵심 동력이 되었다. 긴 유년기는 인류에게 학습을 위한 특별한 시간을 제공했다. 위험한 원시 환경에서 비효율적으로 보일 수 있는 이 특징은 실제로는 가장 강력한 생존 전략이 되었다. 성장이 느린 만큼, 주변 세계를 관찰하고 배우며 실험할 수 있는 시간이 주어진 것이다.

도구를 사용하는 초기 인류에게 긴 유년기는 결정적 이점이 되었다. 어린 개체들은 성인들의 도구 사용을 관찰하고 모방하며 실험할 수 있는 충분한 시간을 가졌다. 실수를 통해 배우고, 새로운 시도를 할 수 있는 여유로운 학습 기간이 확보된 것이다. 이 양육 기간은 세대 간 지식 전승의 토대가 되었다. 오랜 유년기 동안 축적된 학습 경험은 다음 세대로 전달되었고, 각 세대는 이전 세대의 지식을 토대로 새로운 발견을 추가했다. 단순한 도구 사용에서 시작된 학습과 전승의 고리는 점차 더 복잡한 기술과 문화의 발전으로 이어졌다. 긴 유년기는 인류의 사회적 구조도 변화시켰다. 오랜 보호와 교육이 필요한 어린 개체들을 돌보기 위해, 더 긴밀한 사회적 협력이 요구되었다. 부모 세대는 자녀를 보호하면서 동시에 지식을 전수해야 했고, 이 과정에서 더 복잡한 사회적 관계가 발달했다. 이 시기에 발달한 학습 능력은 단순한 모방을 넘어섰다. 어린 개체들은 관찰한 행동을 그대로 따라 하는 것에 그치지 않고, 새로운 상황에 맞게 응용하고 개선하는 능력을 발전시켰다. 도구 사용법을 배우는 과정에서, 그들은 동시에 창의적 문제 해결 능력도 발달시켰다. 유년기의 학습은 점차 더 체계적인 형태로 발전했다. 단순히 우연한 관찰과 모방을 넘어, 의도적인 교육과 훈련 형태가 나타나기 시작했다. 성인들은 어린 개체들에게 도구 사용법을 적극적으로 가르쳤고, 이는 최초의 조직적 교육의 시작이었다.

긴 유년기에 걸쳐 발달한 학습 능력은 인류만의 독특한 문명 발전 경로를 만들어냈다. 다른 동물들이 유전자에 의존하여 생존에 필요한 정보를 전달하는 동안, 인류는 문화적 학습을 통해 훨씬 더 빠르고 유연한 적응 방식을 발전시켰다. 하나의 세대가 발견한 혁신은 다음 세대의 출발점이 되었고, 이는 빠른 속도의 기술 발전으로 이어졌다. 현대 교육 시스템의 근원도 이 긴 유년기에서 찾을 수 있다. 복잡한 기술과 지식을 습득하는 데 요구되는 오랜 학습 기간은 진화적으로 이미 인류에게 주어져 있었다. 현대 사회에서 20년 이상 지속되는 교육 과정은 수백만 년 전 형성된 긴 유년기라는 생물학적 특성의 문화적 연장선상에 있다. 오늘날 인류의 기술 문명은 여전히 같은 패턴을 따르고 있다. 복잡한 지식과 기술을 배우고, 그것을 개선하며, 다음 세대에 전달하는 과정은 초기 인류가 보여준 학습과 혁신의 순환을 그대로 반영한다. 긴 유년기를 통해 발달한 학습 능력은 인류 문명의 가장 강력한 원동력이 된 것이다. 인류 전체의 역사는 호모레퍼런스의 역사이다.

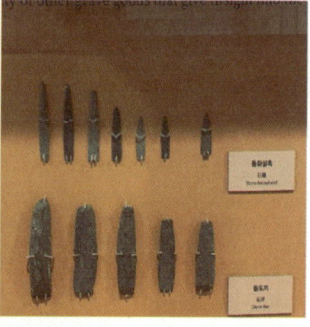

▶ **구석기~신석기시대의 석기류(사진ⓒ저자 촬영) 국립춘천박물관 소장**

구석기와 신석기시대 사람들이 남긴 이 석기들은 당시의 생활상을 잘 보여준다. 왼쪽의 날카로운 석촉과 석검은 사냥과 일상생활에, 가운데의 석핵과 격지는 석기 제작 과정을, 오른쪽의 다양한 석기들은 사냥과 채집 등 다목적 용도를 보여준다. 이 유물들을 통해 수천 년 전 선사시대 사람들이 자연환경에 얼마나 잘 적응하며 살았는지 알 수 있다. 이러한 출토 유물들은 우리 조상들의 생활 모습과 기술 수준을 보여주는 귀중한 자료다.

▶ 신석기 시대 회계 도구와 로마 시대 회계 도구(사진ⓒ저자 촬영)

인류는 오랜 시간 서로서로 끊임없이 참조하고 문화를 발전시켰다.

① 이 회계 도구는 동석기시대(대략 기원전 5,000년에서 3,000년 사이), 즉 초기 문명이 형성되던 시기에 사용되었다. 동석기시대는 신석기시대에서 청동기시대로 넘어가는 과도기로 이 시기에 인류는 농업이 발달하면서 재산과 거래에 대한 기록이 필요해졌다. 이 도구는 주로 상인이나 관리인이 물품의 수량을 계산하고 기록하는 데 사용했을 것으로 추정된다. 이러한 회계 도구는 메소포타미아 지역에서 문자 발명이 이루어지기 전 단계의 중요한 발전 단계로, 이후 쐐기문자 발명의 토대가 되었다. 산르우르파 고고학 박물관 소장.

② 티켓(Biletler), 로마 시대(기원전 30년~기원후 395년)로 재질은 위 메소포타미아의 회계 도구와 유사한 구운 점토로 만들었다. 원형과 사각형의 작은 점토 조각들로, 로마 시대에 사용된 티켓이다. 이 점토 티켓들은 다양한 색상(붉은색, 어두운 갈색)을 띠고 있으며, 표면에는 각인이나 표시가 새겨져 있다. 당시 로마 시대에 이러한 점토 티켓은 공공 행사(극장, 경기장, 목욕탕 등)의 입장권, 상품 교환용 토큰, 또는 행정적 용도로 사용되었을 것으로 추정된다. 이들은 당시 일상생활과 사회 시스템의 운영 방식을 이해하는 데 중요한 고고학적 유물이다. 마드린 박물관 소장.

〈참 고〉

▶ Clarkson, C., Ditchfield, K., Harris, C., Joglekar, P., Lane, C., Pal, J. N., ... & Petraglia, M. D. (2020). Human occupation of northern India spans the Toba super-eruption ~74,000 years ago. Nature Communications, 11, 961.

인도의 다바(Dhaba) 유적지는 인류 기술 발달사를 연구하는 데 매우 중요한 장소다. 이곳에서는 약 8만 년 전부터 2만 5천 년 전까지 장기간에 걸쳐 사람들이 살면서 석기를 만들어 사용했던 흔적이 발견되었다. 초기에는 르발루아 기술(Levallois technique)이라는 비교적 간단한 방식으로 도구를 만들었는데, 시간이 지나면서 점차 정교해져서 미세 석기 같은 후기 구석기의 고급 기술로 발전해갔다. 흥미롭게도 다바에서 나온 석기들을 보면 아프리카나 아라비아, 멀리 호주까지 이어지는 구석기 문화와 놀라울 정도로 비슷한 특징을 보인다. 특히 주목할 점은 약 7만 4천 년 전 토바 화산(Toba volcano)이 대폭발을 일으켜 전 지구적 재앙이 일어났는데도 다바 지역 사람들의 기술이 끊어지지 않고 계속 이어졌다는 사실이다. 이는 인류가 극한 상황에서도 기술을 유지하고 발전시켜 나갔음을 보여주는 중요한 증거로 여겨지고 있다.

6. 시간의 함정

현대 인류가 수천 년의 짧은 기억으로 수백만 년에 걸친 인류 진화와 문명의 복잡한 과정을 단정적으로 해석하려는 것은 오만이며, 진화는 직선적 발전이 아니라 각 종마다 고유한 긴 여정임을 인정하고, 더 긴 시간의 관점과 열린 태도로 과거와 미래를 바라봐야 한다.

앞서 살펴본 긴 유년기와 학습 능력의 발달 과정은 현대인에게 한 가지 중요한 질문을 던진다. 왜 현대의 침팬지와 보노보는 인류와 같은 문명을 발전시키지 못했는가? 그러나 이 질문 자체가 현대 인류의 조급함과 오만을 드러내는 것인지도 모른다. 인류의 진화는 수백만 년의 시간이 걸린 과정이다. 그러나 현대 인류는 고작 수천 년의 역사만을 명확히 기억하고 있을 뿐이다. 인류의 시간 계산으로 수백만 년의 시간을 이해하려 하는 것과 같은 오류를 범하고 있다.

진화를 부정하는 사람들이 자주 던지는 의문이 있다. 만약 진화가 사실이라면, '왜 현대 침팬지나 보노보는 여전히 인간과 비슷한 고등한 형태로 진화하지 않는가?'라는 질문이다. 이런 의문은 인류의 시간 인식에 대한 조급함에서 비롯된다. 진화의 과정은 수백만 년에 걸친 과정이다. 고작 100년도 못 사는 인간의 짧은 인생으로는 감히 상상하기 어려운 시간의 흐름 속에서 일어나는 변화이다. 만년 단위도 예측하기 어려운 현생인류의 관점에서 보면, 그러한 의문이 자연스럽게 발생할 수 있다. 그러나 현재 침팬지나 보노보에게서 이와 같은 변화가 일어나지 않는다고 해서, 미래에도 그럴 것이라고 단정 지을 수는 없다. 오히려 수백만 년 후에는 이들 종이 현생인류 수준의 문명을 이룰 가능성도 있을 수 있다. 만약 코로나와 같은 병원균에 의해 인류가 전멸될 수도, 또 다른 병원균이나 진화로 인류의 지능이 퇴화할 수도 있다. 진화를 곧 발전으로 간주하는 것은 하나의 편견일 수 있다. 인공지능에 의해 인류가 더 이상 수행할 일이 없어지고 임신과 출산마저 중단된 채 향후 개발될 기술에 의존하게 된다면, 오히려 인류의 지능이 퇴화할 가능성도 배제할 수 없다. 인류가 더 이상 필요 없는 존재로 전락하고, 인공지능이 만들어낸 바이러스에 의해 멸종하게 될 가능성이 전혀 없다고 누가 장담할 수 있겠는가?

인류의 역사 인식은 놀랄 만큼 제한적이다. 인류는 기껏해야 2천 년 정도의 시간만을 비교적 명확히 이해하고 있다. 그 너머의 시간은 신화라는 이름으로 분류되어 반쯤은 허구로 취급된다. 기록된 역사 이전의 이야기를 전설이나 신화로 치부하는 순간, 수많은 사실의 가능성을 스스로 차단하고 있는지도 모른다.

250만 년 전 오스트랄로피테쿠스 가르히가 사용한 올도완 석기를 현대 인류가 온전히 이해하기란 거의 불가능할 수 있다. 기록된 역사가 약 2천 년에 불과한 현대 문명이 그보다 1,200배나 오래된 시대를 이해하려는 시도는 마치 하루살이가 인간의 전체 생애를 파악하려는 것과 같다. 더구나 지금 이해하고 있다고 믿는 2천 년의 역사조차 얼마나 정확한 것일까? 시간이 지날수록 사실은 왜곡되고, 해석은 현대의 관점에 맞춰 재구성된다. 불과 몇 세대 전의 일도 정확히 기억하지 못한다. 그런데 수백만 년 전의 일을 안다고 주장하는 것은 지나친 자신감일 수 있다. 과거, 현재, 미래라는 개념도 과연 언제부터일지 생각해 보라. 미래라는 개념이 생겨난 것은 인류의 인지가 깨어난 시점이라고 봐야 한다. 그건 아마도 현대 인류가 알고 있는 시기보다 훨씬 현재와 가까운 시기일 것이다. 학자들은 도구의 발명이 인간의 사고방식에 영향을 미쳐 과거와 미래라는 개념이 형성되었을 것으로 추론한다. 그 이전에는 오직 현재라는 개념보다 지금이라는 개념만이 인류에게 존재했을 것이다. 그에 대한 방증으로 빙하기에 인류는 거의 전멸했다. 오직 지금의 아프리카 남부 해안가 지방에서 조개 등의 해산물을 잡아먹던 인류만이 생존하고 나머지 인류는 거의 전멸했다. 인류는 빙하기에 대처하지 못했다. 인류의 상황 대처 능력은 과거, 현재, 미래를 확실히 구분하면서 증대되고 확장된 것이다. 지금 인류가 누리고 있는 문화는 인류의 긴 역사에서 그리 오래되지 않은 시간에 형성된 최근의 경향일 뿐이다. 대단히 애석하게도 인류가 생각하는 것만큼 위대한 존재는 아닌 것 같다. 단지 신과 비슷하다고 스스로 위안하고 있는 존재라고 보는 게 더 정확하다. 이러한 시간 인식의 한계는 진화에 대한 이해도 왜곡시킨다. 진화는 직선적이거나 목적이 있는 과정이 아니다. 인류가 현재의 모습에 도달한 것처럼, 다른 종들도 각자의 방식으로 진화하고 있다. 침팬지와 보노보는 진화하지 못한 것이 아니라 인류의 진화 경로와 다른 경로로 진화하고 있는 것이다.

현대 인류는 마치 경주의 결승점에 먼저 도달한 승자처럼 행동하지만, 실제로 진화에는 결승점이 없다. 지금 인류가 이룩한 문명이 진화의 정점이라고 생각하는 것은 착각일 수 있다. 수백만 년 후의 관찰자가 보면, 현재의 인류 문명은 아주 초기 단계일지도 모른다. 원시적이라고 생각하는 침팬지와 보노보의 도구 사용과 사회적 학습도, 그들만의 진화 여정에서는 매우 중요한 진전일 수 있다. 그들이 보여주는 작은 변화들이 수백만 년 후에는 전혀 다른 형태의 지능과 문명으로 발전할 가능성이 있다.

시간의 눈금자를 바꿔서 생각해 보면 새로운 통찰을 얻을 수 있다. 만약 지구의 역사를 1년이라고 가정한다면, 현대 인류의 기록된 역사는 12월 31일 마지막 몇 초에 불과하다. 그런데 현대인은 이 몇 초 동안의 경험을 기준으로 수백만 년의 인류 역사를 판단하려 한다. 인류는 지금도 진행 중인 진화의 한가운데 있다. 현대 인류의 문명이 이룩한 성과들은 단순히 끝이 아니라 긴 여정의 한 지점일 뿐이다. 마찬가지로 침팬지와 보노보가 보여주는 도구 사용과 학습 행동도 그들의 진화 여정에서 한 단계일 뿐이다. 진정한 과학적 태도는 지금 이룬 과학의 한계를 인정하는 것에서 시작한다. 수백만 년의 시간을 몇 천 년의 경험으로 재단하려는 시도를 멈추고, 더 긴 시간의 관점에서 과학을 바라볼 필요가 있다. 그 순간부터 인류의 과거와 미래, 그리고 다른 종들의 진화 가능성을 더 깊이 이해할 수 있을 것이다. 또한 진화는 발전의 개념은 아니다. 진화는 비의도적인 변화이다. 진화는 창조론과 정반대에 있다고 단정 지을 수 없다. 진화는 무에서 유를 창조하는 것을 의미하는 것은 아니다. 진화의 의미에 대해 다른 관점에서 바라보아야 한다. 진화와 창조는 대립하는 개념이 아니라 상호보완적인 관계일 수도 있다는 생각이 든다.

7. 첫 무기

인류가 돌멩이와 나뭇가지를 결합해 복합도구를 만든 순간, 생태계의 질서를 바꿀 만큼 강력한 힘과 함께 사냥·방어·사회 조직의 혁신을 이루었지만, 이 기술적 진보는 동시에 집단적 폭력과 파괴의 가능성도 키워 인류 문명의 양면성을 드러내는 전환점이 되었다.

타제, 마제 석기를 백만 년 이상 사용하던 어느 날, 인류는 복합도구를 발견하게 되었다. 현대인의 시각에서 그 시간을 특정하는 것은 무의미할지도 모른다. 아무튼 어떠한 계기로 인해, 우연한 사건을 통해 돌멩이와 나뭇가지가 결합한 형태를 발견하고 활용하기 시작했다. 평소 칡뿌리 등을 가지고 노는 개체가 기초적인 방식으로 이를 묶어 사용했을 가능성이 높다. 이처럼 다양한 과정을 통해 초기 인류는 돌도끼, 돌창과 같은 복합도구를 최초로 가지게 되었다. 복합도구를 가진 집단들은 작은 가족 단위에서부터 좀 더 큰 규모의 집단에 이르기까지, 당시로서는 상상을 초월하는 강력한 무기를 확보하게 되었다. 이를 토대로 주변의 다른 동물들을 사냥하거나, 필요에 따라 다른 집단을 제압했다. 이 복합도구의 힘은 당시 생태계에서는 마치 지금의 총기와 같은 혁명적인 위력을 지녔다.

지금까지 알려진 바에 따르면, 약 5만 년 전에는 호모 플로레시엔시스가, 그리고 4만 년 전에는 네안데르탈인과 데니소바인이 멸종했다고 한다. 이는 인류학자들의 발견에 기반한 것이다. 그러나 여기서 이들 종이 왜 멸종했는지에 대해, 호모 사피엔스 때문이라는 가설 외에도 다른 가능성을 함께 고려해 볼 필요가 있다. 복합도구를 사용한 인류 집단의 부상으로 인한 경쟁, 기후 변화나 자연재해에 따른 서식지 축소, 질병 등 다양한 요인을 고려할 수 있다. 또한 이들 종이 단순히 멸종하지 않고 다른 호모 종에 흡수되는 특이한 형태의 진화 경로를 걸었을 가능성도 있다. 즉 역사를 바라보는 관점에 따라 해석이 달라질 수 있다. 초기 인류의 도구 사용과 집단 간 관계, 그리고 다른 인류 종의 운명에 대해서는 여전히 많은 가능성이 열려 있다고 할 수 있다. 기존의 통념을 넘어서, 다각도로 탐구하고 상상해 볼 필요가 있다. 그래야만 과거 인류의 모습을 보다 정확히 이해할 수 있을 것이다.

  복합도구의 발명은 우연한 발견과 의도적인 시도가 혼합된 결과였을 가능성이 높다. 이러한 도구의 위력을 이해하는 데 도움이 되는 현대 사례가 있다. 얼마 전 한 동물학자의 침팬지 무리 관찰 일지에 따르면, 침팬지 무리의 수컷 중 힘이 그리 세지 않은 개체 하나가 사람이 사용하다만 드럼통을 들고 다녔다. 그 수컷 침팬지가 드럼통을 우연히 두드렸더니 다른 수컷 침팬지가 도망가는 것을 목격했다고 한다. 결국 그 수컷 침팬지는 드럼통을 활용해 무리의 우두머리가 되었다. 단순한 드럼통 하나가 그런 위력을 발휘했다면, 당시의 돌도끼나 돌창의 위력은 상당했음을 짐작할 수 있다.

  복합도구의 출현은 인류 사회에 근본적인 변화를 불러왔다. 단순한 돌멩이나 나뭇가지로는 불가능했던 일들이 복합도구 이후 가능해졌다. 이러한 변화는 인류의 짧은 시간 단위가 아니라 수천 년 또는 수만 년에 걸쳐 점진적으로 일어났을 가능성이 높다. 돌도끼 하나로 인류는 더 큰 동물을 사냥할 수 있게 되었고, 돌창은 먼 거리에서도 위협적인 힘을 발휘할 수 있게 했다. 하지만 이러한 복합도구의 발전이 오롯이 폭력이나 경쟁만을 위한 것은 아니었다. 같은 시기 인류는 이 도구들을 이용해 보다 정교한 거주지를 만들고, 음식을 가공하며, 심지어 예술적 표현까지 시도했다. 네안데르탈인과 현생인류의 관계를 보면, 단순한 생존 경쟁을 넘어 기술과 문화의 교류가 있었음을 알 수 있다. 현대 인류의 DNA에서 발견되는 네안데르탈인의 유전자는 이들 사이의 복잡하고 지속적인 상호작용을 보여주는 증거다.

  복합도구의 발명이 가져온 변화는 양면성을 지닌다. 한편으로는 인류의 생존과 번영을 가져왔지만, 다른 한편으로는 전례 없는 예측불가능한 수준의 폭력을 동반했다. 이는 마치 현대의 핵무기가 가진 딜레마와 비슷하다. 기술의 발전이 반드시 진보를 의미하지는 않는다는 교훈을 인류는 이미 선사시대부터 배우고 있었는지도 모른다. 인류사에서 인류는 급작스러운 폭력성을 보이는 경우가 있다. 이러한 폭력의 특징은 집단적이고 계획적으로 도구를 활용해 이루어졌다는 점이다. 또한 이러한 폭력은 상징적이거나 직접적인 이유를 넘어서, 보다 확장된 범주에까지 미쳐 자행되었다.

  기원전 인류사에서 이런 급작스러운 폭력성의 증거는 대표적으로 다음 세 가지 사례에서 엿볼 수 있다. 첫 번째 사례는 약 12,000년 전 수단 제벨 사하바(Jebel Sahaba)의 '117번 유적지(Site 117)'에서 발견된 것으로, 총 59구의 유해 중 약 45%에서 폭력에 의한 사망 흔적이 확인되었다. 이는 선사시대 집단 간 조직적 폭력이 있었다는 직접적인 증거이다. 두 번째 사례는 기원전 330년 알렉산더 대왕이 페르시아의 수도 페르세폴리스(Persepolis)를 점령한 뒤 도시 전체를 불태운 사건이다. 정확한 희생자 수는 알려지지 않았지만, 상당수의 페르시아인이 살해되었으며, 역사 기록에 따르면 대부분의 주민이 목숨을 잃은 것으로 전해진다. 당시 페르세폴리스에는 약 5만 명이 거주하고 있었던 것으로 추정된다. 고대 전쟁과 도시 약탈의 전형적인 양상을 고려할 때, 최소 2만 명이 목숨을 잃고 나머지는 노예로 끌려갔을 가능성이 높다. 현대의 시각으로 보아도 이는 상상을 초월하는 폭력이다. 세 번째 사례는 기원전 146년 로마가 지금의 튀니지에 위치한 카르타고(Carthage)를 함락했을 때 발생한 대학살이다. 수만 명이 학살되었고, 약 5만 명의 생존자가 노예로 팔려갔으며, 도시는 완전히 파괴되었다. 로마군이 카르타고의 땅에 소금을 뿌려 사람이 살 수 없는 불모지로 만들었다는 이야기가 전해질 정도로 극단적인 폭력이 자행되었다. 이 사례들은 인류 폭력의 본질적 특성인 계획적 도구 사용, 집단성, 상징성, 무차별성, 확장성이라는 다섯 가지 요소를 뚜렷하게 보여준다. 이러한 역사적 사건들은 인류가 과연 발전적인 진화를 이루고 있는가에 대한 심각한 의문을 제기하게 한다. 또한 이 사례들은 현대 문명사회에서도 극단적 폭력이 가능함을 경고하는 중요한 역사적 교훈이 되고 있다.

  인류사에서 여러 고고학적 증거는 기원전 이전부터 존재했던 이러한 조직적 폭력의 흔적을 보여준다. 머리뼈에서 발견되는 둔기나 날카로운 도구에 의한 상처들은 의도적인 살상이 있었음을 증명한다. 이와 같은 놀라운 수준의 폭력은 인류가 가진 고도의 인지능력, 도구 사용 능력, 그리고 복잡한 사회 조직이 결합하여 나타난 결과로 볼 수 있다. 물론 요즘 국내에서 일어나고 있는 정치 상황도 궤를 같이하고 있다. 인류 역사 속에서 전례가 없는 새로운 형태의 폭력성이 발현되고 있다. 정치라는 사회적 시스템이 법치라는 이름 아래 개인적 이익을 위해 활용되며, 일부는 이를 통해 사람들을 선동하고 전략적으로 이용하려 한다. 이러한 현상 역시 인류사에 유례 없는 폭력성과 깊이 연결된 중요한 흐름 중 하나다.

너무 나가지 말고, 다시 필자가 말하고자 하는 기원전 인류사로 들어가겠다. 여기서 흥미로운 점은 당시의 복합도구가 가진 파괴력이다. 현대의 관점에서 보면 단순해 보이는 돌도끼나 돌창이지만, 당시의 맥락에서는 혁명적인 무기였다. 이전까지 존재하지 않았던 새로운 차원의 힘을 가진 집단이 등장했다는 것은 생태계의 균형을 완전히 바꿔놓을 만한 사건이었다. 복합도구의 출현이 가져온 변화는 단순히 기술적 차원을 넘어선다. 더 효율적인 사냥과 방어 능력은 집단의 생존 가능성을 높였고, 이는 더 큰 규모의 사회 조직을 가능하게 했다. 도구를 만들고 사용하는 지식이 전승되면서, 문화적 학습과 사회적 협력의 중요성도 더욱 커졌다. 한편으로 복합도구의 발명은 인류에게 폭력이라는 새로운 차원의 문제도 안겨주었다. 처음으로 한 종이 자신의 생존에 필요한 수준을 훨씬 넘어서는 파괴력을 갖게 된 것이다. 이는 현대 인류가 직면한 핵무기나 환경 파괴의 문제와 본질적으로 다르지 않다. 기술의 발전이 가져오는 힘의 증가는 항상 새로운 윤리적 도전을 수반한다.

이런 관점에서 보면, 네안데르탈인이나 데니소바인의 멸종은 단순한 과거 사건이 아니라 현대 인류에게 중요한 경고가 된다. 기술적 우위가 가져올 수 있는 파괴적 결과를 보여주는 첫 번째 사례일 수 있기 때문이다. 오늘날 직면한 많은 문제의 기원을 이 최초의 복합도구 발명 시기에서 찾을 수 있다. 기술의 발전이 가져오는 압도적인 힘, 그리고 그 힘의 사용에 대한 윤리적 고민은 이미 수만 년 전부터 시작되었다. 현대의 핵무기나 인공지능이 제기하는 윤리적 딜레마는 돌도끼와 돌창이 제기했던 질문의 현대적 버전일 뿐이다.

다른 호모 종들의 멸종 과정은 현대 인류에게 깊은 통찰을 제공한다. 호모 플로레시엔시스, 네안데르탈인, 데니소바인의 소멸은 단순한 역사적 사실이 아니라 기술 발전이 가져올 수 있는 파괴적 결과에 대한 인류의 기록일 수 있다. 물론 이미 언급했듯이, 이들의 멸종이 순전히 호모 사피엔스의 폭력성 때문만은 아니었을 가능성도 있다. 인류의 폭력성, 위협적인 병원균, 기후 변화 등 인류를 위협하는 요소들은 항상 상존한다. 인류의 역사는 단편적으로만 해석하기 어려운 복잡한 요소들을 포함하고 있으며, 이로부터 여러 시사점을 도출할 수 있다. 기술의 발전, 환경의 변화, 종족 간의 관계가 만들어내는 복잡한 상호작용은 단일한 결과로 귀결되지 않는다. 이러한 상호작용의 결과를 수학적 공식처럼 정확히 예측할 수는 없지만, 다양한 방향으로 합리적인 추론이 가능하다.

우리는 선사 시대부터 이어져 온 근본적인 질문 앞에 서 있다. 인류가 가진 힘은 어떻게 사용되어야 하는가? 기술의 발전은 어디까지 허용되어야 하는가? 다른 종들과의 공존은 어떻게 가능한가? 이 질문들에 대한 답을 찾는 것이 현생인류의 생존을 결정할지도 모른다. 지금 인류는 또다시 인공지능을 필두로 한 현대 문명의 위협 앞에 스스로를 몰아넣고 고민의 기로에 서 있다.

〈참 고〉

▶ Crevecoeur, I., Schmitt, A., Maureille, B., & Trinkaus, E. (2021). New insights on interpersonal violence in the Late Pleistocene based on the Nile valley cemetery at Jebel Sahaba. Scientific Reports, 11, 9991.

나일강 유역의 제벨 사하바(Jebel Sahaba) 유적지에서 이루어진 이 연구는 후기 플라이스토세(Late Pleistocene) 시대, 즉 약 1만 3천 년 전 인류 집단묘지에 대한 중요한 발견을 담고 있다. 연구팀은 이곳에서 발굴된 107구의 인골을 매우 세밀하게 분석했는데, 기존에 알려진 외상 흔적들뿐만 아니라 새롭게 발견한 폭력의 증거들까지 체계적으로 조사해서 지도로 기록했다. 분석 결과는 상당히 충격적이었다. 많은 유해에서 치명적이거나 비치명적인 외상 흔적들이 확인되었는데, 이는 당시 인류 집단들 사이에서, 또는 같은 집단 내부에서도 상당히 빈번한 폭력과 갈등이 벌어졌음을 보여준다. 이 연구는 후기 플라이스토세 시대 북동 아프리카에 살았던 사람들의 삶이 어떠했는지, 그리고 그들이 겪었던 사회적 긴장과 갈등의 실상을 생생하게 드러내고 있다. 특히 선사시대 폭력의 구체적인 양상을 이해하는 데 매우 중요한 단서를 제공한다는 점에서 의미가 크다.

▶ Briant, P. (2002). From Cyrus to Alexander: A History of the Persian Empire. Eisenbrauns.

이 책은 키루스(Cyrus) 2세가 제국을 세운 때부터 알렉산더(Alexander) 대왕이 정복할 때까지 페르시아(Persia) 제국의 모든 면을 폭넓게 다루고 있다. 정치적 변화는 물론 사회와 문화, 군사 발전까지 종합적으로 살펴볼 수 있어서 당시 제국의 전체적인 모습을 이해하는 데 도움이 된다. 페르시아 제국이 특별했던 점은 수많은 민족과 지역을 하나로 묶어 고대 세계에서 처음으로 거대한 제국을 만들어냈다는 것이다. 이전에는 볼 수 없었던 규모의 통합 국가였던 셈이다. 알렉산더의 정복은 단순히 제국이 끝난 것이 아니라 페르시아 제국의 유산이 새로운 형태로 변화하고 계승되는 과정이기도 했다. 수도 페르세폴리스(Persepolis)가 파괴되고 대규모 학살이 벌어진 것은 제국의 몰락을 상징적으로 보여주는 사건이었는데, 이는 고대 시대 도시가 함락될 때 흔히 벌어지던 전형적인 모습이었다.

▶ Gazda, E. K., & Humphrey, J. H. (1979). Carthage Then and Now. Ann Arbor: Kelsey Museum of Archaeology.

이 책은 1920년대부터 최근까지 카르타고(Carthage) 유적 발굴의 성과와 변화 과정을 소개한다. 스텔라(stela), 모자이크(mosaic), 암포라(amphora), 동전, 조각상 등 다양한 유물을 통해 카르타고의 종교, 예술, 무역, 일상문화를 생생하게 보여준다. 푸니키아(Phoenicia), 로마(Rome), 반달(Vandal), 비잔틴(Byzantine) 등 여러 시대에 걸친 카르타고의 역사와 도시 변천사를 폭넓게 다룬다. 현대적 발굴 기법과 국제 협력을 통한 고대 카르타고 유산 보존과 연구의 중요성을 강조하고 있다.

8. 아프리카의 수수께끼

아프리카 기원설은 현생인류가 아프리카에서 시작되었다는 강력한 증거를 갖고 있지만, 지금까지의 화석과 DNA 분석 등 제한된 자료만으로 인류 진화의 전체 과정을 단정하기는 어렵고, 다양한 인류 종의 공존과 교류, 환경 변화, 아직 발견되지 않은 증거의 가능성 등 복잡한 상호작용을 고려할 때, 인류의 기원과 진화는 단일한 경쟁·멸종 서사가 아니라 훨씬 더 다층적이고 유연한 과정이었음을 열린 시각으로 바라봐야 한다.

아프리카 기원설이 현재 인류 진화 이론의 주류로 자리 잡고 있다. 이 이론을 뒷받침하는 중요한 증거 중 하나는 1974년 에티오피아 하다르에서 발견된 약 320만 년 전의 화석 "루시"이다. 오스트랄로피테쿠스 아파렌시스로 분류된 루시는 초기 인류가 이미 직립보행을 했다는 명확한 증거를 제공한다. 아프리카 기원설에 따르면, 전 대륙에 분포하는 모든 현생인류인 호모 사피엔스가 아프리카에서 시작되었다는 것이다.

이는 지금까지 발견된 화석과 정보를 바탕으로 인류학자들이 해석한 것이다. 그러나 향후 새로운 정보가 발견된다면 이러한 추론이 변경될 수 있다. 현재의 상식으로는 1만 내지 3만 명 정도로 추정되는 초기 호모 사피엔스가 네안데르탈인을 포함한 모든 호모 종을 멸종시켰다는 가설을 쉽게 받아들이기 어려운 측면이 있다. 이는 호모 사피엔스가 다른 유사 존재들을 의도적으로 제거하려 했다는 전제가 필요하기 때문이다.

현재 지구상에 공존하고 있는 고릴라, 침팬지 등의 집단 사이에서 큰 충돌이나 폭력이 일어나지 않는다는 점을 고려하면, 당시 호모 사피엔스와 다른 인류 종 간의 관계에 대해서도 재해석이 필요할 수 있다. 물론 고릴라와 침팬지 등 유인원들은 서로 다른 서식환경과 서식지를 가지고 있어 충돌이 적을 수 있으나, 진화론적 관점에서는 이러한 서식지 분리 자체가 종 간 경쟁을 피하기 위한 적응 전략이었다고 해석할 수도 있다. 상당 부분 겹치는 서식지에서도 경쟁이 벌어지는 것을 관찰했다는 증거는 나타나지 않고 있다. 호모 사피엔스의 기원과 다른 인류 종의 멸종 과정은 아직 완전히 해명되지 않은 상태이며, 향후 새로운 증거와 연구를 통해 기존의 가설이 수정될 가능성이 있다.

인류의 기원을 찾으려는 노력은 지난 수십 년간 아프리카 대륙에 집중되어 왔다. 1974년 에티오피아 하다르에서 발견된 루시는 320만 년 전 직립보행을 했던 오스트랄로피테쿠스 아파렌시스의 존재를 입증하며, 아프리카 단일 기원설을 뒷받침하는 강력한 증거가 되었다. 아프리카 기원설에서는 현생인류인 호모 사피엔스가 아프리카에서 출현하여 전 세계로 퍼져나갔다고 주장한다. 그러나 중요한 점은 지금까지 발견된 화석과 증거들에 기반한 해석이라는 사실이다. 마치 거대한 퍼즐에서 일부 조각만을 가지고 전체 그림을 추측하는 것과 같다. 아직 발견되지 않은 화석들과 발굴되지 않은 유적들, 그리고 미처 해석하지 못한 증거들이 존재할 수 있다. 새로운 발견은 언제든 기존의 이론을 수정하거나 뒤집을 수 있다. 과학의 역사는 확실하다고 여겨진 많은 진실이 새로운 증거 앞에서 수정되어 온 과정을 보여준다. 현재 과학계가 추정하는 초기 호모 사피엔스의 인구는 이만에서 삼만 명 정도이다. 수적으로 매우 적은 이 집단이 전 세계에 분포한 네안데르탈인을 비롯한 다른 모든 호모 종을 멸종시켰다는 주장은 여러 의문점을 제기한다. 단순히 수의 논리로도 설명하기 어려운 부분이 존재한다. 더욱 근본적인 문제는 멸종 가설의 전제 조건이다. 호모 사피엔스가 다른 모든 호모 종을 의도적으로 제거했다는 가설이 성립하려면, 호모 사피엔스는 태생적으로 극도로 폭력적이고 배타적인 성향을 지닌 종이여야 한다. 그러나 현대 인류의 행동 패턴이나 문화적 특성은 반드시 그렇지만은 않다는 것을 보여준다. 물론 앞 장에서 서술한 예측할 수 없는 폭력이 발생한 역사적인 사실은 다수 존재하나 그렇다고 호모 사피엔스의 특징을 항상 폭력적이라고 전제할 수는 없다. 현생 영장류들의 행동을 관찰하면 이와 같은 경향을 엿볼 수 있다. 고릴라와 침팬지 집단은 서로의 영역이 상당 부분 겹치지만, 체계적인 종간 갈등이나 의도적인 멸종 시도는 관찰되지 않는다. 오히려 대부분의 경우 평화로운 공존이 이루어지고 있다. 아프리카 기원설이 제시하는 시나리오에는 또 다른 논리적 문제가 존재한다. 전 대륙에 걸쳐 모든 네안데르탈인 집단이 호모 사피엔스에 의해 동시다발적으로 멸종되었다는 주장은 현실적으로 설명하기 어렵다. 당시의 이동 및 통신 수단을 고려할 때, 소수의 호모 사피엔스 집단이 광범위한 지역에서 조직적인 멸종 활동을 펼쳤다는 것은 설득력이 떨어진다. 최근의 DNA 연구 결과는 더욱 복잡한 그림을 보여준다. 현대 인류의 유전자 속에서 발견되는 네안데르탈인과 데니소바인의 DNA는 단순한 대립 관계를 넘어선 교류와 공존의 증거를 제시한다. 완전한 멸종이 아닌 부분적 통합과 흡수의 과정이 있었을 가능성을 시사한다.

자연계의 일반적인 법칙을 보더라도, 한 종이 다른 종을 완전히 멸종시키는 경우는 매우 드물다. 대부분의 경우 여러 종은 각자의 생태적 지위를 찾아 공존하는 방향으로 진화한다. 천적이 존재하지 않는 강자라도 생명이 붙어 있는 존재는 경쟁보다는 안정을 추구하는 것이 일반적인 행동 패턴일 가능성이 더 높다. 현생 영장류들의 행동 패턴이 보여주듯, 종 간 경쟁이 반드시 멸종으로 이어지지는 않는다. 인류의 진화 과정은 발견된 증거의 일부만을 바탕으로 구성된 것이다. 아직 발견되지 않은 증거들은 돌이나 철로 된 구조물, 혹은 화석의 형태로 남아 있으며 시간이 흐르면서 점차 밝혀질 가능성이 있다. 인류 진화의 증거 중에 영원히 소실된 것도 있을 것이다. 유기물로 이루어진 증거들은 바이오마커(생체지표 물질) 분석, 안정동위원소 분석, 지질 분자, DNA 분석 등으로 찾을 수는 있다. 이 분석 방법으로 검출되기 위해서는 빠른 매몰, 혐기성 환경, 저온 환경, 특정 광물화 과정의 네 가지 조건을 갖추어야 한다. 그러나 실제 환경에서는 이 네 가지 조건이 온전히 갖추어져 발견되기보다는 시간이 흐르면서 소멸될 가능성이 더 크다. 이 조건을 갖추지 못한 유기물로 만들어진 도구나 주거 형태의 흔적들은 시간이 지나면서 완전히 사라졌을 것이다. 지금까지 발견하지 못한 다른 형태의 문화와 기술이 존재했을 가능성도 있다.

멸종이라고 여겨지는 현상도 다른 해석의 여지가 있다. 네안데르탈인의 갑작스러운 실종은 멸종이 아닌 다른 형태의 변화일 수 있다. 호모 사피엔스와의 점진적인 통합, 기후 변화에 따른 서식지 이동, 또는 아직 발견하지 못한 다른 요인들이 작용했을 수 있다. 여기서 갑자기 사라졌다는 표현 역시 그 갑자기의 시각이 인류의 역사에서는 만 년이 될 수도 있고 십 만 년이 될 수도 있다. 그 증거를 찾기에는 역부족일 수 있다. 지금까지 발견한 증거만으로 280만 년에 이르는 인류의 역사를 충분히 설명하지 못할 수도 있다. 과학은 이러한 한정된 증거에 기반해 설명해야 한다는 강박에 사로잡혀 오히려 과도한 추론에 의존하고 있는지도 모른다. 인류사의 증거는 마치 서울에 있는 한 가정집의 의자 하나만으로 서울 전체를 설명하려는 것과 같을 수도 있다.

당시의 환경 조건을 정확히 재구성하는 것은 거의 불가능하다. 기후, 식생, 지형 등이 현재와는 완전히 달랐을 것이며, 이는 종 간 상호작용의 성격도 지금과는 매우 다르게 만들었을 것이다. 현대의 영장류 행동을 기준으로 과거를 해석하는 것에도 한계가 있을 수 있다. 물론 필자는 과학과 학문의 가치를 부정하거나 이를 무의미하다고 주장하려는 것이 아니라 더 자유롭고 다양한 관점에서 접근할 때 보다 정확한 해석이 가능하다는 점을 강조하고자 한다.

과학의 발전은 종종 기존 이론에 대한 의문에서 시작된다. 아프리카 단일 기원설이 현재로서는 가장 많은 증거를 가진 이론일 수 있지만, 모든 가능성을 열어두고 새로운 증거들을 탐색할 필요가 있다. 과거 다른 과학 이론들처럼, 인류 진화에 대한 이해도 미래의 발견에 의해 수정될 수 있다. 인류 진화의 과정은 우리가 인식하는 것보다 훨씬 복잡하고 다채로웠을 가능성이 있다. 단순한 경쟁과 멸종의 서사보다는 여러 종이 공존하며 교류하고, 점진적으로 변화하며 환경에 적응해온 과정이 있었을 수 있다. DNA 연구가 보여주듯, 인류는 다양한 방식으로 영향을 서로 교류하고 영향을 주고받았을 것이다. 인류의 진화는 단순한 직선적 발전이나 폭력적 경쟁의 과정이 아닌 복잡하고 다층적인 상호작용의 결과일 수 있다. 아직 발견하지 못한 많은 증거가 존재하며, 그것들은 전혀 새로운 이야기를 들려줄 것이다.

9. 시간의 오류

과거 멸종의 원인과 인류 진화의 변화를 해석할 때, 현대인의 짧은 시간 감각과 단순 인과관계로 단정짓는 것은 오류이며, 실제로는 수천 년에 걸친 미세한 변화와 다양한 요인(출산율 감소, 기후 변화, 생태계 변동 등)이 복합적으로 작용해 장기적이고 점진적인 과정으로 종의 소멸이나 변화가 일어났음을 인식해야 한다.

많은 학자는 오스트레일리아, 아프리카 등지에서 멸종된 다양한 동물이 호모 사피엔스 현생인류로 인해 멸종되었다고 추정하고 있다. 브램블 케이 멜로미스(Bramble Cay melomys), 핀타섬 땅거북(Pinta giant tortoise), 서부 흑코뿔소, 베트남 코뿔소, 랩스 청개구리(Rabbs' fringe-limbed treefrog), 남섬 코카코(South Island kōkako), 보석 달팽이, 바라다 스프링 피라미(Barada spring minnow), 크리스마스섬 집박쥐(Christmas Island pipistrelle), 우아 포우 모나크(Ua Pou monarch) 등이 대표적인 예이다. 그러나 크로마뇽인의 경우, 단순히 호모 사피엔스의 등장으로 인한 멸종이라고 보기보다는 다른 요인을 고려해야 한다. 일부 학자들은 크로마뇽인의 출산율 저하가 주요 원인이었다고 주장한다. 약 7만 명 규모의 크로마뇽인 집단에서 출산율이 1.4에서 1.3으로 떨어졌다는 연구 결과에 따르면, 이에 따라 4,000년 이내에 자연스럽게 멸종되었을 가능성이 있다. 여기서 주목해야 할 점은 절대 시간에 대한 인식의 차이다. 현생인류의 관점에서는 백 년에서 천 년이 매우 긴 시간으로 여겨진다. 그러나 수만 년 전에 일어난 사건들을 평가할 때는 이러한 시간적 감각의 차이를 충분히 고려해야 한다.

이처럼 과거 동물 멸종의 원인을 분석할 때는 현생인류의 관점을 넘어서 보다 거시적이고 장기적인 시각이 필요하다. 단순히 호모 사피엔스의 영향으로만 설명하기보다는 기후 변화, 인구 동태, 서식지 변화 등 다양한 요인을 종합적으로 고려해야 한다. 이를 통해 과거 인류 진화의 복잡한 과정을 보다 정확히 이해할 수 있다. 멸종은 단순한 사건이 아닌 복잡한 과정이다. 최근 수십 년간 오스트레일리아와 아프리카 등지에서 브래들리 케이 멜로미스(작은 설치류)부터 서부 검은 코뿔소(Western black rhinoceros)까지 수많은 생물종이 사라졌다. 많은 학자는 현생인류를 이와 같은 멸종의 주범으로 지목한다. 그러나 모든 멸종의 원인을 인류의 직접적인 행위로 단순화하는 것은 위험한 일반화일 수 있다. 이러한 단순화는 인류가 지구의 느린 자연적 시간 흐름을 인위적으로 가속화시킴으로써 발생하는 시간 인식의 오류에서 비롯된 현상으로 볼 수 있다.

과거를 해석할 때도 현재의 시간 감각을 무의식적으로 적용한다. 마치 역사적 사건들이 오늘날의 뉴스처럼 빠르게 진행되었을 것이라 상상한다. 그러나 과거의 변화는 훨씬 더 긴 시간에 걸쳐 일어났다. 한 세대의 변화는 미미했을 것이며, 큰 변화는 수십 세대에 걸쳐 점진적으로 발생했을 것이다. 이 시간 척도의 차이는 현대인의 참조 체계에도 영향을 미친다. 현대 인류는 현대의 빠른 변화를 기준으로 과거를 해석하려 하지만 과거의 변화는 전혀 다른 리듬으로 진행되었다. 수천 년에 걸친 점진적 변화를 이해하기 위해서는 다른 형태의 참조 체계가 필요하다.

참고로 인류 역사에서 달력이라는 개념을 거슬러 올라가 보면, 약 30,000년 전 프랑스 아브리 블랑샤르(Abri Blanchard)에서 발견된 뼛조각의 음각 표시에서 그 흔적을 찾을 수 있다. 이후 인류는 시간을 더욱 체계화하기 시작했으며, 기원전 3,000년경 메소포타미아에서 12개월 체계를 확립했다. 비슷한 시기에 이집트에서는 최초로 365일, 3계절, 12개월을 구분하는 체계를 마련하였다. 또한 기원전 2,000년경 마야 문명에서는 260일의 종교력과 365일의 태양력을 병용한 매우 정교한 천문 관측 기반 달력을 제작했다. 이 중에서 3만 년 전부터 인류가 시간을 측정하는 기준이 생겨났다고 보더라도 280만 년의 인류 역사에서 3만 년은 약 1.07%를 차지한다. 인류사 280만 년이 1년(365일)이라고 가정했을 때 3만 년은 약 4일에 해당하고 280만 년이 24시간이라고 가정했을 때, 3만 년은 약 15분에 해당한다. 인류 역사의 대부분에서 시간 개념은 희미하거나 크게 중요하게 여겨지지 않았다. 이는 인류 역사에서 달력이라는 개념이 상당히 최근에 등장했음을 보여준다. 다시 말해, 인류는 전체 역사의 약 98.93% 동안 체계적인 달력 없이 살았다. 현대에 와서 언제라고 특정하여 현대 시간의 개념에서 생각하고 해석하여 당시를 설명하는 것에 많은 의미를 부여하기는 힘들다.

크로마뇽인의 멸종 사례는 지금의 일반적인 생각 방식을 재고해야 하는 좋은 사례이다. 출산율이 0.1 정도 감소하는 작은 변화가 4,000년에 걸쳐 전체 종의 소멸로 이어질 수 있다는 사실은 멸종이 반드시 급격한 재앙이나 외부의 폭력적 개입 없이도 일어날 수 있음을 보여준다. 현대의 관점에서는 이해하기 어려운 시간의 크기가 작용한다. 4,000년이라는 시간은 현대 인류가 기록해온 기원후 2,000년의 역사보다도 두 배나 긴 기간이다. 이 기간에 일어난 변화를 마치 오늘날의 멸종처럼 단순한 인과 관계로 설명하려는 시도는 시간의 본질을 왜곡할 수 있다. 100년 내에 멸종된 현대의 동물들과 수천 년에 걸쳐 일어난 고대의 멸종을 동일한 논리로 설명하려는 시도에는 근본적인 오류가 있다. 현대의 멸종은 급격한 환경 변화와 직접적인 인간 개입으로 인한 것이지만, 과거의 멸종은 훨씬 더 복잡하고 점진적인 과정이었을 수 있다. 당시 인류는 자연환경과 재해를 극복할 힘이 거의 없는 상태였다. 시간의 해상도를 더 크게 확장하고, 관점을 더 멀리 두어야 진정한 이해에 도달할 수 있다. 멸종이라는 현상을 단순히 실종으로 해석하는 것이 아니라 장기적인 변화의 과정으로 보아야 한다.

출산율의 미세한 변화가 4,000년에 걸쳐 한 종의 소멸로 이어질 수 있다는 사실은 시야를 넓히는 중요한 단서가 된다.

현대인의 제한된 시간 감각으로는 백 년이나 천 년도 긴 시간으로 느껴진다. 그러나 지구의 역사, 생명의 진화, 종의 변화를 이해하기 위해서는 수만 년, 수십만 년 단위의 시간 척도로 생각해야 한다. 그래야만 크로마뇽인과 같은 집단의 소멸이 가진 진정한 의미를 파악할 수 있다. 인류가 참조해야 할 것은 단순한 사건이나 현상이 아니라 긴 시간의 흐름 속에서 드러나는 패턴과 법칙이다. 현대의 급격한 환경 변화와 종의 소멸을 과거의 점진적 변화와 동일 선상에서 비교하는 것은 시간의 본질을 왜곡할 수 있다. 관점의 확장은 단순히 시간의 척도를 늘리는 것 이상의 의미를 지닌다. 크로마뇽인의 사례는 더 깊은 질문을 던진다. 종의 소멸이 반드시 외부의 폭력적 개입이나 급격한 환경 변화 때문만은 아닐 수 있다는 것이다. 내부적인 변화, 출산율의 미세한 감소와 같은 요인도 충분히 긴 시간이 주어진다면 한 종의 운명을 결정지을 수 있다. 지금 우리나라의 출산율은 그 당시 크로마뇽인과 유사할 정도로 저조해지고 있다. 그러다 보니 우리나라의 소멸 시기는 4,000년 후쯤일지도 모른다는 엉뚱한 생각이 들기도 했다. 물론 인구의 절대 수가 다르므로 그보다는 더 시간이 걸릴 것이다.

이 통찰은 지금까지 당연하게 받아들여 온 많은 가설을 재검토하게 만든다. 네안데르탈인의 소멸, 다른 인류 종들의 사라짐, 심지어 현대의 생물 종 감소까지도 새로운 시각으로 바라볼 필요가 있다. 단순한 인과관계나 직접적인 책임을 찾으려 하기보다는 더 복잡하고 미묘한 요인들의 장기적 영향을 고려해야 한다.

참조 체계도 이에 맞춰 확장되어야 한다. 현대의 경험과 지식만을 기준으로 과거를 해석하려는 시도를 넘어, 더 큰 시간의 흐름 속에서 드러나는 패턴과 법칙을 읽어내야 한다. 관점의 확장은 새로운 이해의 지평을 열어준다. 현생인류가 다른 모든 인류 종을 의도적으로 멸종시켰다는 가설에서 벗어나, 더 복잡하고 다양한 가능성을 고려할 수 있게 된다. 출산율의 자연적 감소, 기후 변화, 생태계의 점진적 변화, 문화적 변동 등 수많은 요인이 수천 년에 걸쳐 복합적으로 작용했을 수 있다. 단순히 과거의 해석에만 해당하는 것이 아니다. 현재 직면한 문제들도 같은 맥락에서 바라볼 필요가 있다. 현대의 급격한 환경 변화와 생물 종 감소는 거시적 관점에서 보면 수만 년에 걸친 변화의 한 순간일 수 있다. 더 큰 시간의 흐름 속에서 이해하려 노력해야 한다. 이해는 제한된 시각을 인정하고 그것을 넘어서려는 노력에서 시작된다. 현대인의 짧은 시간 감각으로는 포착할 수 없는 변화들, 수천 년에 걸친 미세한 변동들, 그리고 그것들이 만들어내는 거대한 흐름을 인식할 때, 비로소 인류와 지구의 역사를 더 깊이 이해할 수 있을 것이다.

10. 점의 오만

650만 년 전 침팬지와 인류가 갈라진 이래, 우리가 확실히 아는 역사는 전체 시간의 극히 작은 점에 불과하며, 수메르 문명이나 청동기 시대조차도 거대한 시간의 흐름 속에서는 표시조차 되지 않을 만큼 미미하므로, 인류의 과거를 해석할 때는 현재의 한계와 불완전함을 겸허히 인정하고 훨씬 더 열린 시각과 유연한 사고로 접근해야 한다.

인류사의 흐름을 살펴보면 지금까지 다수 학자들이 주장한 대로 침팬지와 인간이 650만 년 전에 갈라졌다고 알려져 있다. 그리고 이로부터 현생인류가 기억할 수 있는 모든 사건들, 즉 호모 사피엔스의 출현, 신석기 시대, 수메르 문명 등은 시간의 관점에서는 극히 작은 일부분에 불과하다. 분명한 것은 알고 있는 역사적 사실들조차도 명확하지 않은 경우가 많다. 청동기 시대나 수메르 문명과 같은 시기들은 도표 상에서도 거의 눈에 띄지 않을 만큼 먼 과거의 일이라 할 수 있다. 이렇게 실제로 확실히 아는 역사의 범위가 매우 제한적임을 고려하면, 그 이전의 보다 먼 과거를 해석할 때는 훨씬 더 열린 자세와 유연한 사고가 필요하다.

생각해 보면 이렇게 오래된 역사를 완전히 이해한다는 것 자체가 어려운 일일지도 모른다. 인지능력과 역사 기록의 한계를 넘어서는 시간 규모에 대해서는 오히려 진정한 이해가 불가능할 수 있다. 하지만 이러한 한계를 인정하고 극복하려 노력하는 것이 중요하다. 인류의 역사를 어느 정도라도 제대로 이해하려면, 시간에 대한 단위 개념부터 재정립해야 한다. 시간의 흐름을 그래프로 시각화해 보면, 우리는 충격적인 진실과 마주하게 된다. 650만 년 전 침팬지와 인류의 갈림길부터 현생인류의 등장까지, 그리고 역사라고 부르는 시기까지, 이 모든 시간을 하나의 선으로 그렸을 때 인류의 기록된 역사는 머리카락 두께만큼도 되지 않는다.

호모 사피엔스의 출현부터 신석기 시대까지도 이미 아득한 과거로 여겨지지만, 전체 시간의 흐름에서 보면 극히 짧은 순간에 불과하다. 더욱 놀라운 것은 수메르 문명이나 청동기 시대처럼 오래된 역사라고 생각하는 시기들이 이 거대한 시간의 흐름 속에서는 표시조차 되지 않을 만큼 미미하다. 그 이전의 역사를 정확히 이해할 수 있다고 믿는 것은 순진한 발상일 수 있다. 기껏해야 수천 년의 역사만을 어렴풋이 기억하는 존재가 수백만 년의 시간을 이해한다는 것 자체가 불가능한 도전일지도 모른다. 때로는 알아야 할 필요가 있느냐는 생각도 든다.

수메르 문명과 인더스 문명 중간에 있던 아리타(Arita) 문명의 실제 여부조차 아직도 논쟁 중인 현실을 직시해야 한다. 최근 아리타 문명이 수메르 문명보다 앞선 문명이었다는 유물이 속속 등장하고 있다. 불과 수천 년 전의 사실관계도 명확히 하지 못하는 현대 인류가 수십만 년, 수백만 년 전의 일을 확실히 안다고 주장하는 것은 모순적이다. 청동기 시대의 정확한 모습도 제대로 그려내지 못하는 현대 인류가, 그보다 훨씬 이전의 일들을 단정적으로 해석하려 든다. 지금 이 순간 필요한 것은 겸손함이다. 지금까지 알려진 지식과 이해의 한계를 인정하고, 더 열린 관점으로 과거를 바라보아야 한다. 현재 사실이라고 믿는 것들도, 더 많은 증거가 발견되면 얼마든지 바뀔 수 있다는 가능성을 열어두어야 한다.

시간의 눈금자로 보면, 비교적 확실하게 알고 있다고 생각하는 역사조차 전체 그림에서는 극히 일부분에 불과하다. 이런 제한된 지식을 가지고 전체 인류의 역사를 이해했다고 주장하는 것은 너무나 성급한 일일 수 있다. 이 시간의 격차를 이해하기 위해 하나의 비유를 들어보자. 만약 인류의 전체 역사를 1년이라고 가정한다면, 인류가 가진 가장 오래된 기록된 역사는 12월 31일 마지막 몇 분에 불과하다. 수메르 문명과 청동기 시대는 그 몇 분 안에 포함된 몇 초에 지나지 않는다. 그런데 이 몇 초 동안의 경험을 가지고 1년 전체를 이해했다고 주장하고 있다. 수메르 문명을 설명하면서, 마치 어느 날 갑자기 선진 문명의 인류가 등장해 그 문명을 세웠다고 말하는 것이 오히려 더 비과학적이고 비현실적인 주장 아닌가. 그런데도 그런 가정을 전제로 해야 이야기가 풀린다니, 도대체 왜 그것을 믿고 시작하자는 건지 필자는 도무지 이해할 수 없다. 좀 더 이야기를 펼치면 그 문명은 어떤 문명의 영향을 받아서 만들어진 것이라야 설득력이 있다고 생각한다. 더구나 이 몇 초의 기억조차 불완전하다. 수메르 문명의 실체를 두고 학자들 사이에서 논쟁이 벌어지고 있다는 사실은 역사 이해가 얼마나 불확실한 토대 위에 서 있는지를 보여준다. 청동기 시대의 정확한 양상도 여전히 의문투성이인데, 그보다 훨씬 더 오래된 시기에 대해 단정적인 결론을 내리는 것은 지나친 자신감일 수 있다. 이런 상황에서 이해라는 말 자체가 오만한 표현일 수 있다. 지금 우리가 보고 있는 것은 과거의 아주 작은 단편들에 불과하다.

과거를 바라보는 자세는 근본적으로 바뀌어야 한다. 확실한 결론을 내리려 하기보다는 더 많은 가능성을 열어두는 접근이 필요하다. 현재 사실이라고 믿고 있는 것들도 언제든 수정될 수 있다는 열린 자세가 요구된다. 650만 년이라는 시간은 인류의 상상을 뛰어 넘어선다. 이 거대한 시간의 흐름 속에서 현대 인류가 아는 역사는 너무나 작은 부분이다. 이것은 마치 바닷가의 모래알 하나를 들여다보며 해변 전체를 안다고 주장하는 것과 다르지 않다. 지식은 제한적이고 불완전하다. 이를 인정하는 것이 오히려 더 정직한 학문적 태도일 것이다. 이해했다고 단정 짓는 순간, 오히려 더 큰 진실을 놓칠 수도 있다. 진정한 앎은 어쩌면 모른다는 사실을 인정하는 데서 시작되는 것일지도 모른다. 이러한 태도야말로 진화와 발전을 더 깊이 있게 조명하게 해줄 것이다.

〈참 고〉

▶ Herries, A. I., Martin, J. M., Leece, A. B., Adams, J. W., Menter, C. G., Latham, A. G., ... & Pickering, R. (2020). Contemporaneity of Australopithecus, Paranthropus, and early Homo erectus in South Africa. Science, 368(6486).

드리몰렌(Drimolen) 유적에서 이루어진 발굴은 인류 진화사에 중요한 발견을 가져다주었다. 약 200만 년 전 남아프리카에서 호모 에렉투스(Homo erectus), 파란트로푸스 로부스투스(Paranthropus robustus), 오스트랄로피테쿠스(Australopithecus) 등 서로 다른 초기 인류 종들이 같은 시기에 공존했다는 사실이 밝혀진 것이다. 주목할 만한 점은 이곳에서 발견된 호모 에렉투스의 두개골이 현재까지 발견된 것 중 가장 오래된 확정적 표본으로 여겨지고 있어서, 이 종의 기원이 아프리카라는 학설을 뒷받침하는 강력한 증거가 되고 있다는 것이다. 연구진은 정밀한 지층 분석과 다양한 연대 측정 방법을 동원해서 이 화석들의 정확한 연대와 진화적 관계를 명확하게 규명했다. 이 연구가 흥미로운 점은 서로 다른 초기 인류 종들이 동일한 환경에서 어떻게 상호작용하며 진화해나갔는지에 대한 새로운 관점을 제시한다는 것이다. 과거에는 상상하기 어려웠던 복잡한 인류 진화의 모습을 조금씩 그려볼 수 있게 되었다.

11. 경계의 허상

현생인류와 네안데르탈인이라는 구분은 실제 과거의 유동적이고 복잡한 상호작용을 지나치게 단순화한 인위적 경계에 불과하며, DNA와 고고학 증거가 보여주듯 이들은 경쟁과 대립만이 아니라 다양한 교류와 혼합, 공존의 관계를 맺었으므로 인류의 역사는 엄격한 분류보다 훨씬 더 유연하고 다층적인 연속성의 관점에서 이해해야 한다.

인류사가 오역되는 것은 현생인류와 네안데르탈인이라는 분류상의 문제에서 비롯된 것일 수 있다. 당시 과연 현생인류와 네안데르탈인이 서로 구분되는 집단이었을까? 서로 다른 것으로 인식하고 경쟁했을까? 아니면 상호 공생했을까?

침팬지와 고릴라 간의 차이처럼 극명한 구분은 아니었을 것이다. 현생인류 내 아시아인과 유럽인의 차이보다는 더 뚜렷한 특징이 있었겠지만, 당시 서로를 완전히 이질적인 존재로 인식할 정도였는지는 의문이다. 물론 일부 학자들은 이들이 완전히 다른 집단으로 인식되었을 것이라고 주장하지만, 그렇다고 단정적으로 이질적이었다고 결론 내리기에는 증거가 충분하지 않다. 결국 이 문제는 현재 인류가 가진 제한된 고고학적 증거만으로는 완전히 해결하기 어려운 열린 질문으로 남아 있다. 그 당시 호모 사피엔스가 모두 연합하여 네안데르탈인과 생존을 위해 경쟁을 했다는 가정은 다소 무리가 있다. 오히려 당시 호모 사피엔스와 네안데르탈인 집단 모두가 서로를 비슷한 존재로 인식했을 가능성이 더 높다. 그로 인해 호모 사피엔스 집단들 사이에서도 경쟁과 협력이 공존했을 것이며, 때로는 네안데르탈인 집단과 연합하기도 했을 것이다. 한 지역에서는 호모 사피엔스가 네안데르탈인을 흡수하기도 하고, 다른 지역에서는 반대의 경우도 있었을 수 있다. 이 추론의 근거로는 현생인류 유전체에서 네안데르탈인 DNA가 약 4% 정도 확인된다는 최근의 연구 결과를 들 수 있다. 이는 두 집단 간 상당한 유전적 교류가 있었음을 시사한다. 현생인류 안에 네안데르탈인의 유전자가 존재하는 것이 과학적인 판단이다. 호모 사피엔스와 네안데르탈인의 관계를 단순히 경쟁과 멸종의 구도로 보는 것은 현대인의 관점에서 비롯된 편향일 수 있다. 이들 집단 사이에는 더욱 복잡한 상호작용이 있었을 것이며, 시간과 지역에 따라 그 양상이 달랐을 가능성이 크다. 이러한 맥락에서 더 유연하고 열린 자세로 과거를 바라볼 필요가 있다.

현대 인류학이 만든 현생인류와 네안데르탈인이라는 구분은 과거의 실제 모습을 왜곡하고 있을지 모른다. 우리는 현재의 관점으로 과거를 재단하려 하지만 과거의 그들도 지금 우리가 서로를 나누듯 그렇게 구분했을까? 과연 호모 사피엔스라는 이름을 가진 집단이 서로 협력하고, 네안데르탈인이라 불리는 이들과는 대립했을까? 필자의 가정은 기존의 종을 구분하려는 시도가 무의미하다는 뜻은 아니다. 그러한 연구 또한 중요한 영역이지만, 인류사를 보다 넓은 시각에서 바라보려는 노력 역시 강조하고자 하는 바이다. 침팬지와 고릴라도 서로를 다른 존재로 인식하지 않느냐는 반론이 제기될 수 있다. 그러나 최근의 과학적 발견들은 놀라운 사실을 보여준다. 호모 사피엔스와 네안데르탈인 사이의 유전적 차이는 현대 아시아인과 유럽인 사이의 차이보다도 당연히 많았으나, 현대인의 생각보다 적었을 가능성이 높다.

2010년 리처드 그린(Richard E. Green)의 네안데르탈인 게놈 초안 시퀀싱

(sequencing)에 대한 연구(오염되지 않은 샘플을 통해 DNA를 추출한 연구)에서 현생인류의 유전자에서 발견되는 4%의 크로마뇽인 DNA는 단순한 숫자 이상의 의미를 가진다. 이는 두 집단이 단순히 같은 시대를 살았다는 것을 넘어, 실제로 서로 교류하고 결합했다는 결정적 증거다. 이 연구에 따르면 비(非)아프리카계 인류의 유전체 1~4%가 네안데르탈인과 공통된다는 사실이 밝혀졌다. 해당 연구를 통해 4,253kbp(염색체 염기쌍 단위로 1염기쌍(bp)은 염기 하나, 1,000염기쌍은 1kbp를 의미한다)가 네안데르탈인과 침팬지 모두와 공유되지 않는 염색체 영역임을 확인할 수 있다. 전체 80,000kbp를 기준으로 볼 때, 이 영역은 현생인류가 가진 고유한 특성을 나타내는 유전자 5%에 해당한다. 인간은 늘 동물과는 완전히 다른 존재로 스스로를 인식하고 있다. 그러나 단 5% 차이가 현생인류를 만들었다는 과학적인 수치에 부딪칠 때 당황한다. 네안데르탈인과 현대인의 게놈 구조에서 분절 중복을 볼 때 같은 조상에서 나왔다는 것을 알 수 있다. 또한 두 종은 각각 특이적인 진화 현상도 보여주고 있다. 그리고 이 연구가 말하는 중요한 결론은 두 종은 서로 혼종을 하였다는 강력한 과학적인 증거를 제시하고 있다. 이 유전적 흔적은 당시의 사회적 관계를 완전히 새로운 시각으로 바라보게 만든다. 모든 호모 사피엔스가 하나의 통일된 집단으로 행동하여 네안데르탈인들과 대립했다는 기존의 가설은 설득력을 잃는다. 오히려 지역마다 집단마다 서로 다른 관계가 형성되었을 것이다. 당시 상황은 상상하는 것보다 훨씬 더 복잡하고 다채로웠을 것이다. 호모 사피엔스라는 이름으로 묶인 집단들이 모두 하나로 뭉쳐서 네안데르탈인들과 대립했다는 가설은 현대인의 단순화된 상상일 뿐이다. 오히려 여러 집단이 서로 다양한 관계를 맺고 있었을 가능성이 높다.

어떤 호모 사피엔스 집단은 다른 호모 사피엔스 집단과 경쟁 관계에 있으면서, 오히려 근처의 네안데르탈인 집단과는 협력 관계를 맺었을 수 있다. 또 어떤 지역에서는 호모 사피엔스 집단이 네안데르탈인 집단을 흡수했을 수 있고, 다른 지역에서는 반대의 경우가 일어났을 수도 있다. 현대의 우리가 같은 인종끼리 평화롭게 지내는 것을 당연하게 여기듯, 당시 사람들에게는 서로 다른 종족 간에도 평화롭게 공존하는 것이 자연스러운 질서였을지도 모른다. 실제로 이런 복잡한 관계 양상은 현대의 고고학적 발견들과도 잘 부합한다. 서로 다른 도구 제작 방식이 뒤섞인 유적지들, 다양한 문화적 특징이 혼합된 매장 유물들은 여러 집단들 사이의 활발한 교류를 시사한다.

지금 시대의 학문적 분류가 과거의 실제 모습을 얼마나 왜곡하고 있는지 생각해 볼 필요가 있다. 호모 사피엔스와 네안데르탈인이라는 명명은 현대 인류학자들이 만든 개념적 구분일 뿐이다. 그들은 자신을 이런 이름으로 부르지도 않았고, 구분하지도 않았다. 참고로 네안데르탈인은 발견된 장소의 이름을 따서 지은 것뿐이다. 1856년 독일 뒤셀도르프 근처의 네안더 계곡(Neander Valley)에서 처음 발견되었으며, Tal(또는 Thal)은 독일어로 계곡을 의미한다. 따라서 Neanderthal은 네안더 계곡이라는 뜻이다. 크로마뇽인이라는 이름도 같은 방식이다. 1868년 프랑스 도르도뉴(Dordogne) 지방의 크로마뇽(Cro-Magnon) 동굴에서 처음 발견되어 Cro는 프랑스어로 구멍 또는 동굴을 의미하며, Magnon은 발견 장소 근처 토지 소유자의 이름을 따서 크로마뇽인이라고 불렀다. 학자들이 사용한 네안데르탈인과 크로마뇽인이라는 명칭은 과학적 근거보다는 단순히 구분을 위한 편의적인 이름에 가깝다. 대부분의 학자들이 구분을 위해 사용하는 명명학이 일반 대중에게는 마치 특별한 의미를 지닌 것처럼 인식된다. 이는 이러한 명명학이 주로 서양 학자들에 의해 형성된 것이어서, 더욱 어렵고 낯설게 느껴지는 이유 중 하나이기도 하다. 네안데르탈인을 만약 청송계곡인 또는 지리산계곡인이라고 우리나라 학자가 명명했다면 아마도 쉽게 인식했을 것이다. 거의 모든 학문이 서양 중심적인 체계를 가진 것도 어렵게 인식되는 요인 중 하나는 분명하다. 그것도 아득한 미래에는 지금과 같은 서양 중심의 체계가 존속되리라 확신하지는 않는다. 미래 어느 날에는 지리산계곡인과 같은 명명학이 있지 말란 법도 없다.

이 복잡한 상호 관계는 실제 고고학적 증거들과도 잘 부합한다. 발굴된 유적지들을 보면, 같은 장소에서 서로 다른 도구 제작 기술이 혼재된 흔적들이 자주 발견된다. 이는 서로 다른 집단들이 기술을 공유하고 서로의 방식을 배우며 살았다는 증거가 될 수 있다. 매장 방식 또한 구별하기 힘들게 혼합되어 있다. 어떤 지역에서는 전형적인 호모 사피엔스의 매장 방식과 네안데르탈인 매장 방식이 함께 발견된다. 이는 두 집단이 문화적으로도 서로 영향을 주고받았음을 시사한다. 만약 그들이 서로를 완전히 다른 존재로 여기고 적대적이었다면, 이런 문화적 혼합은 설명하기 어려울 것이다. 주거 형태에서도 비슷한 패턴이 발견된다. 같은 시기, 같은 지역에서 발견되는 주거지들은 서로 다른 건축 방식이 혼합된 형태를 띠고 있다. 이는 서로 다른 집단들이 한 지역에서 평화롭게 공존하면서 서로의 생활 방식을 공유했을 가능성을 보여준다.

이런 고고학적 증거들은 생각했던 것보다 훨씬 더 복잡하고 역동적인 사회 구조를 시사한다. 서로 다른 집단들은 필요에 따라 동맹을 맺거나, 경쟁하거나, 또는 서로 융합했을 것이다. 마치 현대의 부족 사회들처럼, 혈연이나 외형적 차이보다는 생존과 번영을 위한 실용적인 선택에 따라 관계가 형성되었을 가능성이 높다. 사냥이 풍부한 지역에서는 서로 다른 집단들이 경쟁 관계에 있었을 수 있지만, 반대로 척박한 환경에서는 생존을 위해 협력했을 수 있다. 또한 한 집단이 가진 효율적인 사냥 도구 제작법 등과 같은 특별한 기술은 다른 집단과의 교류나 통합을 촉진하는 요인이 되었을 것이다.

결혼이나 연합 관계를 통한 집단 간의 연합도 충분히 가능했다. DNA 증거가 보여주는 4%의 유전적 혼합은 이런 관계가 드물지 않았음을 증명한다. 이는 오늘날 서로 다른 민족이나 문화권 간의 결혼과 비슷한 방식으로 전개되었으리라 추정된다. 나아가 시간이 지남에 따라 이러한 관계는 지속적으로 변화해 왔을 것이다. 한때 경쟁 관계였던 집단들이 환경 변화나 외부 위협에 직면하여 협력 관계로 전환했으며, 반대로 오랫동안 협력하던 집단들이 자원 부족이나 다른 이유로 경쟁 관계로 변하기도 했다. 이와 같은 역동적 관계는 현생인류 집단 간의 상호작용과 흡사한 형태를 띠고 있다. 도구 제작 기술의 전파 양상에서는 이런 구분이 무의미해진다. 발굴된 유물들을 보면, 시간이 지남에 따라 서로 다른 집단의 기술이 점차 융합되는 현상이 관찰된다. 이는 단순한 모방이나 강제적 수용이 아닌 장기간에 걸친 상호 학습과 기술 교류의 결과로 보인다. 물론 현생인류와 네안데르탈인 사이에 차이가 없다고 이야기하는 것은 아니다. 그린 등(2010)의 연구에서 마이크로 RNA(microRNA, 세포 내 유전자 조절의 정교한 메커니즘을 이루는 중요한 요소)에서 차이가 나는 것으로 알 수 있고, 이러한 차이가 현생인류와 순수 네안데르탈인을 구분 짓는 주요 요인으로 작용했다.

여기서 현대 인류학이 만든 엄격한 분류가 얼마나 인위적인지 깨닫게 된다. 호모 사피엔스와 네안데르탈인이라는 구분은 실제로 존재했던 복잡하고 유동적인 관계를 지나치게 단순화한 것일 수 있다. 그들에게는 이러한 구분보다 실제적인 생존과 번영을 위한 선택이 더 중요했으리라 짐작된다. 현대 인류학의 분류 체계를 다시 생각해 볼 필요가 있다. 발견된 증거들은 엄격한 종의 구분이 실제 역사적 현실과 맞지 않을 수 있음을 나타낸다. 마치 지도에 인위적인 국경선을 그리는 것처럼, 과거에 존재하지 않았던 경계선을 그리고 있는지도 모른다. 당시에는 인구 이동과 집단 간 교류가 매우 역동적으로 이루어졌다. DNA 연구 결과가 보여주듯, 서로 다른 집단들은 지속적으로 만나고 섞이고 헤어지는 과정을 반복했다. 이러한 움직임은 마치 강물이 흐르면서 여러 지류가 만나고 갈라지는 것과 같은 자연스러운 과정으로 볼 수 있다.

현생인류가 빙하기와 같은 자연적인 재난을 겪지 않고 번성했더라면 호모 사피엔스의 DNA는 지금과 다를지도 모른다. 더욱 다양한 DNA을 가진 호모 사피엔스와 네안데르탈인까지도 흡수했을 가능성이 있다. 현재의 과학적인 근거에 의하면 네안데르탈인은 호모 사피엔스와는 별개의 종으로 분류된다. 그러나 전체 게놈의 99.7% 이상이 동일하고, 성공적인 교배와 생존할 수 있는 자손의 생산이 가능했으며, 일부 유전자는 현대 인류에게 적응상의 이점을 제공한다는 점에서 넓은 의미에서 호모 사피엔스에 포함될 가능성도 제기되어 왔다. 물론 이는 약 50만 년 전의 유전적 분리, 형태적 차이, 생태적 특성의 차이에 기반해 아종으로 구분한 현재의 분류를 부정하는 것은 아니다. 몇 개의 관점에서 보면, 호모 사피엔스가 다른 인류 종을 멸종시켰다는 기존의 가설은 지나치게 단순화된 설명일 수 있다. 오히려 다양한 집단들이 오랜 시간에 걸쳐 서로 영향을 주고받으며 점진적으로 변화했을 가능성이 높다. 일부는 통합되고, 일부는 고립되면서, 결과적으로 현대 인류의 모습이 형성되었을 것이다.

과학적 구분이라는 개념 자체를 다시 생각해 볼 필요가 있다. 현대의 관점에서 만든 호모 사피엔스와 네안데르탈인이라는 분류는 실존할 당시의 모습을 이해하는 데 오히려 방해가 될 수 있다. 이는 마치 복잡한 그러데이션을 흑과 백으로만 나누려는 시도와 같다. 리처드 그린의 DNA 연구에서 나타난 4%라는 수치는 단순한 통계 이상의 의미를 지닌다. 이는 생각했던 것보다 훨씬 더 복잡하고 다양한 상호작용이 있었음을 보여주는 증거다. 여러 집단은 인류학자들이 정립한 엄격한 분류와는 관계없이, 현실적인 필요와 상황에 따라 서로 교류하고 협력하며 때로는 경쟁했을 것이다. 이제는 과거를 바라보는 보다 유연하고 새로운 시각이 요구된다. 엄격한 분류와 구분을 넘어, 더 유연하고 포괄적인 관점으로 인류의 역사를 이해해야 한다. 그래야만 진정한 의미의 인류 진화 과정을 더욱 쉽게 이해할 수 있을 것이다.

〈 참 고 〉

▶ Green, R. E., Krause, J., Briggs, A. W., Maricic, T., Stenzel, U., Kircher, M., ... & Pääbo, S. (2010). A draft sequence of the Neandertal genome. Science, 328(5979), 710–722.

이 논문은 네안데르탈인 게놈(genome)의 초안 서열을 세계 최초로 완성한 획기적인 연구다. 연구팀은 이를 현생인류와 침팬지(chimpanzee)의 게놈과 세밀하게 비교 분석했는데, 그 결과가 상당히 흥미로웠다. 세 종이 공통으로 가지고 있는 대규모 DNA 중복 영역과 각 종에만 있는 고유한 분절 중복 영역을 정량적으로 분석한 결과, 네안데르탈인과 현생인류는 놀라울 정도로 유전적 유사성을 보였지만 동시에 각자 독립적인 진화 과정도 거쳤다는 사실이 밝혀졌다. 연구에서 주목할 만한 발견 중 하나는 마이크로RNA(microRNA) 같은 유전자 조절 영역에서 나타나는 미세한 차이들이었다. 이런 작은 차이들이 실제로는 현생인류와 네안데르탈인 사이의 생물학적 특성 차이를 만들어내는 데 중요한 역할을 했을 가능성이 제기되었다. 이 연구는 인류 진화의 복잡한 과정과 유전자 교환, 그리고 종 간 유전적 다양성과 조절 메커니즘에 대한 우리의 이해를 한층 깊게 만든 중요한 성과로 여겨지고 있다.

12. 공존의 증거

2020년 남아프리카 드리몰렌 유적에서 발견된 오스트랄로피테쿠스, 파란트로푸스, 초기 호모 에렉투스가 약 200만 년 전 같은 지역에서 공존했다는 과학적 증거는, 인류 진화가 단순한 경쟁과 도태가 아니라 다양한 종들이 오랜 기간 상호작용하며 공존했던 복잡한 과정임을 보여준다.

2020년 사이언스지에 실린 획기적인 연구는 현대인의 이해를 더욱 넓혀준다. 헤리스와 그의 동료들이 남아프리카에서 발견한 증거들은 오스트랄로피테쿠스, 파란트로푸스, 초기 호모 에렉투스가 같은 시기에 같은 지역에서 살았다는 것을 보여준다. 각 종의 생존 시기를 살펴보면, 오스트랄로피테쿠스는 약 400만 년 전에 등장해 200만 년 전쯤 자취를 감춘 것으로 보인다. 여기서 멸종이라는 단어를 쓰는 것이 연구가 진행될수록 부적절한 것 같아 다른 기록들처럼 이 글에서도 사용하지 않겠다. 대표적인 과학적 증거로는 약 320만 년 전 화석인 루시에 대한 연구가 있다. 파란트로푸스는 약 270만 년 전에 나타나 120만 년 전쯤 사라졌으며, 호모 에렉투스는 약 200만 년 전부터 존재했으며 11만 년 전까지 생존한 것으로 추정된다. 물론 이 과학적인 기록들에 의해 이 세 종의 과학적인 존재 사실을 규정하는 것이고 앞으로 추가로 발견되는 증거에 따라 유동적으로 시기는 바뀌게 될 것이다.

이 세 종은 드리몰렌 유적지의 증거를 통해 약 200만 년 전 남아프리카에서 동시대에 살았던 것으로 확인되었다. 여기서 말하는 동시대란 현대인의 시간 감각으로는 이해하기 어려운 기간이다. 600만 년이라는 인류사의 관점에서 보면, 수만 년의 차이는 거의 같은 시기로 볼 수 있다. 이는 마치 오늘날의 역사 기록에서 몇 분의 차이와도 같은 시간일 수 있다. 이 발견은 여러 호모 종이 서로 경쟁하여 승자가 패자를 몰아냈다는 기존의 가설에 심각한 의문을 제기한다. 오히려 다양한 인류 종들이 오랜 기간 동안 같은 지역에서 공존했다는 증거가 계속해서 발견되고 있다. 남아프리카의 발견은 중요한 의미를 가진다. 이는 단순한 우연이 아닌 장기간에 걸친 공존의 증거이기 때문이다. 오스트랄로피테쿠스, 파란트로푸스, 초기 호모 에렉투스가 같은 지역에서 발견되었다는 사실은 이들이 서로의 존재를 알고 있었을 뿐만 아니라 어떤 형태로든 상호작용을 했을 가능성을 시사한다.

이들이 남긴 유물과 흔적은 여러 상황에 대한 증거를 제시해준다. 서로 다른 도구 제작 방식이 한 지역에서 발견되며, 이는 시간이 지남에 따라 점차 융합되는 양상을 보인다. 이는 단순한 경쟁 관계가 아닌 기술과 지식의 교류가 있었음을 암시한다. 이들이 사용한 자원의 분배 양상도 이러한 상황을 설명해 주고 있다. 발굴된 증거들을 보면, 서로 다른 종들이 같은 지역의 자원을 이용하면서도, 각자 조금씩 다른 생태적 지위를 차지하고 있었던 것으로 보인다. 이는 현대의 생태계에서 볼 수 있는 생태적 구분과 유사한 양상이다.

여기서 잠깐 설명 중간마다 생태적 구분이라는 용어가 나오는데 이 말에 대해 간단한 설명을 하고 넘어갈까 한다. 생물학에서 생태적 구분은 생물이 생태계 내에서 차지하는 위치와 역할을 구분하는 것을 의미한다. 생태적 구분은 생태적 지위(ecological niche), 서식지(habitat), 영양단계(trophic level), 생태적 분화(ecological differentiation)로 구분한다. 이러한 구분은 생태계의 구조와 기능을 이해하고 종의 보전을 위한 중요한 기준이 된다. 책을 읽다 가끔 용어에 대한 설명을 붙이는 것은 단순 지식을 전달하려는 목적은 아니다. 읽는 도중 이해를 돕기 위해 설명을 붙이는데 이걸 외우듯 볼 필요는 없다. 외우려고 노력하지 말기 바란다. 어차피 외워도 대부분 머릿속에 남아 있지 않는다. 물론 이 말도 나중에는 기억에서 없어지게 될 것을 알면서도 쓴다.

다시 본론으로 돌아가겠다. 이런 공존이 가능했던 이유를 이해하기 위해서는 당시의 환경을 고려해야 한다. 남아프리카 지역의 고고학적 증거들은 다양한 생태 환경이 공존했음을 보여준다. 초원 지대, 삼림 지역, 강가 등 서로 다른 환경이 모자이크처럼 존재했고, 이는 여러 종이 각자의 생존 전략을 발전시킬 기회를 제공했을 것이다. 물론 빙하기가 갑자기 왔을 때는 지금의 아프리카 남부 해안가 일부 지역만 영장류가 살 수 있는 환경이었다. 오스트랄로피테쿠스, 파란트로푸스, 초기 호모 에렉투스는 각각 조금씩 다른 생활 방식을 발전시켰을 것이다. 어떤 종은 나무 위 생활에 더 적응했을 수 있고, 다른 종은 지상 생활에 더 특화되었을 수 있다. 또 어떤 종은 특정 식물을 주로 섭취했을 가능성이 있고, 다른 종은 별개의 먹이를 선호했을 수 있다. 이것은 앞에서 설명한 생태적 구분에 의한 추론이다.

이 생태적 분화는 직접적인 경쟁을 줄이고 공존을 가능하게 했을 것이다. 현대 생태학에서 볼 수 있는 "생태적 지위 분할(ecological niche partitioning)"과 유사한 현상이 인류의 초기 역사에서도 일어났을 가능성이 높다. 한두 문단 전에 생태적 구분에 관해 설명했는데 여기서 다시 생태적 지위 분할이 나와서 설명하고 넘어가겠다. 물론 읽는 독자는 지적 호기심이 유발되기도 하겠지만, 지루해질 수도 있다. 필자는 독자가 전자이기를 바라면서 이것에 대한 설명을 더 하겠다. 혹시 지루하다고 느끼는 독자는 커피 한 잔 마시고 다시 읽는 것도 좋은 방법이다. 생태적 지위 분할은 같은 서식지에 사는 생물 종들이 제한된 자원을 두고 경쟁을 피하고자 자원이나 활동을 나누어 사용하는 현상을 말한다. 구체적으로 세 가지로 구분한다. 같은 공간에서 다른 시간대에 활동하는 시간적 분할, 같은 지역에서 다른 높이나 위치를 점하는 공간적 분할, 같은 지역에서 다른 먹이를 선호하는 먹이자원 분할로 구분할 수 있다. 이러한 분할을 통해 여러 종이 한정된 자원을 가지고도 함께 생존할 수 있게 된다. 이 발견은 진화는 곧 경쟁이라는 도식적 사고의 한계를 뛰어 넘음을 보여준다. 25명의 연구진이 참여한 이 대규모 연구는 여러 인류 종의 동시대성을 입증했을 뿐만 아니라 공존의 구체적인 증거들도 제시했다. 동일한 동굴 유적에서 서로 다른 종의 흔적이 층위별로 발견되는데, 이는 같은 공간을, 시기를 달리하며 공유했음을 나타낸다. 동시대를 살았음에도 불구하고 시기를 달리해 공유한 이유에 대해서는 보다 구체적인 설명이 추가로 필요하다.

또한 이 연구의 식생 분석 결과는 각 종이 조금씩 다른 식량 자원을 활용했음을 보여준다. 이는 한정된 자원을 두고 벌이는 치열한 경쟁이 아닌 지혜로운 자원 분배가 이루어졌을 가능성을 시사한다. 앞서 설명한 생태적 지위 분할로 인해 서로 공존했을 가능성이 높다. 이 발견은 지금까지 사용해 온 연대 측정과 해석 방식에도 근본적인 의문을 제기한다. 600만 년이라는 시간 척도에서 보면, 다른 시대라고 구분했던 많은 사건이 사실상 동시대적 현상일 수 있다. 이는 마치 수백 년 전의 사건들을 현대의 하루 단위로 구분하려 하는 것만큼이나 부적절할 수 있다.

앤디 헤리스와 그 동료들의 연구는 연대측정 기술의 발전과 함께, 기존에 서로 다른 시기로 여겨졌던 화석들이 실제로는 같은 시기의 것일 수 있다는 점을 보여준다. 이는 단순히 연대기의 문제를 넘어, 인류 진화에 대한 전체적인 이해에 영향을 미친다. 더구나 남아프리카의 발굴 현장에서는 서로 다른 종들이 사용한 것으로 보이는 도구들이 비슷한 층위에서 발견된다. 이는 단순한 우연이 아닌 실제 상호작용의 증거로 해석될 수 있다. 새로운 발견들은 앞으로의 연구 방향에 중요한 시사점을 제공한다. 더 이상 단순한 경쟁과 도태의 관점에서 벗어나, 다양한 인류 종들 사이의 복잡한 상호작용을 연구해야 할 필요가 있다. 25명의 연구진이 협력하여 이룬 이 연구 성과는 다(多)학제적 접근의 중요성도 동시에 보여준다. 현대 과학 기술의 발전은 이러한 미세한 증거들을 더욱 정확하게 분석할 수 있게 해준다. DNA 분석, 동위원소 분석, 미세 구조 분석 등 다양한 기술의 발전은 과거에는 불가능했던 수준의 세밀한 연구를 가능하게 한다. 이 연구는 인류의 진화 과정이 생각했던 것보다 훨씬 더 복잡하고 다양했다는 것을 이야기한다. 오스트랄로피테쿠스, 파란트로푸스, 초기 호모 에렉투스의 동시대성은 단순한 사실 이상의 의미를 지닌다. 이는 인류 진화의 본질에 대해 근본적인 재고찰을 요구한다.

600만 년이라는 시간의 흐름 속에서, 여러 인류 종은 서로 경쟁하고 대립하기보다는 다양한 방식으로 상호작용을 하며 공존했을 가능성이 높다. 현대 고인류학과 고고학에서 계속해서 발견되는 새로운 증거들은 이러한 가설을 뒷받침한다. 따라서 인류의 진화를 승자와 패자의 구도로 바라보는 단순한 시각에서 벗어나야 한다. 대신 다양한 종들이 각자의 방식으로 적응하고 발전하면서, 때로는 경쟁하고 때로는 협력하며 만들어간 복잡한 역사로 이해해야 할 것이다. 이것이야말로 최신 연구 결과들이 제시하는 새로운 인류 진화의 서사다.

〈참 고〉

▶ Herries, A. I., Martin, J. M., Leece, A. B., Adams, J. W., Menter, C. G., Latham, A. G., ... & Pickering, R. (2020). Contemporaneity of Australopithecus, Paranthropus, and early Homo erectus in South Africa. Science, 368(6486).

드리몰렌 유적지에서 3D 레이저 스캔으로 만든 정밀한 지도가 정말 놀라운 이야기를 들려주고 있다. 남아프리카의 이 작은 발굴 현장에서 오스트랄로피테쿠스, 파란트로푸스 로부스투스, 초기 호모 에렉투스 화석들이 모두 발견되었는데, 각각의 정확한 위치와 지층까지 한눈에 볼 수 있게 되었다. 가장 흥미로운 점은 중앙 발굴 지역에서 나온 발견들이다. 오스트랄로피테쿠스 화석 DNH 7, 지금까지 발견된 것 중 가장 오래된 호모 에렉투스 DNH 134, 그리고 가장 오래된 파란트로푸스 로부스투스 DNH 152가 모두 이곳에서 나왔다. 이는 약 200만 년 전 이 세 종류의 인류 조상들이 실제로 같은 시기, 같은 땅에서 살았다는 것을 보여준다.
이 논문에 수록된 지도에는 워트호그(warthog) 동굴, 중앙 발굴지대, 여리고 성벽(Jericho walls) 같은 지형들과 4미터 축척 막대가 표시되어 있어서 당시 고인류들이 어디서 살았고 어떻게 이동했는지, 화석들이 어떻게 분포되어 있는지 정확하게 파악할 수 있다. 이런 자료들은 초기 인류 종들이 서로 어떻게 만나고 영향을 주고받았는지, 그리고 남아프리카가 인류 진화 역사에서 왜 그렇게 중요한 곳인지 이해하는 데 정말 귀중한 단서가 되고 있다.

13. 구분의 감옥

올도완 석기와 아슐리안 석기가 같은 시기에 한 집단에 의해 동시에 사용된 사실은, 인류의 기술과 문화 발전이 우리가 알고 있는 단순한 시대 구분이나 정형화된 분류로는 설명할 수 없는 훨씬 더 복잡하고 연속적인 과정이었음을 보여준다.

현대 인류는 역사를 구분 짓는 데 지나치게 집착해 왔다. 구석기 시대, 신석기 시대, 청동기 시대, 철기 시대 등의 명확한 경계를 그리고, 각 시대에 살았던 사람들도 그에 맞춰 분류하려 들었다. 마치 역사라는 강물을 인위적인 댐으로 구획하려는 것과 같은 시도였다. 그러나 2020년 세마우와 그 동료의 연구 결과는 단순한 시대 구분법이 현실과 동떨어져 있음을 보여준다. 그들은 같은 지역에서 올도완 석기와 아슐리안 석기가 동시에 발견된 사실을 보고했다. 서로 다른 시대의 도구라고 믿어왔던 것들이 실제로는 동시에 사용되었다. 이는 단순한 고고학적 발견 이상의 의미를 지닌다. 한 집단이 올도완 석기와 아슐리안 석기를 동시에 사용했다는 사실은, 지금까지의 시대 구분이 얼마나 인위적이고 부정확한 것인지를 여실히 보여준다. 마치 역사를 이해하기 위해 만든 틀이 오히려 현실을 왜곡하고 있었던 셈이다.

이 연구 결과는 인류 역사를 이해하는 방식에 대한 근본적인 재고를 요구한다. 분명한 경계선으로 나누어 이해하려 했던 기존의 접근법을 버리고, 보다 유동적이고 포괄적인 관점이 필요하다는 점을 시사한다. 역사는 단순한 시대 구분이 아니라, 복잡하게 얽힌 흐름이자 상호작용의 연속된 과정이었다. 과거를 이해하려면 현대인의 관점에서 벗어나, 당시 상황에 더 근접한 시각으로 접근해야 한다. 구석기 시대, 신석기 시대라는 식으로 단순화하기보다는, 서로 다른 도구와 기술이 공존하며 교류했던 역동적인 과정을 포착할 필요가 있다. 이를 위해서는 기존의 틀을 벗어나 보다 개방적이고 유연한 자세로 접근해야 한다. 연구 결과가 시사하는 바는, 과거와 현재를 이해하는 관점 자체를 근본적으로 바꿔야 한다는 점이다. 단순한 시대 구분이나 정형화된 분류에 얽매이지 말고, 보다 복잡하고 유동적인 역사의 모습을 인정하고 받아들일 때 비로소 인류 문명의 진정한 본질에 다가설 수 있다.

시대 구분이라는 틀은 사고를 제한하는 보이지 않는 감옥이 되어왔다. 현대 교육을 받은 인류는 구석기 시대라고 하면 자동으로 특정한 모습의 인류와 도구를 연상한다. 거친 돌도끼를 든 원시인의 모습을 떠올리면서, 그들이 더 정교한 도구를 사용했을 가능성은 배제해 버린다. 대부분 학교 교육에서는 원숭이 같은 유인원에서 허리가 굽은 원시인으로 그리고 맨 끝에는 현생인류로 이어지는 직선적으로 가는 과정을 알려준다. 실제 진화는 여러 줄기로 동시에 진행되며, 이러한 진화의 개념은 단선적인 발전과는 거리가 먼 것으로 다차원적이고 다양한 방향으로 전개된다. 세마우와 15명의 연구진이 발견한 증거들은 이런 고정관념을 완전히 뒤엎는다. 올도완 도구를 사용하던 사람들이 동시에 더 발전된 형태의 아슐리안 도구도 사용했다는 사실은, 당시 인류의 기술 수준이 우리가 생각했던 것보다 훨씬 더 복잡하고 다양했음을 보여준다.

더욱 중요한 것은 연속성의 문제다. 현대인들은 역사를 마치 계단처럼 뚜렷한 단계로 나누려 하지만 실제 역사는 끊임없이 흐르는 강물과 같다. 한 시대에서 다른 시대로의 전환은 하룻밤 사이에 일어나는 것이 아니라 수천 년 또는 수만 년에 걸친 점진적인 과정으로 이루어진다. 이러한 역사의 흐름을 고려하면, 도구의 발전 역시 교과서에서 배운 것처럼 명확한 단계가 아닌 더 복잡하고 유동적인 과정이었다. 올도완에서 아슐리안으로의 전환은 갑작스러운 변화가 아닌 점진적인 실험과 개선의 연속이었다. 어떤 집단은 새로운 도구를 빨리 받아들였고, 다른 집단은 전통적인 방식을 고수했으며, 또 다른 집단은 두 가지를 함께 사용했다. 이는 현대의 시각에서 보면 이해하기 어려운 현상으로 보일 수 있다. 마치 스마트폰을 쓰는 사람이 동시에 공중전화를 사용하는 것처럼 보이기 때문이다. 그러나 당시의 맥락에서는 각각의 도구가 서로 다른 용도로 모두 유용한 기능을 했을 가능성이 높다. 올도완 도구는 특정한 작업에 더 효율적이었을 수 있고, 아슐리안 도구는 다른 용도에 적합했을 수 있다. 그런 경험은 현재도 일어난다. 초기 휴대폰이 나왔을 때는 가끔은 통화 중 끊기기도 했고, 연결이 불량하기도 하며 통화음이 깨끗하지도 않았다. 초기에는 많은 이용자들이 이 때문에 중요한 전화를 걸 때에도 지금은 볼 수 없는 유선 전화기나 휴대폰을 두고 공중전화를 이용했다. 도구가 만들어진 초기 인류는 항상 이러한 적응 과정을 거쳤다. 시대 구분이라는 경계선은 이런 적응기가 있었다는 현실을 보지 못하게 한다. 각 시대를 마치 분리된 서랍장처럼 다루면서, 그 사이의 연결고리를 놓치고 있다. 현대 인류는 새로운 기술에 단 며칠, 길어야 한두 달 내에 적응하지만, 당시 초기 인류는 새로운 도구에 익숙해지는 데 수년 또는 심지어 세대를 넘는 시간이 필요했을 것이다. 오늘날 당연하게 여기는 빠른 학습 속도와 달리, 도구의 기본 사용법과 다양한 응용 방식을 터득하는 과정은 상당히 오랜 시간에 걸쳐 천천히 진행되었을 가능성이 높다.

구분과 분류에 대한 집착은 현대 연구 방법론에도 깊은 영향을 미친다. 고고학자들은 발굴 현장에서 특정 도구를 발견하면, 자동으로 그 시대를 규정하려 든다. 올도완 도구가 나오면 초기 구석기 시대로, 아슐리안 도구가 나오면 중기 구석기 시대로 분류하는 식이다. 그러나 세마우와 그의 동료들의 연구는 이런 단순한 분류가 얼마나 위험한지 보여준다.

발굴 현장의 증거들은 훨씬 더 복잡한 이야기를 들려준다. 같은 층위에서 서로 다른 도구들이 발견되고, 한 종류의 도구가 점진적으로 다른 형태로 변화해 가는 과정이 관찰된다. 마치 오늘날 도시에서 첨단 기술과 전통적 방식이 공존하는 것처럼, 과거에도 다양한 기술이 동시에 존재했다. 더구나 시대 구분은 인종과 문화의 구분으로 이어지는 경향이 있다. 특정 시대의 도구는 특정 인종이 만들었을 것이라는 가정이 자연스럽게 따라붙는다. 그러나 실제 증거들은 이런 단순한 연결이 잘못되었음을 보여준다. 문제의 해결은 시각 자체를 바꾸는 데서 시작해야 한다. 역사를 명확한 단계로 구분하는 대신, 끊임없이 흐르고 변화하는 과정으로 바라볼 필요가 있다. 마치 무지개의 색상이 서로 구분되면서도 연속적으로 이어지는 것처럼, 인류의 기술과 문화 발전도 그러했을 것이다.

세마우와 연구진의 발견이 보여주듯, 한 집단은 여러 종류의 도구를 동시에 사용했을 뿐만 아니라, 그것들을 자신들의 필요에 맞게 변형하고 발전시켰다. 구석기, 신석기라는 구분은 현대 인류가 과거를 이해하기 위해 만든 편의적 도구일 뿐, 당시 인류의 실제 생활을 정확히 반영하지 못한다. 더구나 도구의 발전은 직선적이지 않았다. 어떤 지역에서는 더 발전된 도구를 사용하다가 다시 단순한 도구로 돌아가는 경우도 있었을 것이고, 여러 종류의 도구를 상황에 따라 선택적으로 사용했을 수도 있다. 지금 사용하고 있는 구분과 분류가 현실의 복잡성을 제대로 반영하지 못한다는 점이다. 구석기, 신석기, 청동기, 철기라는 구분은 교육과 연구의 편의를 위해 만든 것일 뿐, 실제 역사의 모습은 훨씬 더 복잡하고 연속적이었다. 세마우와 그 동료들의 연구는 단순한 고고학적 발견을 넘어서는 의미를 지닌다. 그것은 현대인이 역사를 바라보는 방식 자체를 재고하게 만든다. 올도완과 아슐리안 도구의 공존은 지금의 단순한 시대 구분법이 얼마나 현실과 동떨어져 있는지를 보여주는 하나의 예시일 뿐이다. 미래의 연구는 이런 엄격한 구분에서 벗어나, 더 유연하고 포괄적인 관점을 가져야 한다. 시대와 문화, 인종을 명확히 구분 짓는 대신, 그들 사이의 연속성과 상호작용에 주목해야 한다. 그래야만 진정한 의미의 인류 역사를 이해할 수 있을 것이다.

〈 참고문헌 〉

< 국내 문헌 >
1. 차전환 (2013). 포에니 전쟁: 카르타고 문명의 몰락. 서양고대사연구, 35(0), 77-110.
2. 최재천 (2024). 『곤충사회』. 열림원.

< 국외 문헌 >
1. Briant, P. (2002). From Cyrus to Alexander: A History of the Persian Empire. Eisenbrauns.
2. Clarkson, C., Ditchfield, K., Harris, C., Joglekar, P., Lane, C., Pal, J. N., ... & Petraglia, M. D. (2020). Human occupation of northern India spans the Toba super-eruption ~74,000 years ago. Nature Communications, 11, 961.
3. Crevecoeur, I., Schmitt, A., Maureille, B., & Trinkaus, E. (2021). New insights on interpersonal violence in the Late Pleistocene based on the Nile valley cemetery at Jebel Sahaba. Scientific Reports, 11, 9991.
4. Gazda, E. K., & Humphrey, J. H. (1979). Carthage Then and Now. Ann Arbor: Kelsey Museum of Archaeology.
5. Green, R. E., Krause, J., Briggs, A. W., Maricic, T., Stenzel, U., Kircher, M., ... & Pääbo, S. (2010). A draft sequence of the Neandertal genome. Science, 328(5979), 710-722.
6. Herries, A. I., Martin, J. M., Leece, A. B., Adams, J. W., Menter, C. G., Latham, A. G., ... & Pickering, R. (2020). Contemporaneity of Australopithecus, Paranthropus, and early Homo erectus in South Africa. Science, 368(6486).
7. Kuhn, S. L., & Zwyns, N. (2014). Rethinking the initial Upper Paleolithic. Quaternary International, 347, 29-38.
8. Mosquera, M., Ollé, A., Rodríguez, X. P., García-Antón, M. D., Gómez de Soler, B., Martínez, K., Morales, J. I., Lombera-Hermida, A., Saladié, P., Carbonell, E., & Bermúdez de Castro, J. M. (2015). The earliest Acheulean in Europe: Evidence from Barranc de la Boella, Spain. Quaternary International, 357, 22-43.
9. Wood, B., & Constantino, P. (2007). Paranthropus boisei: Fifty years of evidence and analysis.

American Journal of Physical Anthropology, 134(S45), 106-132.

모방의 유전자

3장

1. 호모의 진화
2. 호모의 도약
3. 호모의 네트워크
4. 빙하기와 이주
5. 유전자의 증거
6. 장식과 권력
7. 지배와 혁신

3장을 시작하며

호모 사피엔스의 진화는 단순한 생물학적 변화가 아닌, 참조와 모방을 통한 문화적 혁신의 역사이다. 약 500만 년 전 영장류가 처음 지구에 등장한 이래, 200만 년 전 호모 사피엔스가 나타나기까지 인류는 끊임없는 변화를 겪어왔다. 호모 속의 진화 과정에서 가장 주목할 만한 것은 두뇌 크기의 급격한 증가이다. 400cc에 불과했던 호미닌의 뇌가 1,400cc로 커지면서, 인류는 이전과는 차원이 다른 인지능력을 획득하게 되었다. 두뇌의 발달은 복합도구의 발명으로 이어졌다. 단순히 돌을 깨거나 나뭇가지를 사용하는 수준을 넘어, 여러 재료를 결합하여 새로운 도구를 만들어내는 능력은 인류 진화의 결정적 전환점이 되었다. 이 과정에서 더 많은 에너지가 필요해졌고, 이는 다시 식생활의 변화를 촉발했다. 전체 신체의 2%에 불과한 뇌가 하루 필요 열량의 20~25%를 소비하면서, 호모 속은 동물성 단백질을 적극적으로 섭취하기 시작했다.

호모 사피엔스의 성공은 단순한 신체적 우월성이 아닌, 사회적 네트워크의 확장에 있었다. DNA 분석 결과는 12만 년 전 네안데르탈인과의 빈번한 교류가 있었음을 보여준다. 더욱 놀라운 것은 2018년 발견된 네안데르탈인 어머니와 데니소바인 아버지 사이에서 태어난 혼혈 개체의 존재다. 이는 초기 인류의 교류가 생각했던 것보다 훨씬 더 복잡하고 다양했음을 증명한다. 약 3만 년 전부터 호모 사피엔스는 도구에 장식적 의미를 부여하기 시작했다. 이는 단순한 미적 표현을 넘어, 사회적 지위와 권력을 상징하는 수단이었다. 동시에 죽음과 내세에 대한 관념이 발달하면서 종교의 원초적 형태가 출현했다. 매장 유적에서 발견되는 의례용 도구들과 장식품들은 당시 이미 복잡한 신념 체계가 존재했음을 보여준다.

호모 사피엔스의 진화는 생물학적, 문화적, 사회적 혁신이 서로 맞물려 진행된 총체적 과정이었다. 커진 두뇌는 더 복잡한 사고를 가능하게 했고, 이는 다시 더 정교한 도구와 사회 구조의 발달로 이어졌다. 참조와 모방을 통한 학습 능력은 이러한 혁신을 다음 세대로 전달하고 발전시키는 토대가 되었다. 이러한 선순환이 호모 사피엔스를 지구상에서 가장 성공적인 종으로 만든 것이다.

1. 호모의 진화

호모의 진화는 약 500만 년 전 아프리카에서 시작되어, 기후 변화에 따라 이족보행을 시작한 오스트랄로피테쿠스 아파렌시스 등 초기 호미닌이 등장하고, 참조와 모방을 통해 도구 사용과 불의 통제 등 혁신적 적응력을 발전시키며, 집단의 지식과 경험을 서로 전파하고 축적해 아프리카를 넘어 전 세계로 확산한 과정이었다.

영장류의 지구 여정은 5백만 년 전 아프리카에서 시작되었다. 물론 이것은 지금까지 밝혀진 사실에 기반한 것이고 이 시간은 지속적으로 앞으로 당겨지게 될 것이다. 그리고 언젠가는 상상하지 못한 놀라운 발견을 통해 인류사를 통째로 새로 써야 할 일이 일어날 가능성도 항상 상존한다. 이 책에 다룰 내용 중에서도 인류사의 문화 발달 역사를 바꿀 만한 사실들이 존재한다. 이러한 분명한 사실이 존재하는 데도 여러 가지 이유로 인해 역사는 곧바로 수정되지 않고 있다. 그 사실을 인정하기까지 때로는 수백 년의 시간이 다시 걸릴지도 모른다. 인류는 천동설이 잘못되었음을 일찍이 알았음에도 불구하고, 천 년이 넘는 시간 동안 이를 고수하다가 비로소 지동설을 받아들이게 되었다.

가끔 글 중간에 엉뚱한 이야기를 하더라도 독자들이 현명하게 이해해주시라 믿는다. 어차피 인생이란 정해진 길만 따라가는 것이 아니라 예기치 못한 일이 불쑥 끼어드는 경우도 있다는 사실을 이 책을 읽는 분들은 이미 잘 알고 있을 것이다.

다시 본론으로 돌아가겠다.

기후 변화로 울창했던 숲이 줄어들면서, 일부 영장류들은 새로운 환경에 적응해야 했다. 이 적응의 과정에서 가장 획기적인 변화는 두 발로 서서 걷는 능력의 획득이었다. 이 능력을 처음 보여준 것이 오스트랄로피테쿠스 아파렌시스였고, 이들은 현재 인류가 아는 최초의 호미닌으로 분류된다. 아프리카의 광활한 들판에서, 오스트랄로피테쿠스 아파렌시스 무리는 점차 이족보행을 발전시켜 나갔다. 이들은 서로의 걸음걸이를 관찰하고 더 효율적인 자세를 참조하며 모방했을 것이다. 집단 내에서 더욱 안정적인 이족보행을 하는 개체들의 행동을 학습하고 따라 하는 과정이 반복되면서, 이러한 참조와 모방의 능력은 이후 인류 진화의 핵심 동력으로 자리 잡게 되었다.

루시라는 애칭으로 잘 알려진 오스트랄로피테쿠스 아파렌시스의 발견은 인류 진화 연구의 중요한 전환점이 되었다. 이 화석은 인류가 언제부터 두 발로 걷기 시작했는지를 보여주는 결정적인 증거가 되었다. 두 발 보행은 단순한 이동 방식의 변화가 아니라, 손의 자유로운 사용을 가능하게 만들었고, 이는 후에 도구 사용과 같은 인류만의 독특한 능력 발달의 토대가 되었다. 약 2백만 년 전, 호모 속의 출현은 인류 역사의 새로운 장을 열었다. 이전의 호미닌들과 달리, 호모 속은 놀라운 적응력과 이동성을 보여주었다. 이들의 참조 능력은 특별했다. 한 무리가 발견한 새로운 도구 제작 방법이나 식량 획득 기술은 다른 무리에 의해 관찰되고 모방되어, 점차 넓은 지역으로 전파되었다. 당시 상황을 추측해 보자면, 당시 한 호모 에렉투스 무리가 휴식을 취하고 있을 때 번개로 인한 자연 발화를 목격했다. 처음에는 두려움에 물러섰지만, 한 구성원이 이전에 다른 무리가 불 주위에 모여 있던 것을 본 기억을 떠올렸다. 조심스럽게 불씨를 유지하는 방법을 시도했고, 이를 지켜보던 다른 구성원들은 그의 행동을 주의 깊게 관찰했다. 이렇게 시작된 불의 통제는 인류 역사의 중요한 전환점 중 하나가 되었다.

참조와 모방의 능력은 호모 속이 아프리카를 넘어 전 세계로 퍼져나가는 데 결정적인 역할을 했다. 그들의 흔적은 조지아, 중국, 인도네시아 등 유라시아(Eurasia) 대륙 곳곳에서 발견되고 있다. 각 지역에서 발견되는 호모 속의 화석들은 지역적 특성을 보여주는데, 이는 각 집단이 새로운 환경에 적응하면서 발전시킨 혁신들이 참조와 모방을 통해 전파되고 축적된 결과였다. 참조의 흔적은 확산 과정에서 발견되는 도구들의 유사성에서 볼 수 있다. 서로 다른 지역에서 발견되는 비슷한 형태의 도구들은 집단 간의 지식 전달이 이루어졌음을 시사한다. 한 지역에서 개발된 도구 제작 기술이 다른 지역으로 전파되는 과정에서, 각 집단은 이전 기술을 참조하고 개선하며 자신들의 환경에 맞게 적응시켰다.

불의 사용은 이러한 참조 능력의 가장 극적인 예시를 제공한다. 처음에는 우연히 발견된 자연 발화를 유지하는 것에서 시작하여, 점차 불을 만들고 통제하는 방법을 터득해 갔다. 이 과정에서 한 집단의 발견과 실험은 다른 집단에 의해 관찰되고 모방되었으며, 각 집단은 이를 바탕으로 새로운 기술을 발전시켰다. 인류의 진화는 단순한 신체적 변화나 우연한 발견의 축적이 아니었다. 그것은 참조와 모방이라는 인류만의 독특한 능력으로, 개인의 발견이 집단의 지식이 되고, 이것이 다시 다른 집단으로 전파되는 과정의 연속이었다. 이러한 능력은 호모 속이 지구상의 다양한 환경에 성공적으로 적응할 수 있게 한 핵심 요인이었으며, 오늘날까지 이어지는 인류의 가장 중요한 특징 중 하나로 남아 있다.

아! 그리고 다시 한번 말하지만, 책에 등장하는 수많은 논문 자료와 그림들, 이것들을 너무 골똘히 쳐다보며 완벽히 이해하려고 애쓰지 말기 바란다. 그러다가는 머리에 쥐가 나고, 결국 책을 포기하게 될지도 모른다. 그럼, 이 책은 당신의 서재에서 그저 장식품으로 전락할 뿐이다. 어려운 그림이나 복잡한 데이터를 만나면 이런 것이 있다는 정도로 가볍게 넘어가도 좋다. 모든 세부 내용을 완벽히 이해하려 애쓰기보다는, 책 전체를 읽어내는 것이 훨씬 더 가치 있다고 필자는 생각한다. 물론 이는 필자의 개인적인 견해일 뿐이다. 모든 그림과 논문을 꼼꼼히 파고들며 읽고 싶다면, 그것 또한 독자 여러분의 선택이다. 어차피 인생은 개인의 선택으로 이루어진다는 것을 시간이 지나고 나이가 들다 보면 명확해지는 것 같다. 물론 나이가 더 들면 안 바뀐다고 보장은 못 한다. 살아보니 명확한 게 그리 없을 수도 있겠구나 하는 생각이 든다.

〈참 고〉

▶ Chene, G., Fritel, X., Poncelet, C., Fauconnier, A., & Bader, G. (2013). Evolution du bassin au cours de l'hominisation. Gynécologie Obstétrique Fertilité, 41(10),

588-592.

이 논문에서는 침팬지, 오스트랄로피테쿠스, 현생인류의 골반 구조를 자세히 비교했다. 오스트랄로피테쿠스의 골반이 침팬지와 현생인류 사이 중간 형태를 보여서, 직립보행으로 진화해가는 과정을 그대로 보여주고 있었다. 연구진이 골반을 상부, 중부, 하부로 나누어 분석한 결과, 이런 구조 변화가 뇌 용량 증가와 직립보행이라는 두 가지 진화 압력 때문에 일어났다는 것을 알 수 있었다. 가장 흥미로운 발견은 골반 구조가 바뀌면서 우리 조상들의 출산 방식과 이동 방식이 모두 완전히 달라졌다는 점이다. 골반 하나가 바뀌면서 인류의 생활 전체가 혁명적으로 변화한 셈이다.

▶ Gao, X., Zhang, S., Zhang, Y., & Chen, F. (2017). Evidence of hominin use and maintenance of fire at Zhoukoudian. Current Anthropology, 58(3), 378-387.

저우커우뎬(Zhoukoudian) 유적지에서 나온 호모 에렉투스 뼈 화석을 자세히 분석한 결과, 이들이 실제로 불을 능숙하게 다루며 살았다는 확실한 증거를 찾아냈다. 연구진은 뼈가 얼마나 많이 타서 변했는지를 나타내는 결정화 지수라는 수치를 측정했는데, 이 수치가 0.3 이상인 뼈들이 상당히 많이 발견되었다. 이런 뼈들은 600도 이상의 높은 온도에서 오랫동안 가열된 흔적을 보여주는데, 이는 자연적으로 일어날 수 있는 산불이나 우연한 화재로는 설명하기 어려운 결과다. 반대로 결정화 지수가 0.3보다 낮은 뼈들은 그냥 시간이 지나면서 자연스럽게 풍화되거나 낮은 온도에 노출되어 변색된 것으로 확인되었다. 이 연구는 초기 인류가 언제부터 불을 의도적으로 사용하기 시작했는지에 대한 가장 확실한 고고학적 증거를 제시하고 있다. 우리 조상들이 단순히 우연히 발견한 불을 이용한 것이 아니라, 체계적으로 불을 관리하고 활용했다는 것을 과학적으로 증명한 셈이다.

2. 호모의 도약

호모 속의 진화는 커진 뇌, 복합도구의 발달, 그리고 동물성 식단으로의 전환이 서로를 촉진하는 선순환적 공진화 과정을 통해 인류를 지구상에서 가장 성공적인 종으로 만들었다.

호모 속이 호미닌과 구별되는 가장 두드러진 특징은 몸집에 비해 훨씬 큰 두뇌를 지녔다는 것이다. 호미닌의 뇌 용량이 약 400cc였던 반면 호모 속은 1,400cc로 크게 증가했다. 이렇게 두뇌가 크게 발달하면서 호모 속은 새로운 것을 발견하고 이를 조합하는 능력이 향상되었다. 뇌 용량의 증가는 많은 에너지를 소비해야 했다. 현재 기준으로도 전체 신체 중 2% 정도를 차지하는 두뇌에 하루 필요 열량의 20~25%가 소요된다고 알려져 있다. 그렇다면 당시 호모 속 인류가 어떠한 환경 속에서 어떻게 에너지원을 확보했을지를 생각해보는 것은 당시 문화를 이해하기 위한 중요한 단서를 제공한다. 호모 속 인류는 이전 호미닌보다 식물성 식단에서 벗어나 동물성 식단으로 급격히 전환했을 것으로 보인다. 식물성 식단은 단순히 어디에 있는지만 알면 쉽게 구할 수 있지만, 동물성 식단은 움직이는 대상을 잡아야 하므로 보다 복잡한 사고 과정이 요구되었다. 동물성 식단의 필요성이 호모 속의 두뇌 발달을 이끌었을 수도 있고, 반대로 두뇌 발달로 인해 동물성 식단이 필요했을 수도 있다. 어떤 경우든 호모 속이 보다 많은 동물성 식단을 섭취하게 되었다는 점은 분명해 보인다.

여기서 사람들은 항상 어떤 일의 원인과 결과를 파악하기 위해 부단히 노력한다. 원인과 결과를 분석하는 것은 대단히 중요하다. 그러나 그에 못지않게 중요한 것은 그러한 분석을 바탕으로 현상을 깊이 이해하려는 태도이다. 원인과 결과를 찾으려는 노력도 그로 인해 나타나는 현상을 이해하기 위해 필요한 것이다. 어느 때는 원인과 결과보다 그것으로 일어난 현상을 보는 것이 중요할 때도 있다. 글이 너무 지식만 전달하면 지루하다고 느끼는 것도 마찬가지다. 지루할 때 조금만 이겨내고 읽기를 바란다. 필자가 수년간 고민하고 직접 여행하며 수집한 내용을 독자가 한순간에 접하는 것은, 누군가에게 시간을 단축해주는 역할을 한다. 물론 지루해서 잠이 들게 하는 역할을 하기도 한다. 뭐 후자라고 해서 숙면에 도움이 된다면 필자로서는 고마운 일이다.

다시 시작하겠다.

이처럼 호모 속은 호미닌과 구분되는 큰 두뇌와 그에 따른 에너지 수요 증가, 그리고 이를 해결하기 위한 새로운 식단 전략 등의 변화를 겪으며 진화해 왔다. 이는 호모 속 인류가 더욱 복잡한 사고 능력을 발전시킬 수 있었던 요인이 되었다. 즉, 두뇌 용량 증가는 단순한 생리적 변화를 넘어, 인지능력 향상과 이를 통한 새로운 적응 전략 개발로 이어졌다고 할 수 있다.

호모 에렉투스의 생활 환경과 적응 방식은 이전 호미닌과 큰 차이를 보였다. 아프리카 사바나에서 생활했던 이들은 두드러진 이마와 큰 두개골이라는 신체적 특징을 가지고 있었다. 이들이 사용한 도구는 단순한 돌 도구가 아닌 날카로운 돌날과 나무 자루를 결합한 복합도구였다. 호모 에렉투스의 가장 큰 특징은 뇌 용량의 증가였다. 400cc에 불과했던 초기 호미닌의 뇌가 약 1,400cc로 크게 증가하면서 사고 능력이 이전과는 비교할 수 없을 만큼 복잡하고 정교해졌다. 그러나 이러한 변화는 에너지 소비 증가라는 새로운 과제를 동반했다. 전체 몸무게의 2%에 불과한 뇌가 하루 필요 열량의 4분의 1을 소비하게 되었기 때문이다. 이러한 에너지 요구를 충족시키기 위해 호모 에렉투스는 식물성 식품만으로는 불충분했다. 과일과 뿌리만으로는 증가한 에너지 필요량을 충족시킬 수 없었기 때문에, 동물성 단백질 섭취가 필수적이었다. 이에 따라 호모 에렉투스는 사냥 기술을 발전시켰으며, 이 과정에서 복잡한 사냥 계획과 전략을 수립하는 능력이 발달했다.

호모 속의 사냥 기술과 도구 사용은 높은 수준의 조직화와 전문화를 보여주었다. 무리의 구성원들은 각기 다른 역할에 맞게 특화된 복합도구를 사용했다. 일부는 길고 날카로운 창을, 다른 이들은 던지기 용이한 투창을 들고 있었다. 이 도구들은 단순히 돌을 깨서 만든 것이 아니라, 나무, 돌, 섬유 등 여러 재료를 정교하게 결합하여 제작된 것이었다. 사냥 방식 역시 고도로 발달했다. 단순한 추격이 아닌 전략적인 접근법을 활용했는데, 일부 구성원들은 사냥감의 퇴로를 차단하기 위해 우회하여 이동하고, 다른 구성원들은 바람을 등지고 움직이며 은밀히 접근하는 방식이었다. 이러한 조직적 행동은 증가한 뇌 용량이 가능하게 한 인지적 혁신의 결과였다. 사냥 과정에서 도구 사용의 숙련도도 중요한 부분이 되었다. 복합도구는 단순한 팔의 연장이 아닌, 마치 신체의 일부처럼 자연스럽게 다루어졌다. 사냥 후에는 또 다른 종류의 특수 도구들이 사용되었다. 날카로운 돌날이 박힌 도구로 고기를 자르고, 가공된 나무 그릇에 내장을 담는 등 식량 처리를 위한 다양한 도구들이 활용되었다. 이렇게 획득한 풍부한 동물성 단백질은 호모 속의 커진 뇌가 요구하는 에너지를 충족시키는 데 중요한 역할을 했다. 도구의 개선과 발전은 지속적으로 이루어졌다. 사냥 중 손상된 도구를 수리하고 새로운 디자인을 구상하는 등 끊임없는 기술적 혁신이 진행되었다.

불의 통제와 활용도 호모 속의 중요한 혁신이었다. 불 주위에 모여 공동체적 유대를 형성했을 뿐만 아니라, 불을 이용해 고기를 조리함으로써 소화 효율성을 높이고 뇌에 필요한 에너지를 더욱 효과적으로 공급받을 수 있었다. 이러한 선순환 구조(더 정교한 도구가 더 풍부한 영양분을 제공하고, 이것이 다시 뇌의 발달을 촉진하는)가 호모 속의 진화적 성공의 핵심 요소였다.

이처럼 호모 속의 진화는 뇌의 크기 증가, 복합도구의 발달, 그리고 식생활의 변화가 서로를 촉진하는 선순환을 이루며 진행되었다. 복합도구의 제작과 사용은 더 큰 뇌가 필요했고, 커진 뇌는 더 많은 에너지를 요구했으며, 이는 다시 더 효율적인 사냥과 도구의 발달을 이끌었다. 이러한 공진화의 과정은 호모 속을 지구상에서 가장 성공적인 종으로 만드는 토대가 되었다.

호모 속의 도구 제작과 지식 전달 과정은 높은 수준의 인지능력을 보여주었다. 이들은 이전 경험을 바탕으로 도구를 지속적으로 개선했는데, 사냥에서 얻은 교훈을 즉각적으로 새로운 도구 디자인에 반영했다. 이전 세대의 호미닌들이 단순히 돌을 깨서 만든 도구만을 사용했던 것과 달리, 호모 속은 여러 재료를 결합하는 복합적인 방법론을 발전시켰다. 호모 속의 1,400cc에 달하는 뇌 용량은 이러한 복잡한 제작 과정을 가능하게 했다. 집단 내 지식 전파 방식 또한 점점 고도화되었다. 한 개체가 개발한 혁신적 기술(예를 들자면 새로운 방식으로 섬유를 꼬아 돌날을 나무 자루에 고정하는 방법)은 다른 구성원들에 의해 관찰되고 학습되어 집단 전체의 지식이 되었다. 각 구성원은 이 공유된 지식에 자신만의 개선점을 더함으로써 기술이 지속적으로 발전했다. 이런 기술의 발달로 호모 속의 영양 섭취 패턴도 크게 변화했다. 증가한 뇌 용량은 하루 필요 열량의 20~25%를 소비했기 때문에, 이전 호미닌들이 주로 섭취했던 식물성 음식만으로는 에너지 요구량을 충족시킬 수 없었다. 영양가 높은 동물성 단백질 섭취의 필요성이 높아졌고, 이는 더 효율적인 사냥 방식의 발전으로 이어졌다.

사냥 후 식량 처리 과정에서도 발전된 인지능력이 드러났다. 날카로운 돌날을 이용한 정확한 고기 절단, 뼈에서 영양가 높은 골수 추출 등에 특화된 도구들이 사용되었다. 그리고 이 도구의 발달은 "도구를 만드는 도구"를 만드는 단계로 발전하였다. 작은 돌로 더 큰 돌을 정교하게 깨뜨리거나 뼈로 만든 도구로 나무를 다듬는 이차적 도구 사용은 호모 속의 고도화된 인지능력을 보여주는 명확한 증거였다. 불 주위에 모여 지식을 공유하는 행위는 호모 속의 사회적 학습 체계를 강화했다. 말과 제스처를 통해 새로운 사냥 기술과 도구 제작 방법이 전달되었고, 이러한 지식 공유 시스템은 집단의 생존 가능성을 크게 향상시켰다. 발달된 뇌는 더 복잡한 의사소통을 가능하게 했고, 이는 다시 집단의 협력을 강화하는 선순환 구조를 형성했다. 호모 속의 진화적 성공은 세 가지 핵심 요소인 커진 뇌, 복합도구, 협력적 사냥의 상호작용에 기인했다. 이는 단순한 우연이 아닌, 복잡한 인지능력이 정교한 도구 제작을 가능하게 하고, 그 도구로 획득한 풍부한 영양분이 다시 뇌 발달을 촉진하는 공진화(co-evolution) 과정의 결과였다. 이러한 독특한 발전 경로는 호모 속을 지구상의 다른 모든 종과 구별되는 특별한 존재로 만들었다.

이런 필자가 알고 있는 지식을 토대로 마음대로 상상을 한다는 것이 인문학의 자유로움이 아닌가 싶다. 이러한 상상은 아마 독자 여러분도 필자와 마찬가지로 해보셨을 것이라 생각된다. 상상 곧 생각의 끝은 어디일까도 궁금하고, 그 끝에 꼭 가야만 하느냐는 부질없는 생각도 든다. 열린 사고를 갖는다는 것은 어디까지일까라는 의문은 지금, 이 글을 쓰면서도 필자는 끊임없이 하게 된다.

호모 사피엔스의 뇌는 직립보행과 그로 인해 자유로워진 손을 사용하면서 자극되어 커지고 발전하였다. 그런데 과연 이것만으로 호모 사피엔스의 뇌가 커지고 현명해졌다고는 생각지 않는다. 모두가 같은 경험을 한 적이 있다. 시골에 있다가 도시로 나오면 그 피로도가 두 배 세 배 늘어나는 것을 느끼게 되는데, 이는 단순한 환경에서 복잡한 환경으로 옮겼을 때 뇌가 강한 자극을 받기 때문이다. 반대의 경험도 있다. 도시에서 시골이나 전원적인 리조트로 휴가를 떠날 때 편안함을 느끼는 것은 뇌가 복잡함에서 벗어나 단순함 속에서 쉴 수 있기 때문이다.

호모 사피엔스가 느끼는 복잡함 속에는 모든 곳에 복합도구가 존재한다. 복합도구를 사용한다는 것은 뇌를 지속적으로 움직이게 한다는 것을 의미한다. 새로운 게임을 만날 때나 신형 휴대폰을 장만했을 때, 새로운 가전제품을 들여왔을 때, 새로운 인공지능을 만날 때 뇌는 활발하게 움직이는 것을 경험한다. 복합도구의 반복적 사용은 호모 사피엔스의 뇌를 꾸준히 자극하였고, 이 과정이 현생인류의 뇌 발달에 핵심적인 역할을 수행했다. 이 모든 것을 뇌의 공진화로 단순화하여 설명할 수 있다. 필자는 이 뇌의 공진화 과정 중 도구 사용에 따른 뇌의 공진화에 초점을 맞추고 있다. 단순도구를 100만 년 정도 들고 다니다 최초의 복합도구인 돌도끼와 돌창을 만들고 인류는 급속도로 문화를 발전시켰다. 복합도구가 발전할수록 더 정교한 기술이 요구되었고 새로운 기술이 등장할 때마다 인류 문명은 가파르게 발전해 나갔다.

여기서 공진화에 대해 이야기해보려 한다. 다소 진지하게 들릴 수 있겠지만 한 번쯤은 읽고 넘어가길 바란다. 만약 너무 지루하다고 느낀다면 이 부분은 안 읽어도 좋다. 꼭 책을 전부 읽어야 하는 것은 아니니까. 물론 처음부터 끝까지 모두 읽는 것이 가장 이상적이지만, 지루해서 아예 포기하는 것보다는 관심 가는 부분만이라도 읽는 편이 훨씬 더 유익할 것이다. 뇌의 공진화는 다섯 가지 측면이 있다. 첫 번째, 언어와 뇌의 공진화다. 큰 뇌는 복잡한 언어 처리를 가능하게 하고, 브로카 영역, 베르니케 영역 등 언어 관련 뇌 영역의 특별한 발달을 가져 오고, 전두엽의 확장은 고차원적 언어 기능과 깊은 연관을 가진다. 두 번째, 사회성과 뇌의 공진화다. 큰 뇌 크기는 복잡한 사회적 관계를 처리하는 능력과 밀접하게 연결되어 있으며, 더 복잡한 사회적 상호작용은 더 큰 뇌를 요구한다는 사회적 지능 가설로 설명되기도 한다. 영장류 연구에서 집단 크기와 뇌 크기 간의 상관관계가 연구되고 있다. 세 번째, 도구 사용과 뇌의 공진화이다. 도구의 제작과 사용은 공간 인지능력을 요구하며, 운동 피질과 전전두엽의 발달과 연관이 있다. 손 조작 능력의 향상은 뇌의 특정 영역 발달과 관련 깊다. 네 번째, 식생활과 뇌의 공진화이다. 고품질 식량(특히 육식)이 큰 뇌를 유지하는데 필요하며, 조리 기술의 발달로 영양분 흡수 효율 향상이 일어난다. 다섯 번째는 진화적 영향이다. 이러한 공진화 과정은 단순한 일방향적 진화가 아닌 여러 요소의 상호작용을 통한 복합적인 진화 과정이었음을 보여준다. 호모 사피엔스의 뇌가 공진화를 이뤄가면서 발전한 것은 단순 기술의 발전에서만 기인한 것은 아니다.

인류사의 여러 순간마다 호모 사피엔스에게는 많은 운과 우연이 작용했다. 그것이 필연이었든 우연이었든 말이다. 필자는 세상일에 정해진 트랙은 없다고 본다. 노력만으로도 안 되고, 반드시 운과 우연이 존재해야 한다고 믿는다. 물론 그 운과 우연은 단순히 생각하는 재수가 있어서 생기는 게으름의 운과 우연은 아니다. 노력과 최선을 다하는 것은 기본이고 거기에 운과 우연이 더해져야 원하는 결과가 나온다고 생각한다. 이야기가 너무 나갔다. 다음 장에서 다시 본론으로 들어가겠다. 운과 우연을 이야기하면 너무 이야기가 길어진다.

▶ 구석기 시대 석조 유물(사진©저자 촬영)
산르우르파 고고학 박물관과 가지엔테프 모자이크 박물관 소장

구석기 시대에는 타제석기를 사용하였는데, 이는 부싯돌의 특징이 잘 드러나는 예라 할 수 있다. 깨질 때 날카롭게 부서지는 성질을 이용하여 다듬지 않고 용도에 맞게 깨진 형태 그대로 사용한 것으로 볼 수 있다. 마제석기와는 돌의 종류는 같으나 확연한 차이를 보인다.

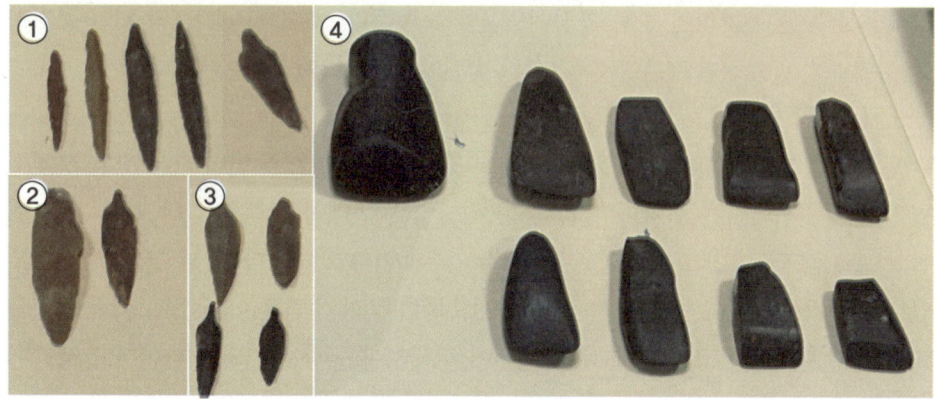

▶ 신석기 시대 석조 유물(사진©저자 촬영)
　산르우르파 고고학 박물관과 가지엔테프 모자이크 박물관 소장

①. 화살촉: 화살촉은 신석기 시대의 사냥 도구로 사용되었으며, 부싯돌로 제작.
②. 창촉: 창촉은 사냥 또는 전투용으로 사용되었으며, 역시 부싯돌로 제작.
③. 촉 형태: 부싯돌
④. 평평한 도끼: 평평한 도끼는 나무를 자르거나 가공하는 데 사용되었으며 돌로 제작.
*. 부싯돌은 돌의 한 종류이다. 규질암의 일종으로 단단하고 깨질 때 날카롭게 부서지는 성질이 있어 주로 화살촉, 창 등의 용도로 많이 사용되었다. 부싯돌이라고 하면 흔히 불을 붙이는 돌로만 생각할 수 있으나, 필자 역시 그렇게 착각했었다.

▶ 신석기 시대 장신구 유물(사진©저자 촬영) 마르딘 박물관(Mardin Museum) 소장

기원전 10,500년에서 7,000년 사이에 제작된 장신구들로 각종 동물의 뼈, 조개껍데기 등을 이용해 목걸이, 팔찌 등의 장신구를 만들어 사용하였다.

〈참 고〉

▶ Du, A., Zipkin, A. M., Hatala, K. G., Renner, E., Baker, J. L., Serena, B., Bernal, K. H., & Wood, B. A. (2018). Pattern and process in hominin brain size evolution are scale-dependent. Proceedings of the Royal Society B: Biological Sciences, 285(1873).

320만 년 전부터 50만 년 전까지 우리 조상들의 뇌가 어떻게 변해왔는지 두개골 크기를 측정해서 분석해봤더니 흥미로운 사실들이 밝혀졌다. 뇌가 커진 것은 단순히 한 가지 원인 때문이 아니라 여러 요인들이 복합적으로 작용한 결과였다. 전체적으로 뇌 크기가 증가한 이유를 살펴보면, 64~88%는 같은 계통 내에서 점진적으로 진화한 덕분이었다. 나머지는 뇌가 큰 새로운 종들이 나타나고, 반대로 뇌가 작은 종들이 사라지면서 생긴 변화였다. 뇌 크기 변화 패턴을 자세히 들여다보니 우리가 흔히 생각하는 것처럼 일직선으로 쭉 커진 게 아니었다. 여러 진화 메커니즘들이 서로 영향을 주고받으면서 복잡하게 얽혀서 만들어진 결과였다. 호미닌의 뇌 진화를 제대로 이해하려면 계통수의 규모와 종의 다양성에 따라 다르게 접근해야 한다는 점도 확인되었다. 뇌 진화가 생각보다 훨씬 복잡하고 역동적인 과정이었다는 걸 보여주는 셈이다.

▶ Schoenemann, P. T. (2006). Evolution of the size and functional areas of the human brain. Annual Review of Anthropology, 35, 379-406.

400만 년 전부터 우리 조상들의 뇌가 어떻게 변해왔는지 다양한 화석 자료를 통해 살펴본 결과, 뇌 크기가 꾸준히 점진적으로 증가해온 것이 확인되었다. 뇌가 커진 것은 주로 같은 계통 내에서 서서히 진화하면서 일어난 변화였는데, 그중에서도 전두엽 부분이 다른 부위보다 훨씬 더 크게 발달한 것이 눈에 띈다. 뇌 용량이 늘어난 것은 단순한 우연이 아니었다. 사회생활이 복잡해지고, 언어를 사용하게 되고, 도구를 만들어 쓰는 등 고등한 인지능력을 필요로 하는 활동들과 밀접한 관련이 있었다. 뇌가 커질수록 더 복잡한 사고와 행동이 가능해진 셈이다. 현재 우리 현생인류의 뇌 용량은 약 1,330cc 정도인데, 침팬지의 약 400cc와 비교하면 무려 3배 이상 크다. 수백만 년에 걸친 진화 과정에서 뇌가 얼마나 극적으로 발달했는지 잘 보여주는 수치다.

▶ Pitulko, V. V., Pavlova, E. Y., & Nikolskiy, P. A. (2016). Early human presence in the Arctic: Evidence from 45,000-year-old mammoth remains. Science, 351(6270), 260-263.

약 45,000년 전 북극 시베리아(Siberia)에서 조상들이 매머드(mammoth)를 어떻게 사냥했는지에 대한 놀라운 증거가 발견되었다. 매머드 뼈와 엄니에 남아 있는 손상 흔적들을 자세히 살펴본 결과, 당시 사람들이 복합 도구를 사용해서 체계적으로 매머드를 사냥했다는 것이 밝혀졌다. 뼈에 남은 상처들을 분석해보니 매머드가 살아 있을 때와 죽은 후 모두에서 도구를 사용한 흔적이 확인되었다. 사냥할 때는 물론이고 잡은 후 고기를 발라내고 해체할 때도 정교한 도구들을 활용했던 것으로 보인다. 발굴 현장 사진과 뼈의 손상 부위를 꼼꼼히 분석한 결과는 정말 인상적이었다. 45,000년 전 조상들이 혹독한 북극 환경에서도 놀라운 적응력과 기술력을 발휘했다는 것을 보여준다. 북극 같은 극한 환경에서 어떻게 생존했는지, 그리고 거대한 매머드 같은 대형 동물을 사냥하는 전략이 어떻게 발달했는지 이해하는 데 매우 중요한 단서가 되고 있다.

3. 호모의 네트워크

호모 속의 가장 큰 혁신은 집단 간 지식과 기술을 네트워크로 공유하고 협력함으로써, 생존을 넘어 사회적·문화적 진화를 이룬 것이다.

수백만 년에 걸친 호모 종의 진화 과정을 상상해 보면, 그들의 변화 과정이 생각하는 것 이상으로 복잡했음을 알 수 있다. 호모 에렉투스는 400cc 수준이었던 호미닌과 달리 1,400cc에 달하는 거대한 두뇌를 가지고 있었다. 이렇게 커진 두뇌는 그들의 사고와 행동에 근본적인 변화를 불러왔다. 앞서 언급했듯이, 뇌의 크기가 사고와 행동을 확장시켰는지, 아니면 그 반대였는지를 따지는 것보다 이 두 현상이 반복적으로 서로 영향을 주고받았다고 보는 것이 더 타당하다.

호모 에렉투스의 삶은 단순한 생존 투쟁이 아니었다. 그들은 복합도구를 사용하며, 협력적인 사냥 전략을 구사했다. 한 집단이 발견한 기술은 다른 집단과의 교류를 통해 신속하게 전파되었고, 이는 그들의 생존과 번영을 뒷받침했다. 더욱이 추운 지역으로의 진출은 그들의 문제 해결 능력을 한층 더 향상시켰다. 이 과정에서 호모 에렉투스는 점차 더 큰 규모의 사회적 네트워크를 형성하게 되었다. 각자의 전문성을 지닌 개체들이 모여 서로의 부족한 점을 보완하면서, 그들은 새로운 차원의 집단 지성을 발휘할 수 있게 되었다. 이것이 바로 호모 종이 이룩한 가장 위대한 혁신이었다. 현대 인류의 관점에서 보면, 호모 에렉투스의 삶은 아직 원시적이었을지 모른다. 하지만 그들은 생각하는 것보다 훨씬 더 과학적이고 체계적인 방식으로 세상을 이해하고 있었다. 거대한 두뇌는 그들에게 복잡한 사고와 문제 해결 능력을 선사했으며, 이를 바탕으로 그들은 지구 곳곳으로 퍼져나가며 진화의 새로운 지평을 열어갈 수 있었다.

호모 에렉투스 집단 간의 사회적 상호작용은 초기 인류의 지식 전파에 중요한 역할을 했다. 아프리카 초원에서 이전까지 서로를 경계하던 다른 혈연 집단들이 점차 접촉을 시도하는 현상이 나타났다. 이는 그들의 발달된 두뇌가 단순한 적대 관계를 넘어 더 복잡한 사회적 관계의 가능성을 인식하기 시작했음을 보여준다. 이러한 집단 간 만남에서 기술 교류의 초기 형태가 관찰되었다. 한 무리의 리더가 자신의 집단에서 최근 개발한 새로운 사냥 도구를 다른 집단에게 보여주고, 다른 집단 구성원들은 큰 관심을 보였다. 호모 에렉투스는 1,400cc에 이르는 뇌 용량 덕분에 도구의 실용적 가치를 인식하고, 그 제작 기술을 이해하며 습득할 수 있었다. 이러한 상호작용은 단순한 물리적 자원의 교환을 넘어서는 중요한 의미를 지닌다. 이는 인류 역사에서 집단 간 지식과 기술의 공유가 시작된 초기 사례로, 후에 인류 문명 발전의 핵심 메커니즘이 될 참조와 학습 체계의 기원으로 볼 수 있다.

계절 변화에 따른 환경적 도전은 호모 속 집단 간 네트워크의 가치를 더욱 강화했다. 추위가 찾아오자 집단 간 정보와 기술 공유의 실용적 이점이 분명해졌다. 한 집단이 발견한 환경적 자원에 대한 정보는 빠르게 다른 집단에 전파되었고, 동물 가죽을 이용한 보온 기술과 같은 혁신적 방법론도 집단 간 교류를 통해 널리 확산되었다. 호모 속의 의사소통 능력은 지식 전파를 가능하게 한 핵심 요소였다. 북쪽에서 사냥감을 발견했다는 복잡한 정보를 손짓과 간단한 발성을 통해 전달할 수 있었던 점은 이전 호미닌과 구별되는 중요한 특징이었다. 이러한 발달된 의사소통 체계는 호모 속의 뇌 용량 증가와 직접적인 관련이 있으며, 집단의 생존 가능성을 크게 향상시켰다. 여러 집단이 불 주위에 모여 지식을 교환하는 행위는 초기 인류 사회의 학습 체계를 보여준다. 각 집단은 자신들이 개발한 특화된 기술을 공유했다. 증가한 뇌 용량은 이런 다양한 정보를 저장하고 처리하는 것을 가능하게 했으며, 이는 더 복잡한 사회적 관계망 형성으로 이어졌다. 겨울과 같은 극한 환경 조건은 집단 간 협력을 촉진하는 촉매제 역할을 했다. 혹독한 추위는 새로운 도전이었지만, 동시에 혁신을 가속화하는 요인이기도 했다. 여러 집단이 협력하여 월동 준비를 하는 과정에서 복잡한 문제 해결 능력이 발전했다. 예를 들어, 가죽을 겹쳐 붙여 더 효과적인 방한복을 만드는 기술과 같은 혁신이 시연되고 관찰되는 과정을 통해 지속적인 학습과 개선이 이루어졌다. 이러한 집단 간 지식 공유와 협력적 문제 해결 과정은 인류 사회의 초기 학습 네트워크 형성을 보여주는 중요한 사례로, 후에 발전할 문화적 진화의 기초가 되었다.

네트워크의 확장은 곧 아프리카를 넘어서는 대이동의 원동력이 되었다. 약 2백만 년 전, 호모 속은 새로운 영토를 찾아 나서기 시작했다. 그들의 발걸음은 조지아, 중국, 인도네시아까지 이어졌다. 각 지역에서 마주친 새로운 도전들은 그들의 문제 해결 능력을 더욱 발전시켰다. 한 무리가 새로운 지역에 정착할 때마다 그들은 이전과는 다른 환경에 적응해야 했다. 이 과정에서 그들의 뇌는 더욱 활발하게 작동했다. 낯선 식량 자원을 탐색하고, 도구를 개선하며, 다양한 생존 전략을 수립하는 과정은 그들의 인지능력을 끊임없이 발전시켰다. 추운 지역으로의 이주는 그들의 문제 해결 능력을 크게 향상시켰다. 겨울을 대비한 식량 저장, 보온을 위한 의복 제작, 피난처 건설 등은 이전과는 비교할 수 없을 정도로 복잡한 과정을 계획하고 실현해야 했다. 이 과정에서 호모 속은 점차 더 큰 집단을 형성하기 시작했다. 더 이상 작은 혈연 집단으로는 생존하기 어려웠으며, 다양한 기술과 지식을 가진 개체들이 모여 서로의 부족한 점을 보완하는 것이 생존에 유리했기 때문이다. 이러한 다채로운 배경을 가진 집단들의 통합은 고도로 조직화된 사회적 구조의 초기 형태를 보여준다. 서로 다른 지식 체계와 기술적 전문성을 가진 구성원들이 체계적인 방식으로 정보를 교환하고 집단적 의사결정을 통해 생존 전략을 수립했다. 이러한 인지적, 사회적 협력 메커니즘은 이후 인류 문명 발전의 기초가 되었다

이것이 바로 호모 속이 이룩한 가장 큰 혁신이었다. 단순한 생존을 넘어, 지식을 공유하고 축적하며, 이를 바탕으로 더 나은 미래를 준비하는 능력. 이것이야말로 그들의 커진 두뇌가 가져다준 가장 큰 선물이었다. 인류는 모든 것을 참조하고 모방하고 발전해 나갔다. 이는 지속적으로 다른 개체의 경험과 기술을 참조하는 행위가 이루어낸 혁신이다. 호모 속은 네트워크의 확장을 통해 진화의 새로운 단계로 접어들었다. 이는 단순한 생물학적 진화를 넘어, 사회적, 문화적 진화의 시작이었다. 그들의 커진 두뇌는 복잡한 사회적 관계를 가능하게 했고, 이는 다시 더 높은 수준의 인지능력 발달을 촉진했다. 이러한 선순환은 호모 속을 지구상에서 가장 성공적인 종으로 만드는 토대가 되었다. 이런 상상을 하면서 이 역시 현대인의 관점에서 바라본 해석일 수 있다는 점을 밝혀둔다. 호모 속 종들의 실제 생활 양상은 현대의 관점에 보면 이해하기

어려운 복합적인 특성을 지니고 있다. 한편으로는 현대 인류가 일반적으로 상상하는 것보다 더 원시적인 면모를 보였을 가능성이 있고, 동시에 다른 측면에서는 예상 외로 체계적이고 과학적인 접근법을 활용했을 수 있다. 고고학적 증거들은 이들이 현대인의 예상을 뛰어넘는 극단적인 폭력성을 보였을 가능성도 시사하고 있어, 초기 인류 집단의 행동 양식에 대한 단순화된 해석을 지양해야 함을 알 수 있다.

〈참 고〉

▶ Aiello, L. C., & Wheeler, P. (1995). The expensive-tissue hypothesis: The brain and the digestive system in human and primate evolution. Current Anthropology, 36(2), 199-221.

뇌 크기 증가와 소화기관 축소 사이의 진화적 균형을 설명하는 "비싼 조직 가설(Expensive-Tissue Hypothesis)"이라는 흥미로운 이론이 제시되었다. 영장류(primate)들을 비교 분석해본 결과, 뇌 질량과 내장 질량 사이에 -0.69라는 강한 음의 상관관계가 나타났다. 한마디로 뇌가 클수록 소화기관이 작다는 뜻이다. 인간의 경우가 정말 극적인데, 예측보다 25% 더 큰 뇌를 가지고 있으면서 동시에 60% 더 작은 소화관을 가지고 있다. 이는 단순한 우연이 아니라 진화적 적응의 결과로 보인다. 이런 현상이 일어난 이유는 고에너지 식단 때문이다. 불을 사용해서 음식을 익히고 육류를 먹기 시작하면서 소화 효율이 크게 향상되었다. 그러면서 소화에 들어가던 에너지를 절약할 수 있게 되었고, 이 여분의 에너지가 뇌 발달에 투입된 것으로 해석된다. 연구 결과를 보면 인류의 두뇌 확장이 단순히 유전자가 바뀌어서 일어난 게 아니라는 것을 알 수 있다. 생태 환경 변화와 식문화 변화가 복합적으로 상호작용한 결과였다.

4. 빙하기와 이주

빙하기와 극심한 기후 변화 속에서 호모 속은 경쟁과 협력, 이주와 적응을 반복하며 사회적 네트워크와 인지능력을 발전시켜 전 세계로 확산할 수 있었다.

호모 속은 약 200만 년 전부터 최소 여섯 번 이상 빙하기와 간빙기를 거치면서 아프리카를 떠나 세계로 퍼져나갔다. 이 과정에서 그들은 빙하기와 간빙기가 번갈아 오는 극심한 기후 변화에 적응해야 했다. 이러한 혹독한 자연환경은 호모 속의 새로운 도전이었지만, 동시에 그들의 진화를 가속하는 촉매제가 되었다. 호모 사피엔스는 마지막 빙하기 중인 약 7만 년에서 5만 년 사이에 아프리카를 떠나 급속도로 전 세계로 확장했으며, 이는 현대 인류 분포의 기반이 되었다. 가혹한 기후 변화 속에서, 호모 속은 보다 복잡한 사회적 네트워크와 집단을 형성해 나갔다. 그들은 협력을 통해 생존의 어려움을 극복했고, 이 과정에서 두뇌의 발달도 이루어졌다. 때로는 다른 호모 집단과의 작은 전쟁도 있었을 것으로 보이며, 승리한 집단들은 때로는 패배한 집단을 자신의 무리에 받아들이기도 했을 것이다.

그러나 이러한 충돌과 경쟁의 과정에서 밀려난 일부 호모 집단은 더 멀리 도망가 새로운 영토를 개척하기도 했다. 이들은 자의 반 타의 반으로 전 세계로 퍼져나가며, 호모 종의 지구적 확산을 가능하게 했다. 호모 속은 혹독한 자연환경에 직면하면서도, 사회적 협력과 집단 지성을 발전시켜 나갔다. 그들은 때로는 경쟁하고 충돌했지만, 동시에 새로운 영토를 개척하며 지구 전역으로 퍼져나갈 수 있었다. 이는 호모 속의 두뇌 발달과 문화적 혁신이 낳은 결과였다고 할 수 있다.

호모 속의 초기 이주와 적응 과정은 지속적인 도전과 혁신의 연속이었다. 유라시아 평원의 혹독한 환경에서 집단의 생존 전략은 끊임없이 진화했다. 아프리카를 떠난 이후 2백만 년 동안, 이들은 다양한 환경적 도전과 집단 간 경쟁에 직면했으며, 특히 유라시아의 극심한 추위는 새로운 적응 메커니즘을 요구했다. 집단 간 갈등은 호모 속의 이주 패턴에 중요한 영향을 미쳤다. 더 큰 규모의 집단과의 충돌로 인한 북쪽으로의 이동은 표면적으로는 패배로 보일 수 있으나, 이러한 강제 이주가 새로운 영토와 자원으로의 접근을 가능하게 했다. 절벽 아래 동굴과 같은 자연적 피난처는 생존에 중요한 자원이었으며, 이러한 자원을 확보하는 과정에서 집단은 항상 경계심을 유지했다.

호모 속 집단의 사회적 구성도 유동적이었다. 적대적 집단 구성원의 포섭과 통합이 활발하게 이루어졌다. 초기에는 사회적 긴장이 있었을 것이나, 공동의 생존이라는 압박 속에서 이질적 집단 간 융합이 이루어졌다. 이러한 통합은 다양한 기술과 지식의 교류를 촉진했으며, 추위 대응법과 도구 제작 방식의 다양화는 집단의 적응력을 높였다. 환경 적응 과정에서 기술적 혁신이 지속적으로 발생했다. 동물 가죽을 이용한 의복의 정교화, 불 사용 기술의 발전 등이 이루어졌으며, 이러한 혁신은 집단 규모의 증가와 함께 가속화되었다. 이는 더 많은 인지적 자원과 다양한 경험이 집단 내에서 공유될 수 있었기 때문이다.

집단 간 마주침은 중요한 의사결정 상황을 야기했다. 다른 호모 집단의 흔적 발견은 충돌하거나 더 먼 지역으로 이동하는 두 가지 선택지를 제시했다. 이러한 복잡한 의사결정 과정은 인지적 능력의 발달을 촉진했으며, 단기적 이익(영역 방어)과 장기적 위험(자원 손실)을 비교 분석하는 능력이 요구되었다. 북쪽으로의 이동 결정은 단순한 회피가 아닌 전략적 선택이었다. 새로운 환경으로의 적응과 혁신 가능성을 추구하는 과정이었으며, 이러한 지속적인 도전과 적응의 순환은 호모 속의 인지적, 사회적 발달에 결정적 영향을 미쳤다.

이주와 적응의 과정은 계속되었다. 세대를 거듭하며 그들은 매번 새로운 환경에 적응하고, 새로운 도전을 극복해 나가야 했다. 때로는 다른 집단과 싸워야 했고, 때로는 그들과 통합해야 했다. 빙하기의 도래는 이러한 과정을 가속화시켰다. 극심한 추위는 더 큰 집단의 형성을 촉진했다. 혼자서는 살아남기 힘들었다. 더 많은 사람들이 모여야 사냥도 효율적이었고, 피난처도 더 잘 방어할 수 있었다. 세대가 거듭될수록 그들의 사회는 더욱 복잡해졌다. 단순한 혈연관계를 넘어, 기술과 지식을 공유하는 더 큰 네트워크가 형성되었다. 이러한 네트워크는 새로운 영토로의 진출을 더욱 용이하게 만들었다. 결과적으로 호모 속의 세계 정복은 강제된 이주와 자발적인 탐험이 복합적으로 작용한 결과였다. 경쟁에서 밀려난 집단들은 새로운 영토를 개척했고, 이는 결과적으로 호모 속의 전 지구적 확산을 가져왔다.

이 과정에서 타인 또는 타 집단으로부터 많은 참조와 모방 행위가 있었다. 그들의 두뇌는 끊임없이 발달했다. 새로운 환경에 적응하고, 다른 집단과의 관계를 관리하고, 생존을 위한 혁신을 만들어내는 과정에서 인지능력은 계속해서 향상되었다. 빙하기는 이들에게 최대의 도전이자 기회였다. 혹독한 환경은 많은 희생을 요구했지만, 동시에 더 강한 적응력과 문제해결 능력을 발달시키는 계기가 되었다. 이것이 바로 호모 속이 지구의 지배자가 될 수 있었던 비결이었다. 호모 속은 경쟁과 협력, 이주와 적응을 통해 전 세계로 퍼져나갔다. 그들의 여정은 단순한 지리적 확산이 아니라, 인류의 인지능력과 사회적 능력이 비약적으로 발전하는 과정이기도 했다.

〈참 고〉

▶ Petraglia, M. D., Haslam, M., Fuller, D. Q., Boivin, N., & Clarkson, C. (2010). Out of Africa: New hypotheses and evidence for the dispersal of Homo sapiens along the Indian Ocean rim. Annals of Human Biology, 37(3), 288–311.

호모 사피엔스가 아시아(Asia) 지역으로 퍼져나간 과정이 생각보다 훨씬 복잡했다는 사실이 밝혀졌다. 약 20만 년 전부터 4만 년 전까지 아주 오랜 시간에 걸쳐 점진적으로 이동이 이루어진 것으로 보인다. 아프리카에서 출발해서 호주까지 이르는 광범위한 지역으로 퍼져나갔는데, 하나의 길만 따라간 게 아니라 여러 경로를 통해 이동했다. 그중에서도 남아시아(South Asia)를 거치는 경로가 매우 중요한 역할을 했던 것으로 나타났다. 약 7만 4천 년 전에 일어난 토바 화산 폭발은 인류 이동을 연구하는 데 중요한 기준점이 되고 있다. 하지만 이 시기 전후의 화석 증거들은 아직 불확실한 부분들이 많아서 해석에 주의가 필요하다. 다르 에스 솔탄(Dar es Soltan), 카프제(Qafzeh), 지런동(Zhirendong) 동굴 같은 주요 유적지들에서 나온 발견들을 종합해보면, 아시아 내에서 초기 인류가 확산된 과정이 상당히 복잡했다는 것을 알 수 있다.

▶ Kuhn, S. L., & Zwyns, N. (2014). The Initial Upper Paleolithic in Central and East Asia: Blade Technology, Cultural Transmission, and Implications for Human Dispersals. Journal of Human Evolution, 69, 185–204.

초기 후기 구석기시대(Initial Upper Paleolithic) 동안 호모 사피엔스가 아시아로 퍼져나가면서 석기 기술도 함께 전파되었는데, 과정이 생각보다 훨씬 복잡하고 점진적이었다는 사실이 밝혀졌다. 알타이(Altai) 산맥과 중앙아시아(Central Asia)가 동쪽과 서쪽 문화를 연결하는 핵심적인 교차점 역할을 했다. 석기 제작 기술이 퍼져나가는 데도 중요한 통로였는데, 지형이 인류의 이동 경로에 큰 영향을 미쳤다는 것을 알 수 있다. 지도와 유적지 분석 결과를 보면 문화 전파와 인구 이동이 한 번에 일어난 게 아니라 여러 경로와 시기에 걸쳐 복잡하게 이루어졌다는 것이 시각적으로 잘 드러난다. 중앙아시아와 알타이 지역이 후기 구석기 문화가 확산되고 기술 혁신이 일어나는 데 얼마나 중요한 역할을 했는지 새롭게 부각되고 있다. 단순히 지나가는 통로가 아니라 문화와 기술이 만나고 발전하는 중심지였던 셈이다.

5. 유전자의 증거

DNA 분석 결과, 현생인류와 네안데르탈인·데니소바인 등 다양한 인류 종들 사이에 복잡하고 빈번한 유전적 교류가 있었으며, 이는 현대 인류의 유전적 다양성과 환경 적응력의 기초가 되었다.

종 간 교류의 증거는 여러 곳에서 발견된다. 호모 속 인류들이 동종 집단 간, 혹은 다른 동물군과 생존을 위한 전쟁을 벌여 상대 집단을 죽이거나 드물게는 포섭했다는 점이 확인되고 있다. 현대 인류의 DNA와 네안데르탈인의 DNA 분석 결과, 12만 년 전 두 집단 간 빈번한 유전적 교류가 있었음이 밝혀졌다. 네안데르탈인 게놈의 40억 개 염기서열을 현생인류와 비교했을 때, 아프리카 이외 지역의 현생인류에게서 네안데르탈인 유전자의 흔적이 더 많이 발견되었다. 이는 유라시아로 이주한 현생인류 집단이 네안데르탈인과 접촉하여 유전적으로 결합했음을 의미한다. 더욱이 2018년 네이처지에 발표된 바에 따르면, 네안데르탈인 어머니와 데니소바인 아버지를 둔 혼혈 개체가 발견되기도 했다. 이는 이들 다양한 인류 종들 사이에 복잡하고 빈번한 사회적 교류가 있었음을 보여준다. 또한 아프리카에서 분화된 각 지역 집단이 서로 다른 유전적 특성을 갖게 된 이유를 설명해 준다.

이 양상은 유라시아의 호모 사피엔스 집단에서만 관찰된 것이 아니다. 다른 지역에 정착한 호모 사피엔스 집단에서도 유사한 교류와 혼합이 있었을 가능성이 높다. 이는 도구 사용이나 기술 발달 측면에서도 각 지역의 특성을 반영하는 변화를 불러왔다. 혹독한 추위에 직면한 호모 사피엔스 집단은 이를 극복하기 위한 도구와 기술을 발전시켰을 것이며, 먹이 자원이 부족한 환경에 적응한 집단은 다른 방향으로 기술을 발전시켰다. 이처럼 서로 다른 지리적, 환경적 조건들이 호모 사피엔스의 진화 방향을 다양화하는 데 기여했다고 볼 수 있다.

12만 년 전 유라시아 어딘가, 한 네안데르탈인 집단과 호모 사피엔스 집단의 만남이 이루어졌다. 이 만남의 증거는 현대 과학 기술에 의한 DNA 분석을 통해 밝혀지고 있다. 리처드 그린의 연구는 네안데르탈인의 40억 개 게놈 분석을 통해 이러한 교류의 명백한 증거를 제시했다. 이 연구에서 가장 주목할 만한 발견은 유라시아 지역 현생인류의 게놈에서 발견되는 특이한 패턴이었다. 아프리카 이남 지역의 게놈과 비교했을 때, 유라시아 지역 인구의 게놈에서는 네안데르탈인과 더 많은 유전적 유사성이 발견되었다. 이는 인류의 조상들이 아프리카를 떠나 유라시아로 이주하는 과정에서 네안데르탈인과 상당한 수준의 교류가 있었음을 의미한다.

DNA 이중나선 구조 속에 숨겨진 이 역사적 증거는 더욱 구체적으로 나타난다. 현대 유럽인과 아시아인의 게놈에서는 약 1~4%의 네안데르탈인 DNA가 발견된다. 이는 단순한 우연의 결과가 아니라, 체계적이고 지속적인 교류의 결과임을 보여준다. 2018년 네이처지에 발표된 연구는 이러한 교류의 더욱 직접적인 증거를 제시했다. 네안데르탈인 어머니와 데니소바인 아버지를 가진 개체의 발견은 초기 인류 집단 간의 교류가 알려진 것보다 훨씬 더 복잡하고 빈번했음을 보여준다. 유전적 교류가 부가적으로 적응적 이점을 제공했다. 티베트고원 주민들이 가진 고산 적응 유전자는 데니소바인으로부터 물려받은 것으로 밝혀졌다. 이는 환경적 압력에 대한 적응이 유전적 교류를 통해 촉진되었음을 보여준다.

생화학적 관점에서 볼 때, 이러한 유전적 교류는 매우 흥미로운 함의를 지닌다. 단백질 합성 과정에서 나타나는 미세한 차이들이 환경 적응에 결정적인 영향을 미칠 수 있기 때문이다. 추운 기후에 적응하기 위한 대사 효소의 변형이나, 새로운 식량 자원을 소화하기 위한 효소의 변화 등이 이러한 유전적 교류를 통해 전해졌을 가능성이 있다. 유전적 교류의 증거는 미토콘드리아 DNA와 Y 염색체 분석에 의해서도 확인된다. 미토콘드리아 DNA의 분석은 모계 유전의 패턴을 보여주며, 이를 통해 초기 인류 집단의 이동 경로와 교류 패턴을 추적할 수 있다. 또한 게놈 분석 결과는 지역별로 특이적인 적응 패턴을 제시해준다. 고위도 지역에 정착한 집단에서는 체온 조절과 관련된 유전자의 변이가 더 많이 발견되며, 특정 식단에 적응한 집단에서는 관련 대사 효소의 변이가 두드러지는 것도 이 적응 패턴 중의 하나이다. 이 DNA 증거들은 초기 인류가 단순히 경쟁적 관계만이 아닌 복잡한 상호작용을 통해 진화해 왔음을 보여준다. 적대적 관계와 협력적 관계가 공존했으며, 이는 결과적으로 현대 인류의 유전적 다양성에 기여했다. 이러한 다양성의 획득은 매우 중요한 의미를 가진다. 다양한 환경에 적응하는 데 기여한 여러 대사 경로의 변이들이 이러한 유전적 교류를 통해 전파되었을 것이기 때문이다. 서로 다른 영양원을 효율적으로 처리할 수 있는 능력이나, 특정 기후 조건에서의 에너지 대사 조절 능력 등이 그 예다.

결론적으로, DNA 분석을 통해 밝혀진 이러한 증거들은 인류 진화의 복잡성을 보여준다. 단순한 경쟁과 대체의 과정이 아닌 다양한 종 간 교류와 적응의 과정이 있었음을 알 수 있다. 이는 현대 인류의 유전적 다양성과 적응력의 기초가 되었으며, 이에 대한 이해는 현대 의학과 생명과학 연구에도 중요한 통찰을 제공한다. 유전적 교류의 생화학적 영향은 단백질 수준에서 더욱 흥미로운 패턴을 보여준다. 미토콘드리아 DNA에서 발견되는 변이들은 에너지 대사에 직접적인 영향을 미쳤을 것이다. 추운 기후에서 생존하기 위해서는 더 효율적인 열 생산이 필요했고, 이는 미토콘드리아의 산화적 인산화 과정의 조절을 통해 이루어졌을 것이다.

아데노신 삼인산(adenosine triphosphate, ATP) 합성 효율과 관련된 유전자 변이들이 고위도 지역 적응 과정에서 선택되었을 가능성이 높다. 네안데르탈인이나 데니소바인과의 교배를 통해 획득된 이러한 변이들은 추운 환경에서의 생존 가능성을 높여주었다. 대사 경로의 적응적 변화는 인류가 여러 기후에도 생존할 수 있는 능력을 갖게 해주었다. 지방산 대사에 관여하는 효소들의 변이는 추운 기후에 적응하는 데 핵심적인 역할을 했다. β-산화 과정의 효율성 증가는 제한된 영양 자원을 최대한 활용할 수 있게 해주었을 것이며, 이는 혹독한 환경에서 생존에 유리한 이점이 되었을 것이다. 네안데르탈인의 유전자가 현대 인류의 단백질 구조에 미세한 변화를 주어 면역 시스템에 영향을 미쳤다는 증거가 나타나고 있다. 인간 백혈구 항원(HLA) 복합체의 특정 변이들은 네안데르탈인으로부터 물려받은 것으로 보인다. 이러한 변이들은 새로운 병원체에 대한 저항력을 제공했을 수 있다. 해독 효소(detoxifying enzymes)의 변이도 중요한 의미를 가진다. 서로 다른 지역의 식물독소를 처리하는 능력은 새로운 환경에서의 생존에 필수적이었다. 사이토크롬(cytochrome) P450 계열 효소들의 다양한 변이는 이러한 적응의 좋은 예시다.

살면서 배운 지식은 거의 전부 무용지물이 되는 경우는 없다. 필자는 40년 전 생화학이라는 분야가 생소할 때 생화학을 전공하려고 대학에 들어갔다. 물론 내 의지보다는 고등학교 2학년 때 학교에서 아무래도 이과 전공자가 적었던 것 같았다. 독어를 전공했던 담임 선생님의 이과가 대학 가는 데 유리하다는 말씀에 이과를 선택했다. 지금은 대학 가는 게 급해도 그나마 자기 적성을 생각하는데 필자가 대학 갈 때는 경쟁이 치열해서 일단 가고 보자는 생각과 선생님 말씀이 절대명령이라는 사회질서에 복종할 수밖에 없었다. 물론 필자의 변명일지도 모르고 지나고 보니 그게 운명이었다는 생각도 든다. 고등학교 1학년 때부터 개인적인 사정으로 여러 병원을 전전했던 필자는 뒤늦게 대학 진학이 급박해졌다. 그래서인지 서둘러 대학 진학을 위해 선택한 전공이 바로 생화학이었다. 그때 전공했던 생화학이 지금 이렇게 빛을 발하니 웃음이 나온다. 40년 전, 생화학을 전공하던 시절에는 미처 몰랐다. DNA 분석이라는 것이 이렇게 인류의 과거를 밝히는 타임머신이 될 줄은 말이다. 실험실에서는 실험보다 친구들과 하얀 가운을 입고 어울리는 데 더 열중했는데, 그때 좀 더 집중할 걸 그랬나 보다. 피펫을 들고 단백질 구조를 분석하며 보냈던 그 시간이, 수십만 년 전 인류의 이야기를 풀어내는 열쇠가 될 줄은 상상도 하지 못했다.

당시 교과서에서 배웠던 미토콘드리아의 전자전달계, β-산화, 단백질 합성 과정들이, 40년이 흐른 지금 인류의 대이동과 종 간 교류의 증거를 설명하는 도구가 되었다. 젊은 시절 이해하기 어려웠던 생화학 지식이 호모 사피엔스의 진화 과정을 이해하는 렌즈가 될 줄이야! 뭔가를 공부하고 경험할 때, 필자의 부모님이나 선생님들의 뭐든지 배워놓으면 다 필요하다는 말이 맞는 것 같다. 생화학 지식이 인생에 별로 쓸모없다고 생각하며 살아왔는데, 막상 이 글을 쓰는 과정에서 이해에 꽤 도움이 되었다. 참고로 필자는 학부 시절 생화학 과목에서 C와 D 사이를 오갔다. 지금에서야 말이지만 적성에 안 맞았나 보다. 어쨌든 40년이 흐른 뒤에야 마치 오래된 와인처럼 필자의 얄팍했던 생화학 지식도 비로소 깊은 풍미를 갖게 되었다. 이제 그것은 단순한 화학식이 아니라 인류의 장대한 여정을 들려주는 하나의 이야기로 다가온다. 신은 존재하는 듯하다. 당시에는 어쩔 수 없이 선택했던 생화학 전공이, 40년이 지난 지금 이렇게 값진 선물로 돌아올 줄은 누가 알았을까?

역시 살면서 배운 지식과 경험은 버릴 게 없나 보다. 지금에서야 새삼 느낀다. 어른들 말씀을 잘 들어야 한다는 걸 말이다.

〈참 고〉

▶ Green, R. E., Krause, J., Briggs, A. W., Maricic, T., Stenzel, U., Kircher, M., ... & Pääbo, S. (2010). A draft sequence of the Neandertal genome. Science, 328 (5979).

네안데르탈인과 현생인류가 서로 다른 길로 진화한 후에도 완전히 끊어진 관계는 아니었다는 흥미로운 사실이 밝혀졌다. 아프리카를 떠나 다른 대륙으로 이주한 초기 현생인류들에게 네안데르탈인의 유전자가 섞여 들어갔다는 것이다. 시간 순서로 보면 먼저 네안데르탈과 현생인류가 갈라졌고, 그 다음 현생인류 내에서도 서아프리카(West Africa)에 남은 집단(H1)과 아프리카 밖으로 나간 집단(H2)으로 나뉘었다. 각 집단의 인구 규모는 비교적 일정하게 유지되었다고 가정하고 있다. 중요한 점은 유전자가 섞인 방향이다. 네안데르탈인에서 아프리카 밖 현생인류 쪽으로만 유전자가 흘러갔다는 것이 확인되었다. 반대 방향으로는 유전자 교환이 일어나지 않았다. 이런 분석을 통해 네안데르탈인과 현생인류가 언제, 어떻게 만났고 유전적으로 어떤 관계를 맺었는지 훨씬 명확하게 알 수 있게 되었다. 과거에는 완전히 별개의 종으로 여겨졌지만, 실제로는 서로 혼합이 일어났던 복잡한 관계였던 셈이다.

▶ Prüfer, K., Racimo, F., Patterson, N., Jay, F., Sankararaman, S., Sawyer, S., ... & Pääbo, S. (2014). The complete genome sequence of a Neanderthal from the Altai Mountains. Nature, 505, 43–49.

네안데르탈인, 데니소반인(Denisovan), 현생인류 사이의 유전자 교류를 정밀하게 분석해본 결과, 생각보다 훨씬 복잡한 만남이 있었다는 사실이 밝혀졌다. 최소 3~5번에 걸쳐 서로 다른 교배 사건들이 일어났던 것으로 보인다. 네안데르탈인은 아프리카 밖으로 나간 현생인류들에게 1.5~2.1% 정도의 유전자를 남겼다. 데니소반인의 경우는 더 흥미로운데, 오세아니아(Oceania) 지역 사람들에게는 3~6%나 되는 상당한 양의 유전자를 전달했지만, 아시아 지역 사람들에게는 약 0.2% 정도만 남겼다. 데니소반인은 네안데르탈인과도 유전자를 주고받았고, 아직 정체가 밝혀지지 않은 미지의 고대 인류와도 교류했던 것으로 나타났다. 유전자가 흐르는 방향을 보면 고대 인류에서 현생인류 쪽으로만 일방적으로 전달되었다는 것이 확인되었다. 현생인류의 게놈에 남아 있는 고대 인류의 유전적 흔적들을 분석해보면, 지금까지 알려지지 않은 또 다른 고대 인류 집단이 존재했을 가능성도 제기되고 있다. 인류 진화사가 생각보다 훨씬 복잡하고 다양한 만남들로 이루어져 있었다는 뜻이다.

▶ Hajdinjak, M., Fu, Q., Hübner, A., Petr, M., Mafessoni, F., Grote, S., ... & Pääbo, S. (2018). Reconstructing the genetic history of late Neanderthals. Nature, 555, 652–656.

39,000~47,000년 전 유럽과 서아시아에 살았던 후기 네안데르탈인 5명의 게놈을 분석해서 놀라운 사실들이 밝혀졌다. 미토콘드리아, Y 염색체, 핵 DNA 등 세 가지 다른 방법으로 이들 사이의 유전적 관계를 살펴봤다. 분석 결과 후기 네안데르탈인 집단들 사이에도 상당한 유전적 다양성이 존재한다는 것이 확인되었다. 모든 네안데르탈인이 비슷한 것이 아니라 집단마다 차이가 있었던 것이다. 더 흥미로운 점은 일부 집단이 현생인류와 더 가까운 유전적 연관성을 보였다는 것이다. 빈디야(Vindija) 33.19 네안데르탈인의 경우가 가장 주목할 만했다. 통계적으로 확실하게 현생인류와 유전자 교류가 있었다는 증거가 발견되었다. 과거에는 서로 완전히 분리된 종으로 여겨졌지만, 실제로는 만나서 아이를 낳고 유전자를 섞었던 것이다. 후기 네안데르탈인의 집단 구조와 현생인류와의 복잡한 유전적 교류 패턴이 종합적으로 규명되면서, 인류 진화사가 생각보다 훨씬 역동적이고 복잡했다는 것을 알 수 있게 되었다.

▶ Hsieh, P., Vollger, M. R., Dang, V., Porubsky, D., Baker, C., Cantsilieris, S., ... & Eichler, E. E. (2019). Adaptive archaic introgression of copy number variants and the discovery of previously unknown human genes. Science, 366(6463).

멜라네시아(Melanesia) 사람들에게서만 특별히 높은 빈도로 나타나는 두 개의 대규모 복제수변이(CNV)가 발견되었는데, 이들이 각각 네안데르탈인과 데니소바인으로부터 물려받은 것이라는 흥미로운 사실이 밝혀졌다. 8p21.3 영역의 복제수변이가 멜라네시아 사람들 중 44%에서 발견되는데, 이는 네안데르탈인에서 유래한 것이다. 16p11.2 영역의 복제수변이는 무려 79%에서 나타나며, 이는 데니소바인으로부터 온 것이다. 두 경우 모두 표준 참조 게놈에는 없는 독특한 유전자 구조를 가지고 있다. 이런 복제수변이들이 멜라네시아 지역에서 이렇게 높은 빈도를 보이는 것은 우연이 아니다. 긍정적 선택의 결과로, 멜라네시아 사람들이 그 지역 환경에 적응하는 데 중요한 역할을 했기 때문으로 해석된다. 고대 인류로부터 물려받은 유전적 변이가 특정 인구 집단의 진화와 적응에 얼마나 큰 영향을 미쳤는지 보여주는 대표적인 사례다. 멜라네시아 사람들이 지금의 모습으로 진화하는 데 네안데르탈인과 데니소바인의 유전자가 실질적으로 도움을 준 셈이다.

*. 복제수변이(CNV)는 DNA에서 특정 부분이 다른 사람보다 더 많이 복사되어 있거나 아예 빠져 있는 현상을 말한다.

6. 장식과 권력

호모 사피엔스는 장식과 상징을 통해 사회적 지위와 정체성을 표현하며, 복잡한 사회 구조와 권력관계를 형성하는 독특한 문화를 발전시켰다.

현생인류는 약 300,000년 전 아프리카에서 처음 등장했다. 약 70,000년 전 인구는 약 1만 명으로 추정되며, 빙하기 말기(약 12,000년 전)에는 200만 명까지 늘어난 것으로 보인다. 호모 사피엔스의 출현은 점진적인 진화 과정의 결과로, 이전 호모 종들로부터 발전한 해부학적 특징들이 단계적으로 나타난 것이다. 한편 도구 사용은 훨씬 이른 시기인 약 200만 년 전부터 인류에게서 관찰된다. 두뇌 발달과 함께 도구 사용이 점차 발전하였다. 현생인류에 이르러서는 도구가 더욱 정교해지고 장식적인 의미까지 부여되기 시작했다. 도구의 발달은 자연환경에 적응하는 과정에서 발전한 두뇌 능력과 밀접한 관련이 있다. 이는 앞서 언급한 공진화의 한 측면이기도 하다. 점차 확장되는 사회적 네트워크 속에서 인간은 자신의 정체성과 지위를 표현하려는 욕구를 갖게 되었던 것으로 보인다. 오늘날 고릴라나 사자 무리에서도 우두머리의 지위와 행동이 뚜렷하게 관찰되듯, 호모 사피엔스 역시 집단 내에서 지위를 구분하고 이를 드러내고자 했다.

현생인류의 등장은 점진적인 인류 진화의 한 단계였다. 두뇌 발달과 도구 사용의 역사는 수백만 년에 걸쳐 이어져 왔으며, 현생인류는 이러한 과정의 정점을 보여주는 종이라고 할 수 있다. 인구 증가와 함께 복잡한 사회적 구조를 갖추게 된 호모 사피엔스는 자연환경에 대한 적응력과 더불어 정체성 표현을 위한 새로운 모습들을 드러내기 시작했다. 초기 어떤 문화를 가지고 어떻게 행동하고 사고했을지는 상상으로는 불가능한 일인지도 모른다. 문화의 다양성은 유럽 문화를 기반으로 한 미국식 사고에 한정된 현생인류의 시각만으로 판단해서는 안 된다. 현생인류의 문화 현상도 문화권이 조금만 벗어나도 이해하기 쉽지 않다.

스페인에서는 소를 경기장에 몰아넣고 투우라는 것을 통해 죽인다. 인도에서는 많은 사람이 굶주리지만 수많은 동물이 거리를 거닌다. 한국에서는 개를 특정한 날에 먹기도 한다(물론 현재는 급속도로 없어지는 식문화이다). 중동 지역에서는 특정한 종교 의식을 거친 동물만을 식용으로 허용한다. 반면 프랑스 등지에서는 거위에게 고통을 가해 간을 비대하게 만들어 그것을 먹는다. 스페인의 순례길에는 수많은 나라에서 순례자가 아닌 사람들이 몰려들어 800km에 달하는 그 길을 걷는다. 이 모든 것이 어느 문화권에서인가는 정상적인 행위로 보지 않는다. 조금 더 나아가면, 인류학자 해리스는 『문화의 수수께끼』에서 포틀래치라는 문화에 관해 설명한다. 포틀래치란 지금 현대인의 사고로는 상상할 수 없는 문화 현상이다. 포틀래치는 한 인디언 부족이 축제를 열기 위해 열심히 일하는 행사다. 부족의 추장은 주변 부족을 초대해서 며칠 동안 축제를 열고 가진 물건 대부분을 선물로 나눈다고 한다. 마지막에는 축제가 열린 연회장에 불을 질러 그 부족의 재산을 없애면서까지 주변 부족을 대접하여 누구도 자신보다 더 큰 연회를 열 수 없다는 것을 보여줌으로써 자신의 위대함을 과시했다고 한다. 자신의 모든 것을 희생하며 과시한 결과, 해당 부족은 결국 파산에 이른다고 한다. 물론 주변에 있던 다른 부족도 더 큰 연회를 열기 위해 최선을 다해 준비했다고 하니 이것을 현대인이 이해하기란 그리 쉬운 일이 아니다. 현생인류도 각자의 관점에서 상대적으로 상상의 범주를 넘나드는 문화를 가지고 있다. 하물며 그보다 훨씬 저편에 있는 문화는 상당히 이질적이었을 것이다. 현대인의 상상을 크게 벗어나는 문화가 분명히 존재했을 것이다.

약 300,000년 전의 호모 사피엔스가 보여준 상징적 행위는 인류 진화의 중요한 인지적 전환점을 시사한다. 당시 한 개체가 뾰족한 도구로 조개껍데기에 무늬를 새기는 행위는 단순한 도구 제작의 차원을 넘어선 것으로 해석될 수 있다. 이러한 활동에서 관찰되는 정교한 손놀림은 이전 세대의 실용적 도구 제작과는 질적으로 다른 특성을 보여준다. 이 행위가 단순한 실용성을 넘어 상징적 의미를 내포했을 가능성이 있다. 즉 도구로서의 기능을 넘어 자신의 존재나 정체성을 표현하는 상징적 소통의 초기 형태였을 수 있다. 그러나 이러한 해석에는 신중한 접근이 필요하다. 현대 인류의 관점에서 초기 호모 사피엔스의 행동을 해석하는 데는 상당한 제약이 따른다. 이는 현대 어린아이의 그림을 성인이 해석하기 어려운 상황과 유사하나, 시간적, 문화적 간극을 고려할 때 그 어려움은 훨씬 크다. 어린아이가 자신의 그림에 대해 아무리 열심히 설명해도 성인이 그 의도를 정확히 파악하기 어려운 것처럼, 현대의 인지적 틀로 30만 년 전 인류의 상징적 행위를 완전히 이해하는 것은 더욱 어려운 과제이다. 따라서 고고학적 증거에 대한 해석은 현대적 편향을 인식하고, 다양한 가능성을 열어두는 방식으로 접근해야 한다. 초기 인류의 행동과 인지 양식은 현대 인류의 경험과 상당한 차이가 있을 수 있으며, 이러한 간극을 인정하는 것이 과학적 이해의 출발점이 될 수 있다.

호모 사피엔스 집단의 인구 증가는 사회 구조와 상징체계의 복잡화를 촉진했다. 7만 년 전 약 1만 명 수준이었던 인구가 빙하기 종료 시점에는 약 200만 명까지 증가했으며, 이러한 인구 증가는 사회 조직의 근본적 변화를 가져왔다. 사회적 계층화와 지위 표식 시스템이 발달했다. 집단 리더의 희귀한 조개껍데기 목걸이와 같은 특별한 장신구는 사회적 지위를 나타내는 시각적 상징으로 기능했다. 이는 200만 년 동안 이어져 온 도구 사용의 전통이 실용적 차원을 넘어 사회적 의미 체계로 확장되었음을 보여준다. 개인 정체성과 집단 소속감을 표현하는 상징체계도 정교화되었다. 사냥꾼의 창끝에 새겨진 집단을 상징하는 무늬나 개인의 기술을 과시하는 표식은 단순한 장식이 아닌 복잡한 사회적 소통의 수단이었다. 이러한 표식 시스템은 현생 유인원에서 관찰되는 위계질서의 표현과 유사한 기능을 수행했으나, 상징적 차원이 추가되어 더욱 정교한 형태로 발전했다.

상징적 차원의 발전은 공간 활용에도 사회적 계층 구조가 반영되었음을 보여준다. 불 주위에 모인 무리에서 리더와 측근들이 가장 좋은 자리를 차지하고, 다른 구성원들이 지위에 따라 위치를 정하는 패턴은 다른 포유류 집단에서도 관찰되는 사회적 조직화의 보편적 특성을 띤다. 이로 인해 자원과 장식품의 분배 방식에도 자연스럽게 계층화가 나타나게 되었다. 가장 희귀하고 가치 있는 장신구가 리더 계층에게 우선 분배되는 현상은 권력 구조와 물질적 상징이 연결되는 초기 형태를 보여준다. 이러한 상징체계의 발달은 호모 사피엔스를 다른 호모 속과 구별하는 중요한 인지적 특징이었다. 동굴 벽화와 같은 시각적 표현은 단순한 예술 활동을 넘어 집단의 역사와 신념 체계를 기록하고 전달하는 매체로 기능했다. 개인 표식이나 '서명'과 같은 요소는 창작자의 정체성을 나타내는 초기 형태의 저작권 개념을 시사한다. 리더십과 권위의 물질적 표현도 체계화되었다. 리더의 거주 공간 입구에 전시된 사냥 전리품, 희귀 장식물, 특수 표식이 있는 도구들은 권위를 가시화하는 수단이었으며, 집단 구성원들은 이와 같은 상징을 통해 리더십 구조를 인식하고 수용했다. 사회적 학습 메커니즘도 발달했다. 젊은 구성원들이 어른들의 장식품을 관찰하고 모방하는 과정은 단순한 행동 복제를 넘어 사회적 규범, 소속감 표현, 적절한 행동 양식 학습을 포함하는 복합적 문화 전승 시스템의 일부였다. 이러한 세대 간 지식 전달은 인류 문화의 지속성과 발전에 핵심적 역할을 했다.

이와 같은 사회적 구조의 발달은 호모 사피엔스의 생존과 번영에 큰 도움이 되었다. 명확한 위계질서는 효율적인 의사결정을 가능하게 했고, 장식을 통한 정체성의 표현은 더 큰 집단의 안정적인 유지를 가능하게 했다. 결과적으로, 그들의 장식 문화는 단순한 미적 표현을 넘어, 복잡한 사회 구조와 권력관계를 반영하는 주요 수단이 되었다. 이는 현대 인류 사회의 복잡한 사회적 관계와 상징체계의 기원을 보여주는 중요한 증거이다. 이처럼 장식과 상징의 사용은 이전의 호모 속과 구별되는 핵심적인 특징이 되었다. 이는 단순한 도구 사용을 넘어, 복잡한 사회적 관계와 문화적 표현의 시작을 의미했다. 이러한 능력은 인류가 지구상에서 가장 성공적인 종이 되는 데 핵심적인 역할을 했다.

〈참 고〉

▶ Hsieh, P., Vollger, M. R., Dang, V., Porubsky, D., Baker, C., Cantsilieris, S., Hoekzema, K., Lewis, A. P., Munson, K. M., Sorensen, M., Kronenberg, Z. N., Murali, S., Nelson, B. J., Chiarante, G., Maggiolini, F. A. M., Blanché, H., Underwood, J. G., Antonacci, F., Deleuze, J.-F., & Eichler, E. E. (2019). Adaptive archaic introgression of copy number variants and the discovery of previously unknown human genes.

다양한 인류 집단의 유전체 분석 결과, 고대 인류(네안데르탈인, 데니소바인)에서 현대 인류로 이어지는 유전적 연결고리가 명확히 확인되었다. 특히 멜라네시아인에서 발견된 복제수 변이(CNV)는 고대 인류로부터 유입된 것으로, 이 과정에서 새로운 인간 유전자들도 발견되었다. 이러한 유전적 변화는 한 번에 급격히 일어난 것이 아니라 오랜 시간에 걸쳐 점진적이고 연속적으로 진행되었다. 따라서 인류 진화는 다양한 집단 간 유전자 교환과 자연선택을 통한 누적적 변화의 산물로, 불연속적 도약이 아닌 상호작용이 축적된 연속적 과정임이 밝혀졌다.

▶ 포틀래치, 상대적 문화 현상(마빈 해리스, 1992 인용)

포틀래치는 북아메리카 북서부 해안 지역(특히 캐나다 브리티시컬럼비아 주와 미국 알래스카 지역)의 틀링잇(Tlingit), 하이다(Haida), 콰키우틀(Kwakiutl) 등의 원주민 사회에서 행해지던 대규모 증여 및 소비 의례이다.

① 포틀래치의 특징

부의 과시를 위한 축제는 추장이나 부유한 사람이 손님들을 초대하여 음식과 물건을 선물하거나, 심지어 자신의 집과 재산을 불태우는 행사였다. 이는 단순한 낭비가 아니라 사회적 지위를 놓고 벌이는 경쟁의 한 형태였다. 누가 더 많은 재산을 소비하고 파괴할 수 있는지에 따라 그 사람의 명성과 권위가 결정되었기 때문이다. 흥미롭게도 이런 축제는 경제적 조절 기능도 수행했다. 부유한 계층이 재산을 대거 소비함으로써 자연스럽게 부의 재분배 효과가 나타났고, 이는 사회 내부의 경제적 불균형을 어느 정도 조절하는 역할을 했다. 이러한 관습은 주로 식량이 풍부한 환경에서 발달했는데, 특히 연어 어획이 풍부한 지역에서 두드러지게 나타났다.

② 마빈 해리스의 해석

마빈 해리스는 문화 유물론(cultural materialism) 관점에서 포틀래치를 단순한 사치나 낭비가 아닌 경제적·생태적 환경에 대한 적응 전략으로 해석하였다. 즉, 잉여 생산물을 소멸시키면서 사회적 지위를 높이고, 경쟁을 통해 공동체 결속을 강화하는 기능을 수행한다고 설명한다.

▶ Clark, P. U., Shakun, J. D., Baker, P. A., Bartlein, P. J., Brewer, S., Brook, E., Carlson, A. E., Cheng, H., Kaufman, D. S., Liu, Z., Marchitto, T. M., Mix, A. C., Morrill, C., Otto-Bliesner, B. L., Pahnke, K., Russell, J. M., Whitlock, C., Adkins, J. F., Blois, J. L., Clark, J., Colman, S. M., Curry, W. B., Flower, B. P., He, F., Johnson, T. C., Lynch-Stieglitz, J., Markgraf, V., McManus, J., Mitrovica, J. X., Moreno, P. I., & Williams, J. W. (2012). Global climate evolution during the last deglaciation. Proceedings of the National Academy of Sciences of the United States of America (PNAS), 109(19), E1134-E1142.

20,000년 전부터 6,500년 전까지 마지막 해빙기 동안 빙하기에서 간빙기로 넘어가는 과정을 자세히 살펴본 결과, 단순히 기온만 올라간 게 아니라 훨씬 복잡한 일들이 벌어졌다는 사실이 밝혀졌다. 다양한 기후 시스템들이 서로 복잡하게 얽혀서 상호작용한 결과였다. 그린란드(Greenland)와 남극(Antarctica)의 기온, 대기 중 이산화탄소(CO_2) 농도, 해수면 높이, 해양 순환, 일사량 등 여러 기후 지표들을 종합적으로 분석해봤다. 각각 따로 움직인 게 아니라 모두 연결되어 있었다. 특히 하인리히 사건(Heinrich event) 1, 뵐링-알레뢰(Bølling-Allerød)기, 영거 드라이아스(Younger Dryas)기 같은 극적인 기후 변동 시기들이 주요한 전환점 역할을 했다는 것이 확인되었다. 이 시기들은 기후가 급격하게 변했던 때들이다. 빙하기가 끝나고 홀로세(Holocene)가 시작되는 과정의 복잡한 기후 역학과 지구 환경 변화가 어떤 메커니즘으로 일어났는지 이해하는 데 매우 중요한 자료가 되고 있다. 기후 변화가 생각보다 훨씬 복잡하고 역동적인 과정이라는 것을 보여준다.

▶ Bar-Yosef Mayer, D. E., Vandermeersch, B., & Bar-Yosef, O. (2009). Shells and ochre in Middle Paleolithic Qafzeh Cave, Israel: Indications for modern behavior. Journal of Human Evolution, 56(3), 307-314.

카프제(Qafzeh) 동굴에서 발견된 약 92,000년 전의 조개껍데기가 정말 놀라운 이야기를 들려준다. 이 조개껍데기들에는 자연적으로 뚫린 구멍과 끈에 꿴 흔적이 남아 있고, 일부에는 적색 안료까지 묻어 있다. 더 흥미로운 점은 이 조개들이 35km나 떨어진 지중해(Mediterranean Sea) 연안에서 가져온 것이라는 사실이다. 장신구로 사용된 가장 초기 증거 중 하나로 평가받고 있다. 현미경으로 자세히 살펴본 결과, 조개껍데기에는 끈에 꿰어서 오랫동안 사용한 마모 흔적과 조개끼리 서로 닿으면서 생긴 흔적들이 선명하게 확인되었다. 실제로 목걸이나 팔찌 같은 장신구로 착용했다는 확실한 증거인 셈이다. 92,000년 전 초기 호모 사피엔스가 이미 상징적 사고와 심미적 감각을 가지고 있었다는 것을 보여준다. 게다가 35km나 되는 장거리를 이동해서 재료를 구해올 수 있는 능력도 갖추고 있었다. 생각보다 훨씬 일찍부터 인간다운 모습을 갖추고 살았던 것으로 보인다.

7. 지배와 혁신

호모 사피엔스는 복잡한 지배 구조와 혁신적 도구, 종교적 관념의 발전을 통해 사회적 협력과 문화적 진화를 가속화하며 인류 문명의 기초를 마련했다.

당시 호모 사피엔스는 다른 동물들과 비교해 훨씬 더 복잡하고 체계적인 지배 계층을 가지고 있었다. 이러한 지배 구조는 사냥이나 다른 집단과의 전쟁에서 효율적인 조직력을 발휘할 수 있도록 해주었으며, 이는 도구 발달을 가속하는 요인이 되었다. 초기 호미닌이나 호모 속이 사용했던 도구는 단순한 돌이나 나뭇가지 수준이었다. 그러나 어느 시점에 이르러, 이 단순도구들을 결합하는 혁신이 일어났다. 돌과 나무를 결합하여 돌도끼나 돌창과 같은 복합도구를 만들어냈다. 이 혁신의 주역들은 집단 내에서 강력한 영향력을 행사했을 것이며, 이 기술은 빠르게 전파되어 해당 집단에 큰 이점을 가져다주었다. 호모 속으로 진화하면서 더욱 복잡한 사고가 가능해졌고, 이는 종교의 원초적 형태 출현으로 이어졌을 것이다. 비록 현대적 시각으로 보면 매우 단순했을지라도 자연을 경외하고 미지의 존재를 두려워하는 마음이 종교의 출현에 큰 역할을 했을 것이다.

호모 사피엔스의 종교 출현은 지금까지 지속적인 참조와 모방을 거치며 현생인류의 종교에까지 영향을 미치고 있다. 기원전 10,000년 전 괴베클리 테페에서도 신전이 발견되었다. 수렵채집인이 모여서 신전을 만들었다. 그 이전에 문명도 분명히 존재했을 것이고 그곳에서 발견된 상징적인 샤머니즘적인 유물을 볼 때, 이미 초기 종교가 그 이전부터 있었을 것으로 추론할 수 있다. 혈연 집단에서부터 샤머니즘을 기반으로 한 초기 종교의 형태가 있었다고 보아야 한다. 이 혈연집단의 소규모 집단이 몇 개가 합쳐지면서 그 중에서 가장 샤머니즘적인 종교적 영매로 보이는 고인류가 최초의 지도자가 되었을 것으로 보인다. 인류는 조그마한 사회를 구성할 때부터 초기 종교의 형태가 나타났고 더 큰 집단으로 불어날수록 이 종교적인 힘은 사회를 규합하는 절대적인 힘으로 작용했을 것으로 보인다. 이 초기 인류 사회의 종교적 현상은 호모레퍼런스로서의 특징을 가장 잘 보여주는 지속적인 현상으로, 현재까지 많은 영향을 미치고 있는 것으로 보인다. 이러한 종교적 현상은 초기 고인류 사회의 작은 분란에서 시작해 점차 큰 규모의 전쟁으로까지 발전했다. 인류는 아마도 집단이 커질수록 자신을 더 효과적으로 보호할 수 있다고 생각했을 것이다. 초기 종교 지도자들은 구성원들의 원초적인 보호 욕구를 자신의 이기심과 연결하여, 개인적 권력 욕망을 충족시키기 위해 점점 더 큰 규모의 집단 충돌을 조장했던 것으로 보인다. 샤머니즘과 결합한 종교 전쟁을 시작으로, 현생인류는 기원전 3,000년경부터 수메르, 바빌로니아, 이집트에서 신의 이름으로 전쟁을 수행했다. 이후 인류의 역사는 다신교로 대표되는 그리스와 조로아스터교를 믿는 페르시아 간의 전쟁, 십자군 전쟁, 중동 전쟁 등 종교 전쟁의 역사라고 해도 과언이 아닐 정도로, 종교는 호모 속과 깊은 연관관계를 가지고 있다.

전쟁과 생존은 초기 인류 사회에서 밀접하게 연관되었으며, 집단의 규모가 커질수록 공유와 협력의 중요성이 증가했다. 호모 사피엔스로의 진화 과정에서 종교는 협력을 강화하는 문화적 메커니즘으로 발전했다. 대규모 집단의 결속을 유지하기 위해 공통된 신념 체계가 필요했고, 이는 종교적 관념의 발달을 촉진했다. 호모 사피엔스의 등장 이후, 도구 기술과 종교적 관념의 발전 속도는 이전 시기에 비해 현저히 빨라졌다. 현대의 기준으로는 여전히 느린 변화였지만, 당시의 시간 척도에서는 혁명적인 속도였다. 이러한 가속화된 문화적 진화는 사회 구조의 복잡화를 수반했다. 고고학적 증거들은 초기 인류 사회의 계층화를 명확하게 보여준다. 약 40,000년 전으로 추정되는 프랑스 라스코(Lascaux) 동굴에서 발견된 무덤은 이러한 사회적 계층화의 중요한 사례이다. 이 무덤에서 발견된 정교한 장신구들과 특별히 제작된 도구들은 당시 이미 뚜렷한 사회적 지위 구분이 존재했음을 시사한다. 더 나아가 30,000년 전 유적에서 발견되는 주거 공간의 체계적 구획은 복잡한 사회 구조의 발전을 보여준다. 주거 유적의 공간 구분, 매장품의 질적 차이, 장신구의 불균등한 분포 등은 초기 인류 사회에 이미 체계적인 지배계층이 존재했음을 증명하는 강력한 증거들이다. 이러한 고고학적 발견들은 호모 사피엔스 사회의 복잡성이 점진적으로 증가했음을 보여준다.

도구의 진화는 복합도구라는 인류사에 획기적인 변곡점으로 나타난다. 250만 년 전 올두바이 협곡에서 발견된 단순한 깨진 돌 도구에서 시작하여, 170만 년 전 아슐리안 도구의 등장은 인류의 첫 기술적 혁신을 보여준다. 이 기술적 혁신 중에 가장 큰 변화는 복합도구의 출현이다. 약 50만 년 전, 최초의 복합도구가 등장했다. 독일 쇠닝겐(Schöningen)에서 발견된 나무창은 당시 이미 정교한 도구 제작 기술이 존재했음을 보여준다. 이 창은 단순히 나무를 뾰족하게 만든 것이 아니라, 무게중심을 고려하여 정교하게 가공되었다. 이는 당시 인류가 이미 물리적 원리를 이해하고 있었음을 시사한다. 복합도구의 발명은 사회 구조에도 큰 영향을 미쳤다. 새로운 도구를 만들 수 있는 능력은 곧 권력과 직결되었다. 프랑스 라스코 동굴의 벽화에서 발견되는 사냥 도구들의 상세한 묘사는, 이러한 도구들이 단순한 생존 수단을 넘어 권력의 상징이었음을 보여준다. 종교의 기원도 이 시기에서 찾을 수 있다. 네안데르탈인의 매장 유적에서 이미 의례적 매장의 증거가 발견되지만, 호모 사피엔스에 이르러 종교적 의식은 더욱 복잡해졌다. 스페인 엘 카스티요 동굴(Cave of El Castillo)의 손도장 벽화는 40,000년 전 이미 상징적 사고가 발달했음을 보여준다.

도구가 상징적인 종교와 결합하기 시작했다. 의례용 도구들이 발견되기 시작하는데, 이는 도구가 단순한 실용적 용도를 넘어 영적인 의미로 쓰이게 되었음을 의미한다. 체코의 돌니 베스토니체(Dolní Věstonice) 유적에서 발견된 의례용 조각품들은 그 변화의 양상을 명확히 드러낸다. 이러한 문화적 혁신의 속도는 점차 가속화되었다. 초기에는 한 가지 혁신이 다음 혁신으로 이어지는 데 수천 년이 걸렸지만, 시간이 지날수록 그 시간적 간격은 줄어들었다. 오스트리아 빌렌도르프(Willendorf)에서 발견된 비너스 상은 25,000년 전의 것으로, 이미 당시 인류가 추상적 사고와 예술적 표현 능력을 갖추고 있었음을 보여준다. 인류가 돌도끼를 들고 다니다 어느 날 갑자기 비너스를 만들었을까? 필자는 이걸 믿으라고 하는 게 더 비합리적인 생각이라는 데는 변함이 없다. 그 이전부터 어떠한 점진적인 문화 현상이 있었고 이런 점진적인 발전의 결과가 빌렌도르프의 비너스(Venus of Willendorf)를 탄생시켰다고 하는 게 정상적인 사실에 부합한다고 생각하는 게 너무나 상식적인 추론이라고 본다.

도구 발달에 따른 제작 기술도 같이 향상되었고, 이를 전수하는 방식 역시 자리를 잡아가고 있었던 것으로 보인다. 프랑스 루시용 동굴(Rouffignac Cave)에서 발견된 발자국에 관한 연구에 따르면, 어린이들이 도구 제작 장소에 함께 있었다는 증거가 발견되었다. 이는 계획적인 기술 전수가 이루어졌음을 시사한다. 이러한 교육 시스템의 존재는 당시 사회가 이미 상당한 수준의 조직화를 이루었음을 보여준다. 복합도구의 발달은 사냥 전략의 혁신도 가져왔다. 우크라이나의 메진 유적에서 발견된 매머드 사냥 도구들은 집단 사냥을 위한 정교한 전략이 있었음을 보여준다. 이는 단순한 도구의 발전을 넘어, 조직적인 협력 체계가 존재했음을 의미한다.

종교적 의식의 발달도 가속화되었다. 이라크 샤니다르 동굴(Shanidar Cave)의 네안데르탈인 매장지에서는 의도적인 꽃 배치의 흔적이 발견되었다. 이는 약 60,000~70,000년 전 이미 의례적 매장 관습이 존재했음을 시사한다. 2020년 발표된 포메로이(Pomeroy)와 그 동료들의 연구는 이 꽃 매장에 관한 새로운 증거를 제시하며, 네안데르탈인의 문화적 복잡성을 재확인했다. 이러한 정교한 매장 의식은 당시 인류가 죽음에 대한 특별한 인식과 애도 방식을 가지고 있었음을 보여준다. 지배계층의 확립은 더욱 분명해졌다. 러시아 순기르(Sungir) 유적의 매장지에서는 분명한 계층 차이가 드러난다. 일부 무덤에서 발견된 수천 개의 상아 구슬은 당시 이미 부의 축적과 과시가 있었음을 보여준다. 이는 현대 사회의 계층 구조가 이미 그 시기에 뿌리를 두고 있음을 의미한다. 이러한 발전들은 서로 긴밀하게 연결되어 있었다. 더 효율적인 도구는 더 많은 잉여 생산을 가능하게 했고, 이는 더 복잡한 사회 구조를 지탱할 수 있게 했다. 복잡한 사회 구조는 다시 보다 발전된 도구와 의례의 발전을 촉진했다. 이 선순환은 호모 사피엔스가 지구상에서 가장 성공적인 종이 되는 토대가 되었다. 결과적으로, 300,000년이라는 시간은 인류 역사에서 가장 혁신적인 시기 중 하나였다. 비록 현대의 관점에서 보면 느린 발전이었을지 모르지만, 당시로서는 혁명적인 변화였다. 이 시기에 형성된 도구 사용, 사회 구조, 종교적 관념은 현대 인류 문명의 기초가 되었으며, 인류는 여전히 이러한 유산 위에서 살아가고 있다. 이 발전의 증거들은 계속해서 새롭게 발견되고 있다. 최근의 발굴 기술과 연대 측정 방법의 발전은 정확한 과거의 모습을 보여주고 있다. 이를 통해 문화적, 기술적 발전이 얼마나 놀라운 것이었는지 더욱 분명히 이해할 수 있게 되었다.

호모레퍼런스는 호모 사피엔스의 특징을 가장 잘 나타내는 단어이다.

〈참 고〉

▶ Norenzayan, A., Shariff, A. F., Gervais, W. M., Willard, A. K., McNamara, R. A., Slingerland, E., & Henrich, J. (2016). The cultural evolution of prosocial religions. Behavioral and Brain Sciences, 39.

2007년부터 2014년까지 종교적 프라이밍(religious priming)과 친사회적 행동에 관한 여러 연구들을 종합 분석한 결과, 종교가 실제로 사람들의 친사회적 행동을 촉진하는 심리적 메커니즘을 가지고 있다는 사실이 실증적으로 확인되었다. 종교는 대규모 사회에서 사람들이 서로 협력하고 신뢰할 수 있게 만드는 데 중요한 역할을 한다. 문화가 진화하는 과정에서도 핵심적인 사회적 기능을 담당해왔다. 분석 결과를 보면 종교적 신념과 의례가 다른 사람에 대한 친절함, 협력하려는 마음, 사회 규범을 지키려는 태도를 강화하는 데 실제로 기여한다는 것이 드러났다. 인류 사회가 점점 복잡해지고 규모가 커지는 과정에서 종교가 어떤 역할을 했는지에 대한 중요한 통찰을 제공한다. 종교가 단순히 개인적 믿음의 문제가 아니라 사회를 하나로 묶어주는 강력한 사회적 도구 역할을 해왔다는 것을 보여준다.

▶ Sharpe, K., & van Gelder, L. (2006). Evidence for cave marking by Palaeolithic children. Antiquity, 80(310), 937–947.

루시용(Rouffignac) 동굴 천장에 남겨진 핑거 플루팅(finger flutings) – 손가락으로 그은 자국들을 자세히 분석해본 결과, 놀랍게도 주로 2~5세 어린이들이 만든 것이라는 사실이 밝혀졌다. 손가락 자국의 크기와 간격, 깊이를 측정해서 알아낸 것이다. 선들이 서로 교차하고 겹쳐져 있고, 굵기와 깊이도 다양한데, 이는 성인과 아이들이 함께 참여한 공동체 예술 활동의 증거로 해석된다. 혼자서 한 게 아니라 여러 사람이 함께 모여서 벽에 그림을 그렸다. 구석기 시대 예술이 성인 남성들만의 전유물이라고 생각했던 기존 관념을 완전히 뒤바꾸는 발견이다. 실제로는 어린이들과 다양한 연령대의 사람들이 함께 참여하는 사회적 행위였다는 것이 확인되었다. 동굴 벽면 전체에 체계적으로 남아 있는 흔적들을 보면 구석기 공동체가 생각보다 훨씬 복잡한 예술적, 사회적 활동을 했다는 것을 알 수 있다. 수만 년 전 사람들도 가족이나 공동체가 함께 모여서 예술 활동을 즐겼던 모습이 그려진다.

▶ Pomeroy, E., Schwenninger, J.-L., Hunt, C. O., Abdulmutalb, D., Al-Souliman, A. S., & Barker, G. (2020). Newly discovered Neanderthal remains from Shanidar Cave, Iraqi Kurdistan, and their context. Antiquity, 94(373), 11-26.

샤니다르(Shanidar) 동굴에서 새로 발견된 네안데르탈인 유해와 그 주변을 현미경으로 자세히 분석한 결과, 놀라운 발견들이 이어졌다. 유해 주변에서 광물화된 식물 조직을 비롯해 다양한 퇴적학적 특징들이 확인되었다. 광물화된 식물 조직이 발견된 것은 매우 의미가 크다. 네안데르탈인이 죽은 이를 꽃과 함께 매장했다는 '꽃 매장' 가설을 뒷받침할 수 있는 중요한 증거로 제시되고 있다. 현미경 박편 분석 결과는 더욱 흥미로웠다. 시신을 매장할 때 의도적으로 식물을 사용했다는 흔적과 함께, 뚜렷한 지층 접촉면, 압축되고 공극이 줄어든 모습 등 실제로 매장 행위가 있었다는 증거들이 확인되었다. 네안데르탈인이 단순히 시체를 버린 게 아니라 어떤 의식을 치르며 정성스럽게 매장했다는 새로운 고고학적 증거가 나온 셈이다. 네안데르탈인의 복잡한 사회적 행동과 죽음에 대한 개념을 보여주는 중요한 발견이다.

▶ Antl-Weiser, W. (2009). Venus of Willendorf: The making of an icon. In C. Bahn (Ed.), Written in bones: human remains unlock the secrets of the dead (pp. 22-25). Firefly Books.

빌렌도르프의 비너스(Venus of Willendorf)는 1908년 오스트리아(Austria) 자연사 박물관 발굴에서 발견된 약 25,000년 전 구석기 시대의 대표적인 여성 조각상이다. 당시로서는 가장 체계적으로 기록되고 잘 보존된 선사시대 조각상 중 하나로 평가받고 있다. 조각상은 풍만한 신체를 세밀하게 표현한 것이 특징이다. 25,000년 전 구석기 시대 사람들이 이미 상당한 미적 감각과 상징적 사고를 가지고 있었다는 것을 보여주며, 당시 사회의 의미까지 담고 있는 것으로 해석된다. 발견 현장 사진과 함께 보존되어 있는 이 유물은 선사시대 인류의 예술 세계와 신앙, 사회 구조를 이해하는 데 매우 중요한 자료가 되고 있다. 수만 년 전 사람들이 어떤 생각을 하고 살았는지, 무엇을 중요하게 여겼는지 엿볼 수 있는 귀중한 단서인 셈이다.

〈 참고 문헌 〉

< 국내 문헌 >
1. 마빈 해리스 (1992). 『문화의 수수께끼』. 한길사.

< 국외 문헌 >
1. Aiello, L. C., & Wheeler, P. (1995). The expensive-tissue hypothesis: The brain and the digestive system in human and primate evolution. Current Anthropology, 36(2), 199-221.
2. Antl-Weiser, W. (2009). Venus of Willendorf: The making of an icon. In C. Bahn (Ed.), Written in bones: How human remains unlock the secrets of the dead (pp. 22-25). Firefly Books.
3. Bar-Yosef Mayer, D. E., Vandermeersch, B., & Bar-Yosef, O. (2009). Shells and ochre in Middle Paleolithic Qafzeh Cave, Israel: Indications for modern behavior. Journal of Human Evolution, 56(3), 307-314.
4. Chene, G., Fritel, X., Poncelet, C., Fauconnier, A., & Bader, G. (2013). Evolution du bassin au cours de l'hominisation. Gynécologie Obstétrique Fertilité, 41(10), 588-592.
5. Clark, P. U., Shakun, J. D., Baker, P. A., Bartlein, P. J., Brewer, S., Brook, E., Carlson, A. E., Cheng, H., Kaufman, D. S., Liu, Z., Marchitto, T. M., Mix, A. C., Morrill, C., Otto-Bliesner, B. L., Pahnke, K., Russell, J. M., Whitlock, C., Adkins, J. F., Blois, J. L., Clark, J., Colman, S. M., Curry, W. B., Flower, B. P., He, F., Johnson, T. C., Lynch-Stieglitz, J., Markgraf, V., McManus, J., Mitrovica, J. X., Moreno, P. I., & Williams, J. W. (2012). Global climate evolution during the last deglaciation. Proceedings of the National Academy of Sciences of the United States of America (PNAS), 109(19), E1134-E1142.
6. Du, A., Zipkin, A. M., Hatala, K. G., Renner, E., Baker, J. L., Serena, B., Bernal, K. H., & Wood, B. A. (2018). Pattern and process in hominin brain size evolution are scale-dependent. Proceedings of the Royal Society B: Biological Sciences, 285(1873).
7. Gao, X., Zhang, S., Zhang, Y., & Chen, F. (2017). Evidence of hominin use and maintenance of fire at Zhoukoudian. Current Anthropology, 58(3), 378-387.
8. Gao, X., Zhang, S., Zhang, Y., & Chen, F. (2017). Evidence of hominin use and maintenance of fire at Zhoukoudian. Current Anthropology, 58(3), 378-387.

9. Hajdinjak, M., Fu, Q., Hübner, A., Petr, M., Mafessoni, F., Grote, S., ... & Pääbo, S. (2018). Reconstructing the genetic history of late Neanderthals. Nature, 555, 652-656.

10. Hsieh, P., Vollger, M. R., Dang, V., Porubsky, D., Baker, C., Cantsilieris, S., ... & Eichler, E. E. (2019). Adaptive archaic introgression of copy number variants and the discovery of previously unknown human genes. Science, 366(6463).

11. Hsieh, P., Vollger, M. R., Dang, V., Porubsky, D., Baker, C., Cantsilieris, S., Hoekzema, K., Lewis, A. P., Munson, K. M., Sorensen, M., Kronenberg, Z. N., Murali, S., Nelson, B. J., Chiarante, G., Maggiolini, F. A. M., Blanché, H., Underwood, J. G., Antonacci, F., Deleuze, J.-F., & Eichler, E. E. (2019). Adaptive archaic introgression of copy number variants and the discovery of previously unknown human genes.

12. Kuhn, S. L., & Zwyns, N. (2014). The Initial Upper Paleolithic in Central and East Asia: Blade Technology, Cultural Transmission, and Implications for Human Dispersals. Journal of Human Evolution, 69, 185-204.

13. Norenzayan, A., Shariff, A. F., Gervais, W. M., Willard, A. K., McNamara, R. A., Slingerland, E., & Henrich, J. (2016). The cultural evolution of prosocial religions. Behavioral and Brain Sciences, 39.

14. Petraglia, M. D., Haslam, M., Fuller, D. Q., Boivin, N., & Clarkson, C. (2010). Out of Africa: New hypotheses and evidence for the dispersal of Homo sapiens along the Indian Ocean rim. Annals of Human Biology, 37(3), 288-311.

15. Pitulko, V. V., Pavlova, E. Y., & Nikolskiy, P. A. (2016). Early human presence in the Arctic: Evidence from 45,000-year-old mammoth remains. Science, 351(6270), 260-263.

16. Pomeroy, E., Schwenninger, J.-L., Hunt, C. O., Abdulmutalb, D., Al-Souliman, A. S., & Barker, G. (2020). Newly discovered Neanderthal remains from Shanidar Cave, Iraqi Kurdistan, and their context. Antiquity, 94(373), 11-26.

17. Prüfer, K., Racimo, F., Patterson, N., Jay, F., Sankararaman, S., Sawyer, S., ... & Pääbo, S. (2014). The complete genome sequence of a Neanderthal from the Altai Mountains. Nature, 505, 43-49.

18. Schoenemann, P. T. (2006). Evolution of the size and functional areas of the human brain. Annual Review of Anthropology, 35, 379-406.

19. Sharpe, K., & van Gelder, L. (2006). Evidence for cave marking by Palaeolithic children. Antiquity, 80(310), 937-947.

Homoreference

1부
참조하는 인간의
탄생과 진화

2부
문명의
기원과 확장

3부
호모레퍼런스의
미래와 본질

Homoreference

빙하기와 최초문명 — 4장

1. 돌의 신화
2. 문화의 연속성
3. 아메리카 문명
4. 촐룰라 피라미드
5. 푸마푼쿠의 건축
6. 도시의 진화
7. 소금 생산
8. 북극 항해자들
9. 구눙 파당

4장을 시작하며

인류사를 이해하기 위해서 오랫동안 일방적으로 통보된 역사의 시간표를 따라왔다. 메소포타미아에서 시작되어 이집트, 인더스, 황하로 이어지는 4대 문명의 발상지라는 편리한 인류사 자체를 그대로 믿었다. 하지만 21세기에 들어 발견되는 증거들은 상식을 완전히 뒤흔들어 놓고 있다.

우리가 받은 역사 교육을 돌이켜보면 의문스러운 점들이 있다. 메소포타미아나 이집트 문명은 언제나 범접하기 어려운 먼 세계로만 그려졌고, 중동 지역은 마치 무법지대인 양 다뤄졌다. 교과서에 나온 내용을 그대로 암기하는 것이 학습의 전부였고, 스스로 의문을 제기하거나 탐구할 여지는 거의 없었다. 하지만 인류는 모든 것에 대해 의문을 던질 자유를 가지고 있다. 비록 모든 답을 찾을 수는 없더라도, 이런 기본적인 자세에서 출발한다면 진실에 더 가까워질 수 있을 것이다. 그리고 보다 자유로운 사고를 하게 될 것이다. 실제로 최근의 고고학적 발견들은 우리가 배워온 '문명의 시작'에 대해 다시 생각해보게 만든다. 튀르키예의 카라한 테페에서 발견된 기원전 10,000년경 거주지는 이미 현대 도시계획의 원리를 적용하고 있었다. 불가리아 프로바디아(Provadia)의 기원전 9,000년경 소금 제련소는 현대의 공장 시스템을 갖추고 있었다. 멕시코 촐룰라(Cholula)의 기원전 피라미드는 어떤 건축 기술로도 설명하기 어려운 정교함을 보여준다. 볼리비아 푸마푼쿠(Pumapunku)의 돌들은 현재 절단기로도 만들어 내기 어려운 정밀도를 자랑한다. 쾨베클리 테페의 수렵인들이 세운 거석 문화는 또 어떠한가? 이들은 대부분 4대 문명이라 불리는 시기보다 수천 년 앞선 시대의 것들이다. 그렇다면 지금까지 최초의 문명이라고 불렸던 것들은 그보다 더 오래되고 발달한 문명을 참조한 것은 아닐까?

현재 지구의 해수면은 마지막 빙하기 때보다 120m나 높다. 이는 당시 인류의 주요 거주지였을 연안 지역이 모두 물에 잠겨 있다는 것을 의미한다. 지금까지 발견한 것들은 빙산의 일각에 불과할지도 모른다. 이 장에서 다루는 아홉 개의 발견은 결코 우연히 선택된 것이 아니다. 이들 대부분은 기원전 6,000년 이전, 즉 문명의 시작으로 여겨지는 시기보다 훨씬 앞선 시기에 속한다. 더구나 이들은 하나같이 현대 과학으로도 설명하기 어려운 수준의 기술을 보여준다. 이것은 중요한 질문을 던진다. 과연 문명은 무에서 창조되었을까? 메소포타미아의 수메르인들이 갑자기 문자를 발명하고, 이집트인들이 어느 날 갑자기 피라미드를 만들어낸 것일까?

인간은 본질적으로 참조하는 존재다. 완전히 새로운 것을 만들어내지 않는다. 대신 이전 세대의 지식을 참조하고, 그것을 재해석하고 발전시킨다. 이것이 바로 호모레퍼런스의 본질이다. 기원전 500년경 동서양에서 거의 동시에 위대한 철학자들이 등장했다. 그리스의 소크라테스, 중국의 공자, 인도의 석가모니가 비슷한 시기에 유사한 철학적 통찰에 도달한 것은 우연이 아니다. 그들 이전에 이미 오랜 지적 교류의 네트워크가 존재했을 것이다. 그렇다면 다시 물어야 한다. 소크라테스와 공자는 누구를 참조했을까? 피라미드를 만든 이집트인들은 누구의 건축 기술을 참조했을까? 수메르인들은 누구의 문자 체계를 참조했을까? 이 장에서 다루는 아홉 가지 발견은 그 답의 일부를 제시한다기보다는 4대 문명이 갑자기 출현한 것이 아님을 보여주는 방증에 가깝다. 이들 모두 4대 문명보다 수천 년 앞선 시기에 속하면서도 놀라울 정도로 발전된 기술을 보여준다. 더구나 이들은 지리적으로 서로 너무 멀리 떨어져 직접적인 교류가 어려웠을 것으로 보이지만, 놀랍도록 유사한 기술적 원리를 공유하고 있다.

이는 아직 발견되지 않은 더 오래되고 발전된 원천 문명이 존재했을 가능성을 시사한다. 돌도끼 시대부터 현대 문명에 이르기까지 인류는 셀 수 없이 오랜 시간 동안 문화를 형성해 왔다. 하지만 인류는 아직 그 문화들 사이를 잇는 고리를 밝혀내지 못했다. 오늘날 해수면 아래에 잠겨 있을지도 모를 문명이 전 세계에 걸친 지식 네트워크를 형성했을 가능성도 배제할 수는 없다. 최초의 문명이라 불리는 것들이 사실은 그 네트워크의 마지막 생존자들이었을 수도 있다. 지금까지 발견된 증거들은 이러한 가설을 뒷받침한다. 카라한 테페의 도시계획은 현대 주거 문화의 원리와 매우 흡사하다. 불가리아 프로바디아의 소금 제련소는 현대 산업 시스템의 기초를 보여준다. 멕시코 촐룰라의 피라미드는 고도의 천문학적 지식을 반영한다. 볼리비아 푸마푼쿠의 석조 건축물은 현대 기술로도 재현하기 어려울 정도의 정밀도를 자랑한다. 이들은 모두 무(無)에서 유(有)를 창조한 것이 아니다. 오늘날 우리가 앞선 문명을 참조하여 문명의 이기들을 발전시키듯, 그들 역시 분명 더 오래된 문명의 지식을 참조했을 것이다. 역사는 결코 단순한 진보의 연속이 아니었다. 오히려 끊임없는 참조와 재해석의 연속된 과정이었다. 역사는 때로는 발전하고, 때로는 퇴보하며, 때로는 완전히 새로운 형태로 재탄생해왔다. 이러한 반복과 변화를 거치며 호모레퍼런스라는 특징이 형성되었다.

이제 새로운 관점으로 인류의 역사를 바라볼 필요가 있다. 인류는 잃어버린 고리들을 긴 호흡으로 하나씩 천천히 찾아가야 한다. 참조하는 존재로서의 인류의 본성을 명확히 증명해야 하며, 빠진 고리가 존재함을 인정해야 한다. 만약 어떤 현상이 합리적이지 않거나 이해할 수 없다면, 그 고리가 빠져 있다고 보아야 한다. 빙하기 이전의 잃어버린 문명들, 바다 속에 잠긴 도시들, 그리고 그들이 만들어낸 거대한 지식의 네트워크를 하나씩 복원해 가야 한다. 문명의 시작이라 불리는 4대 문명도 참조의 결과물이었다. 그들이 이룩한 위대한 업적들은 모두 더 오래된 지식의 기반 위에서 만들어졌다. 수메르의 쐐기문자, 이집트의 피라미드, 인더스의 도시계획, 황하의 천문학 등, 이 모든 성과는 수천 년에 걸친 참조의 축적을 통해 이루어진 것이다.

이 책에서 살펴본 아홉 가지 발견은 그 참조의 사슬이 얼마나 오래되었는지를 보여준다. 튀르키예의 도시 계획자들, 불가리아의 산업 기술자들, 멕시코의 건축가들, 볼리비아의 석공들 모두 더 오래된 누군가의 지식을 참조하여 그것을 한층 더욱 발전시켰다. 이것이 바로 호모레퍼런스의 본질이다. 결코 무에서 유를 창조하지 않는다. 대신 이전 세대의 지식을 참조하고, 재해석하고, 발전시킨다. 그리고 그것을 다음 세대에게 전달한다. 이처럼 끊임없이 이어지는 참조의 사슬이 바로 인류 문명의 진정한 모습이다. 지금 이 순간에도 우리는 참조를 이어가고 있다. 과거의 지식을 배우고, 현재의 문제를 해결하며, 미래를 위한 길을 모색하면서 말이다. 우리는 이 거대한 참조의 네트워크 속에서 살고 있는 호모레퍼런스인 것이다.

이것이 바로 이 책이 펼쳐 나가고자 하는 여정이다.

〈참 고〉

▶ Lambeck, K., Rouby, H., Purcell, A., Sun, Y., & Sambridge, M. (2014). Sea level and global ice volumes from the Last Glacial Maximum to the Holocene. Proceedings of the National Academy of Sciences, 111(43), 15296–15303.

마지막 빙하기 이후 약 35,000년 동안 전 지구적으로 해수면이 어떻게 변했는지 종합적으로 분석한 결과가 나왔다. 관측 데이터와 오차 범위를 꼼꼼히 검토해서 20,000년 전 해수면이 현재보다 약 120m나 낮았다는 사실을 명확하게 확인했다. 히스토그램(histogram)과 세계 지도를 활용해서 해수면 데이터의 시간적, 지리적 분포를 시각화했다. 언제 어디서 어떤 변화가 일어났는지 한눈에 볼 수 있게 정리해서 신뢰성과 포괄성을 크게 높였다. 20,000년 전 해수면이 지금보다 120m나 낮았다는 것은 정말 놀라운 사실이다. 당시에는 지금의 바다 밑이 모두 육지였다는 뜻이다. 많은 섬들이 육지로 연결되어 있었고, 해안선도 완전히 달랐을 것이다.

1. 돌의 신화

괴베클리 테페와 카라한 테페 등 선사시대 거대 석조 유적의 발견은, 농경 이전의 수렵채집 사회에서도 이미 복잡한 사회조직, 정교한 종교·천문 지식, 그리고 지식의 창조와 전승 체계가 존재했음을 보여주며, 인류 문명의 기원과 발전에 대한 기존의 통념을 근본적으로 뒤흔들었다.

처음 이곳에 관심을 갖게 된 계기는 잘 다듬어진 독수리 조각 사진을 보고 나서였다. 그 독수리 조각 사진 아래에는 '카라한 테페, 12,000년 전'이라는 주석이 달려 있었다. 12,000년 전이라고 인쇄된 설명은 잘못된 표기일 거라고 생각하며, 그저 스쳐 지나간 사진에 불과했다. 그러다 다시 우연한 기회에 그 사진과 마주쳤다. 그때는 스쳐 지나갈 수 없었다. 그 후 관련 연구 논문과 서적 등을 찾아보았다. 그때 이곳 괴베클리 테페와 카라한 테페를 알게 되었다. 12,000년 전 인류를 떠올리면, 동물 가죽 옷을 입은 원시인이 불을 피우고 돌도끼를 다루는 모습이 연상되었다. 그런데 그 시대에 만들어진 60cm 크기의 작지 않은 독수리 조각이 마치 20세기 모던한 스타일의 조각을 떠올리게 했다. 석기 시대에 인류가 이러한 기술을 보유하고 있었다는 것을 인정하지 않을 수 없을 만큼 많은 증거가 존재했다.

인류 문명의 발전 순서를 완전히 잘못 이해하고 있었다. 1994년 튀르키예의 한 석회암 언덕에서 발견된 이곳은 기존의 인류사를 다시 생각해야 하는 발견이었다. 12,000년 전 농사도 짓지 않던 수렵채집인들이 거대한 신전으로 추정되는 공간을 만들었다. 이는 농업이 시작되고 인간이 정착하면서 신전이 만들어졌다는 기존의 인류사 관점을 뒤흔들 수 있는 중요한 발견이었다. 이 발견의 충격은 실로 어마어마하다. 20톤이 넘는 돌기둥들이 조각되고 운반되었으며, T자형 기둥은 정교한 동물 부조로 가득하다. 바퀴도, 가축도 없던 시대에 어떻게 이런 일이 가능했을까? 방사성 탄소 연대 측정에 의하면, 이 건축물은 이집트 피라미드보다 약 7,000년 이상이나 앞선다. 이곳에서 발견된 여러 유물 중 흑요석과 같은 돌은 최소 수십 킬로미터나 떨어진 곳에서 채취되어 도구 제작에 사용된 재료였다. 이는 당시 이미 원거리 교역망이 존재했음을 의미한다. 원시인이라 부르던 이들은 실제로는 복잡한 사회를 이루며 광범위하게 소통하고 있었다.

이곳이 선사시대 유적이라는 것을 알아낸 클라우스 슈미트(Klaus Schmidt)의 말처럼 "처음에 신전이 있었고, 그다음에 도시가 왔다." 농업은 문명의 원인이 아니라 결과였을지 모른다. 괴베클리 테페는 일종의 신전이었다고 추론되고 있다. 서로 다른 집단들이 정기적으로 모여 지식을 교환하고, 의례를 행하며, 함께 연회를 즐겼다. 초기 연구에서는 이곳이 단순히 신전으로 사용했던 것으로 추론되었으나, 그 후 학자들의 발견과 연구를 통해 신전과 거주 공간도 같이 있었을 것으로 보고 있다. 이 건축 공간은 기원전 8,000년경 의도적으로 묻힌 것으로 보였다. 이는 단순한 폐기라고 보기에는 석연치 않다. 학자들은 그들이 마치 후손들에게 타임캡슐을 남기듯, 자신들의 지식과 문명을 체계적으로 보존하려 했던 것으로 보고 있다. 필자가 직접 현장에서 확인했을 때도, 자연적으로 묻혔다고 보기에는 지나치게 넓은 지역과 면적이었다. 왜 그들이 신전을 묻었는지는 아직 밝혀지지 않았다. 어떤 집단에 의해 의도적으로 묻혔을 수도 있고, 만든 사람들이 특정한 이유로 묻었다는 추론도 존재한다.

이 장소는 주변에서 발생한 수메르 문명 등에 영향을 미쳤을 것으로 보인다. 수메르의 갑작스러운 등장만을 고려하면 그 문명의 기원에 대한 의문이 생긴다. 그러나 불과 수백 킬로미터 떨어진 곳에서 이와 유사한 문화적 복합체가 4,000년이나 앞서 존재했다는 사실을 알게 되면, 이러한 문명의 발생 과정이 자연스럽게 이해된다. 이미 유럽에서는 기원전 5,000년 이전에 이곳이 위치한 아나톨리아(Anatolia) 지방에서 농업이 시작되어 유럽으로 전파된 것으로 보고 있다. 어떤 선진 문명이라도 아무것도 없는 상태에서 완전히 새로운 것을 창조하지 않는다. 문자도 기록도 없었지만, 지식은 참조되고 전승되었다. 현재 알려진 모든 문명은 아직 발견되지 않은 더 오래된 문명을 참조했다고 보는 게 합리적이고 상식적인 생각이다.

인류는 농사를 지으면서 정착 생활을 시작했고, 정착한 집단의 필요에 의해 신전, 모임 장소 등의 거대한 건축물을 만들었다는 것이 정설이었다. 적어도 1994년 여름, 독일의 고고학자 슈미트가 튀르키예의 한 석회암 언덕을 발견하기 전까지는 그랬다. 이 발견은 인류 문명의 연대기를 완전히 뒤흔들어 놓았다. 이 유적은 이전에 미국 학자에 의해 발견되었으나 석조 유물의 정교함 때문에 비잔틴 시대 무덤으로 여겨졌다고 한다. 미국 학자의 관찰력이 부족했던 것이 아니라는 것은 현장을 직접 확인하며 알 수 있었다. 이곳의 석기 유적은 정교하고 복잡한 형태여서 석기시대 사람들이 만들었다고 아무도 생각하지 못할 정도였다. 이후 슈미트가 여러 자료를 조사하던 중 이곳의 발굴 자료를 눈여겨보고 다시 이곳을 발굴하기 시작하면서 선사시대 유적지임을 밝혀냈다고 한다. 물론 슈미트 역시 지금은 타스 테펠러(Taş Tepeler) 네트워크에 포함된 12개 유적 중 수몰되기 전에 발굴한 네발리 초리(Nevali Cori) 유적 발굴에 참여한 경험을 바탕으로 괴베클리 테페가 비잔틴 문화의 묘지 유적이 아닐 가능성을 인지했다고 전해진다. 그는 자신의 경험을 중요한 참조점으로 삼은 것이다.

이곳에서 발견된 건축물은 12,000년 전 것이라고는 믿어지지 않을 정도로 정교했다. T자형 거대 기둥들은 마치 거인들의 건축물처럼 하늘을 향해 우뚝 솟아 있다. 기둥에 새겨진 동물 부조는 놀라울 만큼 섬세하다. 뱀, 여우, 멧돼지, 독수리 등은 단순한 장식이 아니라 당시 사람들의 우주관을 보여주는 상징체계다. 이곳에는 물을 저장하는 공간과 물이 흐르던 수로의 흔적이 지금도 남아 있다. 이는 구석기인이나 신석기인으로 불렸던 이들이 얼마나 체계적이고 복잡한 사고를 할 수 있었는지를 보여준다. T자형 기둥들의 배치는 명백히 천문학적 지식을 반영한다. 기둥들은 마치 거대한 달력처럼 계절의 변화와 별들의 움직임을 표시하고 있다. 이는 당시 사람들이 이미 하늘의 움직임을 이해하고 있었으며, 그것을 석조물로 표현할 수 있을 만큼 발달한 기하학적 지식을 가지고 있었음을 의미한다.

이곳에서 발견된 뼈들은 대부분 야생 동물의 것이었다. 수천 마리의 가젤(gazella) 뼈가 발견되었는데, 이는 가축을 키우지 않던 시기에 이곳에서 대규모 의례적 연회가 열렸음을 시사한다. 수백 명, 어쩌면 수천 명의 수렵채집인들이 모여 함께 사냥하고, 먹고, 신에 대한 의식을 치렀을 것으로 보인다. 거대한 T자형 기둥들은 인간을 형상화하여, 표면에는 사람의 팔과 손이 정교하게 새겨져 있다. 실제 이곳을 건설한 이들이 샤머니즘 같은 종교적 신념을 바탕으로 이 건축물을 세운 것으로 밝혀지고 있다. 기둥에 새겨진 동물들은 단순한 장식을 넘어 하나의 이야기이자 메시지를 담고 있다. 뱀은 세상과 소통하는 영매로 여겨졌거나 지하 세계와 하늘을 잇는 은하수로 인식된 것으로 보인다. 표범은 자연의 지배자로 받아들여졌다. 그밖에 독수리는 하늘을 상징하는 것으로 연구결과 추정된다. 이는 당시 인류가 이미 세계를 어떤 기준에 따라 체계적으로 이해하고 있었음을 시사한다.

이 증거는 이 한 곳에만 국한되지 않는다. 괴베클리 테페에서 직선거리로 약 46km 떨어진 곳에 카라한 테페(Karahan tepe)가 위치해 있다. 이곳 역시 괴베클리 테페와 같이 그 당시 문화를 증명하는 중요한 유적이다. 현재까지 이 지역에서는 40여 곳의 유사한 문화 유적이 발견되고 있다. 카라한 테페는 2019년에서야 네짐 코룰(Necmi Karul) 교수가 이끄는 이스탄불 대학교 팀에 의해 체계적인 발굴이 시작되었으며, 전체 면적 중 5%만이 발굴된 상태다. 지금까지 발굴된 결과에 따르면, 카라한 테페에서도 괴베클리 테페와 닮은 T자형 기둥과 각종 크기의 조각 유물들이 출토되어 두 유적 간의 유사성이 뚜렷하게 드러나고 있다.

아나톨리아 지방에서는 산르우르파를 중심으로 현재까지 12개의 테페가 발견되었으며, 이 모든 유적은 선사시대 유적으로서 깊은 연관성을 지니고 있다. 튀르키예 정부는 이 유적들을 타스 테펠러라는 이름으로 하나의 네트워크로 연계하고 있다. 12개의 테페 중 괴베클리 테페와 카라한 테페가 테페의 특징을 가장 잘 보여주고 있다. 차크막 테페(Çakmak tepe)는 서쪽에 위치한 초기 테페 양식을 보여주는 유적으로, 테페에서 흔히 발견되는 T자형 기둥의 초기 형태인 직사각형 기둥이 출토되었다. 가장 동쪽에 위치한 세페르 테페(Sefer tepe)는 동서양 건축기술, 즉 서쪽 유프라테스강 지역의 건축 기술과 동쪽 티그리스강 지역의 건축 기술이 융합된 특징을 보여준다. 이 타스 테펠러 중 중요한 유적인 카라한 테페에서 발견된 조각상을 아라안인으로 보고, 데니소바인과 현대 인류의 혼종으로 해석하는 학자들도 있다. 이러한 주장을 전혀 터무니없다고 단정할 수는 없다. 현생인류에게서 크레마뇽인의 유전자가 발견되는 것을 보면, 초기 인류 사이에서는 종의 경계를 넘나드는 혼종이 자주 일어났을 가능성이 높다.

필자는 이 글을 집필하던 중 어떤 끌림에 의해 튀르키예를 직접 방문하게 되었다. 그동안 논문과 사진을 통해서만 접했던 장소를 실제로 찾아간다는 사실은 어떤 여행보다도 큰 기대와 설렘을 안겨주었다. 필자가 감동을 받기까지는 그리 오래 걸리지 않았다. 튀르키예로 향하는 비행기 안에서부터 저절로 '아!' 하는 탄성이 나왔다. 기내에서 제공된 식전 빵은 작은 무명천 봉지에 담겨 제공되었다. 그 무명천 봉지에는 '12,000년 전 세상에서 가장 먼저 농사를 지은 아나톨리아에서 생산된 밀로 만든 빵'이라는 작은 글귀가 적혀 있었다. '세상에, 나만 모르고 있었던 걸까' 하는 생각과 함께 빵이 담긴 무명천 봉지를 한참 바라보았다. 튀르키예에 도착해 늘 가보고 싶었던 현장에 도착했다. 괴베클리 테페와 카라한 테페는 대부분이 묻혀 있었다. 카라한 테페는 언덕 위 유적 중 약 5%만 발굴되었으며, 나머지는 그대로 땅속에 묻혀 있는 상태였다. 필자가 방문했을 때에도 발굴되지 않은 언덕 대부분에서 T자형 기둥들의 상층부 20~30cm만이 지면 위로 드러나 있는 상태였다. 그 위로 걸으면서 필자는 말로 표현하기 힘든 기분에 휩싸였다. 몇 년을 생각만 하던 곳에 필자가 서 있었다. 그것도 인류가 만든 12,000년 전 역사 위에 서 있었다. 필자가 처음 이곳에 대해 다른 사람들에게 이야기했을 때, 대부분은 그 말을 믿지 못하는 반응을 보였다. 그러한 반응이 잘못되었다고 생각하지는 않는다. 지금까지의 인류사 교육을 받은 일반적인 대부분의 사람들에게는 이 정보가 잘못된 것으로 느껴질 수도 있다. 그래서였는지 필자는 더욱 깊은 감동을 받았던 것 같다.

괴베클리 테페의 발견은 참조에 대한 관점마저 완전히 바꾸어 놓았다. 우리는 지금까지 문명이 단순한 것에서 복잡한 것으로, 작은 것에서 큰 것으로 발전해 왔다고 믿어왔다. 그러나 이 유적은 그와는 반대의 가능성을 시사한다. 인류가 지금은 이해하지 못하는 수준의 지식을 이미 갖고 있었을지도 모른다는 생각마저 들게 만드는 곳이다. 발굴된 석기들은 놀라울 정도로 정교하다. 뱀 모양의 조각은 현대의 조각가도 만들기 어려울 정도의 섬세함을 보여준다. 이는 당시 사람들이 단순히 생존을 위한 도구만 만든 것이 아니라 예술적 감각과 철학적 사고를 하고 있었음을 증명한다. 이곳에서 발견된 돌 컵, 돌 접시는 인류가 최초로 만든 컵과 접시일 가능성도 있다. 이 시기 주변의 다른 유적들과 비교해 보면 괴베클리 테페의 특별함이 더욱 두드러진다. 같은 시기의 다른 테페들에서는 대부분 단순한 주거지 중심의 흔적만이 발견되었다. 하지만 괴베클리 테페는 신전이었다는 확신을 불러일으킬 만큼 초기 연구에서는 사람들이 특정한 시기에만 이곳을 찾아와 종교적 의식을 치렀을 것으로 추정될 정도의 구조와 규모를 갖추고 있다. 그리고 앞에서 언급한 이 모든 것이 인류가 농업 혁명이라고 부르는 사건 이전에 일어났다는 점이다. 이는 인류 문명의 발전 과정에 대한 이해를 근본적으로 재검토하게 만든다. 농업은 문명의 원인이 아니라 결과였을지도 모른다. 수렵채집인들이 어떻게 이런 대규모 프로젝트를 조직할 수 있었을까? 현대 건축학자들의 계산에 따르면, 이 정도 규모의 건축물을 만들기 위해서는 최소 500명 이상의 인력이 필요했을 것이다. 이는 당시에 이미 복잡한 사회 조직과 위계 체계가 존재했음을 의미한다.

이곳도 어딘가에서 존재했던 인류의 지식과 기술을 참조하여 만들었을 것이다. 12,000년 전에 지식을 축적하고, 공유하고, 전수하는 체계적인 시스템을 가지고 있었다. 그들은 단순한 수렵채집인이 아니었다. 그들은 이미 고도의 문명을 이룩한 지식인이었다. 참조라는 행위의 역사도 다시 써야 할지 모른다. 문명이 메소포타미아에서 시작되어 점차 다른 지역으로 퍼져나갔다고 생각했다. 하지만 괴베클리 테페는 그보다 훨씬 이전에, 보다 더 넓은 지역에서 문명의 교류가 있었음을 증명한다. 매립된 이후에도 이 장소의 신성성이 계속 유지되었다는 사실은 생각해볼 필요가 있는 지점이다. 후대의 사람들은 이곳의 정확한 용도나 의미는 알지 못했을 것이다. 하지만 그들은 이곳이 특별한 장소라는 것을 알고 있었고, 그 기억은 수만 년 동안 이어져 왔다. 이것이 바로 진정한 의미의 참조가 아닐까? 문자나 기록도 없었지만, 지식과 기억은 면면히 전승되어 온 것이다. 이것이 인류 문명의 본질을 보여주는 가장 오래된 증거이다. 인류는 결코 완전히 새로운 것을 만들어내지 않는다. 인류는 항상 과거를 참조하고, 그것을 재해석하며, 새로운 의미를 부여한다. 괴베클리 테페와 카라한 테페를 비롯한 타스 테펠러의 12개 유적으로 구성된 네트워크는 인류의 본질이 적어도 12,000년 전부터 형성되기 시작했음을 보여주는 살아 있는 증거이다.

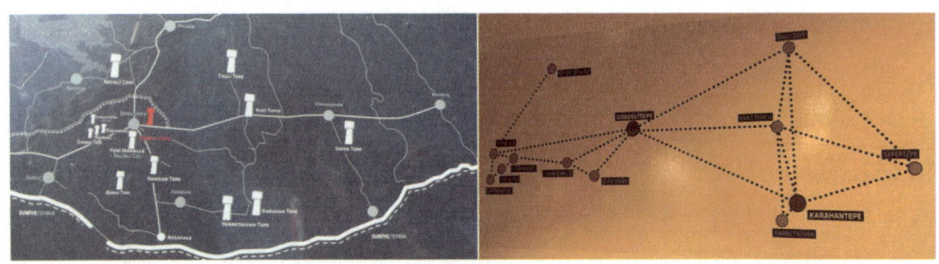

▶ 괴베클리 테페 인근 유사한 문화 형성 유적지(사진©저자 촬영)

이 유적지들은 인류 최초의 문명 중 하나로, 신석기 혁명의 발상지인 이 지역은 수렵–채집 사회에서 농경 사회로의 전환 과정을 보여주는 세계적으로 중요한 문화유산 벨트이다. 튀르키예 정부는 타스 테펠러(돌 언덕이라는 뜻)로 지정하여 12개의 선사시대 유적지를 네트워크로 연결해 발굴, 연구, 보호하고 있다. 이 네트워크가 중요한 이유는 지금까지 인류사에서 농경이 시작되고 사람들이 정착하면서 신전을 만들었다는 것이 정설이었기 때문이다. 그러나 이 유적은 신석기 시대 농경이 시작되기 이전에 수렵채집인들이 모여 신전을 만들었다는 사실을 입증한다. 이는 인류사에 있어 중요한 수정을 의미한다.

①. 네발리 초리: 현재는 아타튀르크 댐 건설로 수몰된 신석기 시대 유적지, 기원전 8,400~8,100년경의 정착지로, 초기 농경문화의 증거가 발견되었다.
②. 괴베클리 테페: 인류 최초의 신전 유적지(기원전 12,000년경), T자형 기둥과 동물 부조로 유명, 2018년 유네스코 세계문화유산에 등재되었다.
③. 카라한 테페: 괴베클리 테페와 동시대 유적, 250여 개의 T자형 기둥 발견, 최근 발굴이 활발히 진행 중이다.
④. 산르우르파: 고대 에데사(Edessa)로 알려진 역사도시, 성서의 우르(Ur)로 추정되는 아브라함 관련 유적지, 현재는 튀르키예 남동부의 주요 도시이다.
⑤. 하르베트수반 테페시(Harbetsuvan Tepesi): 신석기 시대 의례 공간, 괴베클리 테페 문화권에 속한다.
⑥. 귀르쥐 테페(Gürcü Tepe): 신석기 시대 주거지 유적, 초기 농경문화의 증거가 발견되었다.
⑦. 타슬리 테페(Taşlı Tepe), 쿠르트 테페시(Kurt Tepesi), 세페르 테페: 모두 신석기 시대 의례 유적지들, 괴베클리 테페 문화권의 일부이다.
⑧. 아얀라르(Ayanlar), 요군부르츠(Yoğunburç), 사이부르츠(Sayburç): 청동기 시대 유적지들, 히타이트 문명(Hittite civilization)의 영향이 나타나는 지역이다.

▶ **타스 테펠러 12개 지역에서 발견된 돌 접시와 돌 잔(사진ⓒ저자 촬영).**
  산르우르파 고고학 박물관 소장

괴베클리 테페, 카라한 테페, 네발리 초리 등에서 발굴된 돌 접시와 돌 잔 등. 12개의 선사시대 유적지에서 거의 비슷한 형태로 출토되어 종교용품, 생활용품으로 추정된다. 12,000년 전 신석기 초기 인류가 사용한 것으로 여겨진다.

▶ **괴베클리 테페의 전경(사진ⓒ저자 촬영)**

아나톨리아 지방의 산르우르파에서 차로 약 30분 정도 외곽으로 가면 유적지에 도달한다. 튀르키예 언어로 괴베클리 테페라는 말은 배불뚝이 언덕을 뜻한다. 실제 몇 개의 구릉을 지나가면 가장 높은 언덕이 유적지이다. 맨 위에 나무가 있다. 이 나무는 지역 주민들이 신성시하는 것으로, 유적지 발굴 초기에는 주민들을 설득하는 과정이 필요했다고 한다. 현재 이 지역은 거의 사막화되었지만, 유적지가 조성될 당시에는 동식물이 풍부한 환경이었을 것으로 추정된다.

4장 빙하기와 최초문명 **177**

▶ 괴베클리 테페의 대형 조각물 1(사진ⓒ저자 촬영)

튀르키예 겔무트(Germuş) 산맥에 있는 괴베클리 테페는 정착지가 아니라 언덕 위 성소로 기능한 것으로 보인다. 현재 남아 있는 건축물은 두 개의 층으로 구분되는데 하단 기층에 건축물의 기둥들은 벽과 돌 벤치로 연결되어 있다. 기둥과 주변은 여우, 뱀, 전갈, 멧돼지, 오록스(Aurochs), 가젤, 야생 당나귀, 새를 포함한 다양한 동물 문양으로 장식되어 있다. T자형 기둥 측면에는 팔과 손이 정교하게 조각되어 있다. 두 번째 단계의 지층에서는 두 개의 작은 중앙 기둥만 있거나 아예 중앙 기둥이 없는 더 작고 직사각형 형태의 건물들이 발견되었다. 지구물리학적 조사 결과에 따르면, 오래된 둥근 거석 울타리는 특정 부분에 국한되지 않고 부지 전체에 걸쳐 분포해 있으며, 총 20개 이상의 울타리가 존재했을 것으로 추정된다. 발굴된 울타리와 중앙 기둥은 고대에 의도적으로 파괴된 것으로 보인다. 이 부서진 조각들은 파괴 작업을 위해 파낸 큰 구덩이 하단부에서 발견되었다.

▶ 괴베클리 테페의 대형 조각물 2(사진ⓒ저자 촬영)

대형 조각물로 둘러쌓인 울타리 안에 동심원 중에 있는 기둥으로 멧돼지의 낮은 부조 외에도 높은 부조로 조각된 포식자가 새겨져 있다. 이곳에는 많은 수의 T자형 석조 대형 건축물이 존재. 기둥을 의인화하여 기둥에 팔, 손, 옷과 같은 요소를 넣었다. 추상화되고, 비인격적이지만 명백히 의인화된 T자형 존재는 분명히 다른 초월적인 영역을 의미하고 이를 인식하였음을 보여준다. 중앙 기둥에는 그 당시 의류로 추정되는 장식과 아래 하단에는 오리를 조각. 주변의 T자형 조형물보다 두 배 이상의 거대한 유물로 대형 신전 공간에서 중심을 이루고 있다.

▶ 괴베클리 테페에서 출토된 그릇(사진ⓒ저자 촬영)산르우르파 고고학 박물관 소장

그릇 위에 춤추는 장면 조각. 신석기 시대의 잔치 상황을 연출한 것으로 추정된다.
두 사람 사이에 춤추는 거북이는 사람들의 의식 상태를 나타내는 주술적인 의미가 있었을 것으로 연구자들은 추정한다.

▶ 괴베클리 테페에서 출토된 석조 유물(사진ⓒ저자 촬영)산르우르파 고고학 박물관 소장

일부 석조 유물은 주술적 의미를, 또 일부는 권위를 상징하는 상징성을 지닌 것으로 해석된다. 발견 당시에는 정교한 기술로 만들어진 유물이 비잔틴 시대의 유물로 여겨졌다. 그러나 이후 연구를 통해 12,000년 전에 제작된 것임이 밝혀졌다.

▶ 네발리 초리의 발굴 유물(사진ⓒ저자 촬영)산르우르파 고고학 박물관 소장

기원전 8,400년~8,100년경의 정착지로 현재는 아타튀르크 댐 건설로 수몰된 신석기 시대 유적지이다. 이 유적지에서 높은 수준의 유물이 많이 발굴되었다. 12개 테페 모두에서 공통적으로 뱀과 관련된 유물이 다수 출토되었는데, 이는 당시 인류가 뱀을 우주와 소통하는 동물로 인식했음을 시사한다. 이러한 인식은 샤머니즘적 성격을 강하게 반영하고 있다.

▶ 카라한 테페 가는 길(사진ⓒ저자 촬영)

괴베클리 테페로 향하는 길보다 카라한 테페로 가는 길은 더 광활한 사막 같은 평원이었다. 카라한 테페는 어두운 통치자 언덕이라는 뜻이다. 지역 주민들은 이를 케칠리 테페(Keçili tepe)라고 불렀다고 한다. 이는 염소 언덕을 의미한다. 필자가 방문했을 때도 어렵지 않게 말을 탄 목동과 염소, 양 떼를 마주칠 수 있었고, 이는 이 지역 특유의 이색적인 풍경을 더해주었다.

▶ 카라한 테페 전경(사진ⓒ저자 촬영)

카라한 테페는 괴베클리 테페보다 앞선 것으로 추정된다. 이 유적지는 1997년에 처음 발견되었으나, 본격적인 고고학적 발굴은 2019년에 시작되었다. 현재는 전체의 5% 정도만 발굴된 상태로 유적지 전체가 미발굴 상태이다. 필자가 방문한 당시에도 방문객은 거의 없는 상태였으나, 튀르키예 정부에서 유물발굴과 보존에 많은 관심을 기울이고 있는 것을 알 수 있었다.

▶ 카라한 테페 유물(사진ⓒ저자 촬영)

괴베클리 테페에서 발굴된 유물과 유사한 유물이 다수 발견되었다. 당시 인류의 평균 연령은 30세에서 35세로 다산에 대한 강한 욕구가 있었다. 위의 유물도 남성의 성기를 부각하여 다산에 대한 바람을 나타내고 있다. 거의 모든 테페에서 유사한 유물들이 출토되었다.

▶ 카라한 테페의 대부분이 미발굴 상태(사진ⓒ저자 촬영)

왼쪽 사진에서 윗부분이 세월이 지나 마모되어 하얗게 변한 것을 볼 수 있다. 언덕 전체에 발굴된 것과 유사한 유물이 땅 밑에 있을 것으로 추정되고 있다. 괴베클리 테페나 카라한 테페는 당시 사람들이 의도적으로 땅 밑에 묻어 버린 것으로 보인다. 이유는 정확하지 않지만, 그로 인해 모든 테페들이 현재까지 비교적 온전한 상태로 보존되어 발굴되고 있다. 이곳은 12,000년 전의 미발굴 유적지를 직접 방문할 수 있는 감동적인 장소이다. 이 언덕 위에 서서 유물들 위를 걸었을 때 느꼈던 전율은 지금도 온몸에 생생히 남아 있다.

▶ 카라한 테페에서 발견된 석조 유물(사진ⓒ저자 촬영)산르우르파 고고학 박물관 소장

독수리 석조유물은 현대에 제작되었다고 해도 믿을 만큼 재미있고 독특한 형태를 띠고 있다.
그리고 얼굴은 사람의 형상을 하고 있으며, 표범 가죽을 입은 인간을 형상화한 동상이 발견되었다. 당시 표범이 흔한 동물이었고, 인간에게 강한 인상을 남긴 존재였음을 보여준다. 다양한 형태로 나타나는 표범에 대한 표현은 토테미즘적 신앙도 엿볼 수 있다. 이 테페에서 출토된 접시는 상당히 발전된 제작 수준을 보여준다.

▶ 카라한 테페 언덕에 수로, 물구덩이, 석조 채취 흔적이 존재(사진ⓒ저자 촬영)

유적지 언덕 전체에 수로, 물구덩이 등이 돌 위에 조각되어 있고 이 흔적들은 실제로 물을 저장하거나 운반하기 위해 사용된 것으로 보인다. 언덕에 산재해 있던 돌을 채취하여 석재로 사용했던 흔적을 볼 수 있다. 돌 위에 수로를 파고 물을 흘려보낸 흔적들은 대부분 직선보다는 뱀이 기어가는 형태로 만들어졌다. 그 당시 인류는 뱀을 우주와 통하는 영매로 여겼기에, 테페 곳곳에서 쉽게 뱀의 조각과 형태를 찾아볼 수 있다.

▶ 세페르 테페 전경(사진ⓒ저자 촬영)

산르우르파에서 마드린으로 가는 길에 세페르 테페가 있어서 들렸다. 괴베클리 테페와 카라한 테페는 타스 테펠레에 속한 12개 테페 중 규모가 크고 의미가 있어 상시 개방하지만, 나머지 테페들은 하절기에만 개방한다. 이곳에 가서 사진 뒤편에 보이는 집 이층에 올라가서 사진을 찍으면 좋을 것 같아 들렸다가 튀르키예 국견인 송아지만 한 캉갈(Kangal)에 물릴 뻔했다. 십 년 감수했다. 앞으로는 괜한 객기는 부리지 말아야겠다는 생각이 들었다. 그런데 아마 필자는 다시 이런 상황이 온다 해도 사진을 찍으러 또 갈 것 같기는 하다. 이 세페르 테페는 중요한 의미가 있다. 유프라테스강의 서쪽인 서양의 건축문화와 티그리스강으로 대변되는 동쪽인 동양의 건축문화가 융합되어 나온 형태를 띠고 있는 곳이다. 다른 테페들은 원형의 공간 구성을 하고 중간에 T자형 돌기둥을 세우는 게 일반적이다. 이곳에서는 사각형의 공간 구성과 직사각형의 기둥도 함께 발견되어 동·서양의 건축문화가 서로 참조하여 혼합된 형태를 보여주고 있다.

▶ 카라한 테페 뱀 모양의 유적지(사진ⓒ저자 촬영)

카라한 테페의 발굴된 유적 중 언덕 정상 부분에 있는 물을 보관했던 곳이다. 이 공간의 전체 모습은 물을 보관하는 장소를 뱀의 머리 형태로 만들었고, 가운데 11개의 기둥은 실제 뱀의 머리에 있는 돌기를 그대로 모방해서 상징적으로 만들었다고 밝혀졌다. 이 물 보관 구덩이로 들어가는 수로는 뱀의 몸통 형상으로 만들어졌다. 당시 인류는 뱀이 우주와 인간을 연결해 주는 영매 역할을 한다고 믿었다. 이 외에도 카라한 테페 곳곳의 수로가 뱀의 몸통을 형상화한 모습으로 만들어져 있으며, 뱀 부조도 여러 곳에서 발견된다. 이러한 현상은 카라한 테페뿐만 아니라 괴베클리 테페에서도 나타나고, 타스 테펠러에 속한 다른 12개 테페에서도 동일한 양상을 보인다.

▶ 튀르키예 항공에서 제공한 무명천 빵 봉지(사진ⓒ저자 촬영)

이것은 튀르키예에 가기 위해 탄 비행기 안에서 기내식 제공 시 주는 무명으로 만든 빵 봉지이다. 이 무명 빵 봉지 위에 '12,000년 전 세상에서 먼저 농사를 지은 아나톨리아에서 생산된 밀로 만든 빵'이라는 작은 글귀가 쓰여 있었다. 12,000년 전 아나톨리아 지방에서 있었던 문명을 보기 위해 가는 필자에게는 큰 감동이었다. 튀르키예는 이미 이 사실을 알리고 있었는데, 사람이 아는 만큼 보인다고 이제야 이것을 발견하게 되었다. 튀르키예에 도착도 하기 전에 감동이 이미 찾아와 있었다.

2. 문화의 연속성

빌렌도르프의 비너스(기원전 약 23,000년)와 괴베클리 테페(기원전 약 10,000년) 같은 선사시대 유물들은, 인류가 빙하기와 같은 극한 환경 속에서도 지식과 상징, 석조 기술을 세대와 지역을 넘어 참조·전승하며, 문화적 연속성과 연결망을 유지해왔음을 보여준다.

오스트리아 빌렌도르프에서 작은 석회암 조각상이 발견되었을 때, 고고학자들은 그것이 기원전 23,000년 전 인류의 작품이라는 것이라는 것을 인정하는 데 주저했다. 현대의 시선으로 봐도 그 작은 석회암 조각은 세련된 작품으로 평가될 수 있을 정도였다. 11cm가 조금 넘는 작은 이 여성상은 중세 바로크 양식이라고 해도 믿을 정도였다. 과장된 신체 표현과 정교한 세부 묘사를 통해 당시 인류의 관심사와 세계관이 고스란히 드러나 있었다. 섬세하게 조각된 머리카락과는 달리 얼굴은 전혀 표현하지 않은 이 작은 조각상은 전위예술을 연상시키며, '빌렌도르프의 비너스'라 불린다. 무려 기원전 23,000년에 만들어진 작품이다. 인류 최초의 문명으로 수메르 문화를 꼽으며, 통상 그 시작을 기원전 5,000년경으로 본다. 그런데 빌렌도르프의 비너스와 같은 작은 조각상은 이보다 무려 17,000년이나 앞선 시기에 만들어졌다. 이토록 오래전에 이미 정교한 조각 기술을 구사했던 인류라면, 수메르에서 발견되는 유물 정도는 충분히 제작할 수 있었을 것이다. 수메르 문화만 독립적으로 바라보면 이처럼 뛰어난 문명이 어떻게 갑자기 등장했는지에 대한 의문이 생길 수밖에 없다. 그러나 수메르 문명이 이전의 문화들, 예컨대 빌렌도르프의 비너스를 만든 문화와 연결되어 있다는 연속성을 인식하면 이러한 의문은 상당 부분 해소된다. 해소된다기보다는 이해된다는 표현이 더 적절할지도 모른다.

다시 빌렌도르프의 비너스를 기점으로 생각해 보자. 그로부터 약 13,000년 후, 현재 튀르키예 남동부에 위치한 괴베클리 테페에서는 전혀 다른 규모의 프로젝트가 진행되고 있었다. 수십 톤의 석재를 운반하고 정교하게 조각해 세운 T자형 기둥들은 인류 최초의 종교적 구조물로 여겨진다. 이 거대한 기념물에는 다양한 동물 부조와 함께 추상적 의미를 담은 상징들이 새겨져 있다. 괴베클리 테페만을 생각해 보면 신석기 인류가 돌도끼를 들고 정글 속을 뛰어다니다가 갑자기 이런 상징물을 만든다고 하면 의구심이 든다. 그러나 빌렌도르프의 비너스를 만들었던 인류가 13,000년 후에 괴베클리 테페를 세웠다고 생각하면 충분히 납득이 간다. 하지만 이 두 유적 사이에는 시간적으로나 공간적으로나 엄청난 간격이 존재하는 듯 보인다. 기원전 23,000년 경에 제작된 빌렌도르프의 비너스는 약 100-150km 떨어진 체코 지역에서 가져온 원료로 만들어졌다고 추정된다. 이러한 발견은 당시 인류가 생각보다 넓은 지역에서 서로 교류하며 살아갔음을 보여주는 증거이다. 그런 인류가 13,000년 후 2,000km 떨어진 곳까지 이동했다 하더라도 충분히 가능한 일로 보인다. 또한 그들이 괴베클리 테페에 있는 많은 조각들을 제작했을 것이라는 추측도 충분히 수긍이 간다.

마지막 빙하기 최성기(기원전 21,000년~기원전 18,000년)는 인류에게 극심한 도전을 안겨주었다. 북유럽 대부분이 빙하로 뒤덮이자 사람들은 남부의 피난처로 이동할 수밖에 없었다. 이 시기의 그라베티안 문화(Gravettian culture)에서 제작된 비너스 상들은 흑해 연안에서 프랑스에 이르기까지 놀라울 정도로 유사한 형태로 발견된다. 동굴 벽화들에서도 비슷한 양식과 모티프가 확인되며, 이는 단순한 우연이라 보기 어렵다. 추운 기후 속에서 인류는 지식과 문화를 공유하며 생존했고, 그 과정에서 공통된 상징체계가 형성되었다. 빙하기가 막바지에 이르고 지구가 점차 따뜻해지면서 인류의 이동 경로 또한 변화하였다. 흑해 연안과 아나톨리아 지역은 유럽과 레반트를 자연스럽게 연결하는 가교 역할을 했으며, 이 지역에서 발견된 고고학적 증거들은 문화가 점진적으로 전파되었음을 보여준다.

지리적으로 살펴보면, 빌렌도르프의 비너스는 오늘날의 오스트리아 지역에서 발견되었다. 여기서 그리 멀지 않은 루마니아에서 발견된 터르타리아 태블릿(Tărtăria tablets), 그리고 세르비아와 루마니아 일대에서 나타난 중·신석기인들의 교류는 이미 학계를 통해 입증되고 있다. 더욱 흥미로운 사실은 튀르키예의 차탈회위크(Çatalhöyük)에서 출토된 여성 형상물이 빌렌도르프의 비너스와 놀랍도록 유사한 형태를 보인다는 점이다. 차탈회위크는 괴베클리 테페와 지리적으로 인접해 있다. 이 증거들은 이들이 서로 연결된 하나의 문화권에 속했을 가능성을 강하게 시사한다. 만약 이러한 문화적 전통을 이어온 인류가 괴베클리 테페를 건설했다면, 그것은 결코 우연이 아니라 문화적 연속성의 결과라고 봐야 할 것이다. 이 가설 앞에서 필자는 고개를 끄덕이지 않을 수 없다.

문화적 연속성이 반드시 직접적인 접촉을 의미하지는 않는다. 오히려 아이디어와 기술이 한 세대에서 다음 세대로, 한 공동체에서 이웃 공동체로 전달되는 참조의 연쇄를 보여준다. 얼핏 보면 빌렌도르프의 비너스와 괴베클리 테페의 T자형 기둥은 전혀 다른 세계에 속한 것처럼 보인다. 하나는 손바닥 안에 들어오는 개인적인 물건이고, 다른 하나는 공동체 전체가 참여한 거대한 건축 프로젝트다. 그러나 시야를 넓혀 생각해 보면, 빌렌도르프의 비너스를 만든 석조 기술이 수천 년에 걸쳐 참조되고 발전하여 괴베클리 테페의 T자형 기둥으로까지 이어졌을 가능성을 엿볼 수 있다. 실제로 괴베클리 테페에 새겨진 작은 상징물들에서도 빌렌도르프의 비너스를 만든 석조 기술의 흔적을 발견할 수 있다.

더 깊이 들여다보면 두 유물 사이에서 흥미로운 공통점이 드러난다. 두 유물 모두 고도의 추상적 사고와 상징체계의 발달을 보여준다. 빌렌도르프의 비너스에서 의도적으로 생략된 얼굴 표현은 괴베클리 테페의 인간 형상 기둥에서도 유사하게 나타난다. 풍요와 생명의 상징 역시 비너스 상의 풍만한 신체와 괴베클리 테페의 다양한 동물 모티프를 통해 각기 다른 방식으로 구현되고 있다. 무엇보다 주목할 점은 이 두 유물 모두 당시 사회가 단순한 생존을 넘어 예술적, 종교적 목적에 상당한 자원과 노동력을 투입할 수 있었음을 증명한다는 사실이다. 이러한 연결 고리는 직접적인 문화 전파라기보다는 인류가 비슷한 환경적 도전에 직면했을 때 발전시키는 유사한 적응 전략을 보여준다. 빙하기 동안 생존을 위해 풍요와 다산을 강조하던 문화적 관습은 기후가 점차 온난해짐에 따라 자연스럽게 정착 생활과 초기 농경으로 전환되었고, 이 과정에서 종교적 의례와 상징체계 또한 함께 진화해 나갔다.

빌렌도르프에서 괴베클리 테페로 이어지는 문화적 연속성은 단순한 학문적 호기심 이상의 의미를 지닌다. 이는 호모레퍼런스로서 인류의 본질을 보여주는 증거다. 인류는 끊임없이 과거를 참조하고, 이웃의 지식을 차용하며, 이를 새로운 환경에 맞게 변형시켜 왔다. 마지막 빙하기 동안 인류는 분산되고 고립된 환경 속에서도 문화적 연결을 유지했고, 기후 변화와 함께 이 연결은 더욱 복잡하고 다층적인 네트워크로 발전했다. 당시 평균 수명이 30~35세에 불과했던 인류에게 있어 생식과 다산은 종족의 생존과 번영을 위한 핵심 관심사였다. 이러한 근본적인 열망이 작은 휴대용 조각상에서 시작하여, 결국 거대한 공동체의 사원으로 진화했다는 것은 불가능한 일이 아니라 오히려 자연스러운 문화적 발전 과정으로 해석될 수 있다. 따라서 이 두 문화유산 사이의 연결고리를 찾는 것은 단순히 과거의 퍼즐을 맞추기 위함이 아니다. 그것은 인류 문명의 근본적인 발전 메커니즘을 이해하는 열쇠이며, 오늘날의 모든 지식과 기술 역시 수만 년에 걸친 이러한 참조의 연쇄 위에 구축되었다.

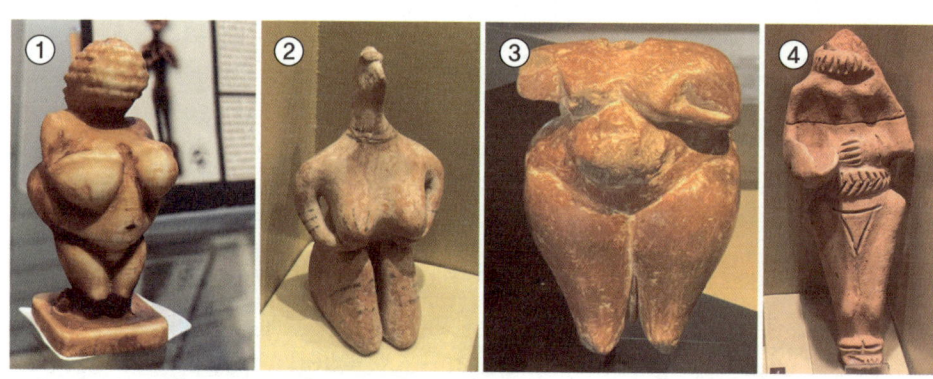

▶ **기원전 23,000년 전 비너스와 인근 지역 유물의 비교**

오스트리아에서 발견된 빌렌도르프의 비너스와 이스탄불 고고학 박물관(İstanbul Arkeoloji Müzeleri), 마르딘 박물관에서 전시된 유물이 거의 흡사한 형태로 보인다. 이것은 이 지역이 같은 문화권으로 활발한 문화 교류가 있었음을 증명한다. 실제 유럽 농경의 시작을 아나톨리아 지방에서 신석기 시대 유럽으로 전파되었다고 본다.

　①. 빌렌도르프의 비너스 I의 전체 모습. (사진ⓒ저자 촬영) 이스탄불 고고학 박물관에서 촬영.
　②. 어머니 여신. 신석기 및 초기 청동기 시대 기원전 6,100년~5,200년. 북부 메소포타미아와 시리아 지역에서 번성했던 할라프 문화(Halaf culture)의 특징적인 유물. (사진ⓒ저자 촬영) 마르딘 박물관 소장.
　③. 어머니 여신. 신석기 시대 기원전 8,000년에서 5,500년경. 신석기 시대의 종교적 또는 문화적 신념을 반영하며, 어머니 여신

은 생명 창조와 번영을 상징하는 중요한 존재로 숭배. 여성의 생식능력과 자연의 풍요를 기리는 의식에서 사용되었을 가능성 있음. (사진ⓒ저자 촬영) 이스탄불 고고학 박물관 소장.
④. 여인 모습. 기원전 2,600년에서 2,000년경. 청동기 시대의 메소포타미아 지역에서 많은 수의 여인상이 발견되고 있음. (사진 ⓒ저자 촬영) 마르딘 박물관 소장.

▶ **이스탄불 고고학 박물관 기념품점에 전시된 빌렌도르프의 비너스(사진ⓒ저자 촬영)**

이스탄불 고고학 박물관을 관람하고 나오는 길에, 거의 모든 박물관에 있는 것처럼 기념품점이 있어 들렀다. 그런데 기념품 중 튀르키예 유물 모형이 아닌 빌렌도르프의 비너스 모형을 판매하고 있는 것을 발견했다. 이 기념품을 보며 필자는 빌렌도르프의 비너스가 튀르키예 문화와 깊은 연관관계가 있다는 사실을 모두가 인정하고 있음을 다시 한번 확인하는 계기가 되었다.

▶ **아나톨리아 지방의 농산물(사진ⓒ저자 촬영)**

아나톨리아 지방은 메소포타미아 평원의 북쪽 끝단으로 넓고 비옥한 농토와 기후 조건으로 많은 농작물들이 생산되고 있다. 유럽의 농경이 시작된 것도 아나톨리아 지방의 농경민이 유럽의 수렵채집민에게 전파하여 유래되었다고 한다.

▶ 아나톨리아 지방의 음식(사진ⓒ저자 촬영)

아나톨리아 지방은 메소포타미아 평원에서 풍부하게 생산된 농산물을 바탕으로 음식 문화가 발달하였다. 아나톨리아 지방의 음식으로 베이란(Beyran), 케밥(Kebab), 라흐마준(Lahmacun), 피데(Pide), 바클라바(Baklava) 등이 있다. 아나톨리아 중심부에 있는 가지엔테프(Gaziantep)는 유네스코가 선정한 미식의 도시이기도 하다.

▶ 마르딘 성(Mardin Castle)에서 바라본 메소포타미아 평원(사진ⓒ저자 촬영)

튀르키예 남동쪽에 위치한 마르딘은 한때 메소포타미아 평원을 방어하는 교두보 역할을 수행하였다. 오늘날에도 마드린 성에는 군인이 상주하여 성 내부를 보는 것이 금지되어 있다. 마르딘 성에서는 메소포타미아 평원은 물론 시리아 지역까지 조망할 수 있다. 이 성은 워낙 가파른 지형 위에 건설되어 현재까지도 청소를 위해 당나귀가 사용되고 있다.

3. 아메리카 문명

트리켓 섬에서 발견된 14,000년 전 정착지와 흑요석 도구, 해양 자원 활용 등은 아메리카 대륙에 이미 빙하기 말부터 복잡한 사회와 장거리 교역, 해안 항로(켈프 하이웨이)를 통한 이주가 존재했음을 보여주며, 이는 문명이 독창적으로 갑자기 탄생한 것이 아니라 오랜 기간에 걸쳐 지식과 기술이 참조·전승된 결과임을 시사한다.

2017년 캐나다의 한 작은 섬에서 발견된 14,000년 된 난로 하나가 인류 문명의 역사를 완전히 다시 쓰게 만들었다. 그동안 아메리카 대륙의 첫 인류는 13,000년 전 베링 해협(Bering Strait)을 건너왔다는 '클로비스 우선(Clovis First)' 이론이 정설로 받아들여져 왔다. 그러나 트리켓 섬에서의 발견은 이 이론이 잘못되었음을 증명했다. 그보다 앞선 시점에 이미 인류가 이 지역에 거주하고 있었던 것이다. 발굴된 난로는 단순한 화덕이 아니다. 정교한 열효율 설계, 장거리 교역의 증거, 계절성 어업의 흔적이 함께 확인되었다. 이는 당시 인류가 이미 14,000년 전부터 복잡한 사회 구조를 이루고 있었음을 시사한다. 수백 킬로미터 떨어진 지역에서 가져온 흑요석 도구들은 당시에 이미 광범위한 교역망이 존재했음을 입증한다. 참고로 흑요석은 산출지가 한정되어 있어서 아나톨리아의 괴베클리 테페나 다른 주요 고고학 유적지에서도 이 돌의 발견은 교역의 증거로 여겨지고 있다.

유물이 발견된 트리켓 섬은 태평양 연안에 위치한 작은 섬으로 빙하기 당시 대부분의 북미 대륙이 빙하로 뒤덮여 있었던 것과 달리, 얼지 않은 몇 안 되는 지역 중 하나였다. 이는 이곳이 초기 정착민의 생존 거점이었을 가능성을 시사한다. 발굴 현장에서는 난로와 함께 목탄, 물고기 뼈 등이 함께 출토되었는데, 이는 당시 사람들이 단순한 수렵채집인이 아니었음을 보여준다. 이들은 연어의 회귀시기를 정확히 알고 있었고, 그에 맞춰 효율적으로 어획하고 저장하는 기술을 보유하고 있었다. 더욱 주목할 만한 사실은 깊은 바닷물고기의 뼈가 발견되었다는 점이다. 이는 그들이 단순히 연안에서만 어로 활동을 한 것이 아니라 먼 바다까지 나갈 수 있는 선박 기술을 갖추고 있었음을 의미한다. 또한 이 유물의 발견이 헤이시카 지역 원주민들의 오랜 구전과 일치한다는 점에서 더욱 중요한 의미를 지닌다. "우리 조상들은 빙하기 때부터 이곳에 살아왔다"는 그들의 이야기는 오랫동안 신화로 치부되어 왔지만, 이 고고학적 발견으로 그러한 전승이 역사적 사실에 기반하고 있었음을 과학적으로 입증되었다.

트리켓 섬의 위치는 태평양 연안을 따라 이어지는 '켈프 고속도로 가설'(Kelp Highway Hypothesis)을 뒷받침하는 중요한 단서가 된다. 이 가설에 따르면, 초기 정착민들은 베링 해협의 빙하 통로가 아닌 해안선을 따라 배를 타고 남하했을 가능성이 크다. 켈프 숲은 풍부한 해양 자원을 제공했고, 빙하기에도 얼지 않는 항해 경로를 형성했을 것으로 추정된다. 특히 이 시기는 마지막 빙하기가 끝나가던 시점과 일치한다는 점 역시 의미가 있다. 급격한 기후 변화 속에서 이들이 어떻게 생존하고 번영할 수 있었을까? 해안가의 안정적인 자원과 그들의 뛰어난 적응 능력이 그 해답일 것이다. 앞서 언급했듯이 빙하기에 대부분의 호모 사피엔스가 적응하지 못했고 일부만이 아프리카 남서부 해안가에서 생존했다는 주장처럼 이 지역도 북미 대륙 내에서 그와 유사한 피난처로 기능했을 가능성이 높다. 여기서 잠시 필자의 생각을 밝혀둔다. 필자는 인류의 기원을 아프리카로 보는 '아프리카 기원설'을 하나의 유력한 연구 결과로 받아들이긴 하지만 그것이 절대불변의 명제라고 보지 않는다. 필자는 미토콘드리아 이브에 기반한 인류의 기원이 아프리카부터 시작되었다는 가설에 많은 의문점을 품고 있다. 해당 가설이 과학적인 데이터에 기초하고 있긴 하지만, 아직 다른 대륙에서 출발한 사례가 발견되지 않았을 뿐일 가능성 등 여러 대안적 시나리오를 배제하여 더 이상의 탐구 여지를 제한하는 측면이 있을 수 있기 때문이다. 다시 본론으로 돌아가 보자. 트리켓 섬에서의 발견은 메소포타미아, 이집트, 인더스, 황하로 대표되는 이른바 4대 문명이 과연 인류 최초의 문명이었는지에 대한 근본적인 질문을 제기한다. 현재의 해수면은 빙하기 때보다 약 120m나 높다. 이는 인류가 초기 정착지로 삼았던 연안 지역 대부분이 바다 아래에 잠겼을 가능성을 시사한다.

이 책 전반에서는 해수면이 120m 상승하면서 많은 기원전 유적이 사라졌다는 사실을 중요한 주제로 다룬다. 그러나 이 변화가 당시 인류 문명에 미친 영향의 규모를 상상하기 어려울 수 있어 이해를 돕기 위해 하나의 가정을 제시해보고자 한다. 만약 현재보다 지구의 해수면이 120m 상승한다면, 우리나라에서는 부산, 인천, 울산, 목포, 여수, 포항 등 대부분의 해안 도시가 완전히 바닷물에 잠기게 된다. 또한 서울의 한강 인근 저지대와 평야 지역, 그리고 해안과 가까운 여러 지역들이 심각한 침수 위협을 받을 것이다. 세계적으로는 뉴욕, 런던, 암스테르담, 방콕, 마이애미, 상하이, 베니스, 두바이 등 주요 도시들이 바다 밑으로 가라앉게 된다. 이처럼 해수면이 극단적으로 상승할 경우, 인류 문명의 중심지라 할 수 있는 수많은 도시가 지도에서 사라진다. 오늘날뿐만 아니라 기원전에도 대부분의 인류 거주지는 해안가나 강 유역을 따라 형성되었음을 고려할 때, 대부분의 거주지가 물속에 잠겼을 것으로 추정된다. 이처럼 해수면 120m 상승은 인류 문화사에 지대한 영향을 미친 결정적 요인이었음을 인식해야 한다.

다시 이야기를 계속 하겠다.

수메르인들은 자신들의 문명이 아눈나키(Anunnaki)로부터, 이집트인들은 네테루(Neteru)로부터 지식을 전수받았다고 기록하고 있다. 오늘날 우리는 이를 신화로 치부하지만, 그들이 언급한 존재들이 실제로는 해수면 상승으로 인해 사라진, 더 오래된 문명을 창조한 인류였을 가능성도 배제할 수 없다. 4대 문명의 놀랍도록 정교한 건축술과 천문학 지식은 갑자기 출현하기에는 지나치게 완성도 높은 형태를 보인다. 이집트 피라미드의 건축 기술은 어디에서 왔을까? 초기 왕조 시대의 석조 건축물과 피라미드 시대의 거대한 건축물 사이에는 급격한 기술적 도약이 존재한다. 마찬가지로 수메르의 쐐기문자도 처음부터 정교한 체계를 갖춘 형태로 등장했다. 이는 이들이 이미 존재하던 지식 체계를 참조했을 가능성을 시사한다. 인더스 문명의 도시 계획이나 하수도 시스템 또한 놀라울 정도로 정밀하다. 황하 문명의 천문학 지식 역시 마찬가지다. 이 지식과 기술이 과연 독자적으로, 그것도 갑자기 발전할 수 있었을까? 아니면 이들은 이미 존재하던 더 오래된 문명의 지식을 참조하고 재해석한 결과가 아닐까?

인도 서부 해안의 캄바트 만(Gulf of Khambhat), 일본의 요나구니 섬(Yonaguni Island)의 해저 구조물, 인도의 드와르카(Dwarka) 유적, 쿠바 근해의 수중 구조물 등은 모두 어디서 온 것인가라는 질문을 던진다. 이들은 모두 인류가 알고 있는 문명의 시작 이전에 존재했을 가능성이 있는 유적들이다. 트리켓 섬의 난로는 인류가 호모레퍼런스임을 증명하는 가장 오래된 증거 중 하나일 수 있다. 문명은 결코 한 순간의 독창적 발명이 아니다. 그것은 끊임없는 참조와 재해석의 산물이다. 호모레퍼런스로서의 인류는 이미 빙하기 이전부터 이러한 특성을 갖고 있었을 가능성이 높다. 트리켓 섬의 선조들은 자신들이 축적한 지식을 후대에 전승했고, 이후 해수면 상승으로 인한 인류의 대이동 과정에서 이러한 지식은 전 세계로 확산되었을 것이다. 어쩌면 4대 문명은 이 거대한 지식 전파 흐름의 마지막 종착지였을지도 모른다. 현재 인류가 보고 있는 문명의 흔적은 빙산의 일각에 불과할지도 모른다. 진정한 인류의 이야기는 아직 바닷속 깊이 잠겨 있거나 혹은 발견되지 못했을 가능성이 더 크다. 바닷속 수많은 유적, 사막의 모래 아래 묻혀 있는 도시들, 정글의 덤불 속에 가려진 건축물들 등 아직 발견하지 못한 인류의 이야기는 많이 남아 있다. 그것은 우리가 알고 있는 역사보다 훨씬 더 오래되었고, 훨씬 더 복잡할 것이다.

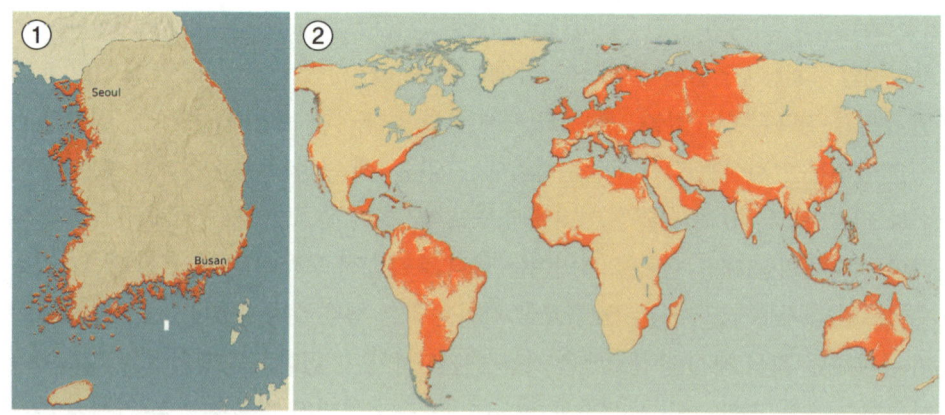

▶ 현재 해수면에서 120미터 상승할 경우 없어지는 인류 문명(인공지능 작성 지도 인용)

지금의 해수면은 기원전보다 120미터 상승했다. 기원전 대부분의 인류 거주지는 해안이나 강물을 기반으로 형성된 것을 감안한다면, 거의 대부분의 기원전 인류 거주지가 물에 잠겼을 것으로 추정된다. 이처럼 해수면이 120미터 상승한 것은 인류 문화에 커다란 영향을 미쳤다. 현재보다 지구의 해수면이 120미터 상승할 경우 지금 우리나라와 세계의 어떤 도시들에 문제가 발생하는지 알아보면 다음과 같다.

① 우리나라에서는 부산, 인천, 울산, 목포, 여수, 포항 등 대부분의 해안 도시가 완전히 물에 잠기게 된다. 또한 서울의 한강 인근 저지대와 평야 지역, 그리고 해안과 가까운 동네들 역시 심각한 침수 위협을 받게 된다.

② 전 세계적으로는 뉴욕, 런던, 암스테르담, 방콕, 마이애미, 상하이, 베니스, 두바이 등 세계적으로 유명한 대도시들이 모두 바닷물에 잠기게 된다. 이처럼 해수면이 극단적으로 상승할 경우, 인류 문명의 중심지라 할 수 있는 수많은 도시가 지도에서 사라지게 된다.

* 본지도는 인공지능이 작성한 것으로 정확성이 떨어지고 이해를 돕기 위한 용도이다.

〈참 고〉

▶ McLaren, D., Fedje, D., Dyck, A., Mackie, Q., Gauvreau, A., & Cohen, J. (2018). Terminal Pleistocene epoch human footprints from the Pacific coast of Canada. PLoS ONE, 13(3).

캐나다(Canada) 태평양(Pacific) 연안에서 발견된 약 13,000년 전 인류 발자국이 북미 대륙 서부 해안 지역에서 가장 오래된 인류 흔적 중 하나라는 놀라운 사실이 밝혀졌다. 발자국은 여러 지층 위에서 발견되었는데, 빙하가 바다와 만나는 환경에서 만들어진 질은 회색 점토층과 갈색 고토양층 등이 그것이다. D.S. 측정법을 통해 오른발임이 확인되었고, 특히 발바닥의 아치 구조까지 선명하게 보존되어 있어서 발자국의 주인이 현대 인류와 거의 비슷한 해부학적 특징을 가지고 있었다는 것을 알 수 있다. 이 발자국 발견은 북미 초기 인류가 빙하기 이후 해안선을 따라 남쪽으로 내려왔다는 "해안 이주 경로 가설(Coastal Migration Theory)"을 직접적으로 뒷받침하는 강력한 증거다. 인류가 내륙의 거대한 빙하가 완전히 녹기도 전에 이미 해안선을 따라 이동하면서 북미 대륙에 들어왔다는 것을 보여준다. 북미 대륙에 인류가 언제, 어떤 경로로 처음 들어왔는지 밝히는 데 결정적인 자료가 된 셈이다. 당시 사람들이 해안 환경에 잘 적응하면서 이동했다는 것을 구체적으로 입증해주는 귀중한 발견이다.

4. 촐룰라 피라미드

촐룰라 피라미드는 여러 세대와 문화가 이전의 지식과 기술을 참조하고 발전시키며 집단적 성취를 이룬 인류 문명사의 대표적 증거물이다.

멕시코 푸에블라 주의 촐룰라 피라미드는 인류의 참조 능력을 드러내는 가장 완벽한 증거물 중 하나이다. 기원전 3세기부터 16세기까지 약 1800년에 걸쳐 건설된 이 거대한 구조물은, 밑변 길이 450미터, 기자 대피라미드의 4배에 달하는 부피를 자랑한다. 이 피라미드의 독특한 특징은 러시아 인형처럼 각 시대의 건축물이 이전 것을 감싸며 쌓여 있다는 점이다. 각 층은 이전 세대의 기술을 참조하고 발전시킨 흔적을 담고 있다. 건축 기술의 발전, 예술적 표현의 변화, 종교의식의 연속성은 지식이 어떻게 축적되고 전승되었는지를 생생하게 증명한다. 겉보기에는 그저 거대한 흙더미처럼 보이는 이 언덕은 인류 문명사의 중요한 수수께끼를 품고 있다. 스페인 정복자들이 이곳을 자연적인 언덕으로 착각해 그 위에 교회를 지은 것도 그리 놀라운 일은 아니다. 이러한 오해가 의도치 않게 피라미드를 보존하는 결과를 가져왔다.

발굴 과정에서 밝혀진 증거들은 이 건축물이 여러 시기에 걸쳐 지속적으로 증축되었음을 입증한다. 피라미드가 지어진 시기에 따라 각기 다른 건축 기술이 사용되었다. 각 층은 건축 시기별로 돌과 돌 사이의 결합 기술의 차이를 나타냈으며, 돌의 가공 스타일도 다양하게 변화했다. 또한 전체적인 피라미드의 건축 방식은 메소아메리카 문명의 독특한 세계관을 반영한다. 새로운 구조물을 지을 때마다 이전 건물을 완전히 덮어버리는 방식은, 52년마다 새로운 주기가 시작된다고 믿었던 그들의 순환적 시간관과 관련이 있다. 건축 재료의 분석 결과 또한 흥미로운 사실을 알려준다. 사용된 석재와 흙의 출처가 다양한데, 이는 당시 이미 상당한 수준의 자원 동원력과 조직력이 존재했음을 시시한다. 화산석과 점토를 효과적으로 활용한 건축 기술은 메소아메리카 문명의 뛰어난 공학적 지식의 증거로 남아 있다.

피라미드의 여러 층에서 발견되는 건축 양식의 변화는 메소아메리카 문명의 발전 과정을 생생하게 담아내고 있다. 초기 층의 단순한 구조에서 시작해, 점차 더 복잡하고 정교한 건축 기술로 발전해 가는 모습이 뚜렷하게 나타난다. 이는 마치 문명의 발전 과정을 기록한 책과도 같다. 피라미드에서는 다양한 형태의 벽화가 발견된다. 시대별로 다른 스타일과 주제를 담고 있는 이 벽화들은 당시 사회의 종교적 믿음과 의식, 그리고 예술적 표현의 변화를 선명하게 기록하고 있다. 일부 작품들은 메소아메리카 예술의 뛰어난 성취를 대표하는 훌륭한 사례로 꼽힌다. 이 건축물은 단순한 종교 시설이 아닌, 메소아메리카의 중요한 교역과 문화 교류의 중심지였다. 다양한 지역의 물품과 기술이 이곳에서 교환되었고, 이는 참조가 시간적 차원을 넘어 공간적으로도 이루어졌음을 입증한다. 피라미드 주변에서 발견된 시장의 흔적과 공방의 유적들은 이곳이 당시 중요한 경제적, 문화적 중심지였음을 방증하고 있다.

건축물의 건축 과정을 보면, 위층은 하단부를 참조한 행위를 명확하게 발견할 수 있다. 기원전 3세기부터 시작된 이 거대한 건축물은 각 세대가 이전 세대의 기술과 지식을 어떻게 참조하고 발전시켜 왔는지를 보여준다. 새로운 층을 쌓을 때마다 그들은 이전 구조물의 안정성, 건축 기술, 재료의 특성을 면밀히 연구하고 참조했다. 이 건축물의 또 다른 중요한 측면은 지식의 보존과 전달 방식이다. 각 시대의 건축자들은 이전 구조물을 파괴하지 않고 보존하면서 새로운 층을 쌓아 올렸다. 이는 마치 오늘날 중요한 정보를 백업하고 보관하는 것과 같은 원리다. 그들은 이전 세대의 지식과 기술을 참조할 수 있도록 의도적으로 보존했다. 현대 고고학자들이 촐룰라 피라미드를 발굴하고 연구하는 방식 자체도 참조의 중요성을 보여준다. 그들은 각 층의 건축 기술, 사용된 재료, 예술적 표현을 세밀하게 조사하면서, 그 시대의 기술과 지식을 이해하려 노력한다. 한 층을 이해해야 그 위의 층을 제대로 해석할 수 있기 때문이다. 현대의 고고학자들이 발견한 또 다른 중요한 점은 오류의 수정과 개선 과정이다. 피라미드의 여러 층에서 발견되는 건축적 실험과 개선의 흔적들은, 참조가 단순한 모방이 아닌 창의적 발전의 과정이었음을 보여준다. 그들은 이전 세대의 실수를 배우고, 더 나은 해결책을 찾아갔다.

이 건축물이 여러 문명의 교차점 역할을 했다. 이곳에서 발견되는 다양한 문화적 요소들은 참조가 단순히 시간적 차원뿐만 아니라 공간적 차원에서도 이루어졌음을 보여준다. 서로 다른 문화권의 지식과 기술이 이곳에서 만나고 융합되었다. 인류의 발전이 결코 고립된 개인이나 문화의 산물이 아니라는 점이다. 그것은 무수한 세대와 문화의 지식이 서로 참조되고 융합되면서 이루어진 집단적 성취였다. 이것이 바로 호모레퍼런스로서의 가장 큰 강점 중의 하나이다. 문명은 결코 한 곳에서 시작된 것이 아니다. 그것은 수많은 문명의 지식이 서로 참조되고 융합되면서 발전한 거대한 네트워크의 결과물이다. 오늘날, 이 피라미드를 연구하고 해석하는 것 역시 또 다른 형태의 참조 행위다. 이렇게 시간과 공간을 넘어 계속되는 참조의 고리 속에서, 지혜를 배우고 미래를 향한 새로운 통찰을 얻는다.

▶ 멕시코 테오티우아칸(Teotihuacán)에 위치한 태양의 피라미드(Pyramid of the Sun)(사진© 저자 촬영)

태양의 피라미드(Pyramid of the Sun)는 고대 도시국가 테오티우아칸(기원전 2세기~서기 7세기)의 중심 신전으로, 메소아메리카(Mesoamerica) 최대 규모의 피라미드 중 하나이다. 높이 약 71m, 사방 225m의 계단식 구조(stepped structure)로 건설되었으며, 정상에는 태양신(sun god)을 모시는 사당이 있어 종교적·천문학적 의미를 지녔다. 이집트 피라미드와 달리 무덤이 아닌 신전·제단(temple and altar) 역할을 했으며, 정상에서는 도시 전체와 죽은 자의 길(Avenue of the Dead) 등 주요 유적을 조망할 수 있다. 현재 멕시코시티 북쪽 약 50km에 위치한 세계문화유산(World Heritage Site)으로, 고대 멕시코 문명의 신비와 웅장함을 보여주는 대표적 유적이다.

▶ 멕시코 유카탄(Yucatan) 반도에 위치한 치첸이트사(Chichén Itzá)의 쿠쿨칸(Kukulkan) 피라미드(El Castillo, Temple of Kukulcán)(사진©저자 촬영)

촐룰라 피라미드의 영향을 받은 것으로 알려진 이 피라미드는 멕시코 유카탄 반도의 치첸이트사에 있는 쿠쿨칸 피라미드로, 마야(Maya) 문명의 대표적 건축물이다. 각 면에 91개씩, 정상 포함 총 365개의 계단이 있어 태양력 1년을 상징한다. 춘분과 추분에는 계단에 뱀의 그림자가 나타나는 독특한 천문 현상으로 유명하다. 이 피라미드는 마야인의 뛰어난 천문학, 건축술, 종교적 세계관을 보여준다.

〈참 고〉

▶ McCafferty, G. G. (1996). Reinterpreting the Great Pyramid of Cholula, Mexico. Ancient Mesoamerica, 7(1), 1–17.

멕시코 촐룰라 피라미드의 석조 건물과 다양한 유물들을 분석한 결과, 이 피라미드가 단순히 종교적인 목적으로만 지어진 건축물이 아니라는 흥미로운 사실이 밝혀졌다. 지역 사회 사람들의 집단 기억과 정체성을 상징하는 매우 중요한 장소였던 것이다. 피라미드는 한 번에 완성된 게 아니라 여러 시기에 걸쳐 계속 증축하고 개축했다. 각 시기마다 남겨진 유물들과 건축 양식을 보면 당시 사회가 어떻게 변했는지, 권력 구조는 어떠했는지 알 수 있다. 석조 건물과 도자기, 조각상 같은 유물들을 자세히 분석해보니 촐룰라가 메소아메리카(Mesoamerica) 문명들이 서로 교류하는 중심지 역할을 했다는 것이 드러났다. 여러 문화가 만나고 섞이는 허브 같은 곳이었던 셈이다. 촐룰라 피라미드는 지역 사회의 역사적 기억을 간직하고 문화적 연속성을 이어가는 데 핵심적인 역할을 했다. 단순한 건물이 아니라 그 지역 사람들의 정신적 뿌리와 같은 존재였던 것이다.

▶ Plunket, P., & Uruñuela, G. (2012). Where East Meets West: The formative in Mexico's Central Highlands. Journal of Archaeological Research, 20(1), 1–51.

멕시코 중앙 고원 지역, 쿠이쿠일코(Cuicuilco) 유적에서 발견된 스텔래(stela)와 원형 의식용 플랫폼 등 고대 건축 구조물들의 발굴 결과를 분석한 흥미로운 내용이다. 쿠이쿠일코의 건축물들은 기원전 800~600년경의 형식적 시기(Formative Period)에 만들어진 것으로, 당시로서는 매우 독특한 예술적, 건축적 특성을 보여준다. 그 시대 사람들의 뛰어난 건축 기술과 미적 감각을 엿볼 수 있다. 이 지역의 석조 구조물과 스텔라를 보면 건조한 산악 지형과 환경에 잘 적응한 건축 기술의 발전 과정을 확인할 수 있다. 주변 식생과도 밀접한 관련이 있어서 당시 사람들이 자연환경을 얼마나 잘 활용했는지 알 수 있다. 멕시코 중앙 고원에서 어떤 건축 양식이 발달했는지, 다른 지역과는 어떤 문화적 교류가 있었는지, 그리고 지역사회의 사회적, 의례적 구조가 어떠했는지 이해하는 데 매우 중요한 고고학적 증거를 제공하고 있다. 수천 년 전 사람들의 삶과 사회 모습을 생생하게 보여주는 귀중한 자료인 셈이다.

5. 푸마푼쿠의 건축

푸마푼쿠의 건축술은 현대 과학으로도 설명하기 어려운 정밀함과 고도의 기술을 보여주며, 이는 고립된 문명의 독자적 발명이 아니라 인류가 공유했던 더 오래되고 발전된 원천 문명의 지식을 참조한 결과라는 점을 시사한다.

절삭기의 역사는 인류의 기술 발전과 밀접하게 연결되어 있으며, 가장 초기 형태는 약 260만 년 전 석기 시대에 만들어진 돌 도구이다. 당시에는 절삭기가 주로 식량 가공이나 동물의 해체에 사용되었다. 기원전 3,500년경 청동기 시대에 구리와 주석을 세련하여 청동을 만들기 시작하면서, 보다 단단하고 정교한 도구 제작이 가능해졌고 현대적 의미의 절삭기가 만들어졌다. 이 시기를 초기 금속 절삭기의 시작점으로 간주한다. 이후 금속 절삭기의 정밀도는 비약적으로 향상되었다. 청동기 시대의 절삭기의 정밀도는 수 밀리미터(mm) 단위 이상의 오차가 발생한 것으로 보인다. 이는 주로 수작업 중심의 제작 방식으로 인해 치수 정확성이나 표면 품질이 제한적이었기 때문이었다. 산업혁명이 본격화된 18~19세기에 기계식 절삭기가 등장하면서 절삭기는 정밀도가 현저히 향상되었다. 이때부터 정밀도는 밀리미터 이하의 단위로 측정되기 시작했다. 현재 가장 정밀한 작업을 요하는 분야에서 사용되는 다이아몬드 절삭기는 0.002~0.008 마이크로미터(μm)의 극미한 오차 범위 내에서 작동할 정도로 발전했다.

인류는 돌도끼, 돌창을 시작으로 수많은 도구를 발전시켜 왔으며, 절삭기 역시 이러한 진화의 연장선상에 있다. 그런데 해발 4,000m에 위치한 안데스산맥 고원의 푸마푼쿠의 석조 건축물을 연구한 보고서에서는 지금까지 알려진 절삭기 발전 과정과는 다른 석조 유물의 발견을 언급하고 있다. 2018년 알렉세이 브라니치의 연구에 따르면, 이 유적에서 발견된 석조 건축물의 절단면은 초기 산업혁명 시대의 절단기로도 만들기 어려울 정도의 정밀도를 보여준다. 돌의 윤곽과 파진 면은 정교하고, 돌과 돌 사이의 틈은 0.5mm 이하로 종이 한 장조차 들어가지 않을 정도다. 더구나 이 돌들의 무게가 최소 1톤에서 최대 100톤 이상에 달한다. 어떻게 석기 시대의 도구로 이러한 작업이 가능했을까?

푸마푼쿠의 연대는 여전히 학계에서 논쟁 중이다. 일부 학자들은 이 유적이 기원전 400년경 티와나쿠 문명의 일부라는 견해를 보이지만, 다른 학자들은 그보다 훨씬 앞선 기원전 17,000년~14,000년에 조성되었을 가능성을 제기한다. 그러나 어느 연대를 택하든, 푸마푼쿠의 석조 유물이 지닌 정밀도는 단순한 시기의 문제가 아니다. 어느 쪽이든 설명할 수 없는 수수께끼와 마주하게 된다. 이 석재들은 마치 거대한 레고 블록처럼 완벽하게 맞물려 있으며, 무게는 수 톤에서 수백 톤에 이른다. 하지만 그 정교함은 현대의 정밀 가공 기술로도 재현하기 힘든 수준이다. 각도는 완벽하게 직각을 이루고, 표면은 거울처럼 매끄럽다. 안드레스 산맥 고원에서 발굴된 푸마푼쿠의 석조 건축물들은 현대 과학으로도 설명하기 어려운 정밀함을 보여준다. 2019년 분석에 따르면 석재의 절단면은 오늘날 일반적인 절삭기로 가공한 것과 유사한 수준의 정밀도를 보였다. 석조 유물의 편평도는 오차범위 0.1mm 이내로 현대 정밀 가공 기준으로도 놀라운 수준이다. 이 석재들의 출처에 대해서도 의견이 분분한 상태이다. 수 킬로미터 떨어진 채석장에서 옮겨왔다는 의견과 현지에서 채취한 석재라는 의견이 대립하고 있다. 그 출처에 대한 시시비비를 가리기에 앞서 이곳에서 구할 수 있는 석재라고 가정하더라도 현장에서 바로 조각한 것이 아니라 적어도 한 차례 이동시킨 뒤 조각하고 설치한 것으로 보인다. 특히 해발 4,000m의 고산지대에서 수십 톤에 이르는 돌을 운반하고 이토록 정밀하게 가공한 것은 오늘날의 기술로도 큰 도전이 아닐 수 없다.

푸마푼쿠 건축물의 기초 구조는 지진에 대한 놀라운 내구성을 보여준다. 석재들 사이의 맞물림 구조는 지진의 진동을 효과적으로 분산시키도록 설계되어 있으며, 이는 현대 내진 설계의 원리와도 정확히 일치한다. 전자현미경으로 분석된 석재의 미세구조에서는 오래된 석조 유물에서는 볼 수 없는 절단면이 관찰된다. 석재 표면에는 현대의 절삭 공구로도 쉽게 재현할 수 없는 독특한 절단 흔적이 남아 있는데, 마치 돌이 서서히 잘린 것이 아니라 단 한 번의 작용으로 정확하게 분리된 듯한 인상을 준다.

위성 분석을 통해 밝혀진 바에 따르면, 푸마푼쿠의 주요 건축물들은 특정 천체의 움직임과 정확히 일치하는 방향으로 배치되어 있다. 이는 단순한 우연이 아니라 정교한 천문학적 계산에 기반한 설계임을 증명한다. 건축물에는 음향학적 특성도 내재되어 있다. 특정 주파수의 소리가 건물 구조에 의해 증폭되거나 상쇄되는 현상이 관찰되는데, 이러한 음향 특성은 현대 음향학의 원리를 정확히 따르고 있다. 이와 같은 고도의 건축 기술이 전 세계 여러 곳에서 발견된다. 이집트의 기자 고원(Giza Plateau), 레바논의 바알베크(Baalbek), 캄보디아의 앙코르 와트(Angkor Wat), 아테네의 아크로폴리스(Acropolis) 언덕의 야외 원형극장 등 지리적으로 수천 킬로미터나 떨어져 있는 지역에서도 유사한 수학적 원리, 천문학적 배치, 그리고 음향 공학적 특성을 공유하는 건축물들이 발견된다. 이처럼 멀리 떨어진 문명들이 이토록 유사한 고도의 기술을 보유하고 있다는 점은 단순한 우연의 일치로 보기 어렵다.

이 유적의 시기에 대해 부정적인 시각을 가진 학자들은 당시 전 세계에 이미 파르테논 신전과 같은 발달된 기술이 존재했다고 강조하며, 푸마푼쿠를 잃어버린 고대문명으로 보기 어렵다고 주장한다. 필자는 이 주장에 동의한다. 인류는 우리가 생각하는 것보다 훨씬 오래전에 전 세계에서 다양한 방식으로 서로 참조하고 있었다. 고대 문명들은 유사한 수학적, 기하학적 지식을 공유하고 있었다. 푸마푼쿠의 건축물에서 발견되는 황금비율은 그리스 파르테논 신전, 이집트 피라미드, 캄보디아 앙코르와트에서도 동일하게 확인된다. 이런 정교한 수학적 지식이 서로 독립적으로 발생했다고 보기 어려운 점은 고립된 문명이라는 기존의 개념 자체가 잘못되었음을 시사한다. 그들이 모두 더 오래되고 발달된 원천 문명의 지식을 참조했다고 보는 게 합리적인 추론이다. 현재 해수면이 빙하기보다 120m 이상 상승했다는 사실을 고려하면, 앞서 언급한 고대 문명의 흔적들이 바닷속에 잠겨 있을 가능성도 충분히 존재한다. 지금까지 우리는 너무나 단순한 직선적 사고로 문명의 발전을 해석해왔다. 즉 원시적인 상태에서 점차적으로 발전해 현대에 이르렀다는 식의 점증적 발전 관점으로 말이다. 하지만 푸마푼쿠에서 발견된 증거들은 이러한 관점이 잘못되었을 수도 있음을 시사한다. 모든 과학적 증거들은 하나의 명확한 메시지를 전달한다. 푸마푼쿠의 건축술은 결코 고립된 문명의 독자적인 발명이 아니다. 이는 인류가 공유했던 오래된 지식 네트워크의 중요한 흔적임을 보여준다.

현대 과학으로도 설명하기 어려운 정교한 석재 가공 기술, 정밀한 천문학적 계산, 고도의 음향 공학과 구조 역학적 원리들은 단순한 시행착오로 얻을 수 있는 수준의 지식이 아니다. 이는 분명 더 오래되고 발전된 문명의 지식을 참조한 결과이다. 푸마푼쿠는 인류가 호모레퍼런스임을 보여주는 중요한 증거 중 하나다. 인류는 결코 완전히 새로운 것을 창조하지 않는다. 대신 이전 세대의 지식을 참조하고, 이를 재해석하며 발전시킨다. 초기 원천 문명은 분명 존재했으며, 현재 인류는 그 원천 문명을 완벽히 이해하지 못하고 있을 뿐이다. 언젠가는 이 원천 문명에 대해 더 깊이 접근할 수 있을 것이라 확신한다.

현재 우리가 알고 있는 모든 고대 문명은 아직 발견되지 않은 더 오래된 문명을 참조한 결과물이다.

〈참 고〉

▶ Vranich, A. (2018). Reconstructing ancient architecture at Tiwanaku, Bolivia: The potential and promise of 3D printing. Heritage Science, 6.

이 연구는 볼리비아(Bolivia) 티와나쿠(Tiwanaku)의 푸마푼쿠(Pumapunku) 유적에서 3D 모델링과 3D 프린팅 기술을 활용해 고대 건축물을 물리적으로 복원하는 새로운 방법을 제시했다. 이 연구는 수백 년간 축적된 석재 조각의 기록과 도면을 디지털로 재구성하고, 축소 모형을 실제로 조립하여 건축 구조와 설계 원리를 직관적으로 탐구할 수 있게 했다. 푸마푼쿠는 정교한 석재 가공 기술과 복잡한 연결 구조로 유명한 고대 안데스(Andes) 문명의 대표적 건축물로, 기존 연구로는 파악하기 어려웠던 구조적 연결과 건축적 규칙을 새롭게 밝혀냈다. 이 접근법은 현지 연구자와 대중에게도 쉽게 공유할 수 있는 저비용·비파괴적 복원 방법으로, 고대 안데스 건축 연구에 새로운 가능성을 열었다.

6. 도시의 진화

아나톨리아 청동기 시대의 도시들은 이미 고도로 발달한 도시계획과 기술, 사회 구조를 갖추고 있었으며, 이는 인류 문명이 단선적으로 발전한 것이 아니라 이전 세대의 지식을 참조하고 발전시킨 복합적 결과임을 보여준다.

아나톨리아 반도의 초기 청동기 시대 도시들은 기존의 도시 발전 상식을 새롭게 정의한다. 기원전 3,300년경부터 시작된 이 시기의 도시들은 단순한 정주지가 아닌 고도로 조직화된 도시 문명의 증거를 보여준다. 아나톨리아 지방의 트로이, 가지엔테프, 산르우르파, 마르딘 같은 도시 유적들은 당시의 도시계획과 건축 기술이 예상을 뛰어넘는 수준이었다.

이곳의 문명은 4대 문명 발상지인 메소포타미아 문명과 인접한 지역에 위치해 있다. 기존의 역사 교육을 받은 사람이라면 아나톨리아 문명은 메소포타미아 문명의 영향을 받아 발전했다고 생각할 수 있다. 그러나 최근 연구에 따르면, 오히려 아나톨리아 문명이 메소포타미아 문명에 더 큰 영향을 미쳤을 가능성이 크다고 주장되고 있다. 물론 문명의 영향이라는 것이 한 방향으로 흐르는 경우보다 양방향으로 이루어졌을 경우가 더 많다. 기존의 메소포타미아 문명에서 추론된 인류의 역사는 수렵채집사회에서 농경사회로 전환되며 도시가 등장하는 순서였다. 반면 아나톨리아 반도에서 발생한 문명은 수렵채집사회에서 도시 형태를 갖춘 후 농경사회로 진입했다는 새로운 시각을 제시한다. 인류사에 있어 이 충격적인 발견은 1994년 독일 고고학자 슈미트에 의해 학계에 알려졌으나, 수십 년이 지나도록 인류사에 대한 기존의 이해는 크게 변화하지 않고 있다. 여전히 많은 나라에서 수렵채집사회에서 농경사회로 전환된 후 도시가 형성된다는 관점이 통용되고 있다.

필자가 글을 쓰다 보니 기존의 학자들이 연구하고 지금까지 알려진 인류사의 지식이 문제가 많다고 이야기하고 있는 것 같이 독자들이 느낄 수 있다. 그렇지 않다. 필자는 기존의 인류사에 대해 깊은 신뢰와 동경을 가지고 있다. 필자는 어린 시절 고고학을 직업으로 가지고 싶었다. 단순한 동경일지도 모르지만 지금도 문득문득 그런 길을 선택했다면이라고 가정할 때가 있다. 물론 어른들이 그런 거 하면 밥 벌어먹기 힘들다고 걱정이 태산이었고, 그 당시 우리나라에는 그런 과가 존재하지도 않았다. 물론 역사학과는 있었다. 그런데 살아보니 어른들의 말씀이 다 맞는 것만은 아니었다. 물론 당시에 우리나라는 빈국은 아니었어도, 지금과 같은 풍요로운 선진국은 아니었다. 그런 먹고살기 바쁜 사회에서 먹고사는 문제는 제일 먼저 해결해야 할 문제였고, 생존의 절실함이 어른들의 생각을 지배하였기에 이해는 간다. 지금 어른이 된 필자의 생각은 당연히 달라졌다. 인생이 생각보다 백 년 정도의 짧은 시간이라 좌고우면하지 말고 하고 싶은 것 하고 사는 게 정답이라는 생각이 든다. 중간마다 이런 말을 써서 독자들이 이야기에 맥을 놓치기도 하지만 20년 정도 대학에서 가르치다 보면 강의하다 옆길로 샐 때, 듣는 사람들의 눈이 초롱초롱해지는 것을 봐서 그런지 앞으로도 주제와 상관없는 이야기를 가끔 쓰도록 하겠다. 도움이 될지는 필자도 장담할 수는 없다. 혹시 이런 것 없이 이야기에 집중하고 싶은 독자는 건너뛰면 되니 필자를 너무 책망(責望)하지는 말기 바란다.

이제 다시 주제로 돌아가 보자. 이 시기의 아나톨리아 도시들의 규모와 정교함은 현대 고고학자들도 놀라게 한다. 초기 청동기 도시들은 체계적인 도시계획에 기반하여 건설되었다. 트로이 II기와 III기의 도시 구조는 놀라운 수준의 건축 기술을 보여준다. 방어용 성벽은 높이가 8m에 달했으며, 정교한 축조 기술로 지어졌다. 성벽 기초부의 석재 가공 기술은 현대의 석공예 기술과 비교해도 손색이 없다. 현재의 튀르키예 이스탄불에서 차로 약 4시간 반 떨어진 곳에 위치한 트로이는 총 10개의 문화층(층위)으로 나뉘어 발굴되었다. 이를 기준으로 트로이 0기는 기원전 3,600년~3,000년, 트로이 Ⅰ기는 기원전 3,000년~2,550년, 트로이 Ⅱ기는 기원전 2,550년~2,300년, 트로이 Ⅲ기는 기원전 2,300년~2,200년까지로 구분된다. 이와 같은 방식으로 트로이 IX기는 기원전 85년부터 기원후 500년까지의 시기를 포함한다. '트로이 I기', '트로이 II기' 등으로 표기되는 로마 숫자는 발굴지의 시대적 층위를 의미하는 전문 용어로, 다른 유적에서도 유사한 방식으로 사용된다.

도시 인프라의 정교함은 그 어떤 것보다 놀랍다. 발굴된 배수 시스템은 도시 중심부에서 외곽으로 체계적으로 설계되었다. 아나톨리아 지방의 유적에서 발견된 하수도는 1~2도의 일정한 경사를 유지하며 도시 전체를 관통한다. 이는 당시 이미 수리학적 지식이 상당한 수준에 도달해 있었음을 입증한다. 도시의 각 건물은 놀라운 수준의 표준화를 보여준다. 트로이 II기의 건축물들은 일정한 규격의 벽돌을 사용했으며, 벽체의 두께와 높이도 체계적으로 통일되어 있다. 중앙 건물 군에서 발견된 대형 건축물들은 정확한 직각과 대칭을 이루고 있어, 당시 이미 고도의 건축 기술이 존재했음을 증명한다. 도시의 공공시설은 현대 도시설계의 원칙과 놀라운 유사성을 보인다. 발굴된 중앙 광장은 도시의 핵심 공간으로 주변에 행정과 종교 건물들이 계획적으로 배치되어 있다. 이러한 공간 구성이 당시 사회의 위계 구조와 중앙 집중적 행정체계를 반영한다고 분석된다. 건물들의 용도별 구분도 체계적이다. 주거 구역, 공공 구역, 작업장 구역이 명확히 구분되어 있으며, 각 구역은 도로망에 의해 효율적으로 연결되어 있다. 작업장 구역에서 발견된 금속 가공 시설들은 당시 이미 전문화된 수공업 생산 체계가 존재했음을 보여준다.

이 도시들의 교역 네트워크는 현대와 거의 흡사한 구조로 되어 있었을 것으로 여겨진다. 초기 청동기 시대 아나톨리아 도시들이 광범위한 교역망을 구축하고 있었음을 보여준다. 발굴된 유물 중에는 메소포타미아, 에게 해(Aegean Sea), 심지어 코카서스(Caucasus) 지역에서 온 물품들이 포함되어 있다. 이는 당시 이미 장거리 무역이 체계적으로 이루어지고 있었음을 의미한다.

도시의 경제적 번영은 창고 시설에서도 확인된다. 트로이에서 발견된 대형 저장 시설들은 수천 명의 인구를 부양할 수 있는 규모였다. 곡물 저장고들은 환기 시설을 갖추고 있어, 장기간 식량 보관이 가능했다. 이는 당시 도시들이 주변 지역의 농업 생산을 통제하고 관리하는 중심지 역할을 했음을 시사한다. 또한 이 지역의 금속 가공 기술은 이 시기 도시들의 주요 특징 중 하나다. 구리와 주석의 합금 기술이 발달하면서, 청동기 제작이 도시 경제의 핵심이 되었다. 작업장에서 발견된 용광로와 주조 도구들은 높은 수준의 금속 가공 기술을 입증한다. 트로이에서 발견된 보물들은 당시의 금속 세공 기술이 얼마나 정교했는지를 잘 보여준다. 도시의 사회 구조는 건축물의 배치를 통해 명확히 드러난다. 도시 중심부의 대형 건물군은 지배 계층의 거주지이자 행정 중심지였다. 이들 건물은 일반 주거지와는 확연히 다른 건축 기술과 장식을 보여주며, 당시 사회가 이미 뚜렷한 계층 구조로 되어 있었음을 암시한다. 기원전 문화에서 공통적으로 나타나는 건축물 중 하나가 바로 의례 공간이다. 이 지역에서도 예외 없이 의례 공간이 존재했으며, 도시 곳곳에서 발견되는 신전과 제단은 종교가 도시 생활의 중심 역할을 했음을 입증한다. 이러한 의례 공간들은 단순한 종교 시설을 넘어서 공동체의 결속을 다지고 사회 질서를 유지하는 데 중요한 기능을 수행했다.

도시의 문화적 수준은 출토된 예술품들을 통해 가늠할 수 있다. 정교하게 제작된 도기, 금속 장신구, 인장(印章) 등은 당시 사람들의 뛰어난 미적 감각과 정밀한 기술력을 보여준다. 트로이에서 출토된 황금 장신구들은 수공예 기술이 얼마나 발달했는지를 입증하는 대표적인 사례다. 이러한 유물들은 청동기 시대의 아나톨리아가 단순한 농경 사회가 아니라 정교한 도시계획과 전문 기술을 기반으로 한 고도화된 도시 문명이었음을 증명한다. 이들 도시는 도시계획, 건축, 금속 가공, 예술 등 다양한 분야에서 이미 놀라운 성취를 이루고 있었다.

청동기 시대 도시들의 갑작스러운 몰락 또한 매우 흥미로운 연구 대상이다. 기원전 2,000년경 많은 도시들이 거의 동시에 쇠퇴하거나 파괴된 흔적을 보여준다. 발굴된 증거들은 이 시기에는 광범위한 사회적 혼란과 폭력이 있었음을 시사한다. 트로이에서 발생한 폭력은 이 시기에 국한된 현상이 아니다. 1987년 독일의 고고학자 하인리히 슐리만(Heinrich Schliemann)은 트로이 유물을 무단으로 반출하고, 많은 기록을 훼손하는 등 고고학적 폭력을 자행했다. 이러한 행위는 현대에서도 여전히 발생하고 있다. 트로이 II기의 도시는 특히 극적인 종말을 맞았다. 도시 전체에 거대한 화재로 파괴된 흔적이 발견되며, 이후 한동안 폐허로 방치되었던 것으로 보인다. 하지만 주목할 만한 점은 이러한 파괴 이후에도 도시가 다시 재건되었다는 사실이다. 이는 트로이가 가진 지리적, 경제적 중요성이 얼마나 컸는지를 방증한다. 도시의 존재는 지식과 기술의 연속성을 상징한다. 청동기 시대 아나톨리아의 도시 건설자들은 이미 높은 수준의 건축, 공학, 예술 기술을 보유하고 있었다. 이러한 지식은 하루아침에 생겨나는 것이 아니라 분명히 이전 세대의 지식을 바탕으로 계승되고 발전된 결과였다.

이 도시들이 남긴 유산은 후대 문명에도 큰 영향을 미쳤다. 그들이 발전시킨 도시 계획, 건축 기술, 금속 가공 기술은 이후 히타이트, 프리기아 등 후속 문명들에 의해 계승되고 발전되었다. 이것이야말로 진정한 의미에서의 '참조'라 할 수 있다. 아나톨리아 청동기 시대의 도시들은 인류의 참조 행위가 얼마나 오래되고 정교했는지를 보여주는 완벽한 증거다. 이들은 도시계획, 건축공학, 금속 가공, 예술 등 다양한 분야에서 눈부신 성취를 이뤄냈고, 그러한 성취는 분명 훨씬 더 오래된 지식 체계를 참조하여 진화된 결과였다.

지금까지 우리는 문명의 발전을 너무 단순한 과정으로 이해해 왔다. 청동기 시대 아나톨리아의 도시들은 문명의 발전이 단선적이지 않았음을 보여준다. 그들은 이미 고도로 발달한 도시 체계와 사회 구조를 갖추고 있었다. 아나톨리아의 청동기 시대 도시들은 호모레퍼런스의 본질을 가장 잘 드러내는 증거다. 인류는 완전히 새로운 것을 창조하지 않는다. 대신 이전 세대의 지식을 참조하고, 재해석하고, 발전시킨다. 이것이 바로 인류가 문명을 발전시켜 온 가장 근본적인 방식이다. 우리가 '최초의 문명'이라 부르는 것들조차, 실은 이미 존재하던 방대한 지식 네트워크의 일부였을 가능성이 크다. 아나톨리아의 도시들이 보여주는 높은 문명 수준은 인류 문명의 역사를 보다 복합적이고 입체적인 시각에서 바라봐야 함을 시사한다.

▶ 아나톨리아 청동기 시대의 출토 유물(사진ⓒ저자 촬영)

아나톨리아는 지리적으로 유럽, 아시아, 메소포타미아가 만나는 교차점에 위치하여 하티(Hatti), 히타이트, 루위안(Luwian) 등 다양한 문화 집단의 영향으로 이 시대 유물에서도 그 특징을 볼 수 있다.

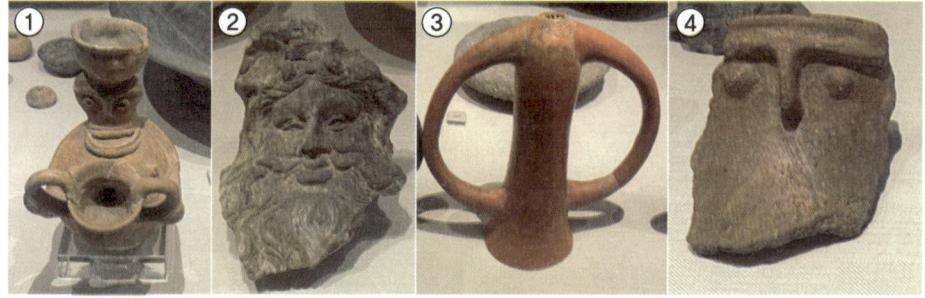

▶ 이스탄불 고고학 박물관에 전시된 트로이 유물(사진ⓒ저자 촬영)

이스탄불 고고학 박물관이 소장한 트로이 유물은 거의 전부 점토로 된 것들로 구성되어 전시되고 있다. 트로이는 청동기 시대를 거쳤고, 많은 역사서에서 금세공 기술이 발달한 것으로 전해진다. 발굴된 유물 중 점토 제품만 남아 있는 주요 이유는 19세기 말 독일 고고학자 슐리만에 의한 발굴과 도굴, 탈취 때문이다. 이때 불법적으로 독일로 반출된 트로이의 금 장신구와 도자기 유물은 정확한 수량조차 파악되지 않은 상태이다. 그 후 2차 세계 대전을 거치면서 독일에 있다고 알려진 일부 유물은 러시아가 접수하여, 현재는 모스크바 푸시킨 미술관과 일부는 상트페테르부르크의 예르미타시 박물관에 전시되어 있다. 이 문제는 언젠가는 해결해야 할 중요한 과제이다.

① 점토 도자기. 초기 청동기시대. 트로이 두 번째 층위에서 나온 생활용품.
② 점토 도자기. 기원전 400년~200년. 트로이 아홉 번째 층위에서 나온 화로 손잡이 유물.
③ 점토 도자기. 초기 청동기시대. 트로이 두 번째 층위에서 나온 당시 컵.
④ 점토 도자기. 기원전 2,300년~1,750년 중기 청동기 시대. 트로이 세 번째와 네 번째 층위에서 나온 생활용품.

▶ 아나톨리아 지방의 구리세공 시장과 구리 공예 장인(사진ⓒ저자 촬영)

가지엔테프의 전통적인 구리공예 시장인 '바크르즐라르 차르쉬스(Bakırcılar Çarşısı, 구리세공인 시장)'의 '에스키지 소카크(Eskici Sokak)' 거리이다. 아나톨리아 지방의 구리 세공 전통은 아직 이어지고 있다. 이 시장은 약 500년 이상의 역사를 가진 곳으로, 오늘날에도 많은 장인들이 구리 제품을 직접 만들고 판매하는 모습을 볼 수 있다. 전통적인 시장 분위기와 함께, 튀르키예의 독특한 공예문화를 체험할 수 있는 관광 명소로도 유명하다. 필자는 이곳에서 구리 세공 장인에게 판매하는 제품에 이름을 새겨 달라고 부탁했는데, 장인이 흔쾌히 시연해 주는 모습을 볼 수 있었다.

〈참 고〉

▶ Özdoğan, M. (2023). The making of the Early Bronze Age in Anatolia. Journal of Ancient Africa and Eurasia, 3(1), 1-58.

아나톨리아 청동기 시대의 유물과 고고학적 자료를 바탕으로 한 연구에서 흥미로운 사실들이 밝혀졌다. 당시 이미 전문화된 수공업 생산 체계와 발달한 교역 네트워크가 존재했다는 것이다. 도예, 금속, 직물 등 다양한 수공업 분야에서 용도별로 특화된 도구들이 출토되었다. 각종 용기와 방추차(spindle whorl), 암포라(amphora) 등이 발견되어 당시 사회의 분업화와 경제적 복잡성을 보여준다. 저장과 운반을 위한 대형 용기들, 직물 생산 도구들, 제련 시설 등은 생산과 교역이 체계적으로 조직되어 있었음을 보여준다. 수천 년 전 아나톨리아 청동기 시대 사람들이 이미 고도로 조직된 경제 구조를 만들고 활발한 대외 교류를 펼쳤다는 놀라운 증거들이다.

▶ Massa, M., & Şahoğlu, V. (2011). Western Anatolian burial customs during the Early Bronze Age. In V. Şahoğlu & P. Sotirakopoulou (Eds.), Across: The Cyclades and Western Anatolia during the Third Millennium BC (pp. 164-171). Sakıp Sabancı Museum, Istanbul.

서아나톨리아(Western Anatolia) 청동기 시대의 다양한 매장 방식을 분석한 연구에서 당시 사회의 모습이 생생하게 드러났다. 사회 계층화와 문화적 복잡성을 엿볼 수 있는 흥미로운 내용들이다. 단일 매장, 석관묘(stone cist grave), 항아리 매장 등 다양한 형태의 매장 방식이 발견되었고, 함께 묻힌 부장품들도 제각각이었다. 이는 공동체의 조직력과 의례의 체계성을 보여주는 증거다. 죽은 사람을 어떻게 묻느냐에도 나름의 규칙과 체계가 있었다는 뜻이다. 매장 방식과 부장품의 차이를 보면 당시 사회의 여러 측면을 알 수 있다. 가족 구조가 어떠했는지, 사회적 지위는 어떻게 나뉘었는지, 기술 수준은 어느 정도였는지 등을 파악할 수 있다. 수천 년 전 아나톨리아(Anatolia) 사람들의 사회 구조와 장례 문화를 이해하는 데 매우 중요한 고고학적 자료를 제공하는 연구다.

7. 소금 생산

불가리아 프로바디아-솔니차타의 소금 생산 시설은 이미 7,500년 전 체계적이고 전문화된 산업 시스템과 지식의 교류가 존재했음을 보여주며, 인류 문명의 발전이 이전 세대의 지식을 참조하고 발전시킨 복합적 과정임을 증명한다.

인류는 집단으로 모여 살기 시작하면서 공동체 유지를 위해 농업이라는 집단 생산을 시작했다. 혹은 반대로 농업의 시작이 정착 생활과 집단 생산을 가능하게 했을 수도 있다. 농업을 제외한 물건 제조 방식의 산업 생산은 기원전 문명에서는 매우 드물게 나타나며, 일반적으로 18세기 중반 산업혁명 이후에 본격적으로 등장한 것으로 여겨진다. 그런데 최근 이런 현대적 산업 생산과 거의 유사한 방식의 제조업이 기원전에 이미 존재했다는 증거가 발견되었다.

불가리아(Bulgaria) 프로바디아 솔니차타(Solnitsata)에서 발견된 기원전 5,500년의 소금 생산 시설은, 조직화한 산업 생산이 생각했던 것보다 훨씬 이전에 시작되었음을 보여준다. 이 시설의 규모와 정교함은 놀랍다. 이곳에는 약 6,000평(2헥타르)에 달하는 면적에 체계적으로 설계된 생산 시설이 있었다. 소금 생산을 위한 가마의 구조는 현대와 매우 유사하다. 토기로 만든 대형 용기에서 염수를 끓여 소금을 생산했는데, 이 과정에서 놀라운 수준의 열효율을 보여주는 이중 연소 시스템을 사용했다. 이곳에서 발굴된 증거에 따르면, 시설은 세 개의 주요 구역으로 나뉘어 있었다. 소금 생산 구역, 저장 구역, 그리고 작업자들의 거주 구역이다. 생산 구역에서 발견된 다수의 대형 토기 용기들은 동시에 여러 배치(batch)의 소금을 생산할 수 있는 체계적인 시스템이 있었음을 보여준다. 이 시설의 방어 체계도 갖추고 있었다. 높이 4.5m, 너비 2m에 달하는 석조 방어벽은 당시로서는 매우 이례적인 규모였다. 이는 소금 생산이 이미 당시에 매우 중요한 경제적 가치를 지녔음을 암시한다. 이곳을 연구한 학자들은 이 방어 시설이 유럽 최초의 도시 방어 시스템 중 하나일 수 있다고 추론하고 있다.

무역 네트워크의 증거도 분명하다. 발굴된 소금 덩어리들은 표준화된 크기와 형태를 보여주며, 일부는 생산지에서 최대 80km 떨어진 곳에서도 발견되었다. 이는 당시 이미 체계적인 교역 시스템이 존재했음을 증명한다. 생산 기술의 발전 과정도 현대와 비교해도 손색이 없다. 이곳의 생산기술의 소금 생산의 단계는 기원전 5,500년부터 4,200년까지 이어지는 생산 기술의 변화를 세 단계로 구분한다. 초기에는 단순한 염수 끓이기 방식이었지만, 후기에는 정교한 증발 시스템을 갖춘 가마 시설로 발진했다. 이러한 기술 발전은 단순한 시행착오가 아닌, 체계적인 지식의 축적을 보여준다. 작업장의 구조도 과학적이다. 발굴된 증거에 따르면, 소금 생산 구역은 바람의 방향을 고려해 설계되었다. 이는 연기를 효율적으로 배출하고 작업 환경을 개선하기 위한 것으로 보인다. 더불어 배수 시설도 체계적으로 설계되어 있어, 염수의 유출을 최소화했다. 이 시설에서 발견된 도구들도 주목할 만하다. 표준화된 크기의 토기들, 염수를 끓이는 데 사용된 특수 용기들, 소금을 성형하는 도구들은 모두 높은 수준의 전문화를 보여준다. 일부 도구들에서 발견되는 제작자의 표식은 이미 당시에 전문 장인들이 존재했음을 시사한다.

소금 생산 현장에서 발견된 유물들은 당시의 사회 구조도 보여준다. 일부 학자들의 연구에 따르면, 노동자들의 거주 구역에서 발견된 유물들은 계층화된 사회의 존재를 암시한다. 일반 노동자들의 거주지와 구별되는 더 큰 규모의 건물들, 그리고 그곳에서 발견된 고급 도기들은 이미 관리자 계층이 존재했음을 보여준다. 생산된 소금의 보관과 운송 체계도 체계적이었다. 발굴된 저장 시설들이 습도 관리를 위해 특별히 설계되었던 것으로 추정되었다. 바닥은 특수하게 처리되어 있어 지하수의 영향을 받지 않도록 했으며, 벽체는 통풍이 가능하도록 설계되었다. 이 소금 생산 시설은 많은 사람들이 관련되었을 것으로 보인다. 그중에는 먼저 숙련된 사람들이 새로운 사람들을 교육시켰을 것으로 추정되는 유물들이 발견되었다. 작업장에서 발견된 도구 중에는 미숙한 기술로 만들어진 것들도 있는데, 이는 기술 훈련 과정의 존재를 암시한다. 숙련된 장인들이 후학들에게 기술을 전수하는 체계적인 시스템이 있었던 것으로 보인다.

이 소금 생산시설은 인류가 어떻게 지식을 축적하고 전수해왔는지를 보여주는 사례다. 수백 년에 걸쳐 소금 생산 기술이 한 단계씩 개량되면서, 결국 정교한 산업 시스템이 형성되었다.

흥미로운 점은 발굴된 증거들을 보면 초기 단계에서도 이미 상당한 수준의 기술력이 존재했다는 것이다. 이는 아마도 다른 지역의 문명이나 기술을 참조하여 만들어졌을 가능성을 시사한다. 결국 인류 문명의 발전은 각 집단이 서로의 지식과 기술을 효과적으로 공유하고 발전시켜온 결과라고 볼 수 있다.

기원전 4,200년경 이 시설이 어떤 이유에서인지 폐기되었다. 폐기된 이유는 이 시기에 발생한 급격한 기후 변화가 소금 생산 중단의 주요 원인이었을 것으로 분석한다. 하지만 시설이 체계적으로 폐기되었다는 점은 주목할 만하다. 이는 당시 사회가 이미 높은 수준의 조직력을 가지고 있었음을 보여준다. 프로바디아-솔니차타의 소금 생산 시설은 호모레퍼런스의 본질을 가장 잘 보여주는 증거 중에 하나이다. 그들은 이전 세대의 지식을 참조하고 발전시켜, 놀라운 수준의 산업 시스템을 만들어냈다. 이는 인류 문명의 발전이 생각했던 것보다 훨씬 더 오래되고 복잡했음을 보여준다. 이곳은 인류 문명의 발전이 결코 단선적이지 않았음을 보여준다. 인류사는 지금까지 산업화를 18세기의 산물로 여겨왔다. 하지만, 이 시설은 이미 7,500년 전에 체계적인 산업 생산이 존재했음을 증명한다. 더구나 이는 고립된 현상이 아니었다. 발달한 무역망, 표준화된 생산 체계, 전문화된 노동 구조는 당시 이미 광범위한 지식과 기술의 교류가 있었음을 말해준다. 이것이 호모레퍼런스의 핵심이다. 타제석기를 백만 년 들고 다니다가 돌도끼를 만들었다. 그 이후 인류는 오랜 시간을 통해 조금씩 참조하며 발전하였다. 완전히 새로운 것을 창조하지는 않는다. 이전 세대의 지식을 참조하고, 재해석하고, 발전시킨다. 프로바디아—솔니차타의 소금 생산자들이 보여준 것처럼, 이것이 바로 인류가 문명을 발전시켜 온 가장 근본적인 방식이다.

〈참 고〉

▶ Nikolov, V. (2011). Provadia-Solnitsata (NE Bulgaria): A salt-producing center of the 6th and 5th millennia BC. In M. Alexianu, O. Weller, & R.-G. Curcă (Eds.), Archaeology and Anthropology of Salt: A Diachronic Approach. Proceedings of the International Colloquium, 1-5 October 2008, Al. I. Cuza University (Iaşi, Romania) (pp. 59-64). Archaeopress (BAR International Series 2198).

불가리아 프로바디아-솔니차타 유적은 동부 발칸 반도에서 유일한 암염층 위에 위치한 기원전 6~5천년경의 유럽 최초 소금 생산 중심지이다. 후기 신석기 시대에는 얇은 도기 그릇과 돔형 가마를 사용한 소규모 소금물 끓이기 방식으로 시작되었다. 중기 청동기 시대에 이르러서는 대형 노천 시설을 구축하여 생산 규모를 획기적으로 확대했으며, 연간 약 10톤의 소금을 생산할 수 있었다. 이렇게 생산된 소금은 발칸 반도 전역과 인근 지역으로 광범위하게 유통되어 당시 사회의 핵심적인 경제적·사회적 자원으로 기능했다. 유적에서는 해자와 석벽 등으로 구성된 복잡하고 체계적인 방어 시설들이 확인되었다. 이러한 고고학적 증거들은 이곳이 단순한 소금 생산지를 넘어서 고도로 조직화된 사회 구조와 도시적 특성을 갖춘 선사시대 정착지였음을 명확히 보여준다.

▶ Chapman, J., & Souvatzi, S. (2020). The Neolithic of Southeast Europe: Recent trends. Annual Review of Anthropology, 49, 123-140.

연구자는 신석기 시대 동남유럽(Southeast Europe, 약 기원전 6,500~4,500년)에서 소금 광천(salt spring)이 정착지 선택과 경제 네트워크 형성에 핵심적 역할을 했다고 밝혔다. 소금의 생리학적 중요성으로 인해 소금 자원 연구가 확대되었으며, 소금이 신석기화(Neolithicization) 과정에서 중요한 요소였음을 강조한다. 소금 광천과 신석기 정착지 사이의 공간적 연관성은 명확하게 나타나며, 소금이 정착지 입지 선정과 경제적 조직화에 직접적인 영향을 미쳤다. 소금의 조직적 생산과 분배, 그리고 소금 광천 주변 정착지의 체계적 분포는 이미 신석기 시대에 고도로 발달한 경제활동과 지역 네트워크가 존재했음을 보여주는 중요한 증거다. 이 연구는 동남유럽(Southeast Europe) 신석기 시대의 사회·경제 구조, 교환 네트워크, 자원 활용을 최신 연구 동향과 함께 종합적으로 검토하여, 소금 광천이 단순한 자원이 아닌 사회 발전의 핵심 동력이었음을 입증한다.

8. 북극 항해자들

북극해 연안의 초기 항해자들은 극한 환경에서 이전 세대의 지식을 참조하고 발전시켜 고도의 해양 기술과 광범위한 네트워크를 구축했으며, 이는 인류 문명의 발전이 생각보다 훨씬 오래되고 복잡했음을 보여준다.

바다가 품고 있는 인류의 비밀이 드러났다. 시베리아 북극 연안에서 발견되는 초기 인류의 해양 활동 증거들은 우리가 알고 있던 항해의 역사를 다시 쓰게 만든다. Pitulko(2012)의 연구에 따르면, 이미 1만 2천 년 전부터 인류는 북극해를 항해하고 있었다.

당시에 사용했던 것으로 추론되는 발굴 유물은 놀라운 수준의 해양 기술을 보여준다. 베링해 연안에서 발견된 정교한 목공 도구들은 당시 사람들이 복잡한 선박 건조 능력을 갖추고 있었음을 증명한다. 이러한 해양 기술과 더불어 가장 인상적인 성취는 극한의 환경에 대응하기 위한 그들의 혁신적 솔루션이다. 현대 의류 산업에서도 핵심 기술로 꼽히는 방수와 방한 기능을 그들은 이미 자작나무 껍질과 동물 기름을 활용해 구현했다. 이는 자연 재료의 특성을 정확히 이해하고 극지방의 혹독한 환경에 완벽히 적응한 결과물이었다. 이러한 장비에 대한 높은 기술을 가지고 이들은 넓은 항해 범위를 가졌던 것으로 보인다. 베링해협 주변에서 발견되는 유물들이 최대 400km 떨어진 지역에서 가져온 것들이었다. 이는 당시 인류가 이미 장거리 해상 항로를 구축하고 있었음을 의미한다. 선박에 사용된 목재의 수종 분석은 그들이 서로 다른 기후대를 오가며 자원을 획득했음을 증명한다.

학자들에 의해 발견된 증거들은 이 항해 범위와 기술에 대해 더 많은 것을 증명하고 있다. 시베리아 연안의 고대 정착지들에서 발견된 항해 도구들은 그들이 단순한 연안 항해를 넘어 먼바다로 나아갔음을 보여준다. 조개껍질과 뼈로 만든 도구들은 깊은 바다에서의 항해와 어로 활동이 있었음을 시사한다. 그들의 선박 제작 기술은 설계와 기술이 들어간 구조물이다. 베링해(Bering Sea) 연안의 초기 선박들은 이미 파도와 얼음에 대응할 수 있는 구조를 갖추고 있었다. 선체를 보강하는 특별한 기술과 방한을 위한 이중 구조는 극지방 항해에 최적화된 설계였다. 이러한 선박 기술의 발전은 결코 우연이 아니었다. 베링해 연안의 고대 항해자들이 최소 2천 년에 걸쳐 점진적으로 기술을 발전시켜 나간 것으로 밝혀지고 있다. 초기의 단순한 카약 형태에서 시작해, 점차 더 큰 규모의 내구성 있는 선박으로 발전한 것으로 보인다.

해안가 정착지에서 발견되는 많은 유물을 통해 연구자들은 많은 것을 추론할 수 있었다. 연구자에 의해 발굴된 작업장들은 체계적인 선박 제작 과정을 보여준다. 목재 가공을 위한 특수 도구들, 방수 처리를 위한 작업 공간, 그리고 수리를 위한 시설들이 발견되었다. 이는 선박 제작이 이미 전문화된 기술이었음을 증명한다. 베링해 연안의 여러 정착지에서 발견되는 선박 제작 기술이 전문화된 기술이라는 사실과 더불어 유사성 면에서도 높게 나타났다. 이는 서로 다른 지역의 항해자들이 단절된 집단이 아니라 기술을 교류하며 함께 발전시켜 나갔음을 시사한다. 그들은 이미 광범위한 해양 네트워크를 구축하고 있었다. 이 해양 활동의 증거는 지금까지 알려진 인류의 이동 경로도 다시 생각하게 만든다. 마지막 빙하기 당시 인류가 베링 육교를 통해 이동했다는 기존의 통설 외에도, 해안을 따라 이동한 연안 항로가 존재했을 가능성이 제기되고 있다. 당시 해수면은 현재보다 약 120m 낮았고, 지금은 물에 잠긴 수많은 해안 정착지가 있었을 것이다. 이 정착지들 중에는 해양 자원 활용 기술을 추론할 수 있는 유물도 있었다. 연구자들에 의해 분석한 유물은 그들이 이미 심해 어로와 고래 사냥까지 가능한 수준의 항해 기술을 보유하고 있었음을 보여준다. 발견된 작살과 그물 도구들은 놀라울 정도로 정교하며, 이는 수천 년에 걸친 경험의 축적을 전제로 한다. 발굴된 유물 중에는 단순히 실용적인 용도가 아닌 상징적 의미를 지닌 유물들도 포함되어 있어, 당시 항해가 단지 생존을 위한 활동만은 아니었음을 암시한다. 발견된 증거들은 의례용 물건들과 장신구들이 광범위하게 교역되었음을 보여준다. 이는 문화적 교류가 해상 네트워크를 통해 활발히 이루어졌음을 의미한다. 이러한 증거들은 다른 지역 유적에서 발견되는 유물들과 비교했을 때, 지식의 연속성을 뚜렷하게 드러낸다. 현대 과학기술을 이용해서도 극지방 항해는 상당한 위험을 동반하지만, 고대에 극지방에서의 항해는 엄청난 위험을 동반한다. 이런 기술이 하루아침에 개발될 수 없었다는 것은 자명하다. 그들은 분명 수천 년에 걸쳐 축적된 지식을 참조하고 발전시켰을 것이다.

이 분야를 연구하는 학자들의 연구가 지속될수록 참조 과정이 연속적으로 나타나고 있다. 서로 다른 지역에서 발견되는 선박 제작 기술의 유사성은 광범위한 지식 공유가 있었음을 시사한다. 현대에도 고도의 전문성을 요하는 방수 기술과 목재 가공 방식에서 나타나는 공통점은 당시에도 이러한 기술들이 단절되지 않고 지속적으로 전수되고 있었다는 것이다. 해안선을 따라 발견되는 정착지들은 마치 하나의 거대한 네트워크처럼 연결되어 있다. 각 정착지에서 발견되는 도구와 기술의 발전 과정은 놀라울 정도로 비슷한 패턴을 보인다. 이는 서로의 경험을 참조하고 발전시키는 과정이 매우 체계적이었음을 의미한다. 북극해 연안의 초기 항해자들도 호모레퍼런스의 본질을 가장 잘 보여주는 증거 중의 하나이다. 그들은 극한의 환경에서 생존하고 번영하기 위해 이전 세대의 지식을 참조했고, 그것을 더욱 발전시켰다. 이는 인류 문명의 발전이 생각했던 것보다 훨씬 더 오래되고 복잡했음을 보여주는 또 다른 증거이다. 현재 해수면 아래에 잠겨 있는 수많은 고대 해안 정착지들은 더 많은 이야기를 들려줄 것이다. 지금까지 발견한 것은 빙산의 일각에 불과할 수 있다. 진정한 해양 문명의 시작은 아직 바닷속에 잠겨 있는지도 모른다.

〈참 고〉

▶ Prentiss, A. M., Laue, C., Gjesfjeld, E., Walsh, M. J., Denis, M., & Foor, T. A. (2023). Evolution of the Okvik/Old Bering Sea culture of the Bering Strait as a major transition. Philosophical Transactions of the Royal Society B: Biological Sciences.

베링 해협 지역의 Okvik/Old Bering Sea(OBS) 문화는 신 이누이트 문화 전통의 첫 번째 대표적 사례로 확인되었다. 이 문화의 출현은 집단 규모 확대, 사회 계층화, 노동 분화, 복잡한 의사소통 체계 등 주요 사회적 진화의 중요한 전환점을 나타낸다. 고고학적 증거를 통해 정착지 구조, 기술 발전, 장례 관습 등에서 OBS 문화만의 독창적이고 혁신적인 특징들이 입증되었다. 연구진은 이러한 문화적 전환이 단순한 변화가 아니라 복잡하고 다양한 요인들이 장기간에 걸쳐 축적된 결과라고 강조했다. 이 연구는 인류 역사에서 대규모 사회적·문화적 변화가 어떻게 발생하고 진행되는지를 이해하는 데 중요한 사례를 제공한다.

▶ Mason, O. K., & Rasic, J. T. (2019). Walrusing, whaling and the origins of the Old Bering Sea culture. World Archaeology, 51(3), 454–483.

베링해 연안의 오크빅(Okvik), 힐사이드(Hillside), 웰렌(Whale Alley) 등 주요 유적에서 출토된 사냥 도구와 예술품을 분석한 연구에서 흥미로운 사실들이 밝혀졌다. 초기 주민들의 해양 사냥 기술과 예술적 표현이 어떻게 발달했는지를 생생하게 보여주는 내용이다. 옛날 베링해(Old Bering Sea) 문화의 해양 적응 능력은 정말 놀라웠다. 작살, 화살촉, 의례용 조각품 등 정교한 도구와 상징적 유물들에서 그 실력을 확인할 수 있다. 단순히 생존을 위한 도구가 아니라 예술성까지 갖춘 물건들을 만들었던 것이다. "오크빅 마돈나(Okvik Madonna)" 같은 상징적 인물상과 다양한 사냥 도구들을 보면 이들이 바다표범(seal), 바다코끼리(walrus), 고래(whale) 등 대형 해양 포유류 사냥에 특화되어 있었음을 알 수 있다. 바다에서 거대한 동물들을 사냥하는 것은 결코 쉬운 일이 아닌데, 그들만의 독특한 기술과 도구를 개발했던 셈이다.

9. 구눙 파당

구눙 파당은 기존 서양 중심 인류사와 달리 동아시아에서 고도의 석조 기술과 복잡한 문명 흔적을 보여주며, 인류 문명의 복합적 발전과 지식 참조의 증거로 중요한 유적이다.

백 년도 살지 못하는 한 인간이 수백만 년의 인류사를 써 내려간다는 것은 얼마나 무모한 일인가. 글을 쓰면 쓸수록 측정할 수 없을 것만 같은 시간의 무게는 더욱 무거워진다. 그럼에도 불구하고 알고 있는 조금의 지식과 생각을 글로 남겨야 한다는 책임감이 더 커졌다. 비록 불완전한 진실일지라도 기록으로 남겨야만 한다. 이것이 바로 거대한 모순 앞에서 고개를 숙이면서도, 필자가 끝내 펜을 놓지 못하는 이유이다. 인류사에는 수많은 전문가가 있다. 오랜 시간 동안 사업을 하면서 시간을 내어 대학에서 관광 학문 분야와 관련된 문화를 가르쳐 왔다. 이 시간이 길어질수록 인류 문명의 깊이에 압도되었고, 동시에 이 이야기를 전해야 한다는 왠지 모를 책임감도 커졌다. 아는 것이 부족하더라도, 보는 관점이 달랐더라도, 누군가는 이야기를 시작해야 공동체가 공감하고 조금은 인류사를 이해하는 관점이 더 자유롭고 풍성해질 것이라는 생각에 도달했다. 필자의 해석은 과학적, 학문적 관점에서 바라보려고 노력하였지만, 과학적이지 않을 수 있고, 보편타당하지 않을 수도 있다. 그러나 인류가 서로를 참조하며 만들어 온 거대한 문명의 흐름만큼은 중요한 명제라는 사실을 믿는다. 한 사람의 이해력으로는 너무나 깊고 광대한 인류의 역사라는 사실을 시간이 지날수록 더 큰 벽으로 느낀다. 그래서 완벽한 안내자가 되려 하기보다는, 필자가 속한 공동체에 하나의 풍성한 이야기를 던지는 데 만족한다. 이 필자의 관점에서 쓰인 책자를 보고 사람들이 비판하고, 토론하고, 연구하고, 새로운 진실을 발견해 나가길 바란다. 글을 쓰면 쓸수록 더욱 깊어지는 이 모른다는 생각에서 오는 압박감이 커져만 간다. 인류에게 신이 필요했던 것도 이런 압도적인 깨달음 앞에서였을 것으로 생각한다. 인류사를 알면 알수록 신이 존재함을 믿게 될 것 같다는 생각도 든다. 지난 인류들도 자신들의 이야기가 이토록 거대한 서사의 일부일 것이라고는 상상도 못 했을 것이다.

본론으로 돌아가겠다.

아프리카에서 인류는 두 개의 중요 루트를 통해 이동하였다고 추론된다. 첫 번째는 북부 경로로 나일강 계곡을 따라 레반트 지역으로 나아가 한 무리는 아나톨리아를 거쳐 유럽으로 가고, 다른 한 무리는 이란고원을 거쳐 중앙아시아로 갔다고 본다. 물론 필자는 아나톨리아로 간 무리 전체가 유럽으로 갔다고 생각하지 않는다. 그 무리 중 일부는 이란 방향으로 갔다고 생각하는 게 합리적이다. 그 당시 무리가 군대도 아니고 일사불란하게 아나톨리아로 간 전원이 유럽으로만 갔다고 보는 게 더 비합리적인 추론이라고 본다. 물론 이란을 통한 무리도 다시 아나톨리아를 거쳐 유럽으로 갔다고 보는 복잡한 과정이 존재했을 것이라고 보는 게 앞에서 언급한 대로 더 합리적이라 생각한다. 두 번째는 남부 해양 경로이다. 홍해 연안을 따라 아라비아반도로 인도 해안을 따라 동남아시아로 가서 최종적으로 순다랜드(Sundaland)와 사훌(Sahul)이라고 부르는 현재의 호주-뉴기니까지 갔다. 이 무리 역시 단순한 이 경로가 아니라 복잡한 경로가 있었으리라 추론한다.

북부 경로에서 중앙아시아로 간 무리가 동아시아와 시베리아로 퍼져나가서 우리나라까지 온 것으로 추론된다. 이것은 단순한 추론이다. 아마도 인류는 아프리카에서 출발해서 여러 시기에 걸쳐 다양한 경로를 통해 복잡한 이주와 역이주가 일어났다고 보는 것이 더 합리적인 추론이다. 나아가, 더 근본적인 질문을 던져볼 필요가 있다. 아프리카에서만 인류가 발생했다는 현재의 정설은 얼마나 확실한 것일까? 아프리카의 초기 인류와 유사한 미토콘드리아를 가진 인류가 다른 대륙에도 존재했을 가능성을 완전히 배제할 수 있을까? 아니면 다른 대륙에서 아프리카로 넘어왔는데 단지 그 선행 연결고리를 찾지 못해 아프리카에서 출발했다고 단정 지은 것은 아닐까? 현재의 생화학적 분석 기술로는 발견하지 못한 증거들이 있을 수 있다. 이는 마치 우주에 인류만이 존재한다고 단정 짓는 것처럼 섣부른 결론일 수 있다. 이 인류 중 일부가 순다랜드에 도착한 것은 70,000년 전이라고 추정한다. 순다랜드의 지리적 구성을 보면 현재의 말레이반도부터 수마트라 섬(Sumatra), 보르네오 섬(Borneo), 자바 섬(Java)을 포함한 지역이다. 그리고 이 당시는 해수면이 현재보다 120m 정도 낮았을 때 순다랜드의 육지 면적은 현재 동남아시아 육지 면적의 약 두 배였을 것으로 추정한다.

지금 이야기하는 구눙 파당(Gunung Padang)은 순다랜드의 남부 경계 지역에 위치했다. 이는 매우 중요한 의미를 가진다. 구눙 파당이 위치한 자바섬 서부는 순다랜드의 남쪽 경계부에 있어서 해수면 변동에 따른 환경 변화를 직접직으로 경험한 지역이었다. 구눙 파당의 위치는 초기 인류가 순다랜드를 거쳐 오스트레일리아로 이동할 때 중요한 경유지였을 가능성이 있다. 마지막 빙하기 때 이 지역은 현재보다 훨씬 넓은 육지였고, 당시 해안선에서 상당히 떨어진 내륙에 위치했을 것으로 보인다. 이곳은 마지막 빙하기(기원전 25,000년~14,000년) 동안 점차 조성되었으며, 건축적으로도 일정한 발전이 이루어졌다고 추정된다. 구눙 파당은 피라미드 혹은 신전이었다고 추론되지만, 아직 어떤 목적으로 지어졌는지는 밝혀지지 않은 상태이다. 다만 이 유적은 인류 문명과 고급 건설 기술이 홀로세(Holocene) 또는 신석기 시대의 농업 발달 시기(약 11,000년 전)에 시작되었다는 기존에 알려진 인류사와는 다르다는 사실만은 보여주고 있다. 물론 이에 반대하는 의견도 존재하며, 이 유적의 조성 시기나 인공 구조물 여부에 대한 논란도 있었지만, 현재는 고대 문명에 의한 유적으로 보는 시각이 주류를 이루고 있다.

구눙 파당은 수천 년 동안 첫 건설자에 의해 방치되어 상당한 풍화작용을 겪었다. 약 기원전 7,900년~6,400년경 일부가 상당량의 흙으로, 의도적으로 매립되었다. 이유는 아직 명확하지 않다. 이 '의도적 매립'이라는 문장에서 앞서 언급한 괴베클리 테페와 카라한 테페의 의도적인 매립을 떠올리지 않을 수 없다. 비슷한 시기에 지구 반대편에서 고대인들이 '의도적 매립'이라는 유사한 행동을 했다는 점은 주목할 만하다. 이와 같은 현상이 어떤 의미가 있는지는 아직 알 수 없다. 왜 이처럼 비슷한 형태의 매립이 이루어졌는지는 우연의 일치인지, 혹은 우리가 아직 알지 못하는 공통된 이유 때문인지는 단정할 수 없지만, 적어도 유사한 시기에 의도된 매립이 있었다는 사실만은 분명해 보인다.

무슨 의미가 있을까!

매립 후 기원전 6,000년~5,500년경 사이에 후속 건설자가 도착하여 그 위에 건축물을 건설했다. 그리고 마지막으로, 최종 건설자가 기원전 2,000년~1,100년경 사이에 그 위로 건축물을 지었다는 것이 지금까지 이 유적지를 연구한 학자들에 의해 밝혀진 사실이다. 이 건축물은 실제로 활발히 사용되었던 것으로 추정되지만, 어떤 용도로 사용되었고 몇 천 년을 사이에 두고 버려졌다가 재사용되었는지는 아직 명확하게 규명되지 않았다. 그러나 이 유적은 오랫동안 서양 중심의 역사 인식 속에서 동아시아는 고도의 문명 없이 단순한 돌도끼만 존재했던 지역이라는 통념에 명백히 배치되는 증거이다.

구눙 파당은 수렵·채집 문화와는 맞지 않는 놀라운 석조 능력을 보여주는 인류사에서 중요한 유적지이다. 이 유적지에서 중요한 것은 인류사의 관점이 서양사 중심으로 이루어져 있다는 점에서 지금까지 통용되던 인류사에서는 그 외 지역은 미개하거나 존재하지 않아야 한다는 전제에 대해 의문을 제기할 수 있는 증거라는 점이다. 지금까지의 인류사에서는 황하문명만이 거의 유일한 아시아 문명사로 인정받아 왔고 그래야만 했던 분위기가 있었다. 그 인류사 속에서 인도네시아의 구눙 파당은 다른 이야기를 하고 있다. 이곳은 기존 인류사에서는 마치 외계 생명체와 같은 설명할 수 없는 존재처럼 여겨진다. 아나톨리아 지방의 괴베클리 테페, 카라한 테페, 레바논의 주피터 신전(Temple of Jupiter)의 기초가 되는 바알베크 트릴리톤(trilithon) 거석 등은 명확한 인류사의 증거이다. 그러나 기존 인류사는 아직도 이를 온전히 받아들이지 못하고 있으며, 기존의 서양 중심 인류사를 수정하기보다는 그 틀에 맞추려는 노력이 수십 년간 이어지고 있다. 이러한 유적들은 근본적인 역사 인식의 변화 없이는 받아들이기 어려운 인류사의 결정적 증거들이다.

〈 참 고 〉

▶ **Natawidjaja, D. H., et al. (2023). Aerial photogrammetry and mapping of Gunung Padang site: Insights into ancient engineering and multi-layered structure. Journal of Archaeological Science: Reports, 45, 102567.**

구눙 파당 유적에 대한 최신 연구에서 놀라운 발견들이 이어졌다. 2014년, 2019년, 2020년에 걸쳐 드론(drone)과 항공 사진 측량 데이터를 활용해 유적의 정밀 정사영상을 제작한 결과다. 유적을 자세히 살펴보니 최소 3개 층의 다층 구조를 가지고 있었다. 기하학적으로 정교한 석재 가공과 현무암(basalt) 기둥의 배치 등을 보면 고도의 고대 공학 기술이 사용되었음을 알 수 있다. 현대 기술로도 쉽지 않은 정밀한 작업들이 수천 년 전에 이루어진 것이다. 복잡한 건축적 특징과 석재 배열을 보면 발달된 고대 문명의 증거로 해석할 수밖에 없다. 단순한 돌무더기가 아니라 계획적이고 체계적인 건축물이었던 셈이다. 지진파 단층 촬영 결과, 구눙 파당 유적 하부에는 자연 지형이 아닌 인공적으로 쌓은 다층 구조와 빈 공간이 존재함이 확인되었다. 이러한 결과는 유적이 단순한 언덕이 아니라, 인공적으로 축조된 거대 구조물일 가능성을 뒷받침한다. 다만 유적의 정확한 연대와 의미에 대해서는 학자들 사이에 다양한 견해가 논의되고 있다. 아직 모든 것이 명확하게 밝혀진 것은 아니지만, 분명한 것은 이곳이 고대 문명의 놀라운 유산이라는 점이다.

〈 참고 문헌 〉

< 국외 문헌 >

1. Chapman, J., & Souvatzi, S. (2020). The Neolithic of Southeast Europe: Recent trends. Annual Review of Anthropology, 49, 123-140.

2. Lambeck, K., Rouby, H., Purcell, A., Sun, Y., & Sambridge, M. (2014). Sea level and global ice volumes from the Last Glacial Maximum to the Holocene. Proceedings of the National Academy of Sciences, 111(43), 15296-15303.

3. Mason, O. K., & Rasic, J. T. (2019). Walrusing, whaling and the origins of the Old Bering Sea culture. World Archaeology, 51(3), 454-483.

4. McCafferty, G. G. (1996). Reinterpreting the Great Pyramid of Cholula, Mexico. Ancient Mesoamerica, 7(1), 1-17.

5. McLaren, D., Fedje, D., Dyck, A., Mackie, Q., Gauvreau, A., & Cohen, J. (2018). Terminal Pleistocene epoch human footprints from the Pacific coast of Canada. PLoS ONE, 13(3).

6 Massa, M., & Şahoğlu, V. (2011). Western Anatolian burial customs during the Early Bronze Age. In V. Şahoğlu & P. Sotirakopoulou (Eds.), Across: The Cyclades and Western Anatolia during the Third Millennium BC (pp. 164-171). Sakıp Sabancı Museum, Istanbul.

7. Nikolov, V. (2011). Provadia-Solnitsata (NE Bulgaria): A salt-producing center of the 6th and 5th millennia BC. In M. Alexianu, O. Weller, & R.-G. Curcă (Eds.), Archaeology and Anthropology of Salt: A Diachronic Approach. Proceedings of the International Colloquium, 1-5 October 2008, Al. I. Cuza University (Iaşi, Romania) (pp. 59-64). Archaeopress (BAR International Series 2198).

8. Natawidjaja, D. H., et al. (2023). Aerial photogrammetry and mapping of Gunung Padang site: Insights into ancient engineering and multi-layered structure. Journal of Archaeological Science: Reports, 45, 102567.

9. Özdoğan, M. (2023). The making of the Early Bronze Age in Anatolia. Journal of Ancient Africa and Eurasia, 3(1), 1-58.

10. Plunket, P., & Uruñuela, G. (2012). Where East Meets West: The formative in Mexico's Central Highlands. Journal of Archaeological Research, 20(1), 1-51.

11. Prentiss, A. M., Laue, C., Gjesfjeld, E., Walsh, M. J., Denis, M., & Foor, T. A. (2023). Evolution

of the Okvik/Old Bering Sea culture of the Bering Strait as a major transition. Philosophical Transactions of the Royal Society B: Biological Sciences.

12. Vranich, A. (2018). Reconstructing ancient architecture at Tiwanaku, Bolivia: The potential and promise of 3D printing. Heritage Science, 6.

사상의 교차로

5장

1. 의문의 시작
2. 철학의 이동
3. 잃어버린 기억
4. 기호의 진화
5. 아람의 유산
6. 선악의 기원
7. 유라시아의 뿌리
8. 나일의 지혜
9. 도시의 발명
10. 언어 혁명
11. 지식의 경계
12. 인도의 교차로
13. 지하의 대화
14. 같은 하늘 아래
15. 시안의 증인들
16. 실크로드의 기원
17. 사막의 교차로
18. 실크로드의 맛
19. 올림포스의 비밀
20. 티볼리의 증언
21. 표준화의 기원
22. 헬레니즘
23. 페르시아의 세계화

5장을 시작하며

인류는 언제나 서로의 지혜를 참조하며 발전해 왔다. 기원전 6세기에서 기원전 3세기에 이르는 시기, 유라시아 대륙의 양 끝에서는 놀라운 일이 벌어졌다. 노자(老子)와 탈레스(Thales), 공자(孔子)와 소크라테스(Socrates), 플라톤과 맹자(孟子), 아리스토텔레스(Aristotle)와 장자(莊子)가 마치 약속이라도 한 듯 같은 질문을 던지고 있었다. 그들은 서로의 존재를 알지 못했음에도, 인간의 본질과 우주의 질서, 이상적인 삶의 방식에 대해 놀랍도록 유사한 통찰에 도달했다. 이러한 동·서양 사상의 공명은 우연의 일치가 아니었다. 고고학적 증거들은 실크로드가 본격적으로 열리기 훨씬 이전부터, 유라시아 대륙을 가로지르는 문명 교류의 네트워크가 존재했음을 보여준다. 기원전 3,000년경부터 시안(西安) 지역에서 발견되는 토기는 중앙아시아의 것과 놀라운 유사성을 보였고, 미케네 문명(Mycenaean civilization)의 청동기 제작 기술은 우랄산맥 지역의 것과 정확히 일치했다. 이는 인류가 오래전부터 보이지 않는 실크로드를 통해 기술과 지식을 교환해 왔음을 증명한다. 이 교류에 언어와 문자가 중요한 역할을 담당하였다. 아람어(Aramaic)는 고대 세계 최초의 공용어로서, 페르시아에서 인도까지, 그리스에서 중앙아시아까지 광범위한 지역에서 사용되었다. 이를 통해 조로아스터교의 이원론적 세계관, 메소포타미아의 천문학 지식, 인도의 철학적 통찰이 자유롭게 교환될 수 있었다. 문자는 시공간을 초월한 소통을 가능하게 한 최초의 타임머신이었다.

건축 기술의 전파도 놀랍다. 로마의 판테온과 하드리아누스 빌라(Hadrian's Villa)는 그리스, 페르시아, 이집트의 건축 기술이 융합된 걸작이었다. 진시황의 병마용에서 발견되는 크롬 도금 효과는 유럽에서 18세기에야 재발견될 정도로 특별했다. 비록 최근 연구에서는 이 효과가 자연적 과정에서 발생했을 가능성이 높다고 밝혀지고 있지만, 당시 장인들이 의도적으로 이런 조건을 조성했을 가능성 역시 배제할 수 없다. 어떤 경우든 그 결과물은 당대 기술의 정교함을 보여주는 증거다. 이는 동·서양이 서로의 기술을 참조하며 발전시켜 온 것으로 보인다. 도량형의 표준화 과정도 흥미롭다. 진나라가 제국 전체에 보급한 도량형 체계는 메소포타미아의 60진법, 페르시아의 주조 기술, 그리스의 검증 시스템을 창조적으로 참조한 결과물이었다. 이는 단순한 모방이 아닌, 서로 다른 문명의 지혜를 융합하여 새로운 표준을 만들어낸 혁신이었다. 인류가 비약적인 발전을 할 수 있고, 이성을 정립할 수 있었던 것 중 하나가 철학적 사유의 유사성이다. 맹자의 성선설과 아리스토텔레스의 덕성론, 장자의 자연관과 헤라클레이토스(Heraclitus)의 변화론은 마치 거울의 양면처럼 서로를 비추고 있다. 이들은 서로 다른 언어와 문화적 맥락에서 같은 질문을 던지고, 놀랍도록 유사한 답에 도달했다.

문명을 독창성의 역사로 이해하곤 한다. 하지만 고고학적 증거들은 정반대의 진실을 보여준다. 인류의 모든 위대한 성취는 서로의 지혜를 참조한 결과물이었다. 동양과 서양을 나누는 경계 너머에는 문명의 교류라는 보이지 않는 다리가 늘 존재했다. 오늘날 역사상 유례없는 참조의 시대를 살고 있다. 인터넷은 전 세계의 지식을 순식간에 연결한다. 그러나 이것은 전혀 새로운 현상이 아니다. 인류는 늘 호모레퍼런스였다. 맹자가 공자를, 아리스토텔레스가 플라톤을 창조적으로 계승했듯이, 과거의 지혜를 참조하며 미래를 향해 나아가고 있다. 이것이 바로 문명의 본질이며, 인류가 지금까지 발전해 올 수 있었던 핵심 동력이었다.

1. 의문의 시작

기원전 6세기에서 3세기, 동서양 철학은 신화에서 벗어나 인간과 자연의 본질을 탐구하며 유사한 질문을 던졌고, 이는 인류 문명이 일정 수준에 도달했을 때 필연적으로 나타난 보편적 사유의 결과였다.

기원전 6세기에서 기원전 3세기에 이르는 시기, 동·서양에서는 인류 역사상 가장 중요한 철학적 사유가 시작되었다. 이 시기 그리스와 중국에서는 신화적 사고에서 벗어나 체계적인 철학적 사유가 발전하기 시작했다. 이 시기의 특징적인 것은 자연과 인간의 본질에 대한 탐구였다. 중국에서 공자(기원전 551년~479년)가 인(仁)을 말하고 노자(대략 기원전 6세기)가 도(道)를 말했던 시기에, 그리스에서는 탈레스(기원전 624년~546년)가 자연 철학을 발전시키고, 소크라테스(기원전 470년~399년)가 윤리적 탐구를 시작했다. 호모 무리에서 출발한 인류가 사회 구성 자체가 커지고 다양화하면서 이런 기본적인 원칙들이 필요했고 그에 대한 생각이 구체화의 단계로 진입했다.

공자가 인(仁)과 예(禮)를 통해 도덕적 질서를 추구했을 때, 소크라테스는 대화를 통해 덕(德)의 본질을 탐구했다. 두 철학자는 서로 다른 문화권에서 인간의 도덕성과 사회 질서라는 유사한 주제를 다루고 있었다. 맹자(기원전 372년~289년)가 성선설을 통해 인간 본성의 선함을 이야기할 때, 플라톤(기원전 428년~348년)은 이데아론을 통해 선의 본질을 탐구했다. 서로 다른 문화권에서, 그들은 인간과 도덕의 근원이라는 유사한 주제를 다루고 있었다. 과연 이 모든 것이 우연이고 아무런 연관 없이 수백만 년의 인류의 역사에서 없던 일이 어느 날 갑자기 거의 동시에 일어났을까?

맹자와 플라톤을 비교하면 놀라울 정도의 유사성이 존재한다. 맹자가 성선설을 통해 인간 본성의 선함을 주장했다면, 플라톤은 영혼의 본질과 선의 이데아를 통해 비슷한 문제에 접근했다. 물론 그들의 구체적인 논리와 결론은 달랐지만, 인간 본성에 대한 근본적 물음은 놀랍도록 유사했다. 아리스토텔레스(기원전 384년~322년)가

논리와 분류로 세상을 체계화하려 했을 때, 장자(기원전 369년~286년)는 자연과 인간의 관계를 새로운 관점에서 바라보았다. 이들이 서로 다른 방식으로 세계를 이해하려 했지만, 둘 다 우주와 인간의 관계를 탐구했다는 공통점이 있다. 물론 일부 학자들은 순자(荀子)가 아리스토텔레스와 유사하다고 비교하기도 한다. 일반적으로 알려지지 않았으나 아리스토텔레스가 플라톤의 제자로 학문의 아버지로 불리게 된 것은 그의 제자 중의 한 명이 마케도니아의 알렉산더 대왕인 것이 이유이기도 하다. 알렉산더 대왕(Alexander the Great)이 마케도니아(Macedonia)의 후계자 시절 아리스토텔레스는 3년 정도 마케도니아로 건너가 알렉산더의 스승이었으며, 알렉산더가 왕위에 오르자, 아테네로 돌아가 리케이온(Lykeion)이라는 학당을 열었다. 아리스토텔레스는 이곳에서 현대 학문의 기초가 되는 물리, 생물, 윤리, 정치, 수사학 등의 기본 학문 체계를 분류하고 기초적인 이론서들을 만들었다. 그의 이런 학문적 접근은 그의 부모가 모두 의사인 것도 원인이었으나 알렉산더 대왕의 많은 지원이 뒷받침된 것도 중요한 원인 중 하나였다.

장자와 아리스토텔레스의 차이점을 보면 더 흥미롭다. 장자가 도(道)를 통해 자연과 인간의 합일을 추구했다면, 아리스토텔레스는 논리적 분석을 통해 자연의 질서를 이해하고자 했다. 서로 다른 접근 방식이었지만, 둘 다 우주의 질서와 인간의 위치라는 근본적 문제를 다루고 있었다. 순자(기원전 298년~238년)가 예(禮)를 통한 사회 질서를 이야기할 때, 그리스에서는 에피쿠로스(기원전 341년~270년)가 개인과 사회의 관계에 대한 새로운 시각을 제시했다. 이는 동·서양 모두 개인과 사회의 관계, 그리고 질서의 본질에 대해 깊이 고민했음을 보여준다.

이런 유사성이 단순히 비슷한 시대적 상황에서 나온 우연의 일치일까, 아니면 실제로 동서양 간에 어떤 형태의 지적 교류가 있었던 것일까?

이 시기 동·서양 사상의 발전이 단순한 우연의 일치는 아니다. 직접적인 교류의 증거는 아직 발견되지 않았지만, 많은 조각조각의 사실들이 해안 경로, 실크로드 등의 여러 경로에 의해 간접적인 인적교류를 통한 문화 참조의 가능성이 존재했다. 이후에 이것에 대해 구체적인 서술을 하겠지만 실크로드라는 말 역시도 1877년에 독일의 지리학자 페르디난트 폰 리히트호펜(Ferdinand von Richthofen)에 의해서였다. 실크로드라는 이름을 붙이고 많은 사람들의 생각 속에는 특정한 길들이 있다고 여겨진다. 실크로드로 동·서양의 모든 교역로를 단순화하면 안 된다. 실크로드라는 이름 자체에서 이미 유럽과 중국 중심주의와 동·서양의 문화 교류가 단순한 비단의 교역만을 위해 존재했다는 선입견이 생겨나게 하는 문제를 안고 있다. 동·서양의 교류하는 길은 복잡한 여러 가지의 길이 존재했고 학자에 따라 초원길, 오아시스길 등으로 부르기도 한다. 메소포타미아 북쪽에 위치한 마드린에서는 향로의 길이라고 동·서양의 교류했던 길을 알리고 있다. 동·서양의 교류는 많은 육지와 해안의 통로를 통해 이루어지고 있었던 것으로 보인다. 인류는 이미 기원전 16,000년에 모든 대륙에 퍼져 있었으며, 기원전 6,000년 이전부터 지속적인 인적교류를 통해 문화를 서로 참조했을 것으로 보인다. 이것에 대한 서술은 뒤에서 자세히 하겠다.

동·서양 모두에서 각기 출발했다고 주장되는 철학은 사실 동·서양 모두에서 지식의 본질에 대한 탐구가 시작되었음을 보여준다. 공자가 "학이시습지 불역열호(學而時習之 不亦說乎)"라고 말했을 때, 소크라테스는 "너 자신을 알라"고 말했다. 두 철학자 모두 앎의 과정과 그 의미에 대해 깊이 고민했다. 그리고 단순히 모든 인류가 거의 같은 시기에 이러한 문제에 대해 고민했다는 생각은 무리수다. 수백만 년에 이르는 인류의 역사 속에서 지속적인 교류를 통해 비슷한 인지 구조를 가진 인간들이 유사한 사유를 했다고 보는 것이 더 합리적이다. 누가 먼저이고 누가 나중인지는 중요하지 않다. 애초에 '누가 처음일까'라는 질문 자체가 어쩌면 부질없는 생각일지도 모른다.

이 시기 철학자들의 사유 방식은 신화적 세계관에서 논리적 사고로의 전환 과정을 잘 보여준다. 노자가 도(道)의 본질을 논할 때, 탈레스는 만물의 근원을 물(水)에서 찾았다. 이는 동·서양 모두 자연 현상을 초자연적 존재가 아닌 원리로 설명하려 했음을 보여준다. 당시 철학자 중 후기 철학자인 순자와 후기 그리스 철학자들은 더욱 현실적인 문제에 집중했다. 순자가 예(禮)를 통한 사회 질서 확립을 주장했다면, 헬레니즘(Helenism) 시대의 철학자들은 개인의 행복과 사회적 덕의 조화를 모색했다. 이 시기 동·서양의 철학적 사유는 인간과 우주에 대한 근본적인 물음이라는 공통점을 공유했다. 비록 그들이 찾은 답은 서로 달랐을지라도, 던진 질문들은 놀랍도록 유사했다. 이는 인류가 문명의 발전 과정에서 보편적인 철학적 고민을 공유해왔음을 보여준다. 물론 이러한 철학자들의 유사성에 대한 분류는 단순한 구분일 뿐이며, 학자에 따라 의견이 다를 수 있다. 고대에는 이들을 서양에서는 철학자라 불렀지만 동양에서는 공자를 공부자, 맹자를 맹부자라고 표현했다. 오히려 두 집단 모두를 '사상가'라고 부르는 것이 '철학자'보다 더 적절할 수 있다. 이는 여러 사상가들이 긴 시간에 걸쳐 서로 직·간접적인 영향을 주고받으며 점차 사상을 확립해 나갔다는 점을 강조하기 위함이다. 따라서 어떤 사상가가 다른 사상가와 단순히 닮았다는 식의 1차원적인 비교보다는 사상의 전파·참조·발전이라는 더 넓은 맥락에서 이해해 주기를 바란다. 그 당시 어떤 방식이었든 두 사상가 집단은 많은 소통과 참조를 했을 가능성이 크다. 단순히 자연발생적인 출발이 비슷한 시기였다는 것은 믿기 어려운 우연의 연속을 받아들이라는 말이나 다름없다. 이후의 논의에서는 표현의 혼란을 피하기 위해 '사상가' 대신 '철학자'라는 용어를 사용하겠으니 양해를 부탁드린다.

이 철학적 사유의 발전은 단순한 우연이 아니라 인류 문명이 일정 수준에 도달했을 때 필연적으로 제기되는 질문들이었으며, 이는 오랜 시간 동안 서로 직·간접적으로 소통하고 서로를 참조했을 가능성이 크다. 말을 배우는 체계 또한 오랜 시간에 걸쳐 인류가 서로를 참조하며 형성되었다고 볼 수 있다. 기원후 단 2,000년 동안 인류가 이룬 성과를 보라. 수백만 년에 이르는 인류의 역사에서 2,000년은 찰나와도 같은 시간이다. 이 짧은 시간 동안 예측 불가능할 정도의 성과를 이룬 인류가 10만 년 혹은 20만 년에 이르는 시간 동안 서로 조금씩만이라도 참조해왔다면, 전 세계 인류가 서로 영향을 주고받기에 충분한 시간이었을 것이다. 또한 철학은 어느 날 갑자기 형성된 것이 아니라 오랜 시간에 걸쳐 인류가 조금씩 생각을 발전시킨 결과로 초기 철학이 등장하게 되었다는 기본적인 전제 위에서 이해되어야 한다. 그 결과 인류는 신화에서 철학으로 나아가며, 서로를 보다 효과적으로 참조하는 방법과 도구를 발전시켜 나갔고, 결국 호모레퍼런스라는 본질에 다가서게 되었다.

〈 동서양 철학자 시대별 비교 연표 〉

시기(기원전)	동양 철학자	서양 철학자
600	노자(571-471)	피타고라스(570-495)
550	공자(551-479)	탈레스(624-546)
500		헤라클레이토스(535-475)
470	묵자(478-392)	소크라테스(470-399)
430		플라톤(427-347)
380	맹자(372-289)	아리스토텔레스(384-322)
370	장자(369-286)	
340		에피쿠로스(341-270)
300	순자(298-238)	제노 (스토아)(334-262)
280	한비자(280-233)	

▶ 중요 동·서양 철학자 연대표(도표ⓒ저자 직접 작성)

2. 철학의 이동

동서양 철학은 2,500년 전부터 다양한 문명과 문자의 교류 속에서 서로 영향을 주고받으며 발전해왔고, 그 사유의 기록이 오늘날까지 이어지고 있다.

2,500년 전, 유라시아 대륙의 양 끝에서는 인류 역사상 가장 중요한 철학적 사유가 시작되고 있었다. 공자와 노자, 플라톤과 아리스토텔레스는 서로의 존재를 알지 못했지만, 놀랍게도 유사한 질문들을 던지고 있었다. 우주의 원리는 무엇인가? 인간다운 삶은 어떤 것인가? 이 질문들에 대한 그들의 답은 때로는 달랐지만, 근본적인 문제의식은 놀랍도록 닮아 있었다. 물론 이 질문은 현대에서도 계속되는 질문이다. 2,000년이라는 시간이 지금 기준으로 보면 긴 시간이지만 그리 긴 시간이 아니어서 거의 비

숱한 생각과 감정을 공유하고 있을지도 모른다. 수십만 년 후에 인류가 생존한다면 지금 인류와 고인류로 분류되는 기원전 인류를 같은 시대의 인류로 분류할 가능성이 높다. 지금 현대인도 기원전 12,000년 전의 신석기 초기 인류와 기원전 9,000년 전에 인류를 거의 동시대 인류로 보고 이야기한다. 그런 기준으로 본다고 해도 수십만 년 후에 지금 인류와 고인류를 동시대로 보는 것이 그렇게 무리한 해석은 아니다.

여기서 한 가지 짚고 넘어가야 할 것이 있다. 바로 철학이라는 용어에 대해서다. 서양 철학이라고 불리는 분야는 주로 그리스 아테네를 중심으로 한 그리스 지역의 사상을 의미한다. 반면 동양 철학이라는 개념은 그 어원부터 서양 철학과는 상당한 차이가 있다. 실제로 동양 철학이라는 개념이 형성된 것은 19세기에 이르러서다. 일본 메이지 유신 이후 서양철학과 대비되는 개념으로 일본 학자들에 의해 생겨났는데, 동양이라는 개념 자체가 페르시아, 인도, 중국 등 광범위한 지역에서 발전한 다양한 사상을 하나로 묶는다는 점에서 이미 모순을 안고 있다.

물론 서양철학의 출발을 그리스 아테네라고 보는 기존 정의에도 의구심이 있다. 그리스 철학의 많은 부분이 아테네에서 정리된 것은 사실이지만, 기록에 따르면 철학이 실제 태동한 곳은 밀레토스(Miletus)와 에페소스(Ephesus)로 볼 수 있다. 지금의 튀르키예 서쪽 해안, 즉 이오니아(Ionia) 지역은 고대 그리스와 메소포타미아, 아나톨리아(소아시아) 등 여러 문화가 만나는 교차점이었다. 그 중에서 괴베클리 테페와 카라한 테페가 속한 아나톨리아 지역은 기원전 10,000년까지 거슬러 올라가는 인류 역사와 종교, 상징적 의미에 관한 풍부한 유산을 가진 곳이다. 따라서 서양 철학의 출발은 지금까지 발견된 가장 오래된 인류문명 중 하나인 아나톨리아 지방의 영향권에서 태동되었다고 보는 것이 더 합리적이다. 아나톨리아 지역에서 메소포타미아, 인더스, 동방 문명의 영향을 받아 초기 서양철학이 형성되었다는 관점이 역사적 맥락에 더 부합한다.

지금의 페르시아와 인도 지역은 메소포타미아 문명과 인더스 문명의 발상지로 유럽과 상당한 교류가 있었기에 유사한 사상적 흐름이 존재했다. 그러나 지리적으로 떨어져 있던 중국과 극동 아시아 지역은 그와는 다른 방향으로 사상이 발전했다. 이처럼 서로 다른 사상적 전통을 단일한 동양 철학으로 묶는 것은 모순일 수 있다. 따라서 이러한 모순적 상황을 인식한 후 동양 철학을 규정하는 것이 중요하다. 엄밀히 말하자면 여기서 언급하는 공자, 맹자, 순자 등의 사상은 극동 아시아 지역에 국한된 철학이라고 보는 것이 타당하다. 철학이라는 개념 자체가 서양에서 유래했기 때문에 서양 철학이 존재한다고 해서 반드시 이에 상응하는 동양 철학이라는 범주가 존재해야 하는 것은 아니다. 그렇다고 해서 두 지역 간 사상적 개념의 유무가 문화의 우열을 나타내는 것은 절대 아니라는 점을 분명히 하고 이 논의를 이어가고자 한다.

서양과 동양 철학의 기원에 관해 고찰하다 보면, 실제 이들 사상이 발전한 장소에 대한 경험이 중요하다. 내가 인도 델리(Delhi)를 방문했을 때의 첫인상은 충격적이었다. 찬드니 촉(Chandni Chowk)의 거리는 인간과 차량, 소와 원숭이, 릭샤(rickshaw)들이 혼재된 카오스 그 자체였다. 이 혼돈 속에서 문득 의문이 들었다. 2,500년 전, 아마도 이보다 더한 혼란 속에서 고대 철학자들은 어떻게 깊은 사유를 전개했을까? 교통수단도, 현대적 통신수단도 없던 시절, 인도의 사상가들과 그리스, 아나톨리아, 중국의 철학자들은 어떻게 지혜를 교류했을까? 이러한 철학적 소통의 핵심에는 문자 체계의 발전이 있었다. 동아시아에서 갑골문자에서 시작된 한자는 기원전 1,600년경부터 발전했고, 서쪽에서는 페니키아(Phoenicia) 문자를 기원으로 하는 그리스 알파벳이 기원전 800년경에 이미 성숙한 체계를 갖추고 있었다. 이 두 문자 체계는 서로 다른 특성을 가졌지만, 둘 다 깊은 철학적 사유를 담아내는 그릇이 되었으며, 아나톨리아에서 시작된 문명의 영향이 동서양으로 퍼져나가는 과정에서 중요한 역할을 했다.

한자는 의미를 중심으로, 알파벳은 소리를 중심으로 발전했다. 이는 마치 동·서양의 사유 방식 차이를 보여주는 듯하다. 그러나 주목할 점은 이렇게 다른 체계로도 모두 깊은 철학적 통찰이 가능했다는 것이다. 공자의 생각이 『논어』로, 플라톤의 『대화』가 문자로 기록될 수 있었기에, 그들의 사유는 시간과 공간을 넘어 전해질 수 있었다. 공자의『논어』는 공자의 사후인 전국시대 기원전 551년~479년에 쓰였을 것으로 본다. 플라톤의『대화』는 기원전 450년~300년에 쓰인 것으로 보인다. 인류의 수많은 시간 중에서 동·서양에서 거의 비슷한 시기에 쓰였다. 이게 물론 우연일 수도 있다. 그리고 기원전 500년 정도에는 이미 많은 동·서양의 교류가 일어났던 시점이다. 동·서양 모두 그 시기에 플라톤은 공자의 사상에 대해 접했을 것이다. 그리고 공자 역시도 플라톤 이전의 서양 철학자인 탈레스, 아낙시만드로스 철학에 대해서 접했을 것이다. 오랜 시간에 걸쳐 공자의 논어에는 서양 철학이 영향을 주었을 것이고, 플라톤의 대화에는 동양 철학이 영향을 미쳤을 것이다. 그 오랜 동·서양의 교류가 단순한 문명에서 그쳤다고 보기는 힘들다. 당연히 문명을 통해 문화까지 서로 교류 하였다고 보는 것이 합리적이다.

유라시아 대륙을 가로지르는 사상의 전파 경로는 여러 가지였다고 알려져 있다. 인도는 동·서양의 중간 지점에서 독자적인 철학적 전통을 발전시켰고, 페르시아는 그리스와 인도, 다른 세계를 연결하는 가교 구실을 했다. 스텝 지대의 유목 문명은 또 다른 형태의 문화적 교류를 가능하게 했다. 육로만이 아닌 해로를 통해서도 사상은 전파되었다. 그 시대의 동·서양의 철학자들이 서로의 철학을 조금이나마 접할 수 있을 수 있는 방법은 다음의 세 가지였을 것이다.

첫 번째 가능성은 인도의 존재다. 때로는 모든 역사를 서양 역사와 동아시아의 역사로 국한해서 생각한다. 인도는 동·서양의 중간 지점에 위치했고, 이미 기원전 6세기에는 매우 발달한 문명을 가지고 있었다. 우파니샤드(Upanishads)의 사상가들은 그리스 철학자들이나 중국의 사상가들보다 더 이른 시기에 철학적 성찰을 시작했다. 이들은 충분히 동·서양 철학을 이해하고 전해주었을 것으로 보인다. 그러나 여기에는 하나의 모순이 존재한다. 서양에서 정의한 '동양'은 실질적으로 서양을 제외한 모든 지역을 포괄한다고 해도 무방하다. 먼저 서양과 대등한 여러 개의 문명으로 나누고, 서양 역시 그중 하나로 비교해야만 '분류', '비교', '분석'이라는 작업이 의미가 있을 수 있다. 동양이라는 범주에는 너무 많은 사상이 혼합되어 있어, 이러한 분류 자체가 무의미해질 수 있다. 일단 이 논의에서는 기존의 개념대로 동·서양을 구분하겠지만 이러한 분류 방식은 머지않아 보완·수정되어야 한다. 두 번째 가능성은 페르시아다. 기원전 6세기 페르시아 제국은 그리스 세계와 인도 세계를 모두 접하고 있었다. 조로아스터교(Zoroastrianism)의 이원론적 세계관은 동·서양 모두에 영향을 미칠 수 있는 위치에 있었다. 페르시아는 충분히 동·서양의 중간자 역할을 하며, 문화를 서로에게 전달하는 매개체가 될 수 있을 만큼 성숙한 문화를 형성하고 있었다. 오히려 헬레니즘 문화가 등장하기 이전에 동·서양 문화가 먼저 조화롭게 융합된 곳은 바로 페르시아였다. 현재 페르시아의 중심 지역은 이란에 속해 있어 연구 활동에 여러 제약이 따르지만 역사적으로 페르시아는 동·서양 문화 교류의 핵심 교차로 역할을 했다. 가장 흥미로운 것은 세 번째 가설이다. 지금의 일방적인 서구 중심 교육을 받은 사람들에게는 다소 낯선 표현일 수 있지만, 페르시아나 인도보다도 더 오래된 역사와 문화를 가진 '유라시아 문화 기층'이 철학을 전달하는 매개체 역할을 했을 가능성이 있다. 기원전 1,000년 이전부터 스텝 지대를 통해 이어져 온 유목 문화의 세계관이, 동·서양 철학의 공통 기반이 되었을 가능성이다. 현재 우리나라에서 유라시아를 바라보는 시각은 저개발 지역 정도로 인식되는 경우가 많지만, 이 지역에서는 이미 기원전 3,300년경 흑해 주변에서 '얌나야 문화'(Yamnaya culture)가 형성되어 있었고, 기원전 2,100년경에는 '신타슈타 문화'(Sintashta culture)가 출현하였다. 그 이후 기원전 900년경에는 유라시아 문화 기층 전반에 걸쳐 '스키타이 문화'(Scythian culture)가 형성되었다. 이 문화에는 '현실은 외형이 아니라 의식에 의해 형성된다'는 철학과, 샤머니즘, 자연 숭배와 같은 종교적 요소도 포함되어 있었다. 이 유라시아 문화 기층이 동·서양 초기 철학적 사유와 연결된다고 보는 견해도 존재한다. 겉으로 보기에는 낯설게 느껴질지 모르지만 유라시아 문화 기층은 동·서양 문화 교류를 가능케 할 충분한 역량을 지니고 있었다. 이 기층에 의해 동·서양의 문화 교류가 이루어졌을 가능성도 충분히 존재한다.

그리고 더 중요한 문화 교류의 통로는 바로 해안가였다. 인류 문명 발전에서 바다가 차지하는 역할은 의외로 지대했다. 필자가 방문했던 첸나이(Chennai) 역시 이런 해안 통로의 중요한 거점이었다. 첸나이 해변에서 바라본 인도양은 2,500년 전이나 지금이나 변함없이 출렁이며 문명을 연결해왔다. 이 드넓은 바다를 건너며 얼마나 많은 사상과 지식이 교환되었을까? 오늘날 한 번의 클릭으로 전 세계의 지식을 순식간에 접한다. 스마트폰으로 손쉽게 공자의 가르침도, 아리스토텔레스의 저서도 찾아볼 수 있는 시대에 살고 있다. 그러나 과거의 철학자들과 학자들은 상상하기 힘든 고난을 감수했다. 한 권의 책을 보기 위해 수개월을 항해하고, 현자의 가르침을 듣기 위해 목숨을 걸기도 했다. 근대에 이르러서도 찰스 다윈은 진화론을 정립하기 전에 비글호를 타고 5년에 걸친 긴 항해를 감행했다. 현대인의 편리한 관점으로는 과거의 이러한 지식 추구 과정을 온전히 이해하기 어렵다. 그들에게 지식 탐구는 단순한 정보 습득이 아닌, 몸과 마음을 모두 걸어야 하는 진정한 모험이었다.

문자는 인류 최초의 타임머신이었다. 시간과 공간의 한계를 뛰어넘어 생각을 전달할 수 있게 했기 때문이다. 공자의 생각이 맹자에게, 소크라테스의 사유가 아리스토텔레스에게 전해질 수 있었던 것도 이 혁명적인 발명 덕분이었다. 문자가 없었다면 동·서양의 철학적 사유는 그저 입에서 입으로 전해지다 사라졌을지도 모른다. 현재 알고 있는 가장 오래된 한자는 거북이 등껍질과 짐승의 뼈에 새겨진 갑골문자다. 갑골문자가 쓰일 때도 문자는 상당히 체계적이었다. 공자 시대에 이르러서는 성숙한 문자 체계가 존재했고, 이는 깊은 철학적 사유를 담아낼 수 있는 도구가 되었다. 그리스의 알파벳도 마찬가지다. 페니키아 문자를 차용해 만든 그들만의 문자 체계는 플라톤의 대화편을 기록할 수 있을 만큼 정교했다. 이 두 문자 체계는 서로 다른 방식으로 발전했지만, 둘 다 인류의 지혜를 담아내는 그릇이 되었다. 오늘날 새로운 형태의 문자, 디지털 코드를 사용하고 있다. 하지만 본질은 2,500년 전과 다르지 않다. 여전히 생각을 기록하고, 전달하고, 공유하기 위해 문자를 사용한다. 다만 그 속도와 범위가 상상할 수 없을 만큼 넓어졌을 뿐이다. 인도 델리의 혼잡한 거리에서 느낀 불편함은 오히려 중요한 가르침을 준다. 그토록 혼란스러운 환경 속에서도 철학자들은 깊이 사유했고, 그들의 생각은 문자라는 단단한 그릇에 담겨 시간을 건너 지금까지 전해졌다. 질서 속에서만이 아니라, 혼돈 속에서도 인류의 지혜는 꽃피웠다.

▶ 그리스 지역인 철학의 발생지 밀레토스, 에페소스의 유물(사진ⓒ저자 촬영)
　이스탄불 고고학 박물관 소장

비문의 마지막 줄에는 소크라테스의 "너 자신을 알라"라는 문구가 마지막에 고대 그리스어로 새겨져 있다. 여기서 이 격언이 소크라테스가 한 말로 알고 있는데, 이 격언은 고대 그리스 아폴론 신전의 델포이(Delphi)에서 발견된 유명한 철학적 격언으로 고대 그리스 철학자들과 신화적 인물들에 의해 널리 사용되었다고 한다. 잘못 알려진 사실도 생각보다는 많다.
　①. 암파레테의 장례 비석(Funerary Stele of Ampharete). 기원전 5세기. 아테네, 케라메이코스(Kerameikos, Athens)에서 발굴된 것으로 추정된다.
　②. 전체적으로 이 비문은 암파레테와 그녀의 손자 간의 애정 어린 관계를 기념하며, 죽음이 그들을 하나로 묶었다는 메시지를 담고 있다. 기원전 5세기의 비문에 철학적인 의미가 내포되어 있다.

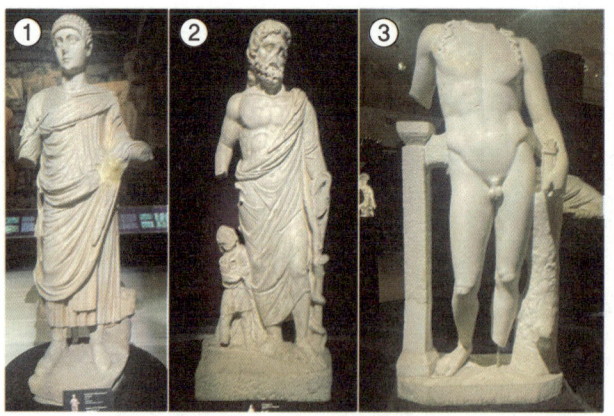

▶ 그리스 지역인 밀레토스, 에페소스, 아프로디시아스의 유물(사진ⓒ저자 촬영)
　이스탄불 고고학 박물관 소장

고대 로마 제국의 경제적·문화적 영향력이 아나톨리아 지역에 미친 영향을 강조하며, 대리석 자원을 활용한 건축과 예술이 이 지역 도시들의 정체성을 형성하는 데 중요한 역할을 수행한 것으로 보인다.

① 황제 발렌티니아누스 2세의 조각상(Imparator Valentinianus II Heykeli). 제작 시기는 서기 371년에서 392년 사이. 이 조각상은 아프로디시아스(Aphrodisias)에서 발견되었다. 아프로디시아스는 현재 튀르키예의 아이딘(Aydın) 지역에 위치한 고대 도시이다.

② 아스클레피오스와 텔레스포로스의 상(Statue of Asclepius and Telesphorus). 서기 2세기 (2nd century CE). 발견 지역은 밀레투스(현재 튀르키예 발라트 지역, 아이다인 주). 이 조각상은 고대 로마 제국 시기에 제작된 것으로 보이며, 당시 밀레투스는 중요한 도시 중 하나였다. 아스클레피오스와 관련된 치유의 신전(Asclepieion)이 있었던 것으로 추정된다.

③ 아폴론 조각상(Apollon Heykeli). 서기 2세기. 발견 지역은 에페소스(현재 튀르키예 셀축, 이즈미르 지역). 아폴론은 그리스 신화에서 음악, 예술, 치유, 예언의 신으로 알려져 있다.

〈참 고〉

▶ Liu, Y., et al. (2024). An open dataset for oracle bone script recognition and decipherment. Scientific Data Data, 11, 976.

갑골문자(oracle bone script) 연구에 인공지능(AI)을 활용한 흥미로운 연구가 발표되었다. 연구진은 14만여 장의 갑골문자 이미지를 포함하는 HUST-OBC 데이터셋(dataset)을 구축하여, 갑골문자 인식과 해독 연구에 AI를 적용하는 새로운 방법을 제시했다. 이 데이터셋에는 실제 갑골문자 이미지와 전문가의 교정, 문자 위치와 배치 정보 등이 자세히 포함되어 있다. 덕분에 문자 배치, 도식화, 연습 흔적 등 갑골문자와 관련된 다양한 연구에 활용할 수 있게 되었다. 수천 년 전 문자를 현대 기술로 분석할 수 있는 토대가 마련된 셈이다. 갑골문자 교육과 연습, 문자 분류, 이미지 기반 분석 등 현대적 연구 방법론을 제공하여 고대 문자 연구에 새로운 가능성을 열었다. 과거에는 전문가의 경험과 직감에 의존했던 갑골문자 해독이 이제 과학적이고 체계적인 방법으로 접근할 수 있게 되었다.

3. 잃어버린 기억

유라시아 초원의 참조 네트워크라는 보이지 않는 문화 기층을 통해 동서양은 오랜 세월 지식과 사상을 활발히 교류하며, 인류 문명은 하나의 거대한 지혜의 나무로 성장해왔다.

일반적으로 동양과 서양을 별개의 문명, 또는 상반된 문명으로 생각한다. 그것은 두 문명을 연결해 주는 유라시아 대륙의 역할을 빼놓았을 때의 생각이다. 유라시아 대륙을 가로지르는 초원은 수천 년 전부터 이 두 세계를 연결하는 거대한 다리였다. 초원의 유목민들은 말을 타고 동·서양을 오가며 문화와 기술, 그리고 사상을 교환했다. 이들의 유산은 유라시아 문화 기층이라 불린다.

고고학자들은 이 문화 기층의 흔적을 곳곳에서 발견했다. 카자흐스탄의 이식 쿠르간(Issyk kurgan)에서 발견된 황금 인간은 그리스와 중국의 예술이 결합된 걸작이었다. 몽골의 노인 울라 고분에서는 유라시아 전역의 직물이 한데 어우러져 있었다. 우랄산맥과 알타이산맥에서 발견된 청동기 유물은 놀라울 정도로 비슷한 제작 기법을 보여주었다. 이 모든 증거는 동·서양의 사람들과 유목민들 사이에 활발한 교류가 있었음을 말해준다. 그들은 단순히 물건을 교환한 것이 아니라 서로의 기술과 지식을 배우고 발전시켰다. 이러한 창조적 참조의 전통은 철학자들에게도 지속적으로 영향을 미쳤을 것이다. 공자의 천(天) 사상, 노자의 도(道) 개념, 그리스 철학자들의 로고스(logos) 이론은 초원의 지혜가 다른 형태로 발현된 것인지도 모른다. 스키타이 문화에는 동·서양 초기 철학과 유사한 외형뿐 아니라 의식이 중요하다는 철학적 사유가 존재했다. 이러한 초기 철학의 형태는 비슷한 시기에 유라시아 전역—동·서양—에 동시에 나타났다. 이 현상은 동·서양 철학자인 맹자와 아리스토텔레스에게서도 엿볼 수 있다. 그들은 너무나 비슷한 시기에 놀라울 만큼 유사한 사상을 펼쳤다. 이는 단순한 우연의 일치라기보다는 유라시아 문화 기층이 공유한 사유의 틀 위에서 가능했던 현상으로 추론된다.

수만 년 전, 유라시아 대초원은 거대한 생각의 도로였다. 오늘날 인터넷으로 정보를 주고받듯이, 당시 사람들은 초원을 따라 이동하며 생각을 교환했다. 이들이 남긴 보이지 않는 흔적이 바로 유라시아 문화 기층이다. 초원의 유목민들은 최초의 네트워크였다. 그들은 말을 타고 광활한 대륙을 누비며 동·서양을 연결했다. 한곳에서 머물지 않는 그들의 생활 방식은 광범위한 문화 교류를 가능하게 했다. 청동기 시대의 금속 기술, 말 길들이기의 기술, 천체를 관측하는 지식이 이들을 통해 전파되었다.

이들이 공유한 세계관은 놀라울 정도로 유사하다. 하늘을 최고의 존재로 여기는 관념, 자연과 인간의 조화를 중시하는 사고, 순환적 시간관 등 이러한 생각들은 후에 동양의 유교와 도교, 서양의 그리스 철학에 깊은 영향을 미쳤다. 동양과 서양이라고 부르는 구분은 이 유라시아 문화 기층이라는 거대한 뿌리에서 자라난 두 개의 가지일지도 모른다. 표면적으로는 다르게 보이지만, 그 깊은 곳에서는 하나로 연결되어 있다. 기원전 2,000년~900년 존속하였던 안드로노보 문화(Andronovo culture)의 흔적은 카스피해(Caspian Sea)에서 알타이산맥까지 광범위하게 발견된다. 이들이 남긴 청동기 제작 기술은 가장 오래된 기술 표준화의 증거로 볼 수 있는 균일함을 보인다. 이런 청동기 제작 기술의 전파는 문명을 한 단계 올려놓았다. 우랄산맥에서 시작된 주석과 구리의 합금 비율이 알타이산맥과 몽골 초원에서 발견된 청동기에서도 동일하게 나타난다. 이는 정확한 기술 지식이 체계적으로 참조되고 전수되었음을 의미한다. 노인 울라(Noin-Ula)의 흉노 지배자 무덤에서 발견된 직물은 참조의 네트워크가 얼마나 광범위했는지를 보여준다. 이 노인 울라의 무덤은 흑해 북부지역 스키타이 쿠르간의 고분, 알타이산맥 지역의 파지리크(Pazyryk) 고분과 거의 유사한 형식을 가졌다. 또한 여기서 발견된 직물은 박트리아(Bactria)의 염색 기술, 소그디아나(Sogdiana)의 직조 패턴, 중국의 비단 가공 기술이 하나의 작품에 녹아들었다. 이는 유라시아 전역에 걸친 장인들의 지식 공유 네트워크가 존재했음을 증명한다.

여기서 자주 사용되는 실크로드라는 말 자체는 1877년 독일의 지리학자 폰 리히트호펜이 처음 사용하였으며, 독일어로 Seidenstrasse(Die Seidenstrassen)라고 명명하면서부터이다. 개념 자체는 19세기부터 실크로드라는 이름으로 부르기 시작했을 뿐이다. 실크로드라는 이름에서 오는 문제점은 앞에서 언급해서 다시 언급하지는 않겠다. 비단만을 위해 동·서양의 교류가 시작된 것이 아니라 비단 교역 이전부터 활발히 교류는 이루어지고 있었다. 그 증거는 북유럽의 문화와 동양 문화의 뿌리가 같다는 3수 분화의 세계관이라는 학설과 같이 여러 분야에서 나타나고 있다. 유라시아 문화는 동·서양과 실크로드 이전부터 활발히 문화 교류가 이루어지고 있었다.

이 유라시아 초원의 참조 네트워크는 후대 철학자들의 사유에도 깊은 영향을 미쳤다. 공자가 천(天)을 이야기할 때, 그 개념 속에는 이미 유라시아 초원 유목민들의 하늘 숭배 전통이 녹아 있었다. 소크라테스가 로고스를 말할 때, 그 속에는 동서를 관통했던 우주 질서에 대한 오래된 통찰이 담겨 있었다. 일반적으로 문명이 서로 교류할 때, 문화는 자연스럽게 함께 전파된다. 이러한 현상은 현대에도 지속되고 있다. 스페인 남부 해안 도시인 말라가(Málaga)를 방문했을 때의 일이다. 말라가의 작은 광장에서 스페인 10대 청소년들이 춤을 추고 있었다. 필자는 단순히 스페인 10대들은 저렇게 여가를 보내는구나! 정도로 생각하고 있었다. 그때 함께 간 일행이 그들이 BTS의 음악에 맞춰 춤을 추고 있다고 알려주었다. 케이팝(K-pop)이 지구 반대편 스페인의 10대들에게까지 영향을 미치고 있었다. 그 10대들은 케이팝을 접하면서 자연스럽게 한글, 한국 음식, 한국 문화에 대해 흥미를 느끼게 되었고, 점차 그들의 일상생활에서도 한국 문화의 영향이 나타나게 되었다. 고대에서와 마찬가지로, 현대에도 문명과 문화는 항상 함께 교류되고 있었다.

기원전 4세기, 알렉산더 대왕의 동방 원정으로 그리스-박트리아 왕국(Greco-Bactrian Kingdom)이 성립되었다. 바로 이 시기에 맹자는 성선설을, 아리스토텔레스는 덕성론을 발전시켰다. 그들의 사상적 유사성은 우연이 아닐 수 있다. 유라시아 초원을 통해 이미 공유된 사유의 틀이 있었기에 가능했다. 순자가 예(禮)를 통한 질서를 이야기할 때, 그의 사상에는 페르시아의 조로아스터교가 발전시킨 우주 질서관이 반영되어 있었을지 모른다. 플라톤이 이데아를 말할 때, 그 속에는 동양의 도(道) 개념과 놀라운 평행선을 이루는 관념이 담겨 있다. 이들 철학자는 직접적으로 서로를 알지 못했을 수 있다. 그러나 그들은 모두 유라시아 문화 기층이라는 거대한 참조의 네트워크 위에 서 있었다. 이식 쿠르간의 황금 인간이 그리스와 중국의 기술을 동시에 몸에 지녔듯이, 그들의 사상 역시 보이지 않는 실크로드를 통해 서로를 참조하고 있었다.

물론 인간은 돌도끼 그 시대 혹은 그 이전부터 다른 인류의 행동과 기술을 참조했다. 인류는 언제나 서로의 지혜를 참조하며 발전해 왔다. 유라시아 초원이라는 거대한 실험실에서 시작된 이 참조의 전통은, 공자에서 소크라테스로, 맹자에서 아리스토텔레스로 이어지며 인류 사상의 거대한 나무를 키워냈다. 오늘날 동양철학과 서양 철학을 구분하는 것은 이 오래된 참조의 역사를 잊었기 때문인지도 모른다. 유라시아 초원의 고고학적 증거들은 인류의 지혜는 결코 동과 서로 나눌 수 없는 하나의 거대한 참조의 네트워크였다는 사실을 말해주고 있다.

지금 인류가 겪고 있는 동·서양의 분리, 문명의 충돌이라는 갈등은 참조의 지혜를 인식하지 못하는 것이기 때문일지도 모른다. 황금 인간의 장신구가 동·서양의 기술을 자연스럽게 융합했듯이, 철학자들의 사상도 보이지 않는 통로를 통해 서로를 풍성하게 했다. 지금 우리는 새로운 인공지능의 시대를 살고 있다. 디지털 네트워크는 유라시아 초원보다 더 빠르고 광범위하게 생각을 전달한다. 그러나 정작 2,500년 전 맹자와 아리스토텔레스만큼도 서로를 깊이 참조하지 못하고 있는지도 모른다. 호모레퍼런스의 지혜를 되새겨야 한다. 이식 쿠르간의 장인들이 그랬듯이, 파지리크 무덤의 직공들이 그랬듯이, 서로의 지혜를 겸허히 배우고 창조적으로 참조해야 한다. 그것이 바로 유라시아 초원이 전하는 가장 소중한 유산이자, 미래를 위한 가장 중요한 교훈이다. 이 오래된 참조의 지혜가 인류를 하나로 연결하는 날, 진정한 호모레퍼런스로 거듭날 수 있다.

〈참 고〉

▶ Chang, C. & Tourtellotte, P. A. (2003). Iron Age society and chronology in South-east Kazakhstan. Antiquity, 77(296), 298-312.

이 논문은 카자흐스탄(Kazakhstan) 남동부의 철기시대(기원전 1천 년경) 유적을 조사한 연구로, 정주와 유목이 결합된 복합 경제 체제가 실제로 존재했다는 것을 고고학적으로 증명했다. 연구진은 탈가르(Talgar) 등 주요 정착지와 쿠르간(kurgan, 고분) 분포를 살펴보고, 농경과 목축이 어떻게 함께 이루어졌는지를 분석했다. 다양한 주거지 유형과 환경 데이터를 종합적으로 검토한 결과, 당시 사람들이 단순히 한 가지 생업에만 의존하지 않았다는 사실을 밝혀냈다. 이 연구가 중요한 이유는 기존의 고정관념을 깨뜨렸기 때문이다. 그동안 중앙아시아(Central Asia) 철기시대 사람들은 단순한 유목민 사회로 여겨져 왔는데, 실제로는 농경과 목축을 결합한 복합 경제 체제를 운영하며 상당한 사회적 복잡성을 보여주었다는 것이다. 중앙아시아 철기시대 사회의 경제 조직, 문화 교류, 그리고 사회 구조가 생각보다 훨씬 다양하고 정교했다는 것을 새롭게 조명한 연구로 평가받고 있다.

▶ Polosmak, N. V., et al. (2019). The Xiongnu Gold from Noin-Ula (Mongolia). Archaeology, Ethnology and Anthropology of Eurasia, 47(1), 83-94.

이 논문은 몽골(Mongolia) 노인울라(Noin-Ula)에 있는 흉노(Xiongnu) 엘리트 고분에서 출토된 금 유물 17점을 자세히 분석한 연구다. 과학 기술을 동원해 이 금 유물들의 정체를 밝혀낸 흥미로운 내용이다. 분석 결과 놀라운 사실이 드러났다. 이 유물들은 몽골 현지에서 채취한 천연금(placer gold)으로 만들어졌는데, 일부는 중국 장인들의 섬세한 솜씨를 거쳐 완성된 것으로 확인되었다. 금의 미량 원소 성분과 분포를 살펴보니 당시 제작 기법까지 알 수 있었다. 이는 단순히 금 유물에 대한 연구를 넘어서는 의미를 갖는다. 한(Han) 왕조와 흉노(Xiongnu) 사이에 활발한 경제적·문화적 교류가 있었다는 구체적인 증거를 보여주기 때문이다. 흉노가 한 나라에 금을 제공하는 등의 거래가 실제로 이루어졌다는 것이다. 유라시아(Eurasia) 초원 지역과 중국 간의 상호작용이 어떤 모습이었는지, 그리고 고대 금속공예 기술이 어떻게 발전했는지를 생생하게 보여주는 귀중한 연구로 평가받고 있다.

▶ Armbruster, B. (2009). Gold technology of the ancient Scythians – gold from the kurgan Arzhan 2, Tuva. ArchéoSciences, 33, 187–193.

투바(Tuva)의 아르잔-2(Arzhan 2) 쿠르간(kurgan)에서 출토된 스키타이(Scythian) 황금 유물들이 어떻게 만들어졌는지를 과학적으로 분석한 내용이다. 수천 년 전 장인들의 솜씨를 현대 과학 기술로 들여다본 흥미로운 작업이다. 분석 결과 정말 놀라운 사실들이 밝혀졌다. 깊은 새김(kerbschnitt), 왁스 주조(lost wax), 필리그리(filigree), 에나멜(enamel) 등 다양한 고급 금세공 기법들이 사용되었다는 것이다. 이런 기술들은 현재 기준으로 봐도 상당히 정교하고 복잡한 방법들이다. 이 유물들이 만들어진 시기는 기원전 7~6세기 초로, 당시 유라시아 초원 지역 사람들의 장인 기술이 얼마나 뛰어났는지를 생생하게 보여준다. 단순히 기술적인 면뿐만 아니라 예술적 감각도 상당했다는 것을 알 수 있다. 이 조사가 중요한 이유는 초기 스키타이 사회가 어떤 수준의 금속공예 기술을 가지고 있었는지, 그리고 다른 지역과 어떤 문화적 교류를 했는지에 대한 구체적인 증거를 제공하기 때문이다. 고대 사람들의 기술력과 예술성을 새롭게 평가하게 만드는 발견이다.

4. 기호의 진화

문자는 수메르의 쐐기문자와 중국의 갑골문자에서 시작해 한자의 의미 중심성과 알파벳의 소리 중심성을 거쳐, 오늘날 이모티콘·해시태그·인공지능 등 디지털 기호로 진화하며 인류의 사유와 문화를 융합·확장시키고 있다.

인류는 언제나 자기 생각을 기록하고자 했다. 그 노력의 결실이 바로 문자다. 기원전 3,200년경, 수메르인들은 점토판에 쐐기 모양의 기호를 새기기 시작했다. 거의 같은 시기, 중국의 은나라에서는 거북이 등껍질과 뼈에 상형문자가 등장했다. 서로 알지 못했던 두 문명은 놀랍게도 비슷한 길을 걸었다. 하지만 이들의 문자 체계는 서로 달랐다. 수메르의 쐐기문자는 추상적인 기호로 발전했지만, 한자는 형상을 본떠 만든 그림문자의 성격을 유지했다. 이는 두 문명의 사유 방식 차이를 반영한다. 서양은 소리를 중시했고, 동양은 의미를 중시했다. 물론 여기서 엄밀히 말하자면, 메소포타미아와 중국 문화는 서양의 관점에서 모두 동양이라는 하나의 커다란 범주에 포함된다. 그동안 유럽의 연구자들은 서양은 그리스를 중심으로 한 비교적 좁은 지역을 의미하고, 서양의 입장에서는 그 외 나머지 거의 전부를 동양이라는 한 묶음으로 정의해왔다.

필자는 이러한 정의에 동의하지 않는 입장에서 글을 쓰고 있다. 서양이 하나의 단일체라면, 그 외의 문명들도 각각 고유한 정체성을 가진 개별 문명으로 구별하여 설명하고자 한다. 서양과 메소포타미아를 비교할 수 있고, 서양과 중국, 또는 메소포타미아와 중국을 동등하게 비교할 수도 있다고 생각한다. 서양은 하나의 단일체로 보면서 그 외의 다양한 문명들은 하나로 묶지 않고 각각의 고유한 실체로 인정하는 관점에서 앞으로의 논의를 이어가고자 한다. 물론 그렇다고 해서 그동안의 분류를 완벽히 배치하고 설명하지는 않을 것이다. 편의에 따라 그동안의 정의대로 동양과 서양의 개념으로도 설명하도록 하겠다.

다시 본론으로 돌아가서 이야기를 이어 나가겠다. 문자의 발명은 인류 문명의 급격한 도약을 가져왔다. 생각을 기록할 수 있게 된 인간은 지식을 축적하고 전달할 수 있었다. 문자는 시공간을 초월한 소통을 가능케 했다. 플라톤이 문자의 발명을 오히려 경계했다. 플라톤이 문자 발명을 걱정했다니 웃음이 나오는 일이다. 지금 인공지능에 대해 여러 가지 걱정을 하고 있다. 인공지능에 의해 지배당하면 어떻게 하냐, 사람이 인공지능에 의존하여 퇴화하면 어떻게 하냐는 등의 걱정을 한다. 플라톤도 비슷한 걱정을 2,500년 전에 했다. 플라톤은 그의 저서 『파이드로스(Phaedrus)』에서 문자가 기억력을 약화하고, 진정한 지혜가 아닌 겉보기의 지혜만을 제공한다고 비판했다. 그는 사람들이 문자에 의존함으로써 스스로 기억하려는 노력을 하지 않게 되고, 이는 참된 지식을 전달하는 데 한계가 있다고 보았다. 지금 생각하면 플라톤도 걱정을 많이 하고 살았던 사람이지 않았을까 하는 생각을 해본다. 지금 인공지능에 대한 걱정도 같은 종류의 걱정이라고 생각한다. 만약 문자가 없었다면 지금 인류는 그를 기억 못 했을지도 모른다. 그의 걱정과 반대로 그가 했던 모든 철학 사상이 전해지는 것도 그가 상상하지 못했던 문자의 기능으로 인해 가능했다.

누군가 처음으로 소리를 그림으로 표현하려 했을 때, 인류 문명은 새로운 단계로 접어들었다. 기원전 3,200년경, 메소포타미아의 수메르인들이 쐐기문자를 만들어내고 있을 때, 먼 동쪽의 황하 유역에서는 갑골문자가 탄생하고 있었다. 서로의 존재도 몰랐던 두 문명은 놀랍게도 비슷한 과정을 거치고 있었다. 중국 한자의 시작은 은나라의 갑골문자다. 거북이 등껍질과 짐승의 뼈에 새겨진 이 글자들은 처음에는 단순한 그림이었다. "日"은 태양을, "月"은 달을, "水"는 흐르는 물을 형상화했다. 시간이 흐르면서 이 그림문자들은 점차 추상화되었다. 주나라에 이르러 청동기에 새겨진 금문은 이미 상당히 양식화된 모습을 보여준다. 반면 서양 문자의 진화는 다른 경로를 따랐다. 수메르의 쐐기문자는 처음에는 회계 기록을 위한 단순한 기호였다. 이것이 점차 발전하여 음절문자가 되었고, 페니키아 상인들은 이를 더욱 단순화하여 알파벳의 원형을 만들었다. 그들이 만든 22개의 자음 문자는 그리스인들에게 전해져 모음이 추가되었고, 이것이 오늘날 로마자의 기원이 되었다.

흥미로운 것은 두 문자 체계가 보여주는 철학적 차이다. 한자는 의미를 중시했다. "安"이라는 글자는 지붕 아래 여인이 있는 모습을 형상화하여 평안을 뜻한다. 반면 알파벳은 소리를 중시했다. "A"는 원래 소머리를 뒤집은 모양이었지만, 의미와는 무관하게 특정 소리를 나타내는 기호가 되었다. 공자가 말했듯이 "명명할 수 없는 것은 만들 수도 없다." 문자의 발명은 인류가 자기 생각을 정확히 명명할 수 있게 해주었다. 플라톤이 『파이드로스』에서 문자의 발명을 경계했을 때, 그는 이미 문자가 가진 강력한 힘을 인식하고 있었다. 문자는 단순한 기록 수단을 넘어, 새로운 사고방식을 가능하게 했다.

오늘날은 어떤가! 한자문화권의 사람들이 알파벳을 사용하고, 로마자 문화권의 사람들이 이모티콘이라는 새로운 형태의 상형문자를 사용한다. 문자의 역사는 여전히 진행 중이다. 인류는 늘 새로운 문자 혁명의 한가운데 서 있었다. 문자는 인식하지 못하는 상태에서 늘 움직이고 있었다. 스마트폰 화면에서 이모티콘을 보내는 10대들의 손놀림은, 4,000년 전 갑골에 문자를 새기던 은나라 제사장의 움직임과 닮아 있을지도 모른다. 둘 다 자기 생각과 감정을 시각적 기호로 표현하고자 했다. 다만 청동 도구 대신 터치스크린을, 거북이 등껍질 대신 디지털 화면을 사용할 뿐이다. 현대의 디지털 문자는 동양과 서양 문자 체계의 장점을 모두 흡수하고 있다. 이모티콘은 한자처럼 의미를 그림으로 전달하면서도, 알파벳처럼 빠른 조합과 전달이 가능하다. 간단한 이모티콘 하나가 감사하다는 문장을 대신하듯, 상형문자의 전통이 디지털 시대에 부활하고 있다. 이와 더불어 해시태그(#)는 전혀 새로운 방식의 의미 조직화를 가능하게 했다. #korea라는 태그 하나가 전 세계의 한국과 관련된 게시물을 하나로 연결한다. 이는 수메르 사제들이 점토판에 기록을 분류하던 방식보다 훨씬 더 효율적이고 역동적이다. 인공지능의 발달은 문자의 의미와 해석에 새로운 차원을 더하고 있다. 인공지능과 같은 언어 모델은 그동안의 모든 문자 체계를 이해하도록 프로그래밍화돼서 모든 문자의 조합적 특성을 모두 활용하여 텍스트를 이해하고 생성한다. 동·서양의 문자 체계가 디지털 공간에서 마침내 하나로 융합되어 간다.

지금은 새로운 문자 혁명을 목격하고 있다. 디지털 기술은 동·서양의 문자 체계를 융합하고 있다. 이모티콘은 한자의 상형성과 알파벳의 조합성을 모두 갖추었다. 해시태그는 새로운 분류 체계를 만들어냈다. 인공지능은 문자의 의미를 이해하고 생성하는 단계에 이르렀다. 문자의 발달은 새로운 과제도 제기한다. 기술의 발달로 언어의 장벽은 허물어지고 있지만, 각 문자가 담고 있는 고유한 사고방식과 문화는 사라질 위험에 처해 있다. 효율성과 다양성 사이에서 균형을 찾아야 한다. 인류는 플라톤의 걱정과는 정반대로 문자를 통해 모든 문명이 영원히 지켜질 것 같이 생각한다. 그러나 기원전 3,300년 전 인더스 초기 문명인 하라파(Harappa) 문명에서 쓰였던 글자가 모헨조다로(Mohenjo-daro) 유적에서 발견되었는데 인류는 아직도 그 문자의 뜻이 무엇인지 해독하지 못하고 있다. 물론 이러한 고민이 몇백 년만 지나도 기우일 가능성이 대단히 높다. 수메르의 쐐기문자에서 이모티콘까지, 문자의 역사는 인류 정신사의 거울이다. 새로운 문자 체계의 등장은 새로운 사고방식의 탄생을 알린다. 미래의 고고학자들은 디지털 기록에서 21세기 정신의 흔적을 발견하게 될 것이다. 문자는 계속 진화한다. 인간의 사유 역시 그러하다. 미래의 고고학자들은 지금 사용하는 디지털 문자를 연구하면서, 갑골문자 연구자들이 느꼈던 것과 같은 경이로움을 느낄지도 모른다. 그들은 이모티콘과 해시태그 속에서, 21세기 인류의 생각과 감정, 그리고 문화를 읽어내려 할 것이다.

▶ 쐐기 문자 기록(사진ⓒ저자 촬영) 이스탄불 고고학 박물관 소장

이 쐐기 문자판은 기원전 13세기, 히타이트 제국 시대(현재 튀르키예 보아즈쾨 지역)에 만들어진 것으로 추정. 이 석판의 제목은 "달이 월식에 대한 예언(Tablet with Prophecy of Lunar Eclipses)"으로, 당시 천문학적 현상인 월식을 기반으로 한 점성술적 예언을 담고 있다. 이는 히타이트 문명에서 기록된 중요한 천문학적 및 종교적 자료로 추정된다.

▶ 쐐기 문자를 새긴 벽돌(사진ⓒ저자 촬영) 도쿄 국립박물관 소장

기원전 2,125년~2,110년경의 이 벽돌은 고대 메소포타미아 문명의 건축과 문자 문화를 동시에 보여주는 중요한 유물. 벽돌 표면에 새겨진 쐐기문자는 당시의 공식 건축물에 일반적으로 사용되던 형식을 보여준다. 벽돌에 새겨진 문자는 두 개의 구획으로 나뉘어 있으며, 일반적으로 이러한 형식의 쐐기문자 벽돌에는 건물의 건립 목적, 건축 시기, 통치자의 이름, 신에 대한 헌정 내용 등이 기록. 이는 건축물이 단순한 구조물을 넘어 정치적, 종교적 의미를 지닌 매체로 활용하는 것을 볼 수 있다. 이 유물은 수메르 문명이 건축 기술과 문자 체계를 결합하여 권력과 신성성을 표현했던 방식을 보인다.

▶ 쐐기 문자 점토판 문서(사진©저자 촬영) 산르우르파 고고학 박물관 소장

기원전 약 2,000년경부터 사용된 바빌로니아 또는 아카드 시기의 유물로 추정된다. 당시 사람들은 개인적인 기도나 탄원을 점토판에 기록하여 신과 소통하려 했으며, 이를 통해 자신의 삶과 신앙을 표현했다. 이 점토판의 내용을 살펴보면, 신에 의지하는 인류의 사고방식이 기원전이나 현재나 본질적으로 크게 다르지 않다는 점을 알 수 있다. 기원전 2,000년은 지금으로부터 무려 4,000년 전의 시간이다. 이를 고려할 때, 과연 인류가 스스로 생각하는 만큼 정신적·철학적으로 발전했다고 볼 수 있는지에 대한 근본적인 의문이 제기된다.

① 앞면: 신의 부재와 인간의 고통에 대한 탄원이 기록되어 있다. "My god has forsaken me and disappeared"와 같은 문구는 신성한 보호가 사라졌을 때 느끼는 절망을 표현했다. 인간이 겪는 고난과 그것을 극복하려는 시도가 묘사되어 있으며, 이는 당시 사회에서 신앙과 종교가 얼마나 중요한 역할을 했는지를 보여준다.

② 뒷면: 육체적, 정신적 고통에 대한 묘사가 이어진다. "My body is numb and bowed to the ground"와 같은 표현은 고통 속에서 인간이 느끼는 무력감을 나타낸다. 텍스트는 삶의 어려움 속에서도 희망과 구원을 찾으려는 인간의 모습을 반영한다.

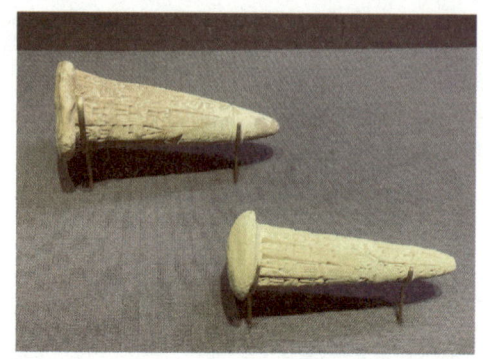

▶ 쐐기 문자를 새긴 못 모양 토제품(사진ⓒ저자 촬영) 도쿄 국립박물관 소장

이 유물은 고대 메소포타미아 문명의 중요한 문화적 증거물이다. 기원전 2,125~2,110년경 현재의 이라크 텔로(Telloh, 고대 기르수) 지역에서 출토된 이 토제 못은 수메르 시대의 건축 의례와 문자 체계를 동시에 보여준다. 원뿔 형태의 이 건축용 못들은 신전이나 중요 건축물의 벽에 박혀 있었던 것으로, 겉면에는 쐐기문자로 건물의 건립 목적, 통치자의 이름, 신에 대한 헌정 내용 등이 새겨져 있다. 이는 단순한 건축 부자재를 넘어 당시의 기록 문화와 종교적 의례를 보여주는 중요한 역사적 자료이다. 이러한 건축 못은 메소포타미아 문명에서 문자와 건축이 종교, 정치와 긴밀하게 연결되어 있었음을 보여주는 대표적인 유물이다.

▶ 메소포타미아 쐐기 문자로 기록된 길가메시(Gilgamesh)의 서사 시중 일부(사진ⓒ저자 촬영) 산르우르파 고고학 박물관 소장

기원전 7세기, 신-아시리아 시대 당시 설형문자로 기록된 길가메시의 서사시 일부. 내용은 길가메시가 친구 엔키두와 관련된 개인적인 추억과 상실감을 표현하고, 마지막에는 신들에게 기도하거나 전설적인 이야기를 기록한 쐐기문자이다.

5. 아람의 유산

아람어와 아람 문자는 기원전 11세기부터 페르시아 제국의 공식 공용어이자 링구아 프랑카(Lingua franca)로서 동서양의 다양한 민족과 문명을 연결하며, 지식·기술·사상의 교류와 융합을 촉진한 인류 최초의 글로벌 정보 네트워크였다.

기원전 11세기에 등장한 아람어는 단순한 언어가 아니었다. 그것은 고대 세계 최초의 공용어인 링구아 프랑카였다. 페르시아 제국은 아람어를 공식 언어로 채택함으로써 광활한 영토를 하나로 묶을 수 있었다. 인도에서 그리스까지, 수많은 민족이 이 언어로 소통했다. 아람 문자(Aramaic alphabet)의 혁신성은 놀랍다. 22개의 자음으로 모든 소리를 표기할 수 있는 이 문자는 누구나 쉽게 배울 수 있었다. 이는 오늘날의 인터넷 프로토콜과도 같았다. 서로 다른 문화권의 사람들을 하나의 코드로 연결하는 매개체 역할을 했다. 아람어의 전파는 문자에만 국한되지 않았다. 의학, 천문학, 건축 등 다양한 지식이 이 언어로 기록되고 공유되었다. 알렉산더 대왕 이후에는 그리스어가 새로운 공용어로 부상했지만, 행정과 무역에서 아람어는 여전히 중요한 역할을 했다.

아람어는 단순한 의사소통을 넘어 철학 발전에도 크게 기여했다. 페르시아 제국의 수도인 수사(Susa)와 페르세폴리스 도서관에는 아람어로 기록된 방대한 지식이 축적되어 있었다. 고대 그리스 사상가들은 이곳에서 동방의 지혜를 접했을 가능성이 높다. 소크라테스와 플라톤 사상에서 발견되는 동양적 요소들은 바로 이 아람어를 통해 유입되었을 것으로 추정된다. 페르시아 제국의 크세르크세스 1세(Xerxes I)가 아테네를 점령한 기원전 480년 무렵은 탈레스, 아낙시만드로스(Anaximander) 등 그리스 철학의 선구자들이 활동하던 시기였다. 당시 페르시아는 흔히 영화 '300'에서 묘사되는 것처럼 잔인하고 이질적인 동방의 야만족이 아니라, 로마보다 더 관용적인 정복 정책을 펼치며 대륙을 넘나든 제국이었다. 초기 그리스 철학자들에게 이러한 페르시아의 존재는 충격과 동시에 영감의 원천이었다. 페르시아에 대한 적대감이 존재했음에도 불구하고, 그들의 발달된 문명과 문화를 배우고자 하는 철학자들도 있었으며, 이들에게 페르시아의 수도 페르세폴리스는 학문적 동경의 대상이었다. 후대에 태어난 소크라테스, 플라톤, 아리스토텔레스에게도 페르시아는 사상적 배움의 원천으로 작용했을 것이다. 이러한 교류 과정에서 인적·문화적 교류가 활발히 이루어졌다. 수사와 페르세폴리스에는 동쪽의 스키타이 문명권 사람들, 심지어 더 멀리 중국 문명의 사람들도 방문했을 것이며, 그들의 사상 역시 함께 전파되었다. 이러한 전파는 알렉산더 대왕 시대까지 이어지는 2~3세기 동안 더욱 활발히 진행되었다. 아람어는 동·서양을 잇는 가교로서 지식이 국경을 넘어 자유롭게 흐를 수 있게 한 혁신적인 매개체였다. 수메르의 점토판에서 시작된 문자의 역사에서, 아람 문자는 인류를 한 단계 도약시킨 혁명적 발명이었다. 당시 페르시아를 중심으로 모인 동·서양의 정치인들과 사상가들은 함께 아람어를 학습하는 일종의 언어 교육 기관에서 교류했을 가능성도 충분히 상상해볼 수 있다.

기원전 11세기, 지금의 시리아 지역에서 시작된 아람(Aram) 문명은 인류 최초의 언어 네트워크를 만들어냈다. 아람어는 단순한 언어가 아닌, 유라시아 대륙을 하나로 연결한 최초의 문화 코드였다. 이는 훗날 페르시아 제국이 거대 제국을 운영할 수 있게 한 핵심 도구가 되었다. 기원전 9세기부터 아람어는 놀라운 속도로 퍼져나갔다. 메소포타미아의 상인들이 가는 곳마다 아람 문자가 새겨진 점토판이 발견된다. 이는 단순한 언어의 전파가 아니었다. 아람어는 당시 세계 최초의 비즈니스 언어였다. 바빌로니아의 은행 거래 기록부터 페르시아의 외교 문서까지, 모든 중요한 기록이 아람어로 작성되었다. 아케메네스 페르시아 제국(Achaemenid Empire, 기원전 550~330년)이 이 언어를 공식 행정 언어로 채택한 것은 우연이 아니었다. 다리우스 1세(Darius the Great)는 제국 전역에 아람어 사용을 의무화했다. 인도에서 이집트까지, 서로 다른 언어를 사용하는 수많은 민족이 아람어라는 하나의 참조 체계를 통해 소통했다. 페르세폴리스에서 발견된 행정 문서들은 아람어로 작성되었다. 기원전 500년경의 이 문서들은 제국의 다양한 지역에서 온 보고서들이 어떻게 아람어로 번역되고 종합되었는지를 보여준다. 이는 현대의 국제기구들이 영어를 사용하는 것과 매우 유사한 시스템이었다.

아람어의 영향력은 언어적 경계를 넘어섰다. 이집트의 데모틱 문자, 인도의 브라흐미 문자, 나바테아 문자 등이 모두 아람 문자를 참조하여 발전했다. 심지어 히브리어와 아랍어 알파벳도 아람 문자에서 파생되었다. 이는 인류 최초의 문자 참조 네트워크였다. 아람어를 통한 지식의 전파는 놀라울 정도로 효율적이었다. 기원전 7세기 니네베(Nineveh)의 도서관에서 발견된 점토판들은 바빌로니아의 천문학 지식이 어떻게 아람어로 번역되어 페르시아와 인도까지 전파되었는지를 보여준다. 이는 현대의 과학 논문 데이터베이스와 유사한 기능을 했다.

아람어는 의학 지식의 전파에도 영향을 미쳤다. 기원전 6세기 수사에서 발견된 의학 문서는 이집트의 의료 기술, 메소포타미아의 약초학, 인도의 아유르베다(Ayurveda)가 아람어를 통해 서로 참조되고 융합되었음을 보여준다. 여기서 발견되는 의학 용어들은 훗날 그리스 의학의 기초가 되었다. 서양 중심 사고방식 때문인지, 미흡한 자료로 인한 것인지, 아니면 둘 다의 문제인지는 모르겠으나, 의학의 출발지를 마치 그리스나 로마라고 확정적으로 표현한 문헌이 다수 존재한다. 이러한 서술은 다시 생각해 볼 필요가 있다. 그리스, 로마 문명 이전부터 의학은 아나톨리아 지방의 12,000년 전 문명에서도 존재했으며, 그 이후 메소포타미아 문명, 이집트 문명에서 점차 발전한 기록을 찾아볼 수 있다. 물론 그리스, 로마 문명에서 의학이 발전하지 않았다거나, 그 출발점이 막연히 아나톨리아 지방이라고 단언할 수는 없다. 하지만 발견된 사실들을 토대로 볼 때, 의학이 체계화된 곳은 그리스, 로마보다는 아나톨리아 지방이나 메소포타미아 문명일 가능성이 더 높아 보인다. 이렇게 잘못 기술된 역사의 출발점은 많은 부분에서 서양 중심의 역사 서술 방식에서 비롯되었다고 볼 수 있다. 현대 교육의 토대를 쌓았다고 평가받는 아리스토텔레스의 철학은 이슬람 세계에서 깊이 연구되고 체계화되었다. 중세 이슬람 학자들이 발전시킨 아리스토텔레스 철학은 후에 유럽으로 다시 전파되어 오늘날에 이르렀다. 아리스토텔레스를 근대 교육의 시초라고 볼 수도 있으나, 이슬람 중심의 세계관에서 본다면 근대 교육의 토대를 마련한 이들은 이슬람 철학자들이라고 말할 수도 있다. 역사는 승자의 기록이라는 말처럼, 인류사 역시 승자의 입장에서 기록되고 정의되는 것이 일정 부분 사실이다.

상업 거래에서 아람어의 역할은 더 혁신적이었다. 페르세폴리스에서 발견된 기원전 500년경의 상업 문서들은 표준화된 계약 양식을 보여준다. 인도의 향신료 상인부터 그리스의 포도주 무역상까지, 모두가 이 아람어 계약서를 참조했다. 인도의 상인들은 아람어 문서를 작성하는 데 능숙했을 가능성이 높다. 이는 최초의 국제 표준 무역 시스템이었다. 건축 기술의 전파도 아람어를 통해 이루어졌다. 페르세폴리스 궁전 건설 문서들은 이집트의 석공 기술, 바빌로니아의 아치 구조, 그리스의 기둥 양식이 어떻게 하나의 프로젝트에서 융합되었는지를 보여준다. 아람어로 작성된 건축 매뉴얼은 제국 전역의 건축가들이 참조하는 표준이 되었다.

아람어의 영향력은 알렉산더 대왕의 동방 원정(기원전 334년~323년) 이후에도 지속되었다. 그리스어가 새로운 공용어로 부상했지만, 흥미롭게도 행정과 무역에서 아람어는 여전히 사용되었다. 이는 마치 현대의 영어가 이전의 프랑스어나 라틴어의 영향을 흡수한 것과 유사한 현상이었다. 알렉산더 대왕의 영향권 문명인 그리스-박트리아 왕국(기원전 250년~125년)의 발견물은 흥미로운 사실을 보여준다. 이곳에서 발견된 문서들은 그리스어, 아람어, 산스크리트어가 함께 사용된 삼중 언어 시스템을 보여준다. 이는 동·서양의 지식이 어떻게 서로 참조되고 융합되었는지를 보여주는 생생한 증거다.

기원전 2세기부터 팔미라(Palmyra, 현재 시리아의 타드모르)에서 발견되는 무역 문서들은 아람어를 실크로드의 공식 언어로 사용했음을 보여준다. 중국의 비단, 인도의 향신료, 로마의 유리 제품이 모두 아람어 계약서를 통해 거래되었다. 기원전 2세기의 중국, 인도 상인들이 시리아에까지 교역을 하고 같은 문자의 계약서를 사용하였다면 단순한 물품 교류만 되었다기보다는 이미 문화와 사상의 교류가 활발히 이루어지고 있었다고 보는게 더 합리적인 추론이다. 이러한 추론은 간다라 미술(기원전 1세기~기원후 5세기)의 발전 과정에서도 아람어의 흔적이 발견되는 것으로 간접 증명된다. 불교 경전이 간다라 지역에서 그리스어와 아람어로 번역되면서, 불교 미술은 헬레니즘 양식을 참조하여 새로운 형태로 발전했다. 이는 문자를 통한 문화 융합의 대표적 사례다. 페르시아가 아테네를 점령한 시기 이전부터 활발한 문화 교류가 있었다. 페르시아가 제국을 완성하였을 당시는 이미 동·서양의 활발한 교류가 있었다고 본다.

아람어의 급속한 전파는 페르시아가 만든 길을 통하면서 더욱 공고해졌다. 페르시아 제국의 "왕의 길(Royal Road)"은 인류 최초의 체계적인 도로 시스템이었다. 기원전 5세기, 다리우스 1세가 건설한 이 도로는 수사(현재의 이란 쑤슈)에서 사르디스(Sardis, 현재의 튀르키예 서부)까지 약 2,699km에 달했다. 이 도로는 기록상 최초의 역참 제도였다. 약 25~30km마다 설치된 역참에서는 말을 교체할 수 있었고, 여행자들은 휴식과 식사를 할 수 있었다. 헤로도토스(Herodotus)의 기록에 따르면, 이 시스템 덕분에 군사 정보나 공문서가 페르시아 제국 전역에 놀라운 속도로 전달될 수 있었다. "말을 탄 전령은 비와 눈, 더위와 어둠에도 멈추지 않고 목적지까지 달린다"는 그의 기록은 당시 이 도로 체계의 효율성을 잘 보여준다. 이 왕의 길은 단순한 도로가 아닌, 인류 최초의 정보 고속도로였다. 상인들과 여행자들은 이 길을 통해 물건뿐만 아니라 사상과 기술, 문화를 운반했다. 후대의 실크로드는 이 길이 만들어놓은 교역 네트워크의 확장이었다.

이러한 광범위한 아람어의 사용은 현대인에게 중요한 통찰을 제공한다. 소크라테스(기원전 470년~399년)가 활동하던 아테네는 이미 페르시아 제국의 영향권 안에 있었고, 따라서 아람어로 작성된 문서들이 충분히 접근할 수 있었을 것이다. 플라톤의 아카데미아가 세워졌을 때(기원전 387년), 이미 아람어는 지적 교류의 핵심 매개체였다. 소크라테스와 플라톤 시대는 그 이전 초기 철학자들이 경험한, 아테네가 함락되는 문화충격을 준 페르시아에 대한 기억이 각인된 상태였다. 아테네는 페르시아 제국의 점령지로서 자의 반 타의 반 활발한 교류를 했을 것이다. 페르시아로 간 아테네의 사신 중에는 당시 철학자들도 함께 했을 가능성이 컸을 것이고, 그 사신들의 경험은 아테네에 전달되어 페르시아에 대한 동경으로 작용했을 것이다. 아테네의 상인들과 학자들은 아람어로 작성된 페르시아의 문서들을 통해 동방의 지혜에 접근할 수 있었다. 조로아스터교의 이원론적 세계관, 바빌로니아의 천문학 지식, 이집트의 기하학이 모두 아람어를 통해 그리스에 전달되었을 것이다. 아리스토텔레스(기원전 384년~322년)가 활동하던 시기는 더욱 흥미롭다. 그의 스승인 플라톤이 피타고라스학파의 영향을 받았다는 것은 잘 알려져 있는데, 피타고라스 역시 동방의 지혜를 접했던 것으로 알려져 있다. 이 지식의 전달 과정에서 아람어 문서들이 중요한 역할을 했을 것이다. 아리스토텔레스의 제자 알렉산더 대왕은 동방 원정 중 발견한 수많은 귀중한 서적들을 스승에게 보냈다. 이는 단순한 우연의 선물이 아니었다. 두 사람 사이에는 특정 철학자나 사상에 대한 공통된 관심이 이미 존재했고, 알렉산더는 이를 염두에 두고 목적의식을 가지고 자료를 수집했을 가능성이 높다. 그들이 느꼈을 감동은 막연한 호기심의 충족이 아닌, 오랫동안 탐구해온 지식의 퍼즐 조각을 마침내 찾았을 때의 깊은 지적 충만감이었을 것이다.

결과적으로, 서양 철학의 기원이라고 부르는 것 중 상당수는 아람어라는 참조 시스템을 통해 동방의 지혜를 흡수하고 재해석한 결과물일 수 있다. 물론 반대의 경우로 동양철학도 참조 시스템을 통해 서양철학의 관념을 참조하여 형성된 결과물일 수 있다. 이는 철학의 발전이 결코 한 지역에서 고립되어 이루어진 것이 아니라, 광범위한 문화 교류의 산물이었음을 시사한다. 소크라테스가 말한 "너 자신을 알라"는 격언이, 그의 말이 아니라 그리스의 격언인지 아니면 페르시아의 격언인지는 구별하기 어렵지만, 이 구절은 델피 신전(Temple of Delphi)의 벽에 새겨져 있기도 했다. 동시에 고대 근동의 지혜 문학에서도 유사한 구절들이 발견된다는 사실은 의미심장하다. 이는 아람어를 통한 지식 전파가 얼마나 광범위하게 이루어졌는지를 보여주는 또 하나의 증거다. 아람어는 단순한 의사소통 도구를 넘어, 인류 최초의 지식 공유 플랫폼이었다. 그것은 동·서양의 지혜가 서로를 참조할 수 있게 한 가교였으며, 이를 통해 인류의 지적 유산은 더욱 풍성해질 수 있었다. 이것이야말로 진정한 호모레퍼런스의 증거다.

〈참 고〉

▶ Naveh, J. (1970). The development of the Aramaic script. Proceedings of the Israel Academy of Sciences and Humanities, 5, 1-19.

이 자료는 아람어(Aramaic) 문자가 어떻게 생겨나고 발전했는지를 자세히 추적한 내용이다. 기원전 11~10세기경 문자의 기원부터 헬레니즘(Hellenistic) 시대까지의 긴 여정을 고고학적·서지학적으로 체계적으로 분석했다. 초기 아람어 문자는 페니키아(Phoenician) 문자에서 갈라져 나왔다. 기원전 9~8세기 비문들을 보면 독립적인 특징들이 나타나기 시작하는 것을 확인할 수 있다. 이후 아시리아(Assyrian)·페르시아(Persian) 제국의 행정 및 국제 공용어로 널리 퍼져나갔다. 흥미로운 점은 문자 발전이 점진적이고 진화적으로 이루어졌다는 것이다. 새로운 형태가 등장해도 기존 형태가 바로 사라지지 않고 수십 년간 함께 사용되는 등 다양한 변형들이 공존했다. 마치 새로운 스마트폰이 나와도 구형 모델을 계속 쓰는 사람들이 있는 것과 비슷한 현상이다. 시기별·지역별 아람어 문자 도상과 도표를 통해 변화 과정을 생생하게 보여주며, 당시 정치·문화적 배경도 함께 설명한다. 아람어가 고대 근동(Near East) 지역의 문화 교류에서 얼마나 중요한 역할을 했는지를 강조하고 있다.

▶ Biran, A., & Naveh, J. (1995). The Tel Dan Inscription: A new fragment. Israel Exploration Journal, 45(1), 1-18.

본 연구 내용은 1994년 이스라엘(Israel) 텔 단(Tel Dan) 발굴에서 발견된 아람어 비문의 새로운 조각을 보고하고 분석한 것이다. 고고학 세계에 큰 파장을 일으킨 발견이었다. 비문은 기원전 9세기경 현무암(basalt) 석비에 아람어로 새겨져 있었다. 가장 중요한 점은 다윗 왕가를 언급하는 최초의 고고학적 증거로 평가된다는 것이다. 성경 밖에서 다윗 왕을 언급한 첫 번째 물증이 나온 셈이다. 발굴 현장 사진, 비문 실물, 그리고 복원 도면이 함께 제시되어 있어 연구의 신뢰성을 높인다. 약 13줄의 아람어 텍스트가 포함되어 있어 당시 상황을 생생하게 보여준다. 이 발견이 특별한 이유는 고대 이스라엘과 유다(Judah), 아람 왕국의 역사를 이해하는 데 결정적인 단서를 제공했기 때문이다. 특히 다윗 왕조가 실제로 존재했는지에 대한 학계의 오랜 논쟁에 중요한 자료가 되었다. 문헌이 아닌 돌에 새겨진 증거가 나타난 것이다.

▶ Stolper, M. W. (1984). The neo-Babylonian text from the Persepolis fortification. Journal of Near Eastern Studies, 43(4), 299-310.

이 연구는 페르세폴리스 보루(Persepolis Fortification)에서 출토된 신바빌로니아어(Neo-Babylonian) 점토판의 내용을 자세히 판독하고 분석한 것이다. 고대 문서를 현대 학자가 한 글자 한 글자 해독해낸 흥미로운 작업이다. 문서는 기원전 5세기경 페르시아(Persian) 제국 내에서 바빌로니아어(Babylonian)가 어떻게 사용되었는지를 보여주는 중요한 자료다. 곡물과 물자 관리, 관료 명단, 거래 절차 등이 꼼꼼하게 기록되어 있어 당시 행정과 회계 실무를 생생하게 엿볼 수 있다. 연구자는 점토판의 언어적 특징과 공식 문서 양식을 살펴보고, 행정적·법적 의미까지 체계적으로 해석했다. 단순히 문자를 읽는 것을 넘어서 그 문서가 당시 사회에서 어떤 역할을 했는지까지 파악한 것이다. 이 작업이 중요한 이유는 아케메네스 페르시아(Achaemenid Persian) 제국의 다언어 행정 체계를 새롭게 이해할 수 있게 해주기 때문이다. 페르시아 제국이 얼마나 거대했는지, 그리고 바빌로니아어가 여전히 얼마나 중요한 언어였는지를 구체적으로 보여주는 증거다.

6. 선악의 기원

조로아스터교는 기원전 2천년 전후 페르시아에서 등장해 선과 악의 이원론, 자유의지, 선한 생각·말·행동의 윤리, 그리고 선형적 시간관을 제시하며 동서양의 종교와 철학, 일상문화에 지대한 영향을 끼친 인류 최초의 일신교적 종교이자 사상적 혁명이었다.

종교는 앞에서 언급한 12,000년 전 유적인 괴베클리 테페에서 수렵채집인이 신석기 초기 때 신전을 만드는 것을 보면, 인류의 이성이 생겨나고 거의 동시에 발생했다고 생각될 정도로 인류 역사와 함께했다. 최초의 종교는 샤머니즘에서 시작되었다는 것이 정설이다. 괴베클리 테페에서도 뱀의 모양을 본뜬 신전 구조를 만들거나 뱀의 조각이나 부조가 발견되었다. 당시 인류는 뱀이 우주와 소통하는 역할을 한다고 믿었다. 초기 인류는 우주와 소통하는 사람을 무리의 지도자로 추앙하였다. 이런 행태는 이곳뿐 아니라 전 대륙에서 초기 인류에게 나타나는 공통적인 특징 중 하나이다. 인류가 작은 규모의 집단에서 좀 더 큰 규모의 집단으로 나아갈 때, 종교는 구심적 역할을 했든, 보이지 않는 힘에 의존하여 권력 구조를 만드는 용도로 사용했든, 중요한 역할을 한 것은 분명해 보인다. 대부분의 샤머니즘은 다신교의 형태를 띠게 되었다. 지금까지 밝혀진 사실에 근거한다면, 최초의 일신교 형태는 박트리아 지방, 지금의 아프가니스탄에서 기원전 1,800년에서 1,000년 사이에 나타난 조로아스터교이다. 이것도 어느 날 갑자기 생겨난 것은 아니다. 지금까지 밝혀진 최초의 문명 중 하나가 아나톨리아 지방의 신석기 초기 신전이라고 밝혀진 괴베클리 테페이다. 아프가니스탄은 이곳과 불과 2,500km 떨어진 곳이다. 만년이라는 시간은 샤머니즘적 문명과 문화가 충분히 교류될 수 있는 시간이다.

조로아스터교가 등장할 무렵, 인류는 더욱 큰 형태의 집단으로 묶이기 시작했다. 조로아스터교는 기원전 550년에서 330년에 있었던 최초의 페르시아 왕조인 아케메네스 왕조와 224년에서 651년에 있었던 사산 왕조에서 국교로 채택되어 번성했다. 조로아스터교가 신앙에 의해서 생겨났다고는 하지만, 권력의 필요로 생겨난 일신교일 가능성도 존재한다. 샤머니즘은 대부분 다신이 존재하는데, 넓은 지역을 다스리던 아케메네스 왕조는 국가의 모든 지역에서 각기 다른 신을 섬기는 형태의 샤머니즘이 국가 통치에 많은 제약을 가져왔을 것이다. 이런 국가의 효과적인 통치를 위해 일신교인 조로아스터교를 국교로 삼았을 가능성이 높다. 거대한 제국이 되었을 때 국가를 효율적으로 관리하기 위해 일신교를 국교로 선택하는 것은 역사적으로 존재하는 패턴이다. 로마 제국도 380년, 테오도시우스 1세(Theodosius I)가 "테살로니카 칙령"(Edict of Thessalonica)을 통해 니케아 공의회를 따르는 기독교를 로마 제국의 공식 국교로 선언했다. 이는 다신교 신앙과 이단들을 배제하고 제국 내 종교적 통일성을 강화하려는 목적이 있었다. 기독교를 국교로 채택한 것은 단순히 신앙적인 이유뿐만 아니라, 제국의 효율적인 관리와 통합을 위한 정치적 전략이기도 했다. 일신교는 단일한 권위 체계를 제공하며, 황제와 교회의 협력은 제국 내 질서를 유지하는 데 중요한 역할을 했다. 아케메네스 왕조도 같은 이유로 일신교인 조로아스터교를 국교로 채택하였을 것이다.

조로아스터교는 이후 당시 유럽과 메소포타미아 지역의 중심 역할을 한 페르시아를 통해 주변 문명과 문화에 많은 영향을 미쳤다. 현대인에게 조로아스터교 자체는 생소하게 들리며 정확히 무엇인지 인식하지 못하는 경우가 많다. 조로아스터교 자체보다 니체(Friedrich Nietzsche)의 『짜라투스트라는 이렇게 말했다』라는 책 제목에 대해 더 잘 알고 있는 것이 일반적이다. 니체가 말하는 짜라투스트라는 고대 이란어이고, 그리스어로는 조로아스터이다. 짜라투스트라와 조로아스터가 동일 인물이라는 사실을 아는 사람은 많지 않다. 물론 니체가 말하고자 했던 것은 조로아스터교를 설명하기보다는, 이 인물이 선악의 이원론을 최초로 만든 사람이기에, 그것을 넘어서는 선악을 이야기하는 상징적 인물로 적합하여 이 사람의 이름을 빌려 책을 쓴 것이다. 조로아스터교는 니체에게만 영향을 준 것이 아니라, 유럽의 종교와 문화에 많은 영향을 미쳤다. 전혀 뜻밖에도 우리나라도 이 생소한 종교의 영향을 받았다.

주변 일상에서 하는 제사 행사 중 촛불을 켜는 행위는 성스러운 불의 상징을 의미하며, 정화수를 떠 놓는 것은 물의 정화력에 대한 믿음 때문이며, 동이 틀 때 제사를 지내는 것은 광명 숭배 의미가 있기 때문이다. 이런 민속신앙처럼 행해지던 행위가 조로아스터교의 영향을 받은 것으로 추정되고 있다. 조로아스터교의 영향은 제사 행사뿐 아니라 민간신앙에서 귀신을 쫓을 때 불을 사용하는 풍습, 달과 해에 대한 숭배 사상, 사악한 기운을 물로 씻어내는 정화 의식도 이 종교의 영향을 받았을 것으로 추정된다.

조로아스터교의 영향은 제사, 민간신앙뿐 아니라 건축 문화 중 전통 가옥의 방향이 동쪽을 향하는 것, 부엌 아궁이를 신성시하여 가정의 불을 지키는 전통에도 영향을 미쳤고, 연중행사로 정월대보름의 달맞이 풍습, 동지에 팥죽을 먹는 귀신 쫓기 풍습까지도 조로아스터교의 영향을 받았을 것으로 추정한다. 고구려 고분 벽화에서 발견되는 태양과 빛의 상징들도 이 종교의 영향 속에서 그려진 것으로 본다. 이 낯선 종교는 단순히 전해진 것이 아니라, 우리나라의 문화적 맥락 속에서 재해석되어 독특한 형태로 발전하고 지금까지 남아 있다. 조로아스터교가 우리나라에 깊은 영향을 미칠 수 있었던 배경에는 흥미로운 문화적 접점이 있다. 구전 전통을 소중히 여기는 우리 민족의 특성과 경전의 구술 전승을 신성시하는 조로아스터교의 종교적 가치관이 자연스럽게 조화를 이루었기 때문이다. 이러한 문화적 친화성이 두 전통 간의 원활한 융합을 가능케 한 것으로 보인다. 이 글을 쓰면서 문득 어린 시절부터 당연하게 여겨왔던 풍습들이 새롭게 다가온다. 제사상의 촛불, 외할머니가 정화수를 놓고 손을 비비며 기도하시던 모습이 조로아스터교의 영향이라니. 중·고등학교 시절 책과 수업을 통해 이런 사실을 접했을 때는 단순한 지식으로만 받아들였다. 그저 "아! 그렇구나" 하고 넘어갔던 것이 전부였다. 그러나 이제 인류의 참조 역사를 연구하면서, 전통적인 민간신앙이라고 믿어왔던 문화의 뿌리가 얼마나 멀리 뻗어 있는지 깨닫게 된다. 전혀 다른 문명권의 영향이 일상에 깊이 스며들어 있다는 사실을 발견하게 된다. 이러한 발견은 문화적 자만과 얕은 지식에 대해 깊이 성찰하게 만든다. 기원전에는 문자보다 구전을 더 신뢰하였다. 가장 널리 알려진 그리스의 철학자 플라톤마저도 문자는 구전을 막아서 인류의 지혜를 없어지게 한다고 걱정했을 정도였다. 기원전 인류는 문자의 불완전성에 의해서 구전을 더 선호했던 것으로 보인다. 이런 현상이 지금도 일부 문화권에서는 존재한다.

다시 본론으로 돌아가서, 조로아스터교는 인류 최초의 일신교를 표방하는 철학적 종교였다. 선과 악의 이원론적 세계관, 자유의지에 따른 윤리적 선택의 개념은 서양 철학의 기본 틀이 되었다. 소크라테스와 플라톤의 사상에서 그 영향을 뚜렷이 볼 수 있다. 그러나 조로아스터교는 서양뿐만 아니라 동양 사상에도 지대한 영향을 미쳤다. 불교의 업보 사상, 중국 도교의 음양 개념에서도 그 흔적을 찾아볼 수 있다. 동·서양을 아우르는 이 놀라운 영향력은 어떻게 하면 가능했을까?

그 비밀은 아케메네스 페르시아 제국이 만든 플랫폼에 있다. 그들은 조로아스터교를 제국의 통치 이념으로 삼고, 아람어를 공용어로 사용했다. 광활한 제국을 연결한 도로망은 상인들과 함께 사상의 전파를 가속했다. 동·서양의 지성인들은 이 플랫폼을 통해 조로아스터교를 접하고 창조적으로 재해석했다. 플라톤은 이데아계와 현상계로, 유대교는 천사와 악마로, 도교는 음과 양으로 그 개념을 번역해 냈다. 모방이 아닌 혁신적 참조였던 셈이다. 조로아스터교의 사례는 위대한 사상이 결코 고립된 천재의 산물이 아님을 보여준다. 교류와 참조, 그리고 재해석의 연속이야말로 인류 지성사의 진정한 동력이 되었다. 동양과 서양을 나누는 경계 너머에는 사상의 교류라는 보이지 않는 다리가 놓여 있었다.

기원전 1,800년~1,000년경, 페르시아 고원에서 시작된 조로아스터교는 인류 최초로 체계적인 선악의 개념을 제시했다. 이는 단순한 종교의 탄생이 아니었다. 아후라 마즈다(Ahura Mazdā, 선)와 앙그라 마이뉴(Angra Mainiu, 악)의 대립이라는 이원론적 세계관은, 이후 동·서양 철학의 기본 틀이 되었다. 이 종교가 제시한 자유의지의 개념은 인간의 본질에 대한 근본적 성찰을 가능하게 했다. 인류가 신의 섭리나 운명에 종속된 존재가 아니라, 스스로 선과 악을 선택할 수 있는 주체라는 사상은 진정한 의미의 인본주의적 관점의 출발점이라 할 수 있다. 인간이 선과 악 사이에서 자유롭게 선택할 수 있다는 혁명적 사고는 후대 그리스 철학자들, 특히 플라톤의 윤리학에 깊은 영향을 미쳤다. 플라톤의 유명한 '동굴의 비유'(Allegory of the Cave)에서 보이는 빛(지식과 선)과 어둠(무지와 악)의 대비는 조로아스터교의 빛과 어둠의 이원론적 세계관과 놀라운 구조적 유사성을 보인다. 이러한 사상적 연속성은 고대 페르시아와 그리스 간 문화적, 철학적 교류가 활발했음을 시사한다.

아케메네스 페르시아 제국은 조로아스터교의 세계관을 제국 전역에 전파했다. 다리우스 1세의 베히스툰 비문(Behistun Inscription)에는 아후라 마즈다의 이름이 새겨져 있다. 당연한 결과로 이 사상은 그리스 철학에도 많은 영향을 미쳤다. 페르시아에 점령당한 그리스에서 초기 철학이 태동했고, 지금 철학 하면 떠오르는 소크라테스, 플라톤, 아리스토텔레스는 페르시아가 가장 큰 제국이었을 때 살았던 인물들이다. 그리스 철학자들의 페르시아에 대한 생각은 여러 형태로 나타났을 것이다. 그중에서 선진 지식에 대한 동경도 있었을 것이며, 그로 인해 그들의 사상이 많은 영향을 받았을 것은 자명한 사실이다. 헤라클레이토스(기원전 535~475년)의 로고스 개념은 조로아스터교의 아샤(Asha, 우주의 질서)와 놀라운 유사성을 보인다. 그의 유명한 "만물은 불로부터 왔다"는 말은, 조로아스터교의 성스러운 불 숭배 사상과 맞닿아 있다. 이는 우연의 일치라기보다는, 당시 활발했던 페르시아와 그리스 문화 교류의 결과로 보는 것이 타당하다.

소크라테스와 플라톤의 윤리학에서도 조로아스터교의 영향이 뚜렷하다. 플라톤의 이데아와 현상의 구분은 아후라 마즈다의 영적 세계와 물질세계의 구분과 유사하다. 이와 같은 전파는 여기에 그치지 않았다. 자연스럽게 이 종교의 사상은 종교의 형태나 문화의 형태로 페르시아 동쪽으로 전파되었다. 불교의 천상과 지옥 개념, 업(karma)의 사상에서도 조로아스터교의 영향이 감지된다. 이때 전파된 이원론적 세계관은 중국 도교의 음양 개념에도 영향을 미쳤을 가능성이 높다. 페르시아가 제국을 만들었는데 이게 일방적으로 페르시아의 서쪽에만 영향을 미치고 동쪽에는 영향을 미치지 않았다고 보는 게 더 비합리적인 생각이다. 오히려 당시에 여러 가지 형태의 교류나 인더스 문명의 고도화된 문명으로 인해 페르시아 동쪽으로의 교류가 더 활발했을 가능성이 높다.

조로아스터교의 영향력은 유대교와 기독교의 발전 과정에서도 뚜렷하게 나타난다. 기원전 586년~538년, 바빌론 포로기 동안 유대인들은 조로아스터교의 세계관과 직접 접촉했다. 천사와 악마의 개념, 최후의 심판, 메시아사상 등은 이 시기에 유대교에 깊이 스며들었다. 이것 역시 당연한 귀결로 보인다. 아나톨리아 지역에서 12,000년 전 신전이 발견되었고, 만년의 시간이 지난 후 아프카니스탄 지역에서 조로아스터교가 생겨났다. 그 중간에 있던 지역 사람들이 만 년의 변화 속에서 아무런 영향을 받지 않았다고 보는 것이 오히려 이상한 일이다. 만년이라는 시간은 기원후 인류 2,000년 역사의 다섯 배에 해당하는 긴 시간이다. 이 기간에 인류는 온갖 엄청난 발명과 발견을 이룬 것을 고려하면, 그 다섯 배에 해당하는 시간 동안 인류가 인접한 사상과 접했다고 보는 것이 합리적인 추론이다.

조로아스터교는 역사를 선과 악의 투쟁이 진행되는 선형적 시간으로 보았다. 선형적 시간관이라는 것은 역사적 시간이 단순히 반복되는 순환이 아니라, 특정 목표를 향해 진행되는 과정이라는 단순한 개념이다. 그러나 이런 선형적 시간관은 그때까지 있었던 그리스의 순환적 시간관과는 완전히 다른 것이다. 순환적 시간관은 그리스 철학과 신화에서 중요한 개념으로, 시간과 역사가 반복적인 주기로 일어난다는 것으로 자연의 순환과 우주의 영속성을 기반으로 하며, 창조와 파괴가 무한히 반복되는 구조를 말한다. 이 별것 없어 보이는 시간관의 차이는 이후 서양 문화에 많은 변화를 가지고 온다. 이후 다신교에서 일신교로 바뀌어 가는 과정에서 이 시간관도 바뀌었다. 아우구스티누스(Augustine of Hippo)의 신국론에서 볼 수 있는 기독교의 직선적 역사관은 이러한 조로아스터교의 영향을 받은 것으로 볼 수 있다.

이 단순해 보이는 선형적 시간관과 순환적 시간관의 전환은 인류에게 근본적인 변화를 알리는 중요한 사상적 혁명이었다. 순환적 시간관에서 선형적 시간관으로의 이동은 철학과 일상 모두에 지대한 영향을 미쳤다. 순환적 시간관은 자연의 반복적 주기를 기반으로 하여 인간의 삶을 자연의 리듬과 조화시켰다. 계절의 변화, 달의 순환, 낮과 밤의 교차처럼 모든 것이 반복된다고 믿었다. 이러한 세계관 속에서 인간은 자연의 일부로 존재했고, 변화보다는 균형과 조화를 추구했다. 반면 선형적 시간관은 분명한 시작과 끝을 가진 직선적 흐름을 상정한다. 조로아스터교와 유대교, 그리고 그 영향을 받은 기독교에서 강조된 이 관점은 시간을 창조에서 종말로 향하는 일방적 여정으로 보았다. 이는 인간에게 역사에 목적과 방향이 있다는 생각을 심어주었다. 이러한 시간관의 변화는 일상생활에도 혁명적 변화를 불러왔다. 순환적 시간 속에서 살던 농경사회는 자연의 흐름에 따라 농사짓고 수확하는 데 만족했다. 그러나 선형적 시간관은 미래를 향한 계획과 목표 설정을 강조하며, 개인의 성공과 성취가 중요한 가치로 자리 잡게 했다. 더 중요한 것은 선형적 시간관이 진보라는 개념을 탄생시켰다는 점이다. 순환적 시간 속에서는 모든 것이 반복되므로 근본적 발전이란 개념이 희박했다. 그러나 선형적 시간은 인류가 끊임없이 발전하고 성장한다는 믿음을 가능하게 했다. 이는 나중에 근대 과학과 산업혁명의 철학적 기반이 되었다. 시간의 측정과 관리 방식도 변화했다. 순환적 시간관에서는 해와 달, 계절의 변화로 시간을 측정했지만, 선형적 시간관은 시계와 달력을 통해 시간을 세분화하고 엄격히 관리하게 되었다. 이는 현대 사회의 시간 효율성과 생산성 중심 문화의 뿌리가 되었다. 이처럼 시간관의 전환은 단순한 철학적 개념의 변화가 아니라, 인류의 사고방식과 생활양식을 근본적으로 바꾸어놓은 혁명적 사건이었다. 오늘날 우리가 경험하는 빠른 변화, 끊임없는 혁신, 미래 지향적 사고는 모두 이 시간관의 변화에서 비롯된 것이라 할 수 있다.

다시 조로아스터교가 페르시아 동쪽에 미친 영향을 보면, 동아시아에서는 이 영향이 더욱 흥미로운 방식으로 나타났다. 마니교를 통해 전파된 조로아스터교의 이원론은 한국의 단군신화에서도 발견된다. 환웅이 하늘에서 내려와 지상 세계를 다스린다는 이야기는 조로아스터교의 천상과 지상 세계의 구분과 유사한 구조를 보인다. 중국 도교의 태극 사상 역시 조로아스터교의 영향을 받았을 가능성이 있다. 음양의 대립과 조화라는 개념은, 선과 악의 투쟁이라는 조로아스터교의 기본 구도를 중국적으로 재해석한 것으로 볼 수 있다. 당나라 시기 조로아스터교 사원들이 중국 전역에 있었다는 기록은 이러한 가능성을 뒷받침한다. 지금 많은 학자가 헬레니즘의 영향에 집중하고 있지만, 실제 인류에게 영향을 미친 제국으로써 페르시아는 헬레니즘과 비교해도 절대 뒤지지 않는다. 쉽게 설명하자면, 20세기와 21세기에 미국이 세계에 미친 영향과 같은 수준의 영향력을 페르시아 제국이 약 220년 동안 행사했다. 현재 미국의 세계적 영향력 기간을 약 70년으로 본다면, 페르시아는 그보다 세 배나 긴 기간 동안 동·서양 문명에 영향을 미치며 존속했다. 그 영향력은 지금과 비교해도 상당했을 것이다. 조로아스터교의 전파와 영향은 인류가 얼마나 뛰어난 참조자였는지를 보여주는 완벽한 사례다. 기원전 1,500년경 페르시아 고원에서 시작된 하나의 사상이, 그리스 철학자들의 윤리학으로, 유대교의 천사와 악마 개념으로, 불교의 업보 사상으로, 도교의 음양 개념으로 재해석되는 과정은 호모레퍼런스의 진면목을 보여준다.

이는 인류가 단순히 모방하는 것이 아니라 창조적으로 재해석하는 능력을 갖췄음을 보여주는 것으로, 바로 이러한 특징이 인류를 특별하게 만드는 요소이다. 플라톤은 조로아스터교의 이원론을 철학적 체계로 승화시켰고, 유대교는 이를 유일신 신앙의 맥락에서 재해석했으며, 도교는 대립이 아닌 조화의 관점에서 이를 발전시켰다. 이 사상의 전파 과정에서 나타나는 창조적 참조야말로 인류 문명 발전의 핵심 동력이었다. 조로아스터교는 아람어라는 공용어와 페르시아 제국이라는 플랫폼을 통해 동·서양의 사상가들에게 영감을 주었고, 그들은 이를 자신들의 문화적 맥락에서 새롭게 해석하고 발전시켰다. 지금 동양 사상이나 서양 철학이라고 구분하는 것들의 뿌리에는, 이러한 거대한 참조의 네트워크가 존재했다. 조로아스터교의 사례는 인류의 위대한 사상들이 결코 고립된 상태에서 발전한 것이 아니라, 끊임없는 참조와 재해석의 산물이었음을 보여준다. 이것이야말로 호모레퍼런스가 만들어낸 가장 위대한 유산이다.

〈참 고〉

▶ Stausberg, M., & Vevaina, Y. S. (2015). Zoroastrianism in Central Asia. In M. Stausberg & Y. S. Vevaina (Eds.), The Wiley Blackwell Companion to Zoroastrianism (pp. 129-146). Oxford: Wiley Blackwell.

이 연구는 조로아스터교가 어떻게 생겨나고 퍼져나갔는지를 추적한 흥미로운 분석이다. 기원전 2천년기 후반부터 1천년기 초까지 메르브(Merv), 박트리아(Bactria) 등 이란 동북부와 중앙아시아에서 시작된 이 종교의 여정을 연구하였다. 기원전 1천년에 들어서면서 조로아스터교는 소그디아나(Sogdiana), 가바(Gava) 등 중앙아시아 전역으로 활발히 퍼져나갔다. 고고학적 발굴과 고대 문헌들이 이런 확산 과정을 생생하게 보여준다. 주목할 만한 것은 아케메네스 제국(Achaemenid Empire, 기원전 6~4세기) 시기다. 이때가 되면 조로아스터교는 바레나(Varena)는 물론 합타 힌두(Hapta Hindu, 인도 북부)까지 조직적이고 체계적으로 전파되었다는 것이다. 지역별 유적들과 종교적 유물들, 그리고 달력이나 의례, 다양한 아이콘(icon) 등을 종합해보면 조로아스터교가 단계적으로 확산되면서 중앙아시아 문화에 어떤 영향을 끼쳤는지를 알 수 있다. 단순히 종교가 전해진 것이 아니라 생활 전반에 깊숙이 스며든 문화적 변화였다.

▶ Boyce, M. (2001). Zoroastrians: Their religious beliefs and practices (2nd ed.). : Routledge.

이 책은 짜라투스트라(Zarathustra, 조로아스터)로부터 시작된 조로아스터교의 약 3,500년 역사를 체계적으로 정리한 작품이다. 조로아스터교는 아케메네스(Achaemenid), 아르사케스(Arsacid), 사산(Sasanian) 등 이란의 세 제국에서 국교 역할을 했다. 특히 불교·유대교·기독교·이슬람 등 동서양 주요 종교에 깊은 영향을 끼쳤다는 점이 중요하다. 교리 면에서는 아후라 마즈다(Ahura Mazda)의 유일신 사상, 선악 이원론, 인간의 자유의지와 선택, 사후 심판과 천국·지옥 개념 등 당시로서는 혁신적인 사상들을 다룬다. 이슬람(Islam) 정복 이후에도 조로아스터교(Zoroastrianism)는 소수 신앙으로 살아남았으며, 신앙과 의례, 사회 조직에서 고유한 전통을 이어온 과정을 종합적으로 보여주고 있다.

▶ Grenet, F., & Minardi, M. (2021). The image of the Zoroastrian god Srōsh: New elements. Ancient Civilizations from Scythia to Siberia, 27, 154-173.

이 내용은 조로아스터교의 신 스로시(Srōsh)가 고대 미술에서 어떻게 표현되었는지를 분석한 흥미로운 발견이다. 중앙아시아(Central Asia)와 이란(Iran)의 고고학 유물과 문헌을 통해 살펴본 결과다. 아크차한칼라(Akchakhan-kala) 유적에서 발견된 신상과 소그디아나(Sogdiana) 샤흐리사브즈(Shahrisabz) 인근 7~8세기 장골함(ossuary) 부조를 보면, 스로시는 죽은 자의 영혼을 안내하는 존재로 그려져 있다. 주목할 만한 것은 새로운 도상학적 요소들이다. 스로시의 상징적 무기인 채찍(sraošō.caranā), 새 모티프, 전통 복식 등이 확인되었다. 이런 세부사항들은 조로아스터교 교리와 의례에서 그가 어떤 역할을 했는지를 구체적으로 보여준다. 스로시는 단순한 신이 아니라 악에 맞서는 전사이자 영혼의 안내자, 그리고 신성한 사자 등 다양한 기능을 가진 존재였다. 조로아스터교 신화와 예술에 미친 그의 영향을 종합적으로 보여주는 연구다.

7. 유라시아의 뿌리

유라시아 초원과 중앙아시아의 안드로노보 문화, 박트리아-마르기아나(BMAC, 옥서스) 문명 등은 기원전 2,000년경부터 청동기·야금·전차·종교·문자 등 기술과 사상을 동서로 활발히 교류하며, 인류 문명의 발전과 참조 네트워크의 뿌리를 이룬 핵심적 연결고리였다.

문명을 정의할 때 도시와 문자의 유무는 중요한 기준이 된다. 이런 관점에서 보면 유라시아 초원의 유목 문화는 문명이 아닌 것으로 분류될 수 있다. 그러나 유라시아 초원을 가로지르는 유목민들의 역사를 들여다보면, 이는 너무 편협한 기준이라는 것을 알 수 있다. 이들의 삶의 방식 자체가 거대한 문화 전파의 플랫폼이었기 때문이다. 이러한 문화 전파의 증거는 멀리 기원전 2,000년경으로 거슬러 올라간다. 당시 카자흐스탄에서 만들어진 전차는 우랄산맥의 것과 동일한 제작 기법을 보여주며, 안드로노보 문화의 도자기 문양은 메소포타미아의 것과 유사하면서도 독창적인 특성을 보인다. 이는 초원의 유목민들 사이에 활발한 기술 교류가 이루어졌음을 보여주는 분명한 증거다. 이러한 광범위한 문화 교류의 맥락에서 공자의 사상도 살펴볼 필요가 있다. 공자는 기원전 551년에 태어나 기원전 479년에 사망했는데, 이는 페르시아 제국이 아테네를 점령하기 약 1년 전의 시점이다. 공자가 춘추시대의 혼란 속에서 윤리와 사회적 조화를 강조하며 유교를 창시할 무렵, 그는 아테네를 점령할 정도의 강대국이었던 페르시아의 존재를 인지하고 있었을 가능성이 높다. 당시 중국과 활발한 교류가 있었던 인더스 문명은 페르시아와도 긴밀한 관계를 맺고 있었으므로, 공자, 맹자와 같은 동양 철학자도 이러한 인적, 문화적 네트워크를 통해 페르시아의 문화와 사상을 간접적으로나마 접했을 것이다. 이 현상은 종교적 관념의 전파도 불러왔다. 조로아스터교의 성서인 아베스타(Avesta)에 등장하는 전차가 스텝(Steppe) 지대의 유물과 일치한다는 사실은 단순한 우연이 아니다. 일반적으로 생각하는 피상적인 관념보다 종교의 전파 속도는 문화와 거의 동시거나 앞서기도 했다.

지금 전개하는 이야기는 다소 생소한 인류 문명의 발자취일 수 있다. 하지만 바로 그 낯섦이 알지 못했던 인류 문명의 깊이를 보여준다. 이 글을 쓰면서 필자는 점점 더 인류 문명의 역사 속으로 빠져들었다. 호기심으로 인한 지적 충동에 이끌려, 연구하면 할수록 새로운 발견의 즐거움이 커졌다. 하지만 동시에 걱정도 된다. 필자가 느끼는 이 흥미진진함을, 과연 독자들도 함께 느낄 수 있을까? 학자로서의 지적 탐구가 자칫 독자들에게는 지루한 여정이 되지는 않을까? 대부분 서구 학자가 정립한 역사관과 시각에 익숙해져 있다. 이는 그들의 연구와 관점이 잘못되었다는 의미가 아니다. 다만 인류 문명을 이해하기 위해서는 더 다양한 시각이 필요하다. 유럽과 미국 중심의 역사관을 넘어, 다른 문명권의 관점에서도 인류사를 바라볼 때 더 온전한 인류의 문명사의 모습을 볼 수 있을 것이다. 이러한 균형 잡힌 시각은 사회에 만연한 인종적 편견까지도 해소하는 데 도움이 될 수 있다고 믿는다.

필자 역시 오랫동안 학교에서 배운 서구 중심의 세계사에 갇혀 있었다. 그래서인지 다른 관점에서 쓰인 역사를 마주하면 자꾸만 익숙한 서구의 역사관으로 도망치곤 했다. 새로운 시각을 받아들이기보다는 편안한 기존의 지식으로 회귀하는 것이 더 쉬웠다. 너무 낯선 역사 이야기를 재미없게 이어가는 것 같아 독자들이 흥미를 잃을까 걱정이 되지만, 분명 같이 걸어가다 보면 새로운 시각이 조금은 생겨나리라 믿는다. 그리고 생겨난 조그마한 실마리가 누군가에게는 일생 흥미를 느낄 주제가 될지도 모른다고 생각한다.

다시 이야기로 돌아간다. 거의 듣지 못했던 문명 중에 기원전 2,300년~1,700년경 중앙아시아 지역에서 번성했던 청동기 시대 문명으로, 조로아스터교의 초기 의례적 특징과 스텝 지역의 물질문화가 결합한 독특한 문화 양상을 보여주는 박트리아-마르기아나 고고학 복합체 문화가 있다. 이 복합체 문화를 BMAC(Bactria-Margiana Archaeological Complex, 박트리아-마르기아나 고고학 복합체)라고 불러왔다. 그리고 옥서스 문명(Oxus civilization)이라고도 칭한다. 이 문화권에서 발견된 의례용 불단은 후대 조로아스터교의 화염 제단과 놀라운 유사성을 보인다. 종교와 기술은 함께 전파되고 발전했다. 이것을 가능케 한 것은 참조의 네트워크였다. 장인들은 수천 킬로미터 떨어진 동료의 기술을 알고 있었고, 그것을 자신들의 필요에 맞게 발전시켰다. 아람어와 조로아스터교는 이 네트워크 위에서 번성했고, 더 큰 교류의 고리를 만들어냈다.

이 영향은 앞에서도 언급했듯이 현대 우리나라에서도 찾아볼 수 있다. 앞에서 언급하였던 불을 숭배하는 전통, 날개 달린 천마의 도상 등은 조로아스터교와의 연관성을 시사한다. 메소포타미아와 페르시아에서 시작해, 중앙아시아 스텝 지대를 거쳐, 인도와 중국으로 이어지는 문명의 교류 경로는 실크로드라는 이름이 붙기 수천 년 전부터 존재했다. 이 길을 따라 청동기 시대의 기술과 종교, 예술이 전파되었고, 그 문화의 흔적들은 한반도까지 이어져 우리나라 문화의 일부로 흡수되었다. 문명이란 고립된 발명의 산물이 아니다. 끊임없는 참조와 재해석, 그리고 교류의 결과물이다. 유라시아를 하나로 엮은 참조의 네트워크야말로 인류가 만들어낸 가장 위대한 발명품인지도 모른다.

옥서스문명과 인근에 있는 기원전 2,000년~900년에 형성된 안드로노보 문명의 유적지들은 더욱 구체적인 증거를 제공한다. 카자흐스탄에서 발견된 청동기 유물들에는 특이한 문양이 새겨져 있는데, 이는 후대 아람 문자의 원형으로 추정되는 기호들과 유사성을 보인다. 같은 문양이 우즈베키스탄과 투르크메니스탄 지역의 유적에서도 발견된다는 사실은, 이미 문자의 초기 형태가 광범위하게 공유되고 있었음을 시사한다.

잔소리 같지만, 그래도 한마디만 더하고 가겠다.

쉽게 접하기 어려운 문명이나 문화에 대해서는 간략하게라도 설명하고 넘어가려 한다. 지금 교육되고 있는 학교 교육이 지나치게 서구 중심적이었다는 점은 부인할 수 없다. 이 글을 쓰면서 주변 사람들에게 안드로노보 문화에 관해 물어보았는데, 열 명 중 단 한 명만이 들어본 적이 있다고 했다. 이는 인류 문명사를 바라보는 관점이 얼마나 제한적인지를 보여주며, 동시에 인문학이 늘 뒷순위로 밀리는 사회의 현실을 반영한다. 인류 문명사를 이해하는 것은 경제와 기술을 아는 것보다 더 중요할 수 있다. 이 책에서 이야기하고자 하는 호모레퍼런스, 즉 참조하는 인간이라는 개념은 바로 여기에 근거한다. 인류가 새로운 기술과 경제, 나아가 문화를 창조하기 위해서는 인류 문명사를 올바르게 인식하는 것이 그 출발점이기 때문이다

안드로노보 문화가 무엇인지에 대해 간략한 설명을 하고 넘어가겠다. 안드로노보 문화는 기원전 2,000년~900년경 유라시아 스텝 지역에서 번성했던 청동기 시대의 문화 복합체로, 청동 야금술, 마차 사용, 목축과 초기 농경이 결합한 독특한 생활 방식을 가진 인도·이란계 유목민들의 문명이다. 지역적으로 보면 청동기 시대에 우랄산맥에서 예니세이 강까지의 서시베리아 스텝 지대를 말한다. 이 문화의 특징으로는 발달한 청동 야금술, 전차와 마술(馬術) 문화, 독특한 도자기 문양, 정교한 매장 의례를 들 수 있다. 이 안드로노보 문화는 인도·유럽어족의 동방 이동과 문명 전파의 핵심 경로이다. 이들은 단순한 유목민이 아닌, 고도로 발달한 기술과 문화를 가진 문명의 전파자였다. 그들의 청동기 기술과 전차 문화는 후대 유라시아 문명 발전의 토대가 되었다. 이 문화권이 위치한 지역은 후에 실크로드가 형성되기 몇천 년 전부터 이미 동서 문화 교류의 중요한 길목 역할을 했다.

다시 본론으로 들어가겠다.

메소포타미아 북부 지역의 발굴 성과는 더욱 놀랍다. 기원전 1,800년경의 층위에서 발견된 점토판에는 초기 아람어로 추정되는 문자와 함께, 조로아스터교의 이원론적 세계관을 암시하는 상징들이 함께 새겨져 있다. 이는 언어와 종교적 개념이 동시에 전파되었음을 보여주는 결정적 증거이다. 기원전 2,200년~1,700년 옥서스 문명의 유물들은 더욱 직접적인 증거를 말하고 있다. 현재의 아프가니스탄과 타지키스탄 경계 지역에서 발견된 이 문명의 유적에서는, 인도-이란어족의 초기 문자와 함께 불을 숭배한 흔적이 발견된다. 이는 조로아스터교의 기원이 되는 종교적 관념이 이미 체계화되고 있었음을 보여준다.

여기서 다시 설명 하나 더 하고 넘어가겠다. 몇 가지만 알고 넘어가면 막연한 궁금증이 해결되는데 그냥 넘어가면 끝까지 혼동이 될까 싶어 이 단원에서는 이것만 더 설명하겠다. 옥서스 문명은 박트리아-마르기아나 고고학 복합체 문명(BMAC)이라고도 부른다. 이 역시 많은 사람이 들어보지 못한 문명이다. 이 문명은 기원전 2,300년~1,700년경 현재의 투르크메니스탄, 우즈베키스탄 남부로 아무다리야(Amou Darya) 강 유역에 있던 문명이다. 이 문명 역시 북쪽에 있던 안드로노보 문화와 같이 유라시아 대륙의 동서 문화 교류에서 핵심적인 문명의 가교 구실을 수행했다. 이 정도만 이야기하고 넘어가겠다. 고고학적 증거들은 우리가 생각했던 것보다 훨씬 더 활발한 문명 교류가 있었음을 보여준다. 기원전 2,000년경 박트리아의 한 청동 공방에서는 우랄 지역의 주석과 아프가니스탄의 구리가 함께 사용되었다. 이는 단순한 물자의 교역이 아닌, 제련 기술의 공유를 의미한다. 장인들은 서로의 기술을 참조하며 새로운 합금 기술을 발전시켰다.

다시 문화의 전파를 보면, 안드로노보 문화의 도자기에서 발견되는 문양은 메소포타미아의 것과 유사하면서도 독창적이다. 이는 단순한 모방이 아닌 창조적 참조의 증거다. 도공들은 서로의 기술과 미적 감각을 참조하되, 자신들만의 방식으로 재해석했다. 옥서스 문명의 불 제단에서는 중앙아시아의 건축 기술과 메소포타미아의 의례 양식이 융합되어 있다. 이는 종교적 관념과 건축 기술이 함께 전파되고 발전했음을 보여준다. 신앙의 전파는 곧 기술의 전파였고, 기술의 발전은 다시 종교 의례의 발전을 촉진했다. 유라시아 문화 기층은 참조의 네트워크였다. 청동기 시대의 장인들은 이미 수천 킬로미터 떨어진 동료들의 기술을 알고 있었고, 그것을 자신들의 필요에 맞게 발전시켰다. 아람어와 조로아스터교는 이 오래된 네트워크 위에서 발전한 것이며, 그들 역시 더 큰 참조의 고리를 만들어냈다. 인류의 문명은 고립된 천재성의 산물이 아니라, 끊임없는 참조와 재해석의 결과물이었다. 유라시아 대륙을 가로지르는 이 거대한 참조의 네트워크야말로 인류가 만들어낸 최초의, 그리고 가장 위대한 발명이었는지도 모른다.

〈참 고〉

▶ Caspari, G., Sadykov, T., & Blochin, J. (2020). New evidence for a Bronze Age date of chariot depictions in the Eurasian steppes. Rock Art Research, 37(1), 53-58.

이 연구 내용은 시베리아(Siberia) 투바 공화국(Tuva Republic)의 투눙 1(Tunnug 1) 스키타이(Scythian) 왕릉에서 발견된 전차 암각화를 분석한 흥미로운 발견이다. 방사성탄소 연대측정을 통해 기원전 833년~800년경으로 정확한 시기를 확정했다. 이 연구가 중요한 이유는 전차 기술의 전파 경로를 구체적으로 보여주기 때문이다. 신타슈타 문화(Sintashta culture, 기원전 2,050년~1,700년경)에서 시작된 전차 기술이 카자흐스탄과 우랄 지역을 거쳐 유라시아 대륙 전역으로 퍼져나갔다는 것을 고고학적 증거로 입증했다. 무덤 구조와 암각화 위치, 제작 기법, 유물 사진 등 다양한 자료를 통해 청동기 시대 전차 문화가 언제, 어떻게 전해졌는지를 명확하게 보여준다. 유라시아 스텝(Eurasian Steppe) 지역에서 기술과 문화가 광범위하게 교류되었다는 사실을 과학적 연대측정과 현장 발굴로 확실히 증명한 연구다.

▶ Spengler, R. N. (2014). Early agriculture and crop transmission among Bronze Age mobile pastoralists of Central Eurasia. Proceedings of the Royal Society B: Biological Sciences, 281(1783), 20133382.

이 논문은 카자흐스탄과 투르크메니스탄(Turkmenistan)의 청동기 시대 유목민 유적에서 나온 흥미로운 발견이다. 타스바스(Tasbas), 베가쉬(Begash) 등에서 발견된 탄화 곡물들을 고고식물학적으로 분석한 결과다. 밀, 보리, 기장, 완두콩 등 다양한 곡물이 기원전 3천년기 초부터 확인되었다. 놀라운 점은 중앙유라시아(Central Eurasia) 유목민들이 이동 생활을 하면서도 계절적 농경을 함께 했다는 것이다. 동서아시아의 작물들을 적극적으로 재배하고 서로 교류했다. 이 발견이 중요한 이유는 기존의 고정관념을 뒤집기 때문이다. 그동안 '유목=비농경'이라는 이분법적 사고가 지배적이었는데, 실제로는 이동 목축민들이 곡물 재배와 농업기술 확산의 핵심 역할을 했다는 것이다. 중앙유라시아 스텝(Central Eurasian Steppe) 지대가 단순한 목초지가 아니라 동서 문명을 연결하는 농업 전파의 주요 통로였다는 사실을 고고학적으로 명확히 보여준 연구다.

▶ Jia, P. W., Betts, A., Cong, D., Jia, X., & Doumani Dupuy, P. (2017). Adunqiaolu: New evidence for the Andronovo in Xinjiang, China. Antiquity, 91(357), 621-639.

이 연구 내용은 중국 신장 위구르 자치구(Xinjiang Uygur Autonomous Region)의 아둔치아오루(Adunqiaolu) 유적 발굴을 통해 안드로노보 문화가 어떻게 동쪽으로 퍼져나갔는지를 밝혀낸 연구다. 방사성탄소 연대측정과 유물 분석을 통해 안드로노보 문화가 카자흐스탄에서 신장(Xinjiang) 지역까지 기원전 2천년기 중후반에 걸쳐 점진적으로 이동했다는 것을 확인했다. 유적에서는 청동기 시대의 무덤과 석기, 도기, 동물 뼈, 곡물 등 다양한 자료가 출토되었다. 이런 발견들은 당시 유목민들의 생활 모습과 농경·목축을 함께 하는 복합 경제 체제의 구체적인 증거를 보여준다. 유라시아 스텝을 통한 문화와 기술 교류가 어떻게 이루어졌는지, 그리고 안드로노보 문화 복합체(Andronovo Cultural Complex)가 동쪽으로 전파된 경로를 실증적으로 밝혀낸 중요한 발견이다.

▶ Tian, D., Festa, M., Cong, D., et al. (2021). New evidence for supplementary crop production, foddering and fuel use by Bronze Age transhumant pastoralists in the Tianshan Mountains. Scientific Reports, 11(1), 13718.

이 논문은 천산산맥(Tianshan Mountains, 중국 신장) 아둔치아오루 유적에서 청동기 시대 이동 목축민들의 실제 생활상을 밝혀낸 흥미로운 발견이다. 유적에서는 탄화된 기장, 보리, 밀 등의 곡물과 사료용 풀, 연료로 쓰인 식물 잔존물이 발견되었다. 주목할 점은 이들 작물이 현지에서 재배된 것이 아니라 저지대에서 생산되어 겨울 캠프로 운반되었다는 것이다. 이 발견이 중요한 이유는 기존의 고정관념을 뒤집기 때문이다. 이동 목축민들이 단순한 유목민이 아니라 농경·목축·연료 전략을 복합적으로 활용한 정교한 경제 구조를 가지고 있었다는 것이다. 청동기 시대 천산산맥 일대에서 농경과 목축, 식물 자원의 광범위한 교류와 경제적 융합이 이루어졌다는 사실을 실증적으로 보여주는 연구다.

8. 나일의 지혜

이집트 문명은 나일강을 따라 부토·마아디, 나카다, 누비아 등 다양한 지역 문화와 메소포타미아·아나톨리아 등 인접 문명과의 활발한 교류와 참조 네트워크를 통해 피라미드, 상형문자, 수학·천문학·의학 등 독창적이면서도 융합적인 문명 성취를 이룩한 인류사적 중심지였다.

기원전 3,200년 경, 나일강 유역에서 최초의 통일 왕조가 탄생했을 때, 이집트는 이미 수천 년의 문명 축적을 이루고 있었다. 최근의 고고학적 발굴은 기원전 8,000년~5,000년에 형성된 이집트 문명이 사하라 사막이 초원이었던 시기부터 메소포타미아 및 기원전 8,000년~1,500년에 형성된 누비아와 교류했다는 증거를 보여준다. 피라미드가 세워지기 훨씬 전부터, 이집트는 이미 참조의 네트워크 안에 있었다. 현존하는 인류 유적 중 오래된 것 중 하나인 아나톨리아 지방의 괴베클리 테페 유적이 기원전 10,000년에 만들어졌는데, 이집트 지역에 기원전 8,000년 경 문명이 있었다는 것은 그리 낯설어 보이지 않는다. 두 문명의 간극이 2,000년이라면 서로 교류할 수 있는 시간적 여유는 충분했다. 문명이라는 것이 어느 날 하늘에서 뚝 떨어졌다고 하는 것이 더 신화 같은 이야기이다. 오히려 몇백 년의 시간을 두고, 때로는 수천 년의 시간을 두고 주변의 인류와 교류하며 참조하면서 만들어졌다고 보는 것이 더 합리적인 이해 과정이다.

초기 이집트에 나일 삼각주 지역 현재 카이로 남부에 부토·마아디(Buto·Maadi)

문화권이 형성되어 있었다. 이 문명은 기원전 4,000년~3,200년경 카이로 북부에 나카다 문화(Naqada culture)와 부분적으로 동시대에 형성되었다. 이집트 역사의 시작을 논할 때, 학자마다 견해가 조금씩 다르다. 그러나 이집트 역사를 이해하기 위해 나일강을 중심으로 접근하는 것이 가장 직관적이라고 본다. 나일강은 상류, 중류, 하류로 구분되며, 이 세 지역의 초기 문명이 이집트 문명의 뼈대를 이루었다고 볼 수 있다. 하류에는 누비아 문명(기원전 8,000년~1,500년), 중류에는 나카다 문명(기원전 3,800년~3,000년), 상류에는 부토 · 마아디 문화(기원전 4,000년~3,200년)가 존재했다. 이 세 축을 기억한다면, 이집트 문명을 이해하는 데 훨씬 쉬워질 것이다. 여기서 한 가지 주의할 점이 있다. 우리나라에 사는 우리는 나일강이 고도 차이로 인해 남에서 북으로 흐른다는 사실에 혼란을 느낄 수 있다. 대부분의 우리나라 사람은 강이 항상 북에서 남으로 흐른다고 생각하는 경향이 있다. 사람은 자신의 관점에서만 생각하는 경향이 있다는 점을 염두에 두자.

역사를 이해할 때 중요한 것은 한 시대와 한 장소를 기준으로 자신이 그 안에 서 있다고 상상하는 것이다. 우리나라 사람들이 유럽이나 다른 나라의 역사를 이해하기 어려워하는 이유는 그 역사가 너무 멀게 느껴지기 때문이라고 생각한다. 그러나 특정 시대와 장소에 자신을 위치시키고, 그 전후의 맥락으로 역사를 확장해 나간다면 훨씬 쉽게 이해할 수 있다. 이집트 문명도 마찬가지다. 나일강이라는 공간과 그 주변의 초기 문명들을 중심으로 바라보면, 이집트 역사는 단순히 갑자기 나타난 신비한 문명이 아니라, 오랜 시간에 걸쳐 형성된 결과라는 것을 알게 된다. 물론 필자의 지식에도 한계가 있고, 이 책에서 다루는 내용 역시 갑론을박의 여지가 있을 것이다. 하지만 이러한 논의가 독자들에게 새로운 시각을 제공하고, 인류사 인식을 한 단계 끌어올리는 데 기여할 수 있다면 충분히 가치 있는 작업이라 생각한다. 역사는 단순히 과거를 기록한 것이 아니라, 현재와 미래를 이해하는 열쇠다. 그러니 너무 어렵게 생각하지 말고, 지금, 이 순간 나일강 유역에 서 있다고 상상하며 이집트 문명의 시작을 따라가 보기를 권한다.

다시 이야기로 돌아가겠다.

나일강 상류에 초기에 탄생한 부토·마아디 문화권은 석재로 만든 반지하식 주거지를 만들었다. 이러한 석재를 이용한 벽체 축조 기술에서 메소포타미아 스타일의 진흙 벽돌을 사용한 것으로 보아 메소포타미아 지역과 활발한 교류가 있었던 것을 알 수 있다. 이집트 하면 항상 떠올리는 것은 피라미드와 함께 이집트의 상형문자이다. 기원전 3,000년경에 완성된 이 문자 체계는 메소포타미아의 쐐기문자와 비슷한 시기에 발전했지만, 전혀 다른 방식으로 진화했다. 그러나 두 문자 체계 모두 신성한 의미를 담은 그림에서 출발했다는 점은 흥미로운 공통점이다. 이런 문명의 발자취를 따라가다 보면, 인류가 초기의 소박한 표현 방식에서 출발하여 오랜 시간을 거쳐 정교한 문화 체계를 구축해온 놀라운 여정이 경이롭게 다가온다.

현대의 DNA 분석과 고고학적 증거는 이집트 문명이 다양한 문화의 융합으로 탄생했음을 보여준다. 기원전 5,000년경 나일 강 삼각주 지역의 발굴 현장에서는 메소포타미아 양식의 도기와 누비아 스타일의 장신구가 함께 발견된다. 이는 이집트 문명이 형성되기 전부터 이 지역이 문화 교류가 활발히 이루어지고 있던 지역임을 증명한다. 이집트 역사를 읽다 보면, 누구나 한 번쯤 이런 의문을 품어봤을 것이다. 이집트가 피라미드를 만들 때, 한반도에서는 무엇을 하고 있었을까? 자료를 찾아보면, 그 시기 한반도에서 발견되는 유물은 빗살무늬 토기, 패총, 돌도끼 같은 것들이다. 반면, 이집트는 250만 개의 거대한 돌을 쌓아 올려 피라미드를 건축했다. 그 돌 하나의 평균 무게가 2~3톤, 크고 특별한 돌은 50톤에 달한다고 한다. 어떻게 고대 이집트인들이 그런 대규모 건축물을 만들어냈을까? 이 질문 앞에서 많은 이들이 외계인설에 잠시 귀를 기울이기도 하고, 인디아나 존스 같은 모험 이야기를 떠올리며 상상의 나래를 펼치기도 한다. 하지만 결국 답을 찾지 못한 채 생각의 끈을 놓게 된다. 이집트의 피라미드와 한반도의 빗살무늬 토기 사이에는 단순히 시간적 차이만 있는 것이 아니라, 아직 완전히 이해하지 못한 인류 문명의 다양성과 불균형이 숨어 있다.

혹시 이 글이 "왜 우리 집은 돈이 없는데 친구 집은 부자일까? 부모님은 그때 뭐 하셨지?" 같은 원망으로 들릴지 걱정이다. 하지만 절대 그런 의도가 아니다. 문명에는 시간 차가 존재한다. 늦게 문명이 발생하였다고 해서 열등한 것은 아니다. 일정한 지역이 문명이 늦게 있었다고 해서 그 지역은 인류사에서 문명에 대한 참조와 교류가 없었던 것이 아니다. 원래 인류가 살지 않았던 일부 지역이었을 수도 있고, 보다 선진 문명이 존재하였으나 아직 발견되지 않은 지역일 수도 있다. 만약 부정적으로 읽혔다면, 그런 생각은 잠시 접어두고 이집트 피라미드의 돌 하나를 옮겨보는 상상을 해보길 권한다. 그러면 원망 대신 경외심이 생길지도 모른다.

인류가 가진 본질적인 문화 발전의 동력은 바로 호모레퍼런스라는 개념이다. 인류는 끊임없이 서로를 참조하며 발전해 왔다. 피라미드 같은 거대한 건축물도, 빗살무늬 토기 같은 소박한 유물도 모두 그 시대와 환경 속에서 축적된 지식과 기술, 그리고 다른 이들과의 네트워크를 통해 이루어진 결과물이다. 이런 참조의 네트워크를 이해하지 못한다면, 이집트와 한반도의 차이를 단순히 우열이나 신비로만 바라볼 수밖에 없다. 피라미드는 고립된 기적이 아니라, 당시 이집트 사회가 가진 지식과 기술, 그리고 주변 문명과의 교류가 만들어낸 산물이었다는 점을 기억해야 한다. 다소 엉뚱하게 들릴 수 있지만, 인류는 100만 년 동안 도끼를 들고 다니다가 마침내 '참조의 네트워크'라는 개념을 깨닫게 되었다.

결과가 있으면 반드시 원인이 있다. 피라미드나 다른 인류의 유적도 갑자기 나타난 것이 아니다. 그 뒤에는 반드시 지식과 기술, 그리고 문화적 교류로 이루어진 참조의 네트워크가 존재했다. 하지만 현대 사회는 결과에만 치중하고 원인은 몰라도 된다는 식의 빨리빨리 사고방식에 길들어 왔다. 이런 사고방식이 왜 그런지 모르겠다는 엉뚱한 결론을 만들어냈고, 결국 사회를 지금처럼 결과만을 빠르게 얻고 해석하려는 방향으로 이끌어온 것이다. 이제는 인문학에 관심을 기울여야 할 때다. 인공지능이 발전하는 시대일수록, 인간의 사고와 문화를 탐구하는 인문학은 더 중요한 학문이 될 것이다. 그 필요성에 대한 자각은 곧 찾아올 것이다. 준비해야 한다. 바로 지금이다.

이집트 하면 반드시 떠오르는 상징물은 피라미드이다. 이 피라미드의 발전 과정은 이집트가 다른 문명의 영향을 받은 가장 대표적인 건축물이다. 기원전 2,700년경 조세르 왕의 계단식 피라미드는 하루아침에 등장한 것이 아니었다. 메소포타미아의 지구라트(계단식 신전)에서 영감을 받은 이집트 건축가들은, 여기에 자신들의 독특한 수학적 지식을 더했다. 기원전 4,000년경 누비아 지역에서 발견되는 원형 무덤 양식도 피라미드 발전에 영향을 미쳤을 것이다. 이제부터는 이집트의 여러 측면을 단편적으로나마 만물상처럼 간략히 다뤄보려 한다. 이집트 역사는 이미 다양한 곳에서 소개되었고, 늘 흥미로운 인류사의 한 부분으로 자리 잡아 왔다. 그렇기에 이 책에서는 이집트 역사 전반을 깊이 다루기보다는, 간단히 열거하는 데 그치려 한다. 대신 조금은 생소하게 느낄 수 있는 역사와 이야기들에 더 집중해 볼 생각이다.

이집트의 수학과 천문학 역시 참조의 산물이었다. 기원전 3,000년경 이집트의 달력 체계는 메소포타미아의 60진법과 현지의 나일강 주기 관찰을 결합한 것이었다. 카르낙(Karnak) 신전에서 발견된 천문 관측 기록은 메소포타미아와 이집트가 천문 지식을 공유했음을 보여준다. 이집트의 의학 지식도 참조의 증거를 보여준다. 기원전 1,600년경의 에드윈 스미스 파피루스(Edwin Smith Papyrus)에 기록된 외과 수술 기법은 메소포타미아의 의학 지식과 놀라운 유사성을 보인다. 그중에서 두개골 수술 방법은 현대 고고학자들이 메소포타미아와 이집트 양쪽에서 발견한 치유된 두개골 표본을 통해 그 기술 교류를 확인할 수 있다. 학교에서 배웠던 그리스·로마 시대에 의술이 시작되었다는 말은 서양 중심 역사학자들의 견해일 뿐이며, 이런 증거들은 다른 이야기를 하고 있다. 앞에서 언급했던 메소포타미아 문명에 속한 페르시아에서도 이와 유사한 의학적 증거들이 발견되고 있다. 이집트의 미라 제작 기술은 대표적으로 잘 알려져 있다. 최근의 연구는 이 기술이 사하라 사막의 자연 미라화 현상을 참조했음을 보여준다. 기원전 3,500년경 이집트인들은 사막의 건조한 모래가 시신을 보존하는 것을 관찰했고, 이를 바탕으로 인공적인 미라화 기술을 발전시켰다. 여기에 메소포타미아에서 전해진 향신료 처리 기술이 더해져 내세관을 믿고 있던 이집트인들은 완벽한 미라 제작법을 가지게 되었다.

신전 건축에서도 참조의 흔적이 발견된다. 룩소르 신전(Luxor Temple)의 열주는 고대 누비아의 야자수 숲을 석조 건축으로 재현한 것이라는 증거가 있다. 기원전 2,000년경의 신전 벽화에는 이러한 참조의 과정이 상징적으로 묘사되어 있다. 아나톨리아 지방의 괴베클리 테페나 카라한 테페에서는 이미 기원전 12,000년 전에 거대한 신전과 마을을 건설했다. 이러한 건축 기술이 만년의 시간을 거쳐 발전했다면, 이집트인들이 피라미드와 같은 건축물을 만들었다는 것은 놀라운 일이 아니라 오히려 자연스러운 결과로 보인다. 기원후 2,000년 동안 인류가 이룬 성취를 생각해 보면, 그 다섯 배에 해당하는 시간 동안 괴베클리 테페의 신전 기술이 이집트 피라미드의 기술로 발전했다는 것은 충분히 이해할 수 있는 일이다.

기원전 640년경, 그리스의 밀레토스 출신 철학자 탈레스가 이집트를 방문했다는 기록은 단순한 일화가 아니다. 그가 피라미드의 높이를 그림자로 측정하는 방법을 발견했다는 이야기는, 이집트 수학이 그리스 기하학의 발전에 직접적인 영향을 미쳤음을 보여준다. 헤로도토스의 기록에 따르면, 당시 많은 그리스 지식인이 이집트를 방문해 기하학과 천문학을 배웠다. 그리고 그들은 이집트를 거쳐 페르시아를 방문했을 것이다. 그들에게 이집트와 페르시아의 문명은 동경의 대상이었다. 그리스 피타고라스(기원전 570년~495년)의 이집트 방문은 중요한 의미를 가진다. 그의 수학 이론 중 상당수가 이집트의 영향을 받았다. 그의 대표적 수학 공식인 "피타고라스의 정리"로 알려진 직각삼각형의 성질은 이미 이집트의 "로프 스트레처"(rope stretcher)라 불리는 측량사들이 사용하던 방법이었다. 이들은 밧줄을 가지고 직각을 측정하고 토지 경계나 건축 기초를 설정했는데, 피타고라스는 이를 체계화하여 정리한 것이다. 만약 피타고라스가 이집트를 방문하여 이집트의 측량 기술을 참조하지 않았다면, 오늘날 피타고라스의 정리가 아닌 "이집트인들의 정리"를 배우고 있었을 것이다. 최근 발견된 기원전 1,800년경의 파피루스는 이집트인들이 이 원리를 피라미드 건축에 활용했음을 명확히 보여준다. 물론 이 원리를 체계화하여 수학적 정리로 만들어낸 피타고라스학파의 공헌 역시 무시할 수 없다. 그들 또한 인류의 참조 네트워크 위에서 이전 지식을 참조하고 발전시켜 수학 발전에 중요한 기여를 했다.

기원전 332년 알렉산더 대왕의 이집트 정복은 문명 교류의 새로운 장을 열었다. 물론 이때 이집트는 페르시아 제국의 지배를 받고 있었다. 이집트는 이미 이 당시 메소포타미아 문명과 자국의 문명이 서로 참조하며 발전했을 것으로 보인다. 당시 군사력은 알렉산더 대왕의 마케도니아가 앞섰으나, 문화적인 면에서는 페르시아 문명과 이집트 문명의 조화가 이루어진 이집트가 월등했을 것으로 보인다. 그런 이집트를 본 알렉산더 대왕은 그곳에 이상적인 도시를 건설하고 싶은 생각이 들었으리라 미루어 짐작할 수 있다. 알렉산더 대왕의 목적대로 그가 설립한 알렉산드리아(Alexandria)는 그의 사후에 동·서양 지식의 융합지가 되었다. 알렉산드리아 도서관은 이집트의 고대 지식과 그리스의 새로운 학문이 만나는 용광로였다. 여기서 기원전 300년경, 유클리드는 이집트의 실용 기하학을 그리스의 논리로 재해석하여 "기하학 원론"을 저술했다. 이집트의 이런 학문적인 영향은 전에 잠깐 서술한 대로 의학에도 영향을 미쳤다. 히포크라테스 학파의 의학은 이집트의 임상 경험을 상당 부분 참조했다. 기원전 1,500년경의 에베르스 파피루스(Ebers Papyrus)에 기록된 질병 진단법과 치료법은 히포크라테스의 저작에서도 유사하게 발견된다.

페르시아 제국이 이집트를 점령하기 전부터 이미 이집트와 페르시아 간에는 활발한 교류가 이루어졌고, 이런 이집트 문명은 중간지역인 페르시아와 인더스 문명을 통해 중국과도 이어지고 있었다. 이런 교류는 페르시아 제국이 형성되면서 더욱 활발히 문명 교류가 이루어졌다. 이 교류는 중국 지역까지도 포함하였다. 이집트 문명이 남긴 가장 큰 유산은 참조의 네트워크를 만들었다는 점이다. 직접적인 접촉이 없었던 동·서양의 철학자들도, 이 네트워크를 통해 서로의 지혜를 공유할 수 있었다. 이것이야말로 호모레퍼런스의 위대한 성취이다.

▶ **이집트 유물(사진ⓒ저자 촬영) 도쿄 국립박물관 소장**

①. 파세리엔프타의 미라(Mummy of Pasherienptah), 이집트 테베에서 출토, 기원전 945년에서 기원전 730년 사이로 추정. 제3중간기의 미라 제작 기술과 당시의 장례 문화를 보여주는 중요한 유물. ②. 곡식창고 재고조사, 기원전 2,025년경 추정, 상이집트 중왕국 시대의 유물, 이집트의 체계적인 행정 시스템과 농업 경제를 엿볼 수 있는 일상생활 자료 ③. 이집트 배 모양 유물, 기원전 2,025년경 추정, 상이집트 중왕국 시대. 나일강을 통한 이동과 운송에 사용된 선박 기술과 항해 문화, 인물들의 배치로 당시 선상 활동의 모습 추론할 수 있는 유물이다.

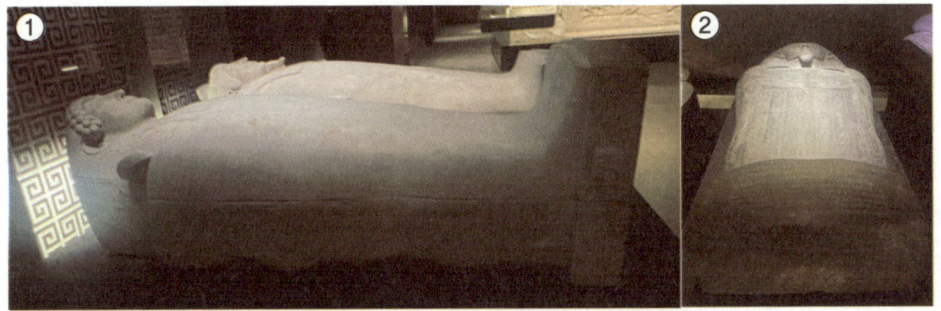

▶ **고대 페니키아 석관(사진ⓒ저자 촬영) 이스탄불 고고학 박물관 소장**

페니키아는 기원전 2,400년에 형성된 국가로 지금의 레바논과 시리아 지역에 위치한 해양 중심 문화를 가진 국가이다. 이 석관은 거의 이집트의 석관과 흡사한 형태인 인체형 석관(Anthropoid Sarcophagus)을 사용하고 있다. 문화는 주변 국가들에 점진적으로 참고되고 발전되어 유사한 형태로 변모한 모습을 확인할 수 있다. 이는 호모레퍼런스라는 강력한 문화적 증거로 평가된다.

①. 대리석(Marble). 기원전 450년~400년. 시돈(Sidon, 현재의 사이다, 레바논).
②. 화강암(Granite). 기원전 약 500년. 시돈(Sidon, 현재의 사이다, 레바논).

▶ **이집트 석조 유물**(사진©저자 촬영) 도쿄 국립박물관 소장

고대 이집트 문명의 예술성과 종교적 측면을 잘 보여주는 중요한 유물. ①. 이집트 세크메트 여인, 기원전 1,350년 신왕국 시대 이집트 테베에서 출토, 이 석조 조각상은 전형적인 이집트 양식을 보여준다. 세크메트는 사자 머리를 한 여신으로, 전쟁과 치유의 신으로 알려져 있다. 조각상은 엄격하고 위엄 있는 모습으로 정면을 향해 서 있다. ②. 이니 부조, 기원전 23세기 고왕국 시대. 석회암에 새겨진 이 부조는 평면적이고 정교한 이집트 미술의 특징을 잘 나타낸다. 부조에 새겨진 인물 이니는 귀족으로 뚜렷한 윤곽선과 당시의 의복이나 장신구 등을 통해 고대 이집트인의 생활상을 엿볼 수 있다. 부조 주변에는 상형문자가 새겨져 있어 역사적, 문화적 가치가 높은 유물이다.

〈참 고〉

▶ Stevenson, A. (2016). Material culture and cultural identity in early Egypt. In T. Insoll (Ed.), The Oxford Handbook of Prehistoric Egypt (pp. 799–818). Oxford University Press.

나카다 IIC-D 시기(Naqada IIC-D period)의 의례용 석제 봉(ceremonial stone maces)과 히에라콘폴리스(Hierakonpolis) 수장품의 다양한 봉들은 초기 권력 및 왕권의 상징으로, 지역 간 문화 교류를 보여주는 중요한 증거이다. 이 유물들은 단순한 장식품을 넘어 정치적·종교적 권위(political and religious authority)와 집단 정체성(group identity)을 시각적으로 드러내는 핵심 매개체 역할을 했다. 이들 봉의 형태적 다양성은 서로 다른 문화적 요소들이 융합되어 형성되었음을 명확히 보여준다. 결국 초기 이집트 문명은 단일 기원이 아닌, 여러 집단과 문화의 상호작용(cultural interaction)을 통해 발전한 복합적 문명이었다.

▶ Moeller, N. (2016). The archaeology of urbanism in ancient Egypt: From the Predynastic period to the end of the Middle Kingdom. Cambridge University Press.

이 책은 선왕조부터 중왕국기까지 이집트 도시화 과정을 고고학적 증거로 종합 분석하며, 마아디(Maadi) 유적의 반지하식 주거지(semi-subterranean dwellings)는 메소포타미아 우루크 문화(Mesopotamian Uruk culture)의 건축 기술이 이집트로 전파된 핵심 사례임을 보여준다. 마아디의 진흙 벽돌과 석재 혼합 구조(mudbrick-stone composite structure)는 부토-마아디 문화(Buto-Maadi culture)의 특징으로, 서아시아와 이집트 간 문화 교류(cultural exchange)의 실질적 증거로 해석된다. 텔 엘-파르카(Tell el-Farkha) 초기 양조장 유적은 메소포타미아식 산업시설 구조와 대규모 생산방식(large-scale production methods) 도입을 통한 기술 전파의 구체적 사례를 제시한다. 결국 이집트 초기 도시와 산업시설 발전이 인접 지역과의 교류와 융합(regional interaction and integration)을 통해 이루어졌음을 고고학적으로 입증한다.

▶ Goldwasser, O. (2011). How the alphabet was born from hieroglyphs. Biblical Archaeology Review, 37(2), 40-47, 69.

이 논문은 이집트 상형문자(Egyptian hieroglyphs)가 구체적 그림에서 추상적이고 표준화된 문자 체계(standardized writing system)로 발전하는 과정을 체계적으로 분석한다. 초기 왕조 시대(Early Dynastic period)의 뼈 태그(bone tags)와 벽화 등 고고학적 증거를 통해, 상형문자가 실물 묘사에서 음가(phonetic values)와 상징적 의미를 지닌 문자로 변모했음을 입증한다. 특히 시나이 반도(Sinai Peninsula)에서 발명된 알파벳의 기원과 이집트 문자 체계의 상호작용(interaction), 그리고 문자 혁신의 사회적·문화적 배경(socio-cultural context)을 구체적으로 해설한다. 결국 이집트 문자 체계의 발전이 단순한 도상 변화가 아니라, 상징·언어·정체성(symbol, language, and identity)의 복합적 진화 과정임을 강조한다.

9. 도시의 발명

수메르 문명과 도시의 발명은 괴베클리 테페 등 선행 문명과의 참조 네트워크와 기술·종교·사회 조직의 연속적 발전 위에서 이루어진 인류 최초의 도시화 혁신이었다.

인류 문화에 대해서는 기원전 6,000년 전 수메르 문명이 이라크 남부의 충적토인 메소포타미아에서 시작되었다고 한다. 이 주장은 지금까지도 그 기원에 대해 의문의 여지가 남아 있다. 이 수메르 문화는 '우루크'(Uruk)라는 이름의 도시 국가 형태를 갖추고, 여러 신을 믿는 종교를 중심으로 네트워크를 구성하여 발전하였다. 수메르는 도시마다 지구라트라는 신전을 세워 구심점을 만들어갔다. 이 지구라트가 이후 이집트의 피라미드에 영향을 주었다고 학자들은 추정하고 있다. 수메르 문화는 어느 날 갑자기 나타난 것이 아니라 어떤 형태로든 영향을 받아 생겨났다. 또한 수메르 종교 역시 갑자기 나타난 것이 아니다. 이미 수메르 문명이 발생한 곳에서 멀지 않은 거리에 괴베클리 테페가 기원전 10,000년에 신전과 도시 형태의 정착지를 만들었다. 그 신전은 수메르의 다신교와 흡사한 형태를 띠고 있었고, 그곳의 정착지도 수메르와 크게 다르지 않았다. 수메르를 기원전 6,000년이라고 하면, 그보다 4,000년 전에 인근에 유사한 문화 형태가 존재했다는 점에서 수메르의 등장은 충분히 이해할 수 있는 문명의 연속성을 보여준다.

잠깐 여기서 밝혀둔다. 이 책은 필자가 생각하는 인류사를 담고 있다. 출간 후에는 광범위한 기간과 문화를 다루고 있어 여러 가지 수정 사항이 나올 수 있을 것이다. 집필을 시작할 무렵, 한 아끼는 후배가 했던 말이 생각난다. "역사학자, 고고학자, 인류학자가 보면 확인하고 싶은 것이 많을 수 있고 수정할 부분도 발견될 수 있으니, 검토와 수정에 충분한 시간을 두어야 할 것입니다."라고 조언해 주었다. 그 후배의 학문을 대하는 진지한 태도에 늘 존경하는 마음을 가지고 있던 터라 그 충고를 겸허히 받아들였다. 학문을 대하는 태도만큼은 성실함을 유지하려고 노력하며 살고 있다. 다만 그 후배와 다른 점이 있다면, 최선을 다해 수정하되 또 다른 수정 사항이 발견되어 지적을 받더라도 그것을 학문 발전의 자연스러운 과정으로 받아들인다는 점이다. 이는 결코 필자가 특별해서가 아니다. 알아가고 경험해 가는 과정 자체가 소중하며, 그 과정에서 부족한 부분이 드러나더라도 그것을 지속적으로 검토하고 수정해 나가는 것이야말로 학문이 발전하고 진리에 더 가까이 다가가는 바람직한 태도라고 생각하기 때문이다. 이 책 역시 그러한 생각에서 쓰였다. 여러 번의 검토 과정을 거쳤지만, 일부 주제에 대해서는 다양한 관점이 존재함을 함께 제시하는 것이 중요하다고 판단한 부분들도 있다. 학문은 절대 완성되지 않는 여정이기에, 앞으로도 새로운 발견과 통찰을 통해 이 책의 내용을 지속적으로 발전시켜 나갈 것이다. 이해와 조언이 이러한 발전 과정에 소중한 밑거름이 될 것임을 믿는다.

인류사를 알아가고 이해하는 것은 어느 전문가만 할 수 있는 영역이 아니라 모두가 함께해야 하는 일이라고 생각한다. 각자의 입장에서 역사를 알아가려는 다양한 노력이 이루어질 때 인류사의 진실에 한 발짝 더 다가설 수 있다. 학문의 세계에서는 오류와 수정이 자연스러운 과정이다. 역사학도 예외는 아니다. 역사를 100퍼센트 정확하게 기술할 수 있는 사람은 아마 존재하지 않을 것이다. 오랜 연구 경험을 가진 전문가의 정확도는 비전문가보다 높겠지만, 역사라는 학문 분야에서는 누구에게나 오류가 있을 수 있다. 중요한 것은 오류를 발견했을 때 이를 어떻게 다루느냐이다. 비판과 지적은 건설적인 방향으로 이루어져야 한다. 서로 다른 관점과 해석을 존중하며, 함께 토론하고 배워나가는 과정이 학문 발전의 핵심이다. 상대방의 연구를 인정하는 바탕 위에서 부족한 부분을 보완하고 발전시켜 나갈 때, 진정한 학문적 성장이 이루어진다. 비록 주장이 틀린 사실에 기반하더라도 전체 맥락에 큰 문제가 없을 때는 그 주장이 필요할 수 있다. 또한 틀린 사실을 기반으로 다른 방향의 주장을 하더라도, 그러한 주장이 제기된 이유를 탐구함으로써 의미 있는 통찰을 얻을 수 있다. 이 책을 쓰는 동안 수년의 시간이 소요되었고, 여러 번의 검토 과정을 거쳤음에도 수정 사항이 발견되었다. 앞으로도 많은 지적과 조언이 있을 것이다. 그러한 피드백을 긍정적으로 받아들이고, 보다 진실에 가까워지기 위해 노력할 것이다. 이것이 학문을 대하는, 세상을 대하는 바람직한 태도라고 생각한다.

주제와 다른 이야기가 너무 길었다. 다시 본론으로 들어가겠다.

이 수메르 문명과 문명 형성에 영향을 준 인적 네트워크는 인류 역사에 있어 큰 변화였으며, 근본적인 기술 발달의 원동력이 되었다. 그 이전까지 혈연 중심의 사회만을 구성하던 인류는 이 시기부터 사회적 관계에 기반한 사람들이 모여 도시 형태의 네트워크를 이루기 시작했고, 그에 따라 다양한 기능이 필요해졌으며, 이러한 필요가 기술 발전의 동인이 되었다. 필자는 '동인'이라는 개념이 인간을 움직이는 가장 중요한 요인이라고 생각한다. 동인을 탐구해 들어가다 보면, 그것이 인간의 행동이나 행동 변화를 이해하는 데 있어 가장 핵심적인 단서가 된다고 믿는다.

그리고 여기서 인류가 인적·사회적 네트워크를 구성했다는 것은 지금까지 많은 역사학자와 인류학자의 이야기이다. 실제 필자가 인류사를 보다 보니, 이미 인적 네트워크는 만 년 전에 필자가 앞에서 다루었던 괴베클리 테페 등에서도 인적 네트워크를 통해 사람들이 모인 유적을 찾았다. 인적 네트워크를 이루었던 시기는 지금으로부터 최소 12,000년 전이라는 것은 부동의 사실 같다. 앞으로 다른 유적이 발견된다면 이 시기는 보다 앞당겨질 가능성도 있다. 아직 많은 역사학자와 인류학자들 사이에서 충분한 인용과 검증이 이루어지지 않아 정설로 받아들여지지 않은 부분들은, 여기서는 다양한 관점 중 하나로 표현하였다. 이는 앞서 언급한 견해들과 상충하는 것이 아니다. 이 책에서 필자가 주장하고자 하는 핵심은 호모레퍼런스, 즉 인간은 본질적으로 참조하는 동물이라는 점이며, 이를 설명하기 위해 기원전 인류의 역사를 처음부터 살펴보고 있다. 일부 연대나 과정이 기존 이론과 다르더라도, 이러한 큰 흐름 속에서 넓은 안목으로 이해해 주기를 바란다.

인류 역사상 가장 극적인 순간 중 하나가 메소포타미아 남부의 충적평야에서 일어났다. 기원전 6,000년경, 티그리스와 유프라테스강이 만든 비옥한 땅에서 인류 최초의 도시 문명이 탄생했다고 한다. 이를 우리는 수메르 문명이라고 부른다. 그러나 이 문명의 갑작스러운 등장은 오히려 더 큰 수수께끼를 던진다. 어느 날 갑자기 고도로 발달한 문명이 나타났다는 설명은 그 자체로 모순적이다. 고고학자들이 발견한 최초의 대규모 도시 우르크는 마치 완성된 교향곡처럼 복잡하고 정교한 시스템을 갖추고 등장했다. 우르크가 아무런 선행 단계 없이 갑자기 나타났다는 주장은, 음악을 전혀 배워보지 못한 초등학생이 어느 날 갑자기 완벽한 교향곡을 작곡했다고 말하는 것만큼이나 비현실적이다. 기원전 4,000년경의 발굴 층에서 이미 정교한 도시 계획, 복잡한 신전 건축, 그리고 세계 최초의 문자가 발견된다. 이런 성취들은 하룻밤 사이에 이루어질 수 없다. 정확한 연결고리를 아직 모르고 있는 것뿐이다. 최근의 고고학적 발견들은 수메르 이전의 이야기를 들려준다. 12,000년 전 튀르키예의 괴베클리 테페에서 발견된 거대한 신전 유적은 도시가 생기기도 전에 이미 대규모 종교의식이 있었음을 보여준다. 더욱 놀라운 것은 이 신전을 만든 사람들이 아직 농업을 시작하지도 않은 수렵채집민이었다는 점이다. 그리고 우르크는 괴베클리 테페에서 남동쪽으로 직선거리 약 850km 떨어져 있다. 이러한 거리를 고려할 때, 두 지역 사이에 상당한 수준의 문화적 연관성이 존재했다고 보는 것이 더 합리적이라고 생각한다.

새로운 발견들은 기존의 인류 문명의 발전 순서를 뒤집는 결과였다. 지금까지 인류사는 농업이 정착을 낳고, 정착이 도시를 만들었다고 생각했다. 그러나 괴베클리 테페는 먼저 "신"이 있었고, 신을 모시기 위해 사람들이 모였으며, 이 모임을 유지하기 위해 농업이 시작되었을 가능성을 보여준다. 이 발견뿐 아니라 인도네시아의 구눙 파당, 레바논 바알베크의 트릴리톤이라고 불리우는 석조 기초에서 이런 증거들이 나오고 있다. 이 맥락에서 수메르의 지구라트는 새로운 의미를 가진다. 기원전 4,000년경 우르크의 첫 번째 지구라트는 단순한 신전이 아니었다. 그것은 이미 수천 년에 걸쳐 발전해 온 종교적 집회의 전통이 도시라는 새로운 형태로 진화한 결과물이었다.

수메르의 출현에는 더 오래된 참조의 네트워크가 있었다. 우르크에서 발견된 최초의 토기들에서 많은 증거를 찾을 수 있다. 이 토기들의 제작 기법은 카스피해 연안에서 발견되는 것들과 유사하고, 장식 문양은 아나톨리아 지역의 것과 닮았다. 이는 수메르 문명이 형성되기 전부터 광범위한 기술 교류가 있었음을 증명한다. 참고로 아나톨리아 지방은 괴베클리 테페뿐 아니라 많은 12,000년 전 유적이 발견되는 지역이다. 앞에서도 언급했지만, 튀르키예 정부는 이 유적들 12개를 타스템플러라는 네트워크로 묶어 발굴, 연구하고 있다.

종교 의례의 발전 과정도 놀랄 만하다. 수메르의 신들은 하늘에서 갑자기 떨어진 것이 아니었다. 우르크의 이난나 신전에서 발견된 의례용 도구들은 기원전 6,000년경 자그로스 산맥(Zagros Mountains) 지역의 것들과 놀라운 유사성을 보인다. 신을 섬기는 방식도 참조되고 발전했다. 괴베클리 테페는 샤머니즘과 다신교의 흔적을 보인다. 대부분의 초기 인류 문화는 괴베클리 테페와 같은 종교적 색채를 띠고 있었으며, 이러한 신앙의 형태가 수메르에서 보다 체계적인 종교로 발전되었다고 보는 것이 타당하다. 이러한 종교적 방식은 기원전 인류뿐 아니라 지금까지도 계속 이어지고 있다. 도시의 기초는 도시 계획부터이다. 우르크의 도로 체계는 마치 현대 도시처럼 격자형 구조를 보이는데, 이는 우연이 아니다. 발굴된 진흙판에는 도시 설계도가 그려져 있다. 이들은 이미 도시를 설계하는 방법을 알고 있었다. 그렇다면 이런 지식은 어디서 왔겠느냐는 의문은 자연스럽다. 이처럼 문명의 갑작스러운 등장에 대한 적절한 설명이 부족할 때 역사에 대한 이해도가 급격히 떨어지게 된다. 점진적인 발전 단계를 이해할 수 있을 때 역사는 단순한 암기가 아닌 진정한 이해의 단계로 넘어갈 수 있다.

도시의 발명은 인류에게 전혀 새로운 도전을 안겨주었다. 수천 명의 낯선 사람들이 한 공간에서 살아가기 위해서는 이전에는 필요하지 않았던 새로운 규칙과 기술이 요구되었다. 우르크에서 발견된 가장 오래된 점토판에는 재산 목록과 빚을 기록한 내용이 남아 있다. 문자는 서로 알지 못하는 사람들 간의 거래를 기록하기 위해 발전하였다. 수메르의 발굴 현장은 이러한 변화의 흔적으로 가득 차 있다. 기원전 3,500년경의 층위에서는 갑작스럽게 다양한 직업을 나타내는 도구들이 출현한다. 금속 세공인의 작업장, 도예가의 가마, 직물 공방의 흔적 등이 발견된다. 이에 대해 학자들은 인류 최초의 전문가 집단이 등장했다고 주장한다. 이들은 인류가 갑자기 자급자족 상태에서 벗어나기 시작했으며, 그 증거로 이러한 유물과 흔적들을 제시한다.

왜 인류사 초기 문명의 발상지에서는 하나같이 기적과도 같은 일이 일어났다고 말하며, 그것을 믿으라고 하는가? 어느 날 갑자기 인류는 도시를 만들었다고 한다. 그리고 문자를 창조하고, 사람들은 갑자기 정치와 경제 시스템을 알게 되었다고 전해진다. 역사를 배우는 이들에게는 그것을 믿고 출발하라고 한다. 그 뒤로는 기초가 마련되었으니 인류사가 술술 풀려나가게 된다는 것이다. 그럴듯하게 보이지만, 이 모든 설명이 합리적인 인류사 구축의 기초가 되었다고 말한다. 그러나 이러한 갑작스러운 문명의 출현 설명은 마치 모래 위에 세운 탑처럼 불안정하다. 점진적인 발전 과정이 배제된 문명의 등장은 설득력이 부족하며, 이는 인류 역사의 연속성과 참조성을 간과하는 시각이다. 이 책에서는 특정 연대나 지역에 관한 정보가 학자마다 다를 수 있음을 인정한다. 그러나 이러한 세부적 차이보다 더 중요한 것은 문명 간의 참조 관계이다. 어떤 문명이 이전 문명의 지식과 기술을 어떻게 참조하고 발전시켰는지, 그 연결 고리를 찾는 것이 이 책의 핵심이다. 앞으로의 서술에서도 이 참조의 흐름을 따라가며 인류 문명의 발전 과정을 설명해 나갈 것이다. 혹시 "왜 참조에 이토록 집착하는가?"라는 의문이 든다면, 그것이 바로 인류 문명의 본질적 특성, 즉 호모레퍼런스로서의 정체성을 이해하는 핵심 열쇠이기 때문이다.

이야기를 더 진전시켜보자. 도시의 배수 시스템도 참조의 흔적이 보인다. 우르크의 거리에는 이미 진흙 관으로 만든 하수도가 있었다. 수천 명이 모여 사는 공간에서 위생은 생존의 문제였다. 고고학자들은 이 하수도 시스템이 점진적으로 발전한 흔적을 발견했다. 실패와 성공을 거듭하며 도시 문명은 새로운 문제를 해결해 나갔다. 도시의 출현은 인간관계의 본질을 바꾸어놓았다. 수메르의 점토판에는 흥미로운 기록이 남아 있다. "낯선 이가 성문 안으로 들어오거든, 그의 이름과 출신을 기록하라." 이는 인류 최초의 공식적인 신원 확인 시스템이었을지도 모른다. 혈연관계만으로 신뢰를 보장하던 시대가 끝나고, 제도를 통한 신뢰 구축이 시작된 것이다. 우르크의 신전 구역에서는 개인 소유를 나타내는 유물이 발견되었다. 수천 개의 점토 인장(seal)이 발견되었는데, 이는 계약 문화를 보여준다. 서로를 모르는 사람들이 거래하기 위해서는 약속을 보증할 수단이 필요했다. 신전은 단순한 종교 시설이 아닌, 계약의 보증자 역할을 했다. 이러한 인장은 12,000년 전 괴베클리 테페에서도 발견되었는데, 이를 통해 인류가 오랫동안 물건에 대한 소유 개념을 가지고 있었음을 알 수 있다. 오랜 시간에 걸쳐 공동 소유의 개념에서 개인 소유 개념으로 발전해 왔다는 사실이 드러난다. 초기의 숫자를 세는 도구나 행위는 단순 수량 파악을 위해 고안되었으나, 시간이 지나면서 이 도구나 행위가 개인의 소유권을 확인하고 보장하는 수단으로 발전하였다.

지구라트의 건설 과정에서도 새로운 사회 조직의 증거도 함께 발견된다. 수십만 개의 벽돌에는 각각 다른 작업팀을 나타내는 표시가 있다. 이는 대규모 노동력을 조직하고 관리하는 체계가 있었음을 보여준다. 더 이상 가족이나 씨족 단위의 작업이 아닌, 전문화된 노동 조직이 등장한 것이다. 수메르의 혁신은 이후 모든 문명의 참조 모델이 되었다. 고고학자들이 발견한 증거는 충격적이다. 기원전 3,200년경의 이집트 초기 왕조 시대 유물에서 수메르의 영향이 뚜렷하게 나타난다. 이집트의 최초 신전들은 지구라트의 구조를 참조했고, 이것이 점차 피라미드로 발전한 것으로 보인다. 물론 이러한 가정이 반드시 옳다고 단정할 수는 없다.

수메르의 혁신은 건축에만 국한되지 않았다. 그들의 도시 행정 시스템도 다른 문명들에게 중요한 청사진이 되었다. 우르크에서 발견된 관리 명부 시스템은 나일강의 첫 도시들에서도 거의 동일한 형태로 나타난다. 심지어 인도의 하라파 문명(기원전 3,300년~1,300년)에서도 수메르식 계량 체계의 흔적이 발견된다. 문명은 참조를 통해 전파되었다. 수메르의 종교 의례의 전파 방식도 이전에 볼 수 없는 형태이다. 수메르의 신들은 놀라운 여행가였다. 이난나(Inanna) 여신은 이슈타르(Ishtar)가 되어 바빌로니아로, 아스타르테(Astarte)가 되어 가나안으로 여행했다. 신들의 이름은 바뀌었지만, 의례의 핵심은 그대로 전해졌다. 이는 최초의 문화 번역 사례라 할 수 있다. 수메르의 신은 분명 어디에서 왔을 것이고, 이후에도 이집트이든 다른 문화권으로 다른 신으로 바뀌어져 전파될 것이다. 현존하는 가장 오래된 대규모 의례 건축물인 괴베클리 테페는 12,000년 전으로 거슬러 올라가는 인류 최초의 조직적 집단 거주지 중 하나로, 그 구조와 상징물들은 당시 사회에 샤머니즘적 의례와 신앙 체계가 깊이 뿌리내리고 있었음을 강력하게 시사한다. 그곳의 신이 인류 역사에 지속적으로 무수히 많은 참조와 역참조를 통해 각 문명마다 다른 모습으로 표현되었을 것으로 추정된다.

수메르의 갑작스러운 등장은 그 이전의 숨겨진 참조 네트워크를 암시한다. 최근 카스피해 연안과 자그로스산맥 지역에서 발견되는 기원전 7,000년경의 유적들은 수메르 문명의 참조 원형을 보여준다. 이 지역이 후대 아람어 사용 지역과 상당 부분 겹친다는 점이다. 물론 지금까지 주로 이야기했던 아나톨리아 지방 문화도 인접한 수메르 문명의 거의 원형이었을 가능성도 상당히 높다. 아람인들이 사용한 알파벳은 수메르의 설형문자나 이집트의 상형문자와는 전혀 다른 체계였지만, 이들의 교역 네트워크는 고대 수메르의 교역로와 놀랍도록 유사하다. 마치 수천 년 전의 교류 경로가 DNA처럼 지역의 문화 속에 보존된 것 같다. 기원전 1,000년경, 아람어가 국제 공용어로 부상했을 때, 그들은 수메르인들이 만들었던 도시 네트워크를 따라 퍼져나갔다. 지금은 실크로드라고 부르는 이 길은 사실 수메르 시대부터 이어져 온 고대의 교역로였다. 결국 인류는 늘 참조하는 존재였고, 문명은 그 참조의 축적이었다. 이제 질문해야 할 것은 수메르 이전에는 어떤 문명이 있었을까, 그리고 그들은 또 누구를 참조했을까 하는 점이다. 인류 문명의 이야기는 끊임없는 참조의 연쇄라는 것이 분명한 사실로 보인다.

인류는 호모레퍼런스였고, 그렇게 존재해야만 했다.

▶ 스페인 남부 그라나다의 알람브라 궁전(사진ⓒ저자 촬영)

알람브라 궁전(Alhambra)은 스페인 남부 그라나다에 위치한, 세계적으로 유명한 이슬람 건축의 걸작이자 유네스코 세계문화유산이다. 이 궁전은 그라나다 시내가 한눈에 내려다보이는 언덕(사비카 언덕) 위에 세워져 있으며, 이슬람과 기독교 문화가 공존하는 독특한 도시문화를 형성하였다.

▶ **제우그마를 지키는 성과 제우그마 유적지(사진ⓒ저자 촬영)**

제우그마는 튀르키예 유프라테스 강변에 위치한 고대 도시로, 동서 교역로의 요충지였다. 제우그마는 자체 화폐를 발행할 정도로 번성한 로마 도시로 기원전 3세기 알렉산더 대왕의 장군 셀레우코스에 의해 세워졌다. 로마 시대에 번성하며 화려한 모자이크 예술과 건축 유산을 남겼다. 현재는 일부 유적이 수몰되었지만, 주요 유물은 박물관에 보존·전시되고 있다. 로마 도시 문화의 형태가 잘 보전되어 있다.

▶ **신의 모습을 한 말뚝(사진ⓒ저자 촬영) 도쿄 국립박물관 소장**

기원전 2,400년경 수메르 초기 왕조 시대의 청동 조각상. 인간형 상체와 말뚝 형태의 하체를 가진 예배자 상으로, 가슴 앞에 두 손을 모은 기도 자세를 취하고 있다. 머리에는 뾰족한 모자나 왕관을 쓰고 있으며, 큰 눈과 뚜렷한 코가 특징적이다. 이러한 조각상은 신전에 봉헌되어 영구적으로 기도를 올리는 역할을 한다.

5장 사상의 교차로

▶ 파종 축제 때 바칠 동물의 수를 적은 장부(Drehem) 출토(사진©저자 촬영)
한국 국립중앙박물관 소장

기원전 2,043년에 존재했던 우루 제3왕조는 현재의 이라크 지역에 위치한 고대 메소포타미아 문명의 한 왕조이다. 이 왕조는 수메르인에 의해 건국되었으며, 우르를 수도로 삼아 번성했다. 우루 제3왕조는 기원전 2,112년경부터 기원전 2,004년경까지 100여 년간 이어졌으며, 수메르 문화를 크게 부흥시키며 관리 체계와 법률, 농업 발전 등에 기여한 것으로 평가된다.

▶ 기원전 약 3,100년~2,900년 우룩 출토 추정. 베게 모양 점토(사진©저자 촬영)
메트로폴리탄 미술관(Metropolitan Museum of Art, The Met) 소장. 한국 국립중앙박물관 소장

초기 수메르 설형 문자가 베개 모양 점토에 새겨진 것으로 쿠심(Kushim)이라는 사람이 보리와 맥아의 양을 합산한 것으로 추정된다. 기원전 약 3,100년에서 2,900년경의 젬데트 나스르(Jemdet Nasr) 시대는 메소포타미아 남부, 즉 현재의 이라크 지역에서 형성된 수메르 문명의 한 시기를 가리킨다. 이 시기는 우루크 시대와 초기 왕조 시대 사이에 위치하며, 수메르 문명이 초기 도시 국가로 발전하기 시작한 중요한 전환점으로 평가된다. 젬데트 나스르 시대에는 문자와 행정 체계가 발달했고, 토기와 예술품에서는 독특한 문양과 장식이 나타났다.

▶ 기원전 2,900년~2,350년 무릎을 꿇은 남자가 있는 말뚝, 초기 왕조 시대(사진©저자 촬영)
메트로폴리탄 미술관. 한국 국립중앙박물관 소장

기초 말뚝은 왼쪽 다리를 가슴에 붙인 채 무릎을 꿇고 팔을 앞으로 뻗은 남성의 형상을 묘사한다. 그의 왼손은 기초 벽돌로 추정되는 물체 위에 올려져 있다. 이 말뚝은 건물 건설의 일부로 사원 기초에 인간형 말뚝을 박는 약 3,000년 된 전통에 속한다. 이는 신성한 경계를 표시하는 상징적인 행위로 여겨졌다. 기원전 약 2,900년에서 2,350년경에 해당하는 초기 왕조 시대는 메소포타미아 남부 지역에서 수메르 도시 국가들이 독립적으로 성장하고 경쟁하던 시기이다. 이 시기에는 우르, 라가시(Lagash), 우마(Uma), 우루크, 키시(Kish)와 같은 강력한 도시 국가들이 번영하며 서로 영토와 영향력을 놓고 경쟁을 벌였다. 각 도시국가에는 '루갈(왕)'이 존재하였으며, 이들은 주로 신의 대리인으로 여겨졌다. 초기 왕조 시대는 정치적, 경제적, 문화적으로 많은 발전이 이루어진 시기였다. 쐐기 문자 체계가 더욱 정교해지고, 행정과 법률 체계가 정비되었으며, 종교와 신전 중심의 도시 문화가 형성되었다. 또한, 이 시기에 작성된 라가시의 왕 엔메테나(Enmetena)와 같은 인물들에 대한 기록이나, 여러 도시 국가 간의 동맹과 전쟁 기록을 통해 도시 국가 간의 관계와 정치 구조를 엿볼 수 있다.

▶ 기원전 약 3,500년~3,100년, 신전 앞 의례 장면을 새긴 원통형 인장
　메트로폴리탄 미술관(사진ⓒ저자 촬영) 한국 국립중앙박물관 소장

왼쪽에 사원의 도식적 정면을 묘사한 석회암 봉인. 오른쪽에 있는 세 명의 인물이 건물에 접근하고 있다. 첫 번째 인물은 몸을 구부려 용기에 액체를 붓고 있다. 두 번째 인물은 봉인 돌이 손상되어 가려져 있고, 세 번째 인물은 부분적으로 손상되었으나 손을 꼭 쥐고 그릇을 들고 있다. 네발 달린 그릇과 두 개의 알 수 없는 물체가 사원 앞에 나타난다. 기원전 약 3,500년에서 3,100년경의 후기 우루크 시대는 고대 메소포타미아, 특히 현재의 이라크 남부 지역에서 시작된 도시 문명의 발전 시기로 여겨진다. 이 시기의 중심지는 우루크로, 인류 역사상 최초의 도시 중 하나로 평가된다. 후기 우루크 시대에는 도시화가 진행되었고, 대규모 건축과 조직적인 행정 체계, 그리고 초기 문자가 발명되었다. 우루크에는 에안나(Eanna)와 쿨라바(Kullaba) 같은 대형 신전들이 건설되었으며, 이는 복잡한 종교의식과 행정 공간으로 사용되었다. 또한, 이 시기에는 쐐기 문자의 초기 형태인 그림 문자가 사용되기 시작해 상거래와 행정에 활용되었다. 후기 우루크 시대는 메소포타미아 전역과 인근 지역에 큰 영향을 미쳤으며, 이후 메소포타미아 문명의 토대를 마련하는 중요한 시기로 평가된다.

▶ 기원전 약 721년~705년 조공 행렬에 선 외국인 마부. 신아시리아(Neo-Assyrian) 시대
　메트로폴리탄 미술관(사진ⓒ저자 촬영) 한국 국립중앙박물관 소장

마부가 두 마리의 말을 고삐로 이끄는 모습을 묘사한 부조 조각. 말들은 정교한 하네스, 뺨 덮개, 특징적인 아시리아 장미 장식이 달린 술, 그리고 머리 꼭대기에 큰 볏을 달고 있다. 마부의 비아시리아식 헤어스타일은 그가 외국인임을 보여준다. 이 이미지는 아시리아에 조공을 바치는 외국 대표단의 더 큰 장면의 일부이다.

▶ 기원전 약 1,216년~1,187년 아다드-슈마-우수르 왕의 명문을 새긴 벽돌
메트로폴리탄 미술관(사진ⓒ저자 촬영) 한국 국립중앙박물관 소장

통치자 아다드-슈마-우수르(Adad-shuma-usur)의 비문이 찍힌 단편적인 카시트(Kassite) 왕조 시대의 벽돌로, 니푸르에 있는 최고신 엔릴의 사원인 에쿠르(Ekur)를 재건하는 데 기여한 내용을 설명. 이 텍스트는 오래전에 사라진 수메르어로 고풍스러운 설형 문자로 쓰여 있으며, 신성한 공간을 기념하는 데 적합한 형식이라 할 수 있다. 기원전 1,216년에서 1,187년경에 해당하는 카시트 시대는 고대 바빌로니아, 즉 현재 이라크 지역에서 카시트 왕조가 지배하던 시기이다. 카쉬족(Kassites)은 메소포타미아 북동부 산악 지역에서 온 민족으로, 바빌론을 중심으로 왕조를 세워 바빌로니아를 지배하게 된다. 카쉬 왕조(Kassite dynasty)는 바빌로니아 문화와 다양한 종교를 받아들여 발전시킨다. 이 시기에는 건축과 예술이 발달하고 행정 체계도 더 정교해졌다고 전해진다.

▶ 기원전 604년~562년경, 걸어가는 사자가 있는 패널, 신바빌로니아 시대(사진ⓒ저자 촬영)
한국 국립중앙박물관 소장

걸어가는 사자가 부조로 새겨진 유약 벽돌 패널. 이는 이슈타르 여신의 보호 상징인 약 120마리의 사자 중 두 마리를 묘사한 것이다. 이슈타르 문은 궁전과 수많은 사원을 지나 비트 아키투 또는 '새해 축제의 집'으로 이어지는 신성한 길인 느부갓네살 2세가 지은 행렬의 길을 따라 늘어서 있다. 이슈타르 문 역시 575마리의 황소와 무슈슈 용을 유약 벽돌 부조로 표현하여 장식되어 있다. 각각 아다드(Ada)와 마르두크(Marduk) 신의 보호 상징이며, 청금석에 비유되는 반짝이는 파란색 배경 위에 돋보이게 배치되어 있다.

▶ 기원전 704년~681년경, 아시리아 왕세자, 신아시리아 시대(사진ⓒ저자 촬영)
한국 국립중앙박물관 소장

니네베에 있는 센나케립(Sennacherib)의 '경쟁 없는 궁전'에서 출토된 이 부조는, 긴 수염과 의복, 장신구로 미루어 높은 신분의 인물을 묘사하고 있다. 뒤쪽이 긴 왕관은 그가 아시리아 왕세자임을 나타냈다. 표면이 많이 닳아 세부 묘사가 상당 부분 희미해졌지만, 왕자의 얼굴은 의도적으로 훼손된 것으로 추정된다.

〈참 고〉

▶ Tiede, V. (2021). Ziggurats: An astro-archaeological analysis. In Harmony and Symmetry: Celestial regularities shaping human culture, Proceedings of the SEAC 2018 Conference in Graz, Österreich (pp. 179-192).

이 논문은 메소포타미아 지구라트(Mesopotamian ziggurats, 기원전 3,000~550년)의 천문학적 방향(astronomical orientation), 기하학, 측량 단위를 위성영상과 고고학 자료로 체계적으로 분석한다. 지구라트는 동지·하지의 태양(winter/summer solstice sun), 주요 달 주기(major lunar cycles), 금성의 동·서쪽 출몰(Venus rising/setting) 등 천체 현상에 맞춰 설계된 사례가 다수 확인된다. 지구라트의 직사각형 플랫폼과 신전 평면은 3:4:5, 20:21:29 피타고라스 삼각형(Pythagorean triangles), 1:1:√2 등 수학적 비율로 설계되었으며, 메소포타미아 큐빗(Mesopotamian cubit)과 이집트 세타트(Egyptian setat) 등 고대 측량 단위가 적용되었다. 결국 지구라트가 단순한 종교 건축물이 아니라, 천문·수학·종교가 융합된 도시 중심의 상징적 구조물(symbolic urban structures)임을 실증적으로 입증한다.

▶ Smith, M. E. (2007). Form and meaning in the earliest cities: A new approach to ancient urban planning. Journal of Planning History, 6(1), 3-47.

이 논문은 메소아메리카의 대표적 고대 도시인 티칼(Tikal)과 테오티와칸(Teotihuacán)의 도시 구조(urban structure)를 비교하여, 고대 도시들의 다양성과 도시 계획의 차이를 분석한다. 티칼(과테말라 북부, 기원전 600년경)은 자연지형을 따라 건물들이 분산 배치된 유기적 구조(organic structure)를 보이며, 열대우림(tropical rainforest) 속 피라미드형 신전과 대형 건물들이 중심부에 위치한다. 반면 테오티와칸(멕시코, 기원전 100년경)은 도시 전체가 엄격한 격자형 구조(grid structure)로 계획되어, '죽은 자의 거리(Avenue of the Dead)'라 불리는 중심대로와 체계적인 구획이 항공사진에서도 명확히 드러난다. 결국 메소아메리카 고대 도시들이 환경, 사회, 정치적 요인(environmental, social, and political factors)에 따라 매우 다양한 도시 조직과 계획 방식(urban organization and planning methods)을 발전시켰음을 보여준다.

▶ Proctor, L., Smith, A., & Stein, G. J. (2022). Archaeobotanical and dung spherulite evidence for Ubaid and Late Chalcolithic fuel, farming, and feasting at Surezha, Iraqi Kurdistan. Journal of Archaeological Science: Reports, 43, 103449.

이 논문은 이라크 쿠르디스탄 수레자 유적(Surezha site, Iraqi Kurdistan)에서 우바이드 및 후기 칼콜리틱 시대(Ubaid and Late Chalcolithic periods)의 식물 고고학 자료와 분뇨 구형체(dung spherulites)를 체계적으로 분석한다. 분석 결과, 자생 곡물뿐 아니라 외래 식물종(exotic plant species)과 다양한 야생·잡초류(wild and weedy taxa)가 함께 발견되어, 이 지역이 광범위한 문화 교류(cultural exchange)와 작물·기술 확산의 중심지였음을 보여준다. 구형체와 식물종 분포도(distribution patterns)는 농업, 연료, 식생활 등에서 다양한 지역의 영향이 있었음을 시사하며, 특히 동물 배설물이 주요 연료원(primary fuel source)으로 사용되었음을 입증한다. 결국 북부 메소포타미아(northern Mesopotamia)에서 복합적 농업과 문화 교류가 활발히 이루어졌다는 고고학적 증거를 제공한다.

▶ Matthews, R., & Richardson, A. (2020). Uruk and Ur in the city seal impressions, 3100-2750 BC: New evidence, new approaches. In W. Sommerfeld (Ed.), Dealing with Antiquity: Past, Present & Future (AOAT 460, pp. 285-293). Ugarit Verlag.

이 논문은 기원전 3,100~2,750년 사이 메소포타미아 남부의 우루크와 우르 등 주요 도시에서 발견된 점토 인장(city seal impressions) 자료를 분석하여, 도시 간 관계와 네트워크(inter-urban networks)의 실체를 새롭게 조명한다. 인장에 남겨진 도시 목록과 고대 강줄기, 해안선, 도시 위치 등의 도면 자료를 통해, 각 도시가 정치·경제적으로(politically and economically) 어떻게 연결되어 있는지 구체적으로 밝힌다. 우루크 점토 인장(W 11456/VA10803) 등 실물 자료를 바탕으로, 도시 이름과 기호, 배치 방식 등 초기 도시 행정 체계(early urban administrative systems)의 발전 양상을 상세히 해설한다. 결국 엘람(Elam) 및 메소포타미아 도시들 간의 상호작용과 네트워크의 복합성(complexity of interactions)을 새로운 증거와 방법론으로 입증한다.

▶ Alizadeh, A. (2010). The rise of the highland Elamite state in southwestern Iran: "Enclosed" or enclosing nomadism? Current Anthropology, 51(3), 353-383.

이 논문은 이란 남서부 고원지대(southwestern Iranian highlands)에서 엘람 문명(Elamite civilization)이 형성되는 과정에서 유목민 집단(nomadic groups)의 독자적 사회 발전 가능성을 고고학적 증거로 제시한다. 저자는 루리스탄(Luristan), 바흐티야리(Bakhtiyari), 카슈가이(Qashqai) 등 주요 유목 부족의 지리적 분포와 거주지 유적을 분석해, 이들이 도시 국가와 상호작용(interaction with city-states)하며 엘람 사회의 발전에 적극적으로 기여했음을 강조한다. 수사(Susa), 우루크(Uruk), 우르(Ur) 등 주요 도시와 유목민 영토의 관계, 그리고 버려진 캔(Khan) 거주지 사례를 통해 도시와 유목민의 복합적 네트워크(complex networks)를 구체적으로 해설한다. 결국 엘람 문명이 단순히 수메르 문화(Sumerian culture)의 영향만이 아니라, 고원 유목민의 사회 조직과 상호작용(social organization and interaction)을 통해 독자적으로 발전했음을 새롭게 해석한다.

▶ **Kaspersky, E. (2019, October 10). More from Baalbek: Ancient stone construction hi-tech. Nota Bene (Eugene Kaspersky's Official Blog).**

이 자료는 바알베크 주피터 신전(Baalbek Jupiter Temple)의 트릴리톤(trilithon) 대형 석재 구조물을 현장 사진과 함께 소개하며, 각 석재의 크기와 무게, 설치 위치 등 구체적 정보를 제공한다. 트릴리톤은 길이 약 19.6m, 무게 약 800톤에 달하는 거석(megalith)으로, 지상 7m 높이에 쌓여 있어 고대의 석재 운반 · 가공 기술(ancient stone transportation and processing technology)에 대한 의문을 제기한다. 로마 시대의 석재 운반 한계(Roman-era stone transportation limits, 약 60톤)와 비교해, 이보다 훨씬 이전에 고도의 건축 기술(advanced construction techniques)이 존재했을 가능성을 시사한다. 결국 바알베크 석재의 미스터리와 고대 건축 기술의 발전 과정을 탐구하며, 아직까지도 명확한 해답이 없는 고고학적 논쟁(ongoing archaeological debate)을 구체적으로 설명한다.

10. 언어 혁명

아카드 제국은 북방에서 온 아카드인들이 수메르 문명을 흡수 · 재해석해 아카드어와 쐐기 문자, 중앙집권 행정, 기술 · 종교 · 지식의 표준화를 이루며, 메소포타미아 최초의 통합 제국이자 인류 최초의 언어 · 지식 네트워크를 구축한 문명 융합의 결정체였다.

수메르의 키시라는 도시국가에는 북쪽에서 온 이주민도 섞여 있었다. 그 특별한 이방인들은 셈족인 아카드인으로 불렸다. 이 이방인 중 사르곤은 군주인 수메르인 우르자바바를 제거하고 키시를 차지한 후 영토를 넓혀, 수메르 최초의 통일 국가인 아카드 왕국을 기원전 2,334년에 세우게 된다. 이 이방 민족인 셈족은 기존의 수메르인들보다 발달한 문화 기술을 가졌을 가능성이 높아 보인다. 이 이방인들은 어딘가에서 경쟁에서 밀렸거나, 아니면 보다 도전적인 목표를 가지고 새로운 지역을 탐색하다 수메르 지역으로 흘러와서 아카드 왕국을 건설했다.

우연의 일치라고 보기에는 너무 잘 들어맞는 점이 있다. 이 책에서 많은 부분을 다루고 있는 아나톨리아 지방은 키시라는 도시에서 북서쪽으로 1,000km 떨어진 비교적 가까운 거리에 있다. 키시에 들어온 북쪽 이주민은 아나톨리아 지방에서 12,000

년 전부터 존재했던 인류 문명의 일부가 어떤 이유에서인지 이주해 왔다고 가정해도 크게 이상하지 않다. 수메르 문명보다 최소 4,000년 앞선 아나톨리아 문명은 키시 지역의 집단보다 문화적으로 절대 뒤지지 않았을 것이다. 인류의 기원을 다루는 역사는 마치 100개의 퍼즐 조각 중 10개만 발견된 상태이거나 1개 정도만 발견하고 나머지를 추론해 내는 작업과도 같다. 그래서 이 책에서도 일부는 필자의 상상력을 바탕으로 한 추론이 포함되어 있음을 이해해 주기 바란다. 이 책의 진정한 목적은 연대기적 정확성보다는 인류사가 어떤 호모레퍼런스로 형성되고 이어져 왔는지를 조명하는 데 있다.

사르곤은 권력을 장악한 후 수메르 지역에서 사용하던 언어 대신 아카드어를 공용어로 지정했다. 이는 단순히 통치의 필요성 때문만이 아니라, 아카드어가 기존 언어보다 경제적이고 체계적이며 실용성이 높았기 때문에 가능했다. 이 과정에서 이방인의 지식과 기술이 급속하게 수메르 지역으로 스며들었다. 일반적으로 문명의 발전을 독창성의 역사로 이해하곤 하지만, 아카드 제국의 이야기는 정반대의 진실을 보여준다. 문명은 서로 간의 지식과 기술을 차용하고 재해석하는 과정에서 발전했다. 기원전 2,334년, 사르곤이 이룬 역사상 위대한 문명의 도약은 바로 이러한 지식 교류의 힘에서 시작되었다.

키시는 수메르 문명의 변방이었다. 북방에서 내려온 아카드인들은 처음에는 이방인이었지만, 단순한 이주민이 아니었다. 그들은 수메르의 발전된 도시 문명을 세밀히 관찰하고, 학습했으며, 자신들만의 방식으로 재해석했다. 또한 아카드인들의 문화가 애초에 더 발전한 상태였을 가능성도 있다. 유목민은 문화 수준이 떨어졌을 것이라는 생각은 현대인의 소유 개념이 생기면서 정착민이 더 문화적으로 우수하다는 편견일 수 있다. 유라시아 초원의 유목민족은 다양한 문화를 접하고 흡수하여 상당한 문화적 수준을 이루고 있었다. 역사를 바로 보려면 편견 없이 모든 가능성을 열어두고 생각하는 것이 출발점이다.

사르곤이 수메르 최초의 통일 제국을 세웠을 때, 그가 한 첫 번째 일은 의외로 언어를 바꾸는 것이었다. 이는 단순한 문화적 우월감의 표현이 아니라 실용적 선택이었다. 아카드어는 마치 현대의 영어가 국제 비즈니스의 언어가 된 것처럼, 당시 메소포타미아의 상업과 행정에 더 적합한 언어였다. 아카드인들의 진정한 천재성은 기존 지식을 수용하고 발전시키는 능력에 있었다. 그들은 수메르의 건축 기술을 배워 더 큰 규모의 건물을 지었고, 회계 시스템을 차용해 효율적인 조세 제도를 만들었다. 수메르의 종교를 흡수하면서도 자신들의 신과 조화를 이루었다. 인간은 완전히 새로운 것을 만들기보다, 기존의 것을 차용하고, 결합하고, 재해석한다. 사르곤의 진정한 혁명은 군사력이 아닌 지식의 표준화였다. 아카드어의 도입은 메소포타미아 전역에 걸친 거대한 지식 네트워크의 형성을 의미했다. 서로 다른 도시국가들이 이제 같은 언어로 소통하며 지식을 교환하게 된 것이다. 이는 인류 역사상 최초의 지식 플랫폼의 탄생이었다. 아카드 제국은 단순한 정치적 통합체가 아닌, 지식과 문화의 거대한 용광로가 되었다.

아카드인들의 혁신은 문자 체계에서도 두드러졌다. 그들은 수메르의 쐐기문자를 자신들의 언어에 맞게 재해석하여 더 효율적인 행정 체계를 구축했다. 수메르의 쐐기문자가 주로 물품의 수량이나 간단한 기록을 위한 것이었다면, 아카드인들은 이를 확장하여 복잡한 행정 문서, 왕실 편지, 심지어 문학 작품까지 기록할 수 있는 수준으로 발전시켰다. 이는 마치 현대의 컴퓨터 운영체제가 더 효율적인 버전으로 업그레이드되는 것과 같은 혁신이었다. 아카드인들은 수메르의 지식 체계를 기반으로 하되, 여기에 자신들의 고유한 통찰을 더했다. 수메르의 천문학 지식을 차용하면서도 여기에 자신들의 점성술적 해석을 더해 새로운 형태의 천체 관측 체계를 만들어냈다. 사르곤의 제국은 이처럼 차용을 통한 혁신의 완벽한 사례였다. 그는 수메르의 도시국가 체제를 연구하고, 그 약점을 파악했으며, 이를 보완한 중앙집권적 제국 체제를 구축했다. 아카드의 실험은 후대의 문명들에 중요한 모델이 되었다. 바빌로니아, 아시리아, 페르시아 등 메소포타미아의 후속 제국들은 모두 아카드가 보여준 지식 교류와 혁신의 패턴을 따랐다. 그들은 각각 이전 문명의 유산을 받아들이고, 이를 자신들만의 방식으로 재해석하여 새로운 문명을 건설했다.

지식의 전파와 확산은 유프라테스강과 티그리스강을 따라 자연스럽게 이루어졌다. 상인들은 단순히 물건만 나르지 않았다. 그들은 새로운 언어, 새로운 기술, 새로운 사고방식을 함께 운반했다. 이러한 지식의 확산은 양방향으로 이루어졌다. 아카드인들은 자신들이 습득한 지식을 북쪽의 고향 지역으로도 전파했고, 이에 따라 메소포타미아 북부 지역에서도 문명의 발전이 가속화되었다. 바빌로니아 제국의 함무라비는 아카드의 모델을 더욱 발전시켰다. 그는 아카드의 언어 정책을 받아들이되, 여기에 법체계의 표준화라는 새로운 요소를 더했다. 이는 지식 교류가 단순한 모방이 아닌, 창조적 발전의 원동력이 될 수 있음을 보여주는 좋은 예시다.

문화 교류의 흔적은 고대 유럽의 여러 유적지에서도 발견된다. 기원전 5세기 말 트라키아(Thrace)와 그리스 국경 지역에서는 그리스어와 트라키아어가 함께 새겨진 이중 언어 비문이 발견되었다. 이중 언어의 비문이 필요했다는 사실은, 이 지역에 서로 다른 문명권의 사람들이 함께 살았음을 의미한다. 이는 서로 다른 문화권 사이의 활발한 교류가 이미 기원전 5세기 이전부터 이루어졌음을 보여주는 강력한 증거다. 메소포타미아의 역사는 한 가지 명확한 진실을 보여준다. 인류의 진보는 결코 고립된 천재의 작품이 아니라, 끊임없는 교류와 재해석의 산물이라는 것이다. 이것이 바로 호모레퍼런스의 본질이며, 인류가 문명을 발전시켜 온 가장 근본적인 방식이었다. 모든 고고학적, 문헌학적 증거들은 이러한 지식 교류의 연쇄가 메소포타미아 전역에서 활발하게 이루어졌음을 증명하고 있다.

▶ 히타이트 시대 오벨리스크 형태의 비석(사진ⓒ저자 촬영)가지엔테프 제우그마모자이크 박물관 소장

기원전 17세기에서 12세기경에 아나톨리아 지방에 히타이트 문명이 존재하였으며 이 비석은 검은 현무암으로 제작되었다.
   ①. 이 시대 비석에는 주로 기념비적인 목적이나 통치자의 업적을 기록하기 위해 제작되었다.
   ②. 상단부에는 고대 아나톨리아 전통 복장에 위에는 초승달 문양이 새겨져 있다.
   ③. 하단부에는 고대 아람어로 추정되며 이 비석을 세운 통치자의 업적을 기념하거나 종교의식에 쓰인 것으로 추론된다.

〈참 고〉

▶ Sallaberger, W., & Westenholz, A. (1999). Mesopotamien: Akkade-Zeit und Ur III-Zeit. Freiburg, Schweiz: Universitätsverlag; Göttingen: Vandenhoeck & Ruprecht. (Orbis Biblicus et Orientalis 160/3).

이 저서는 아카드 제국(Akkadian Empire, 기원전 2,334년~2,193년)과 우르 제3왕조(Third Dynasty of Ur, 기원전 2,112년~2,004년) 시기 메소포타미아 역사를 종합 분석한 연구서이다. 수천 점의 점토판 문서를 통해 정치·외교·행정·종교 분야의 기록 시스템 발전과 사회 구조 변화를 체계적으로 추적하였다. 나람신·이완 왕 조약문, 니푸르 신전 수바레안 점토판 등 구체적 사례로 고대 도시국가 간 외교 관계와 문화 교류의 실상을 규명하였다. 쐐기문자 문서화 체계의 혁신이 고대 국가 운영의 효율성과 국제 관계 제도화에 미친 영향을 학술적으로 해명한 중요한 연구 성과이다.

▶ Liverani, M. (2014). The Ancient Near East: History, Society and Economy. Routledge.

이 책은 신석기 시대부터 페르시아 제국 등장(기원전 3,500~500년)까지 3천 년 고대 근동사를 정치·사회·경제·이데올로기 측면에서 종합 서술한 연구서이다. 수메르, 히타이트, 아시리아, 바빌로니아 등 각 문명의 국가 형성, 도시화, 국제 교역망 발전을 최신 고고학·문헌 자료로 입체적으로 분석하였다. 청동기 시대 붕괴 등 역사적 위기와 제국 흥망을 단순한 원인론 대신 복합적 사회 구조와 인간 행위의 상호작용으로 해석하였다. 고대 근동사를 이해하기 쉽게 구성되어 있다.

▶ Foster, B. R. (1993). From the oral to the written: Administration and writing in early Mesopotamia. In J. Sasson (Ed.), Civilizations of the ancient Near East (Vol. 1, pp. 303–315). Scribner's.

이 논문은 메소포타미아 초기 왕조 시대(Early Dynastic Period)와 사르곤 시대(Sargonic Period)의 행정 조직과 기록 체계 발전 과정을 체계적으로 분석한 연구이다. 사르곤 시대에 중앙집권적 관료제(centralized bureaucracy)가 본격 도입되면서 표준화된 공식 기록 시스템과 도시국가 통합 행정 체계가 구축되었다. 왕을 정점으로 문화, 군사, 정치, 경제, 제사 등 5개 주요 부문이 체계적으로 조직되었으며, 각 영역별로 전문화된 관직과 기능 분화가 이루어졌다. 공식 문서, 인장(seal), 기념비적 비문(monumental inscription), 문서 보관소(archive) 등 표준화된 기록 시스템이 국가 행정 효율성과 중앙집권적 통치 기반을 마련했음을 논증하였다.

▶ Brixhe, C. (2006). Thracian. In R. D. Woodard (Ed.), The Cambridge encyclopedia of the world's ancient languages (pp. 774–793). Cambridge University Press.

이 논문은 그리스와 튀르키예 접경지역 아폴로 신전(Temple of Apollo) 근처에서 발견된 트라키아어 봉헌문(Thracian dedicatory inscription)의 언어학적·고고학적 분석을 다룬 연구이다. 해당 봉헌문은 그리스 알파벳으로 트라키아어를 표기했으며, 양방향 표기법(boustrophedon)과 구두점(점, 두 개의 수직점) 사용이 특징적이다. 주로 아폴로 신에게 봉헌하는 내용으로 구성되어 있으며, 기원전 5세기 이전 시기의 것으로 추정된다. 이 자료는 고대 트라키아와 그리스 문화 간 언어적·종교적 교류 양상과 고대 근동 지역 문자 사용의 다양성을 보여주는 중요한 고고학적 증거로 평가된다.

11. 지식의 경계

수메르와 메소포타미아 문명은 구티족·엘람인 등 다양한 외부 민족과의 침입과 융합, 번역과 참조를 통해 법전·교육·기술 등 지식과 문화를 창조적으로 결합하며 인류사의 지속적 진보와 문명 융합의 본질을 보여주었다.

이방인의 나라 수메르는 메소포타미아 동쪽 자그로스산맥에서 온 구티족(Guti)의 침입으로 기원전 2,150년 멸망하게 되었다. 구티족은 약 100년에 걸쳐 주변 지역을 약탈하며 다녔다. 이 약탈은 물질적인 것에 그치지 않고, 동시에 문화적 유통의 과정이기도 했다. 비록 구티족은 '야만족'이라 불렸지만, 전쟁 기술과 군사 체계에 있어서만큼은 당시 원주민들보다 뛰어났을 가능성이 크다. 이 월등한 군사 기술은 다른 인류 집단이 구티족의 침입에 대응하기 위해 새로운 병법과 기술을 개발하도록 자극하는 계기가 되었다. 기원전 2,112년 수메르는 마침내 구티족을 물리치고 우르남무는 우르 제3왕조를 세웠다. 이로써 최초의 수메르 통일 국가가 탄생했다. 이 수메르 국가의 형성은 단순히 수메르 고유의 기술과 지식에 의한 것이 아니라 이민족의 지식과 기술이 융합된 결과였을 것이다. 우르 제3왕조는 인류 최초의 법전으로 알려진 '우르남무 법전'을 제정했으며, 이 법전 또한 새롭게 창조된 것이라기보다는 기존의 법체계와 관행을 바탕으로 체계화되었을 가능성이 크다. 우르남무 법전은 약 300년 후 널리 알려진 바빌로니아의 함무라비 법전의 기초가 되었다.

우르 제3왕조는 인류 문화사에서 획기적인 발전을 이룩했다. 공교육 개념의 최초 학교인 '에두바'(Eduba)는 고고학적, 문헌적 증거를 통해 그 존재가 입증된 역사적 사실이다. 이 교육기관에서는 수메르어와 아카드어를 동시에 가르쳤으며, 다양한 문화와 지식이 자연스럽게 융합되는 공간이었다. 수메르 문명의 발전 과정은 외부 민족과의 상호작용을 통해 더욱 풍요로워졌다. 기원전 2,150년 자그로스산맥에서 온 구티족이 수메르를 침공했을 때, 누구도 그것이 새로운 문명의 도약대가 될 것이라고는 예상하지 못했다. 구티족은 약탈자였지만, 동시에 의도치 않은 지식의 전달자이기도 했다. 구티족의 뛰어난 전쟁 기술은 메소포타미아 전역으로 전파되었고, 이는 군사 기술의 전반적인 혁신으로 이어졌다. 우르 제3왕조의 성공은 단지 구티족을 몰아낸 데 그치지 않고, 그들의 전쟁 기술을 학습하고 이를 자국의 체계와 융합시켰다. 이는 적의 강점을 흡수하여 더 나은 체계를 만들어낸 창조적 참조의 대표적인 사례였다. 인류 최초의 성문법으로 알려진 우르남무 법전(Code of Ur-Nammu)은 이러한 문명 융합의 결정체였으며, 훗날 함무라비 법전의 토대가 되었다.

기원전 2,004년 엘람인들의 침공으로 우르 제3왕조는 막을 내렸다. 그러나 이것은 끝이 아니라 새로운 시작이었다. 엘람인들은 수메르보다 더 발달된 전쟁 기술과 체계를 갖추고 있었지만, 수메르의 문화유산을 파괴하지 않고 오히려 흡수하고 재해석했다. 이후 엘람 역시 바빌로니아에 의해 수메르 지역에서 물러나게 되었다. 역사적으로 중요한 점은 국가의 이름이 바뀌었을 뿐 그 지역에는 여전히 수메르인, 구티족, 엘람인, 바빌로니아인이 함께 살아가며 문화와 지식을 서로 융합했다는 것이다. 이러한 과정 속에서 필요에 의해 번역 문화가 발달하게 되었고, 수메르어로 작성된 문서들은 아카드어로, 이후에는 엘람어로도 번역되었다. 이러한 번역 작업은 단순한 언어 변환을 넘어, 각 언어가 가진 고유한 관점과 해석이 더해지면서 지식을 더욱 풍성하게 확장시켰다.

이러한 문명 교류의 패턴은 인류 역사 전반에 걸쳐 반복되어 나타난다. 페르시아가 아테네를 점령하고, 이후 알렉산더가 페르세폴리스를 점령했을 때도 이러한 전쟁은 문명의 융합을 촉진하는 계기가 되었다. 우리는 지금까지 인류사를 주로 서양 중심의 시각에서 해석해 왔지만, 세계는 유엔 기준으로 약 193개국으로 구성되어 있다. 그중 20~30개국의 기준으로만 세상을 바라보는 좁은 시각에서 벗어나, 보다 다양한 관점에서 인류의 역사를 재조명할 필요가 있다.

메소포타미아 문명의 진정한 위대함은 이러한 창조적 참조의 연속성에 있었다. 겉으로 보기에는 서로 다른 민족들의 침입과 정복이 이어지는 혼란의 역사처럼 보일 수 있지만, 실제로는 각 문명이 이전 문명의 성과를 차용하고 발전시키는 진보의 역사였다. 이것이 바로 호모레퍼런스의 핵심이다. 인류는 이전 문명을 참조하고, 자신들의 문화와 융합시키며, 그 과정에서 새로운 것을 창조해 내는 존재다.

인류사는 단순한 진보의 과정이 아니라 서로 다른 문명이 교차하고 융합하는 복잡한 네트워크였다. 우르남무 법전이 아무런 선례 없이 갑자기 등장했다고 보는 것은 인류 문명의 발전 과정을 오해하는 것이다. 모든 위대한 창조물은 이전의 것을 참조하고 재해석하는 과정을 통해 탄생한다. 다만 그 참조의 원천을 아직 발견하지 못했을 뿐이다. 메소포타미아의 역사가 보여주는 가장 중요한 교훈은 참조가 결코 열등한 창조 방식이 아니라는 점이다. 오히려 그것은 인류 문명 발전의 가장 자연스럽고 효과적인 경로였다. 수메르인, 아카드인, 구티족, 엘람인, 바빌로니아인들은 서로의 문명을 참조하고 재해석하면서 인류 역사상 가장 풍요로운 문명 중 하나를 일구어냈다. 인류는 전혀 새로운 것을 창조하는 존재가 아니다. 오히려 이전 세대의 지혜를 참조하고, 현재의 필요에 따라 그것을 재해석하며, 그 과정 속에서 미래를 향한 한 걸음을 내딛는다. 메소포타미아의 역사는 이러한 인류의 본질을 선명하게 비추는 거울이다.

▶ 기원전 메소포타미아 문화권의 예술과 생활상을 볼 수 있는 유물(사진ⓒ저자 촬영)
  도쿄 국립박물관 소장

①. 민무늬 잔, 기원전 2,000년. 이신-라르사 시대. 이라크 니푸르 출토. 단순하고 실용적인 디자인이 특징. 이 시기 메소포타미아 지역의 일상 생활용품이다. ②.민무늬 잔, 기원전 2,300년 이라크 델타야(Delta)에서 출토. 아카드 시대. 단순한 형태를 가지고 있어, 실용성을 중시했다. ③.피알레(phiale), 귀금속 술잔. 기원전 8세기에서 4세기. 그리스 지역 추정. 귀금속으로 만든 술잔으로, 가장자리에 정교한 장식이 있다. 이는 그리스 문화의 예술성과 풍족한 생활상을 보여준다.

▶ 메소포타미아 지방(이라크 중심)에서 발견된 유물(사진ⓒ저자 촬영) 도쿄 국립박물관 소장

①.아신, 이라크 출토, 기원전 20세기. 메소포타미아 지역의 예술과 종교적 표현을 볼 수 있다. ②.갈돌, 기원전 3,000년에서 2,000년 추정. 곡물을 갈거나 으깨는 데 사용된 도구로, 손잡이 부분과 갈판 부분이 하나로 연결된 형태. 오랜 사용으로 마모된 흔적이 보이며, 당시 농경문화의 중요한 증거물이다. ③.칠 무늬 접시, 기원전 5,000년 이라크 에리두(Eridu) 출토. ④.여인의 누드, 이라크 니푸르 출토, 기원전 18세기에서 16세기. ⑤.헤라클레스(Heracles) 입상, 이라크 북부 하트라 출토, 1세기에서 3세기 유물로 동서 교류 흔적이다.

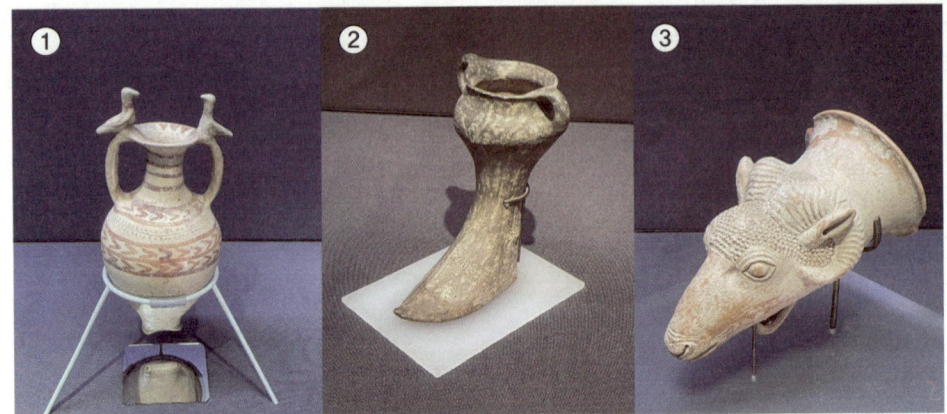

▶ **메소포타미아 지방(이란 중심)에서 발견된 유물(사진ⓒ저자 촬영) 도쿄 국립박물관 소장**

①. 도자기, 이란 케르만(Kerman) 지방 출토, 기원전 3세기. 이란 켈만 지방에서 출토된 기원전 3세기의 도자기. 긴 목과 두 개의 손잡이가 특징적으로 양식화된 꽃병 형태. 표면에는 붉은색 장식 무늬가 있어 당시의 예술적 감각을 볼 수 있다. ②. 회색 신발 모양 잔, 기원전 1,000년 이란령 아제르바이잔 지방 출토. 당시 사회의 예술적 창의성을 보여주며 종교적 또는 의례적으로 사용했을 것으로 추정된다. ③. 립톤(rhyton), 동물 모양 술잔. 기원전 6세기에서 7세기 추정. 이란 출토. 동물, 특히 양이나 염소로 보이는 머리 모양을 한 술잔으로, 의례나 축제에서 사용되었을 것으로 보인다. 정교한 세부 묘사가 돋보이며, 당시 메소포타미아 지역의 높은 공예 기술을 볼 수 있다.

▶ **메소포타미아 지방 왕궁이나 신전의 부조로 추정(사진ⓒ저자 촬영) 로마 교황청 박물관 소장**

이 부조는 아시리아 제국 시대의 작품으로, 대략 기원전 9세기에서 7세기 사이에 제작된 것으로 추정된다. 이러한 양식의 부조는 아시리아의 전성기였던 신아시리아 제국 시대(기원전 911년~612년)에 주로 제작. 이 시기에는 니네베, 님루드(Nimrud) 등의 도시에서 많은 궁전들이 건설되었고, 이러한 날개 달린 수호신(라마수) 부조들로 장식되었다.

▶ 뼈 갑옷투구(Bone Armor Helmet)(사진©저자 촬영) 아테네 아크로폴리스 박물관 소장

고대 그리스의 매우 중요한 유물인 뼈 갑옷투구(bone armor helmet) 또는 뼈 라멜라 투구. 이 특이한 투구는 작은 뼈 조각들을 여러 층으로 겹쳐 만든 방어구. 이러한 유형의 투구는 매우 희귀한 발견물로, 고대 그리스 군사 방어구에 속한다. 뼈를 사용한 것은 당시 금속이 귀했거나, 더 가벼운 방어구가 필요했을 가능성을 시사. 동서양에서 거의 비슷한 형태의 전쟁 무기가 발견되는 것은 상호간의 문화적, 기술적 영향을 보이는 사례 중 하나이다.

▶ 메소포타미아 북쪽 문화 유물(사진©저자 촬영) 마르딘 박물관 소장

①. 석판. 신아시리아 시대(기원전 8세기에서 7세기). 시르낙이디(Şırnak Idi) 지역에서 발견. 현무암으로 아라프(Araph) 고대도시의 지역 관리자가 신 앞에서 자신의 권력을 과시하기 위해 세움. 석판에는 신 아닷(Adad)이 묘사되어 있으며 다른 아시리아 신들의 상징과 음식 공물도 함께 새겨져 있다.

②. 죽음의 숭배 조각상(death cult statue). 기원전 1,600년~900년. 고대 문명의 종교적 관행과 죽음에 대한 관념을 보여주는 중요한 유물이다.

〈참 고〉

▶ Weiss, H., Courty, M.-A., Wetterstrom, W., Guichard, F., Senior, L., Meadow, R., & Curnow, A. (1993). The genesis and collapse of third millennium North Mesopotamian civilization. Science, 261(5124).

이 논문은 기원전 3천년경 북부 메소포타미아 하부르 평야(Habur Plains)에서 도시 문명의 발생과 붕괴 과정을 고고학적·환경학적 증거로 종합 분석한 연구이다. 하부르 평야의 도시 정착 시스템과 각 도시를 지탱하는 농업·유목 영역, 해발 고도, 강우량, 도시 규모 등 공간적 특징을 지도와 함께 체계적으로 제시하였다. 텔 레일란(Tell Leilan) 등지에서 발견된 화산재(Tephra) 퇴적물을 통해 과거 화산 활동이 지역 환경에 미친 영향을 기후 변화와 문명 붕괴의 주요 원인으로 규명하였다. 층서 단면 분석과 토양 연구를 바탕으로 기원전 2,600~2,200년 사이 도시 성장과 붕괴, 환경 변화가 사회 구조와 정착 패턴에 미친 복합적 영향을 종합적으로 해석하였다.

▶ 이석우, 이주형 (2012). 메소포타미아 고대도시의 변천과정과 특징에 관한 연구. 한국산학기술학회논문지, 13(12), 6118-6127.

메소포타미아 고대 도시는 초기 농경 중심의 자연 지형을 따른 유기적 형태에서 상업·무역·군사 기능이 확장되면서 계획적이고 기능별 구획화된 도시 구조로 발전하였다. 우르에서는 지구라트, 난나 신의 법원(Court of Nannar), 우르남무와 슐기 왕의 왕궁(Palace of Ur-Nammu and Shulgi)이 각각 별도 구역에 배치되어 기능별 분화가 명확히 나타난다. 에블라(Ebla) 성채에서는 언덕 서쪽의 두 궁전, 왕자의 궁전, 언덕 정상의 왕궁터 등이 권력 중심과 방어·주거 기능에 따라 공간적으로 분리 배치되었다. 이는 메소포타미아 도시가 단순한 농경 정착지에서 종교·정치·군사·상업 기능을 통합한 복합적 계획도시로 진화했음을 보여주는 중요한 증거이다.

▶ Bär, J. (2003). Der Ischtar-Tempel von Assur: Die Baugeschichte eines mesopotamischen Heiligtums. Harrassowitz Verlag.

이 저서는 아수르(Ashur)의 고대 이슈타르 신전(Ishtar Temple)의 건축적 변화와 층위별 발전 과정을 체계적으로 분석한 건축고고학 연구서이다. 동서 방향 단면도를 통해 첼라(Cella) 또는 아디톤(Adyton) 등 신전 내부 신성 공간의 구조가 시기별로 어떻게 변화했는지를 시각적으로 제시하였다. 구티족 지배 시기(기원전 22~21세기)에 해당하는 G층위 또는 GF층위의 초기 단계가 구티족(Gutians)의 정치적 영향 하에 형성되었을 가능성을 규명하였다. 신전의 여러 건축 단계와 층위별 변천 과정을 통해 각 시대의 정치·문화적 영향이 종교 건축 구조에 어떻게 반영되었는지를 상세히 해석한 중요한 연구 성과이다.

▶ Robson, E. (2001). The tablet house: A scribal school in Old Babylonian Nippur. Revue d'Assyriologie et d'archéologie orientale, 95, 39-66.

이 논문은 니푸르(Nippur)에서 출토된 고바빌로니아 시대 학습용 점토판을 분석하여 우르 제3왕조에서 확립된 교육 시스템의 지속성을 입증한 연구이다. 발굴지 하우스(House) F에서 발견된 형태(Type) II 태블릿(Tablet)은 앞뒷면 모두에 학습 기록이 남아 있어 메소포타미아의 체계적인 서기관 교육과정(scribal curriculum)의 실체를 구체적으로 보여준다. 점토판에는 문자, 수학, 문학 등 다양한 교육 내용이 포함되어 있어 고바빌로니아 사회의 지식 전수 방식과 교육의 일상적 실천 양상을 생생하게 드러낸다. 이 연구는 고고학적 자료를 통해 메소포타미아 교육 시스템의 연속성과 조직적 특성을 명확히 규명한 중요한 성과이다.

12. 인도의 교차로

기원전 700년경 인도는 타킬라 등 학문 중심지와 다양한 문자·언어·사상·종교의 융합을 통해 동서양 문명이 만나는 지식의 교차로이자, 참조와 번역, 문화 교류의 핵심 플랫폼 역할을 한 인류 문명 네트워크의 중심지였다.

기원전 700년경 인도 갠지스강 유역. 이곳은 동서양 문명이 교차하는 지식의 십자로였다. 서쪽에서는 아람어를 사용하는 페르시아 상인들이, 북쪽에서는 중앙아시아 유목민들이 몰려들었으며, 동쪽으로는 중국과의 교역로가 열리고 있었다. 이처럼 문명의 교차로가 형성되기까지 인도는 오랜 문명적 여정을 거쳐 왔다. 어느 날 갑자기 동서양의 교차점이 된 것은 아니었다. 지리적으로 초기 인류 문화인 괴베클리 테페와 메소포타미아 문명이 인근에서 발생했고, 상대적으로 동쪽에 위치한 황하 문명과 가까운 것도 한몫했다. 사람이든 국가든, 운이라는 것이 있는 것 같다. 꼭 환경만으로 결정되는 것은 아닌 듯하다. 여러 조건이 같아도 운이 따르는 쪽이 성공하는 것 같다.

기원전 3,300년 인더스강 유역에서 시작된 인더스 문명은 모헨조다로와 하라파라는 계획도시를 건설했다. 이들은 정교한 하수도 시스템을 갖추고, 독자적인 문자 체계도 발전시켰다. 이후 기원전 1,500년경 새로운 변화의 바람이 불어왔다. 아리안족의 이주와 함께 시작된 베다 시대(Vedic period)는 베다 문헌이 집대성되고 카스트 제도가 확립되었다. 기원전 600년을 전후해 16개의 강력한 국가들이 등장하면서 마우리아 이전 시대가 열렸다. 이 시기에는 불교와 자이나교가 탄생했고, 도시 문화 역시 새롭게 부흥했다. 이러한 과정을 통해 인도는 본격적으로 동서양 문명의 가교 역할을 하게 되었으며, 그 중심에서 최초의 학문 교육 기관들이 등장했다. 그중에서도 타킬라(Taxila)는 세계 최초의 학문 교육 기관 중 하나로 손꼽힌다. 기원전 600년경 그리스의 철학자, 페르시아의 성직자, 중국의 학자를 불러모았다고 상상해 보라. 이들이 우파니샤드의 가르침에 귀 기울이며 만물의 근원을 탐구하는 모습을 떠올리면, 지금의 대학과 크게 다르지 않았을 것이다. 오히려 그 시대에는 타문화에 대한 호기심과 경외심이 더 컸을지도 모른다. 그리스에서는 밀레토스의 탈레스가 세계의 근원적 요소를 '물'이라 보았고, 중국에서는 노자가 만물의 근원으로 '도'를 제시했다. 이들의 사상은 언뜻 보기엔 동떨어져 보이지만, 인도의 지정학적 위치와 성숙한 문화 수준을 감안하면, 인도는 양쪽 문화 간의 매개체로서 충분한 영향을 미쳤을 것이다.

타킬라에서는 아람어와 브라흐미 문자(Brahmi script)로 기록된 우파니샤드 번역본이 무수히 많았을 것이다. 문자 문화가 일정 수준 이상 발전하면서 그 기록들은 다양한 형태로 남겨졌다. 당시 사람들은 서로의 문화를 접촉하고 인식하며, 타민족과 타 언어권의 사람들과 교류하면서 지식 네트워크를 공유하며 살았다. 현재 우리가 알고 있는 세계에 대한 인식도 그들 사이에서 유사한 방식으로 형성되었을 것이다. 전달 속도는 지금보다 느렸지만, 세상에 다양한 문화와 나라가 존재한다는 사실을 인지하고 있었다. 타킬라의 도서관에는 브라만(Brahman), 아트만(Atman), 다르마(Dharma) 같은 개념들이 여러 언어로 번역된 사전이 있었을 것이다. 아리스토텔레스의 '중용'은 공자의 사상을 떠올리게 하며, 순자의 '예론'에는 인도의 계급제가 투영되어 있다. 이러한 유사성은 증명해야 할 특별한 사실이 아니라 당시 상황을 고려하면 자연스러운 현상이다. 물론 일부 학자들은 아리스토텔레스와 노자가 각각 이성적 이론을 정립해 가는 과정에서 나타난 유사성을 강조하기도 한다. 필사가 주목하는 것은 단편적인 유사점을 찾는 것이 아니라 동서양 사상가들이 서로의 지혜를 참조하고 발전시켰다는 더 넓은 맥락이다.

지식은 결코 고립 속에서 탄생하지 않는다. 그것은 서로의 지혜를 차용하고 번역하는 지난한 작업의 결과물이다. 2,500년 전 인도의 지식인들은 이미 이 사실을 깨닫고 있었다. "현자는 모든 지식을 차용하되, 자신의 언어로 새롭게 해석한다"라는 그들의 한 문장의 통찰은 호모레퍼런스의 본질을 정확히 담아내고 있다.

타킬라 유적은 흥미로운 증거들을 보여준다. 기원전·후 층위에서 발견된 숙소 건물들은 서로 다른 건축 양식을 보인다. 페르시아식 회랑, 그리스식 기둥, 중앙아시아식 지붕 구조가 혼재되어 있다. 이는 다양한 지역에서 온 학생들을 수용했음을 시사한다. 교육 재료로 추정되는 발굴된 점토판들은 아람어와 브라흐미 문자 등으로 이루어져 있다. 한 점토판에는 같은 내용이 두 가지 문자로 병기되어 있는데, 이는 현대의 이중 언어 교육 방식과 유사하다. 발굴 현장에서는 많은 동전과 구슬이 발견되었다. 여러 나라의 동전들과 다양한 형태의 구슬은 이 지역이 동·서양 사람들이 자유롭게 교류하고 문화를 공유했다는 증거다. 더욱 놀라운 것은 발견된 문서들이다. 아람어, 브라흐미 문자, 카로슈티 문자, 이집트의 상형문자나 메소포타미아의 쐐기문자로 작성된 문서가 이 문화지역에서 발견되었다는 것은, 이곳이 다양한 문자 체계가 공존하는 국제적 학문 중심지였음을 보여준다.

기원전 600년~500년경은 인류 역사에서 가장 흥미로운 지적 교차의 시기였다. 우파니샤드의 현자들이 브라만과 아트만의 관계를 탐구하던 바로 그 시기에, 그리스에서는 밀레토스의 탈레스가 만물의 근원에 대해 고민하고 있었다. 두 지역의 철학적 질문이 이토록 유사했다는 것은 우연으로만 보기 어렵다. 철학의 출발은 그리스의 밀레토스 학파에 의해 시작되었다는 것이 정설이다. 밀레토스부터 타킬라까지는 4,000km라는 먼 거리가 떨어져 있는데, 과연 기원전에 서로 영향을 주고받았을까? 이 4,000km 사이에는 아무런 문화가 없는 진공상태가 아니라 기원전 8,000년에서 10,000년 전으로 보이는 괴베클리 테페가 포함된 아나톨리아 문화권이 있었다. 오히려 밀레토스 학파와 타킬라가 모두 아나톨리아 문화권의 영향을 받았을 가능성이 높다. 두 문명은 서로 직접 교류보다는 선진 문화권인 아나톨리아를 통해 연결되어 있었을 가능성이 더 높다.

우파니샤드의 "프라나(Prana, 생명력)" 개념은 피타고라스학파의 "프네우마"(Pneuma) 개념과 매우 유사하다. 고고학 측면에서 피타고라스가 실제로 인도를 방문했다는 직접적 증거는 없지만, 그의 사상이 페르시아를 통해 인도의 영향을 받았을 가능성을 제시한다. 만약 아나톨리아 문화권이 인더스, 그리스 문화보다 발달했다면, 상호 간의 유사성은 충분히 설명할 수 있다. 동쪽으로는, 초기 도가 사상가들의 "도"

개념이 우파니샤드의 "브라만" 개념과 유사한 시기에 발전했다. 기원전 600년경의 고고학 발굴에서 발견된 실크로드 초기 무역품들 사이에서 인도 철학 문서의 단편들이 발견되었다는 사실은 이러한 사상 교류의 가능성을 뒷받침한다. 기원전 600년경의 니야야(Nyaya) 학파는 이미 체계적인 논리체계를 갖추고 있었다. 이는 아리스토텔레스의 삼단논법보다 200년 이상 앞선 것이다. 나야야 학파는 정당한 지식을 얻기 위한 네 가지 인식 방법으로 직접지각, 추론, 비교, 증언을 제시하며, 주장, 이유, 실제예, 적용, 결론으로 이루어진 5분작법이라는 독특한 논증 형식을 발전시켰다. 사람의 행동이론을 연구해온 필자로서는 기원전 600년경에 이와 같은 정교한 이론이 정립되었다는 사실에 경외감을 느낀다. 당시 학자들의 학문적 깊이가 지금 학자들보다 절대 뒤지지 않았음을 알 수 있다.

이런 유사성은 모든 학문 분야에서 발견되었다. 수학 분야에서도 동·서양의 문화 유사성이 나타났다. 슐바 수트라(Shulba Sutras)에 담긴 피타고라스 정리는 피타고라스보다 앞선 시기의 것이다. 피타고라스가 이 원리를 독창적으로 발견했다기보다는, 이미 존재하던 지식을 서방에 소개한 인물로 보는 것이 더 타당할 것이다. 메소포타미아와 아나톨리아 지역에 이미 이러한 수학적 지식이 있었을 가능성이 높다. 이런 경우는 인류사에서 흔하게 발견된다. 아리스토텔레스의 경우도 마찬가지다. 그는 알렉산더 대왕의 스승이라는 이유로 아테네에서 많은 이론적 연구 성과를 얻었으나, 중세에 이르러서야 그의 학문적 성과가 진정한 빛을 발했다. 그 과정은 유럽에서 그의 진가를 먼저 알아본 것이 아니다. 이슬람 세계에서 그의 학문적 성취를 인정하고 아랍어로 번역하면서 먼저 연구되었고, 이후 중세 유럽 학자들이 이슬람을 통해 역수입한 아리스토텔레스의 학문을 접하게 되면서 그가 오늘날 학문의 시초라는 명성을 얻게 된 것이다.

동아시아 방향으로의 문화 전파도 흥미로운 증거를 남겼다. 기원전 12세기경 중국에서 발견된 유물 중에는 서아시아와 유라시아 초원 예술과 연관된 날개 달린 동물이나 인간 형상이 존재한다. 이는 자생적으로 발생했을 수도 있지만, 서아시아에서 2,000년 이상 발전해 온 그리핀 조각의 영향을 받았을 가능성이 더 높다. 그리핀이 중국에 나타나는 시점이 서아시아의 그리핀(griffin) 조각과 시기적으로 일치한다는 점이 이를 뒷받침한다. 인도는 다양한 문화와 지식의 교류를 돕는 통로 역할을 했다. 인도에서 생산된 향신료는 수천 년 동안 전 세계에 알려져 인류의 식문화에 큰 영향을 미쳤다. 기원전 600년경 타킬라의 학당에서는 우파니샤드의 가르침을 아람어로 번역하는 학자들, 페르시아 출신 학생들이 인도 수학을 배우는 모습, 중앙아시아에서 온 수행자들이 요가의 호흡법을 기록하는 모습을 볼 수 있었을 것이다. 발굴된 증거들은 이러한 지식 네트워크가 체계적이었음을 보여준다. 기원전 550년경의 도서관 유적에서는 같은 철학적 개념을 여러 언어로 설명한 참조 사전이 발견되었다. 브라만, 아트만, 다르마와 같은 산스크리트어 개념들이 아람어, 그리스어, 초기 중국어로 번역되어 있었을 것이다.

많은 동·서양의 철학자들은 인도라는 지식의 교차로를 통해 서로의 사상을 간접적으로 참조하고 있었다. 그들은 각자의 언어로, 각자의 문화적 맥락에서 비슷한 질문을 던지고 놀랍도록 유사한 답을 찾아갔다. 이것이야말로 호모레퍼런스의 진정한 모습이다.

▶ 후마윤 묘(Humayun's Tomb)(사진ⓒ저자 촬영)

후마윤 묘는 1,569년~1,572년 사이에 건설된 무굴 제국의 두 번째 황제였던 후마윤을 기리기 위해 지어졌다. 이 묘의 가장 큰 건축적 의의는 페르시아와 무굴 양식의 완벽한 조화를 보여준다는 점이다. 붉은 사암과 하얀 대리석을 절묘하게 조합한 건축 기법, 완벽한 대칭을 이루는 차하르 바그(charbagh) 양식의 정원, 그리고 웅장한 중앙 돔과 정교한 아치형 입구들은 당시 무굴 건축의 정수를 보여준다. 이 건축물은 세계적인 건축물인 타지마할에 영감을 준 사례로, 인도에서 참조하는 인간의 전형을 대표적으로 보여주는 건축물이다. UNESCO 세계문화유산으로 지정된 이 건축물은 정원 한가운데 높은 단상 위에 우뚝 서 있는 것이 특징이다. 건물 내부에는 후마윤 황제의 실제 무덤이 보존되어 있어 그 역사적 가치를 더하고 있다.

▶ 타지마할(사진ⓒ저자 촬영)

무굴 제국의 5대 황제 샤자한이 1,632년~1,653년에 자신의 사랑하는 아내 뭄타즈 마할(Mumtaz Mahal)을 추모하기 위해 아그라(Agra)에 지은 무덤이다. 이 건축물은 1,632년부터 약 22년간 건설한 무덤이다. 이 건축물은 순백의 대리석으로 지어졌으며, 중앙의 웅장한 돔과 네 개의 미나렛(minaret, 사진에 보이는 네 개의 기둥)이 특징이다. 건물 앞의 긴 수로는 타지마할을 비추어 아름다운 풍경을 만들어준다. 타지마할은 세계에서 가장 완벽한 건축물 중 하나로 평가받고 있으며, 영원한 사랑의 상징으로 여겨지고 있다. 특히나 이 건축물은 후마윤 묘를 참조하여 설계되어 참조하는 인간(호모레퍼런스)의 대표적인 사례로 꼽힌다.

▶ 남인도 케랄라 지역 향신료(사진ⓒ저자 촬영)

①. 왼쪽 첫 이미지는 카다멈(cardamom) 식물의 꽃. ②. 손바닥에 있는 작은 녹색 열매는 생(生) 카다멈 씨앗. ③. 손에 들고 있는 황갈색 둥근 것은 넛맥(nutmeg, 육두구). ④. 오른쪽 큰 사진은 커피나무. ⑤. 넛맥의 씨앗. ⑥. 빨간색이 보이는 것은 메이스(mace). 이런 향신료들은 남인도 케랄라(Kerala) 지역의 주요 농작물이다. 이 지역은 향신료 재배로 유명하여 '향신료의 정원'이라고도 불리며 영국이 식민지를 구축하던 시기에는 인도의 남서쪽 해안의 고치 항구 도시를 이용하여 향신료를 유럽으로 수송하였다.

〈참 고〉

▶ Laursen, S. T. (2010). The westward transmission of Indus Valley sealing technology: Origin and development of the 'Gulf Type' seal and other administrative technologies in Early Dilmun, c.2100–2000 BC. Arabian Archaeology and Epigraphy, 21(2), 96–134.

이 논문은 인더스 문명에서 기원한 'Gulf Type' 원형 인장(circular seal)이 바레인 등 페르시아만 지역의 초기 딜문 문화(Early Dilmun)로 전파된 과정을 체계적으로 분석한 연구이다. 바레인 무덤 유적에서 출토된 페르시아만 형식 인장에는 인더스 문자(Indus script)의 일부와 황소 등 동물 모티프(animal motif)가 결합되어 있어 인더스 문명의 기술과 상징체계의 서쪽 확산을 보여주는 고고학적 증거이다. 모헨조다로(Mohenjo-daro)와 찬후다로(Chanhu-daro) 등 인더스 문명 대표 인장과 페르시아만·딜문 지역 변형 인장의 실제 도면 및 사진 자료를 비교 분석하여 문화 전파 양상을 구체적으로 입증하였다. 인더스 문명의 행정·상업 기술이 메소포타미아 및 페르시아만 지역 상인과 공동체에 의해 수용·변형되었음을 실증적으로 규명한 중요한 문화 교류사 연구 성과이다.

▶ Olivelle, P. (1996). Upaniṣads (Oxford World's Classics). Oxford University Press.

이 책은 고대 인도의 중심 경전인 우파니샤드(Upaniṣads)를 영어로 번역한 대표적인 저작으로, 힌두교 사상과 인도 종교 발전에 중요한 역할을 한 텍스트들을 담고 있다. 우파니샤드는 베다(Veda)의 의례적 전통에서 벗어나 인간의 본질인 아트만(Atman)과 우주의 근원인 브라만(Brahman)에 대한 철학적 탐구로 전환하는 과정을 보여준다.
Olivelle의 번역은 최신 역사적·언어학적 연구를 반영하며, 비전공자와 인도 종교 연구자 모두에게 적합한 해설과 주석을 제공한다. 이 책은 고대 인도의 종교·사회·지성사 연구에 필수적인 자료로서, 베다 시대에서 새로운 종교 사상과 제도로의 변화를 문서화한 중요한 학술적 성과이다.

▶ **Singh, U. (2008). A history of ancient and early medieval India: From the Stone Age to the 12th century. Pearson Longman.**

이 책은 인도 선사시대부터 12세기까지의 정치·사회·경제·문화 발전을 포괄적으로 다루는 대표적인 고대 인도사 교과서이다. 고대 문헌, 유물, 비문(inscription), 화폐(coins) 등 다양한 1차 사료(primary sources)를 바탕으로 인도 역사의 흐름과 해석 방법을 체계적으로 설명한다. 각 시대별 주요 쟁점과 학계의 논쟁을 균형 있게 소개하며, 독자가 비판적으로 역사적 증거와 해석을 평가할 수 있도록 돕는다. 풍부한 지도, 사진, 도표를 통해 인도의 유구한 유산을 시각적으로 이해할 수 있게 한다.

▶ **Marshall, J. (1951). Taxila: An illustrated account of archaeological excavations carried out at Taxila. 3 vols. Cambridge University Press.**

탁실라 대학(University of Taxila)은 페르시아 정복 이후 국제적 교역과 다양한 문화가 융합된 중심지로, 브라만(Brahmin) 전통 학문에서 출발해 불교와 세속 학문까지 폭넓게 교육하던 고대 인도의 대표적 교육기관이었다. 이곳에서는 베다(Veda), 수학, 의학, 법률, 천문학, 활쏘기 등 종교와 세속을 아우르는 다양한 과목이 가르쳐졌으며, 각지에서 학생들이 모여들었다. 교사들은 독립적으로 자신의 집에서 학생을 가르쳤고, 공식적인 대학 건물이나 통합된 커리큘럼(curriculum) 없이 자유롭게 학문이 이루어졌다. 탁실라 대학은 마우리아 왕조(Maurya Dynasty)와 그리스 통치기에도 번성했으나, 5세기 훈족(Huns)의 침입으로 쇠퇴하며 고대 인도 학문의 중심지 역할을 마감했다.

▶ **심재훈 (2021). 중국에 나타난 그리핀과 문명의 동진. 동양학, 83, 247-271.**

그리핀(Griffin)은 기원전 3,500년경 메소포타미아에서 최초로 출현한 뒤, 서아시아, 중앙유라시아, 동아시아까지 확산되며 여러 문화권에서 유사한 형태로 나타난다. 아시리아(Assyria), 중국 은나라(Shang Dynasty), 스키타이(Scythia) 등 다양한 문명에서 그리핀은 사자와 독수리 등 여러 동물의 특징을 결합한 신화적 존재로, 각기 다른 예술적 양식 속에서도 공통된 상징성을 보인다. 이러한 유사성은 단순한 우연이 아니라, 동서 문명 간의 지속적 교류와 문화적 전파의 결과임을 고고학적·문헌적 증거를 통해 확인할 수 있다. 그리핀의 전파는 단순한 도상 모티프(iconographic motif)의 이동을 넘어, 종교적 관념과 예술적 상상력이 동서양을 잇는 중요한 연결고리였음을 보여준다.

13. 지하의 대화

로마 폼페이와 진나라 시안 등 동서양 고대 도시의 토관과 배수 시스템, 건축·도시 설계 등 기술적 유사성은 실크로드 이전부터 유라시아 전역에서 오랜 시간에 걸쳐 참조와 교류가 이루어진 인류 문명 네트워크의 증거였다.

로마 폼페이와 중국 진나라 시안은 약 8,000km를 사이에 두고 있다. 두 고대 도시의 지하에서 발견된 토관은 유사성을 보인다. 재료도 거의 유사할 뿐 아니라 물의 흐름을 제어하는 기술은 거의 같다. 폼페이의 도시 형태와 중국 시안에 있는 진나라의 성은 비슷한 형태의 배수시스템을 가지고 있다. 이 배수시스템은 문명 간 교류를 암시하는 증거 중의 하나이다.

　위의 두 도시의 토관만 같은 것이 아니다. 로마 폼페이, 진나라 시안성, 북경 자금성, 튀르키예 마드린성, 로마 도시 제우그마(Zeugma), 스페인 그라나다(Granada), 아테네의 아크로폴리스에서 확인된 도시의 토관을 비롯한 배수 시스템은 거의 흡사했다. 처음에는 여러 문명권에서 사용된 토관이 비슷하다는 점을 고려하여 다른 문명권에서는 조금은 다른 것이 있지 않을까 하는 생각으로 차이점을 찾으려 했으나, 결국 어떻게 이렇게 거의 동일할 수 있었을까 하는 감탄으로 바뀌었다. 만약 문명이 서로 독립적으로 발전했다면 이처럼 유사하지 않았을 것이다. 예를 들어, 지역에 따라 토관의 단면을 원형이 아닌 네모 혹은 세모형으로 만들 수도 있었을 것이다. 또한 연결 부위 역시 꼭 맞물리도록 설계하는 대신 다른 방식을 취했을 가능성이 있다. 문명이 독립적으로 발전했다면 달라졌을 수도 있는 이러한 요소들이 거의 흡사하다는 사실은 매우 시사하는 바가 크다. 토관뿐만 아니라 배수 시스템의 다른 부분에서도 이러한 유사성이 발견된다. 단순한 토관 중간에 물 저장고를 마련하여 급격한 수량 증가로 인해 발생할 수 있는 막힘 현상을 방지하는 방식 역시 여러 문명에서 비슷한 형태로 나타났다. 이러한 현상이 단순한 우연의 결과라고 보기는 어렵다.

　모든 문명이 완전히 독립적으로 존재했던 적은 거의 없었다고 보는 것이 타당할 것이다. 문명들은 지리적으로 가까운 경우 서로 참조하거나, 오랜 시간을 두고 영향을 주고받았다. 인접한 문명 간 교류가 수십 년에 걸쳐 이루어졌다면, 멀리 떨어진 문명 간에는 수백 년 또는 천 년이 지난 후에야 서로 참조가 이루어졌을 가능성이 있다. 지금의 시간 감각으로는 천 년이 매우 긴 시간처럼 느껴지지만, 인류 역사의 시간표는 몇 백만 년이라는 거대한 틀 안에서 작동하고 있다.

아리스토텔레스의 학문적 중요성을 최초로 인식한 것은 이슬람 문화권이었다. 이슬람어로 번역된 그의 저작은 중세 이후 유럽에서 역참조되었다. 이러한 참조와 역참조 과정이 반복되면서 현대의 시간 감각으로는 이해하기 어려울 정도로 오랜 세월에 걸쳐 지식이 확산되었다. 그 결과 기원 전후 대부분의 문명권에서 유사한 방식의 토관과 배수 시스템이 널리 사용되었다고 볼 수 있다.

폼페이라는 기원 전후의 도시는 현대 도시와 거의 흡사한 모습을 하고 있었다. 도로, 빵집, 이층 건물에 난방 시설, 그리고 유흥가까지도 놀라울 정도였다. 로마의 수로 시스템은 중력을 이용한 수압 조절 방식으로 작동했다. 폼페이 유적의 발굴 결과, 당시 사람들이 물의 압력과 흐름을 정확히 이해하고 있었다는 사실이 확인되었다. 파이프의 단면적 변화를 이용하여 물의 양과 수압을 조절하는 기술은 현대 유체역학의 원리와도 일치한다. 폼페이의 도로 시스템 또한 현대 도시와 매우 흡사했다. 마차가 다닐 수 있도록 넓은 도로를 석재로 포장했고, 양옆에는 배수로를 설치했다. 비가 올 때 보행자를 위한 건널목과 마차의 속도를 제한하는 시설을 함께 마련한 것은 2천 년이 지난 오늘날의 도시 설계 원리와도 맞닿아 있다. 오히려 현대 도시들은 기후 위기로 인해 자연에너지를 활용하는 방안을 연구하고 있으며, 이러한 점에서 과거의 기술은 여전히 참조할 가치가 있다. 진나라 시안성의 수로 시스템은 독창적인 해결책을 보여준다. 구운 점토로 제작된 파이프는 정교한 이음새 기술을 통해 완벽한 방수를 구현했다. 또한, 지형의 경사를 활용한 설치 방식으로 자연스러운 물의 흐름을 만들어냈다. 로마의 폼페이와 진나라의 시안성, 두 시스템 모두 '구배'(勾配; gradient)라는 개념을 정확히 이해하고 있었다. 물이 높은 곳에서 낮은 곳으로 흐르면서 일정한 속도를 유지하도록 하는 이 기술은 동서양이 서로 유사한 재료를 사용하여 같은 원리를 구현했음을 보여준다.

이러한 수리 시설의 건설 과정도 현대와 거의 동일한 절차를 거쳤던 것으로 보인다. 로마의 경우, 도시 계획 단계에서부터 상수도 시스템이 고려되었다는 증거가 폼페이 유적에서 발견된다. 진나라의 수리 시스템 역시 건축물 설계 단계에서부터 계획

되었음이 발굴 조사를 통해 확인된다. 이는 두 문명 모두 도시 설계에서 수리 시설을 핵심 요소로 인식했음을 보여준다. 배수 시스템 역시 강우 시 효과적으로 물을 처리할 수 있는 구조로 설계되었다. 이는 당시 동·서양의 건축가들이 자연재해에 대비하고 있었음을 보여준다. 또한 물을 이용하는 상·하수도 시설은 인더스 문명의 뼈대를 형성한 하라파 문명의 중심지인 모헨조다로에서도 발견된다. 하라파 문명은 기원전 3,300년경 초기 인더스 문명으로 이 시대의 가옥들은 이미 각자 우물을 보유하고 있었으며, 폐수 처리 시스템, 배수구, 홈통, 집수 시설까지 갖추고 있었다. 이는 로마의 폼페이나 진나라의 시안보다 거의 3,000년 앞선 시점에 존재했던 물 관리 시설이었다. 놀랍게도 그 시설들 역시 두 지역에서 발견되는 수리 시설과 상당히 유사한 형태를 띠고 있다.

폼페이를 처음 접한 사람들은 현대 도시와 매우 흡사한 형태의 건물과 도시 시스템에 놀라게 된다. 어떻게 이럴 수 있었을까? 지금부터 만 년 후, 인류는 폼페이와 현대 도시 문명을 같은 문화권으로 묶어 분석할 가능성도 있다. 현대 학자 중 일부는 기원전 10,000년의 아나톨리아 문명과 기원전 6,000년~5,000년의 메소포타미아 문명을 매우 유사한 문명으로 분석한다. 두 문명은 지리적으로 가까운 지역에 형성되었지만, 4,000년이라는 상당한 시간적 간극이 존재한다. 그럼에도 불구하고 이 두 문명을 하나의 문화권으로 간주하는 분석이 이루어지는 것을 보면, 만 년 후 인류가 기원전 폼페이와 현대 문명을 동일한 문명으로 분류한다고 해도 무리가 없어 보인다. 그만큼 시간이라는 개념 자체가 상대적일 수 있다. 이러한 많은 유사성을 단순한 우연으로 보기 어렵다. 기원전 3세기경 실크로드가 본격적으로 개통되기 이전에도, 이미 유라시아 대륙을 가로지르는 기술 교류가 존재했다는 증거가 발견된다. 파르티아와 박트리아 같은 중앙아시아 문명들이 이러한 기술 전파의 중간 거점 역할을 했을 가능성이 높다.

수리 시설 건설에 사용된 측량 기술 또한 매우 정교했다. 로마의 측량 기기와 진나라의 측량 기기는 형태는 다르지만, 같은 원리로 작동했다. 이는 기초 과학 기술이 이미 교류되고 있었음을 암시한다. 각 문명은 자신만의 방식으로 자연의 원리를 이해하고 있었다. 로마는 초기 시멘트와 돌을 사용한 반면 진나라는 토기의 내구성을 극대화하는 기술을 발전시켰다. 서로 다른 재료를 사용하면서도 동일한 문제를 해결한 것이다. 수리 시설의 발전이 도시의 번영을 가져왔듯이, 사상의 교류는 문명의 성숙을 이루었다. 그리핀(Griffin)은 문명 교류의 흥미로운 증거를 제공한다. 기원전 9세기 아시리아의 부조에서 발견되는 그리핀은 사자의 몸에 독수리의 머리와 날개를 가진 독특한 형태를 띠고 있다. 같은 시기 중국 은나라의 청동기에서도 유사한 형태가 발견되며, 스키타이 유목민들의 금속 공예품에서도 이러한 도상이 등장한다. 서로 다른 문명권에서 발견되는 그리핀의 유사성은 우연의 산물이라고 보기 어렵다. 이는 실크로드가 본격적으로 열리기 이전부터 문명들 사이에 긴밀한 문화 교류가 있었음을 증명한다. 로마의 도시들이 바둑판처럼 격자형 구조를 가졌듯이, 진나라의 함양(咸陽)도 비슷한 구조를 보인다. 도시 설계 방식에서도 서로를 참조한 흔적이 발견된다. 이러한 유사성은 단순한 우연이 아니라 오랜 시간에 걸쳐 인류가 서로를 참조하며 형성한 보편적 지혜의 표현이다.

인류의 문명과 문화는 고립된 천재성의 산물이 아니었다. 오랜 시간에 걸친 참조를 통한 점진적 발전의 결과였다. 토관과 배수 시스템에서 나타나는 기술적 유사성은 단순한 우연이 아니다. 이는 호모 사피엔스가 본질적으로 호모레퍼런스였음을 보여주는 명확한 증거다. 오늘날 동양의 기술과 서양의 사상을 구분 짓는 것은 무의미할지도 모른다. 인류의 모든 위대한 성취는 서로의 지혜를 참조한 결과였다. 동양이 서양을 참조했는가, 서양이 동양을 참조했는가라는 질문 자체가 무의미하다. 중요한 것은 인류가 언제나 서로를 참조해 온 존재였다는 사실이다. 그리고 이러한 특성이야말로 인류를 가장 성공적인 종으로 만든 핵심 능력이었다.

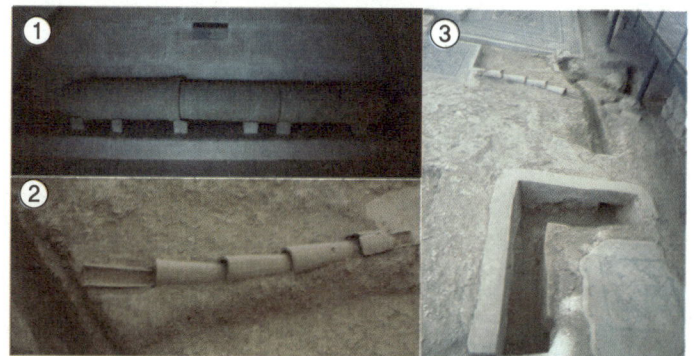

▶ 메소포타미아 지역과 헬레니즘 문화권의 수리 시설 비교(사진©저자 촬영)

중국 시안, 메소포타미아 지역, 그리고 헬레니즘 문화권의 고대 로마 도시에서 발견된 토관은 마치 같은 공장에서 생산되었다고 해도 믿을 정도로 유사하다. 물론 "토관은 다 비슷하지 않나?"라고 생각할 수도 있지만, 수천 년 전 서로 다른 지역에서 사용된 토관들이 이렇게 흡사하다는 것은 우연이라고 보기보다는 상호 참조하였다고 보는 게 더 설득력이 있다.

　①. 메소포타미아 지역의 토관. 마르딘 박물관 소장.
　②. 로마 도시 제우그마에 있던 토관. 가지엔테프 제우그마 모자이크 박물관 소장.
　③. 유프라테스강 옆 제우그마 도시의 토관. 제우그마 도시 유적지.

▶ 아나톨리아 제우그마에서 발견된 배수시설 1(사진©저자 촬영)

5장 사상의 교차로

하라파 문명은 기원전 3,300년 전 모헨조다로를 중심으로 발달한 초기 인더스 문명의 뼈대를 이룬 문명으로 현재 파키스탄 중앙부 정도에 위치한다. 집마다 우물이 있었으며, 거리 청소를 물로 할 정도로 발달한 문화가 존재했다. 이 시설과 거의 흡사한 시설이 아나톨리아 제우그마의 유적지에서 발견되었다.

▶ 아나톨리아 제우그마에서 발견된 배수시설 2(사진ⓒ저자 촬영)

제우그마는 아나톨리아 지방에서 가장 큰 로마의 기원전 도시였다. 제우그마는 실크로드의 요충지 역할을 한 곳으로 자체 화폐를 발행할 정도로 영향력이 막강한 중요 거점 도시였다. 집마다 우물을 비롯한 상·하수도 시설이 존재했었다.
①. 물 보관 장소
②. 집에 설치된 우물
③. 사각 물보관 돌곽과 우물
④. 일정 구역에 비를 모을 수 있는 물 수집소

〈참 고〉

▶ Zheng, X. Y. (2015). The ancient urban water system construction of China: The lessons from history for a sustainable future. International Journal of Global Environmental Issues, 14(3/4), 187–199.

논문은 기원전 2,000년경 허난성(Henan Province) 등에서 발견된 토관(earthen pipeline)과 같은 고대 도시 배관 시스템이 이미 존재했음을 고고학적 증거로 제시한다. 고대 중국의 주요 도시는 도시 계획 단계에서부터 물 공급, 배수, 하수, 저수지(reservoir), 해자(moat) 등 복합적인 수리 시스템(water management system)을 설계·구축하였으며, 이는 도시의 생존과 방재에 핵심적 역할을 했다. 배수 시스템에는 지하 배수관(underground drainage pipe), 도랑(ditch), 오픈 채널(open channel), 저수지 등이 포함되어 있었고, 일부 도시는 길이 800m 이상의 지하 하수관을 갖추는 등 정교한 구조를 갖추었다. 이러한 고대 배관 및 수리 시스템은 현대 도시의 지속 가능한 물 관리와 재해 예방에 중요한 역사적 교훈을 제공한다.

▶ Houal, J. B. (n.d.). The Hellenistic period through the ceramics of Termez (Uzbekistan) and Balkh (Afghanistan). In S. Japp & P. Kögler (Eds.), The Graeco-Bactrian and Indo-Greek World.

박트리아(Bactria) 지역은 아무다리야강(Amu Darya) 연안을 따라 칭기즈 테페(Tchingiz Tepe), 말라 칭기즈, 이슬람 도시, 시타델(Citadel) 등 주요 도시가 형성되어 동서 문명 교류의 교차점이자 실크로드(Silk Road)의 핵심 거점이었다. 이곳에서 출토된 도자기 파편들은 헬레니즘 시대의 그리스 양식과 박트리아 고유의 공예가 융합된 다양한 형태와 색상을 보여주며, 문화적 융합의 상징적 증거로 평가된다. 박트리아 왕국(Bactrian Kingdom, 기원전 250~125년경)은 아프가니스탄 북부와 타지키스탄 남부를 중심으로 헬레니즘(Hellenism), 중앙아시아, 인도 문화가 융합된 독특한 예술과 건축, 공예를 발전시켰다. 이러한 문화적 융합은 불교 예술에도 영향을 주었으며, 박트리아는 고대 세계에서 다양한 문명과 예술이 만나는 대표적 사례로 남아 있다.

▶ Lewis, M. J. T. (2001). Surveying instruments of Greece and Rome. Cambridge University Press.

메르헷(merkhet)은 고대 이집트에서 두 사람이 사용해 북극성 등 천체를 기준으로 시간 측정과 신전의 정렬에 활용된 간단한 시준 도구(sighting tool)였으며, 실제 토지 측량보다는 의례적·천문학적 목적이 중심이었다. 이집트의 실용적이고 경험적인 측량 기술인 수평기(level), 표척(staff), 줄(rope), 막대(rod) 등은 그리스와 로마로 전파되어, 점차 더 정교한 각도·거리·수평 측정 기구의 발전에 기초가 되었다. 고대 로마에서는 디옵트라(dioptra, 각도·거리 측정), 그로마(groma, 직각·격자 측정), 호도미터(hodometer, 거리 측정), 수평기와 표척(level and staff, 수평 측정) 등 다양한 측량 기구가 실제 토목·건축·토지 분할에 널리 사용되었다. 이러한 도구들은 단순한 시준·측정에서 출발해, 도로·수로·건축물의 정밀한 설계와 시공, 도시계획 등 고대 서양 과학기술 발전의 토대를 마련했다. 금속 가공 기술과 행정 체계를 갖추고 있었음을 보여준다.

14. 같은 하늘 아래

맹자와 아리스토텔레스의 사상은 서로 다른 문화적 배경 속에서도 인간 본성과 윤리의 유사한 통찰을 보여주며, 참조와 교류를 통한 창조적 발전이 인류 지혜의 핵심임을 드러낸다.

　맹자와 아리스토텔레스는 2,400여 년 전 유라시아 대륙의 양 끝에서 동일한 질문을 던지고 있었다. "인간의 본성은 무엇이며, 어떻게 살아야 하는가?" 맹자는 인간의 선한 본성을 주장했고, 아리스토텔레스는 덕과 행복의 관계를 탐구했다. 인류사의 흐름을 살펴보면, 거의 비슷한 시기에 유사한 문명적 발전이 이루어졌음을 확인할 수 있다. 인류는 타제석기를 발명한 이후 약 100만 년 동안 이를 사용해왔다. 그 후, 모든 대륙에서 타제석기가 사용된 지 100만 년이 지나 돌도끼가 등장했다. (물론 이에 대한 해석은 학자마다 다를 수 있으며, 일부 학자들은 초기부터 돌도끼가 존재했다고 주장하기도 한다.) 돌도끼라는 복합도구가 만들어지면서, 인류는 지난 100만 년 동안보다 훨씬 더 큰 변화를 경험하기 시작했다. 그 후에도 인류는 거의 흡사한 형태를 보인다. 거의 비슷한 시기에 거의 유사한 형태의 문화를 선보였다. 맹자의 연대는 기원전 372년부터 기원전 289년까지로, 전국시대 초기에 활동한 사상가였다. 아리스토텔레스는 기원전 384년부터 기원전 322년까지 생존한 고대 그리스의 철학자였다. 이들의 이름만 놓고 보면 직접적인 상관관계를 찾기 어려울 수도 있다. 그러나 알렉산더 대왕을 고려하면 두 철학자가 서로의 존재를 인식하고 알고 있었을 가능성이 높아진다. 아리스토텔레스는 알렉산더 대왕의 스승으로서 그를 교육했다. 알렉산더가 대왕이 된 이후, 아리스토텔레스는 마케도니아에서 아테네로 돌아왔다. 알렉산더 대왕은 기원전 326년 인도 북서부 인더스강 유역까지 점령하고 그 너머까지 전진하려 했다. 인더스 너머의 존재를 알고 있던 알렉산더는 부하들이 반대하지 않았다면, 지금의 중국 지역까지 진출했을지도 모른다. 당시 아리스토텔레스는 알렉산더 대왕의 전폭적인 지지를 받아 아테네에 리케이온을 설립했다. 역사 기록에 따르면 알렉산더 대왕은 리케이온 운영에 필요한 자금을 제공했으며, 동방 원정 중 정복지에서 수집한 동식물 표본과 서적을 아리스토텔레스에게 보내 연구와 도서관 확장에 큰 도움을 주었다고 한다. 그렇다면, 알렉산더 대왕이 보낸 서적은 무엇이었을까?

알렉산더 대왕은 스승인 아리스토텔레스로부터 문학, 과학, 철학, 윤리 등 다양한 분야를 배웠다. 그는 "부친에게 생명을 받았고, 스승에게 사람답게 사는 법을 배웠다"고 말할 정도로 아리스토텔레스에 대한 존경이 상당히 깊었던 것 같다. 그가 동방으로 원정을 떠났을 때, 이미 공자, 순자, 맹자와 우파니샤드 철학의 핵심 인물인 야즈냐발키야(Yajnavalkya) 등 수많은 사상가들이 존재했으며, 그들의 책이 널리 퍼져 있었다. 아리스토텔레스에 대한 학문적 존경을 품고 있던 대왕은 이들 철학자의 저서를 접했을 가능성이 충분한 것으로 보인다. 알렉산더 대왕은 이 책들을 리케이온으로 보내 아리스토텔레스에게 전달했다. 역사적 기록에 명확히 남아 있지 않더라도, 그는 학문적으로 존경하는 스승에게 자신의 업적을 공유하고 싶었을 가능성이 크다. 앞서 언급했듯이, 두 사람은 이미 동양 철학과 사상을 알고 있었다. 그 새로운 지식의 발견에 흥분한 알렉산더 대왕이 동양 철학 자료를 스승에게 보냈을 가능성은 더욱 높아진다.

이 과정을 통해 아리스토텔레스가 동방의 사상을 참조했을 가능성이 크다. 반대로 동방에서도 알렉산더 대왕뿐만 아니라 페르시아 제국을 통해 서방의 사상을 받아들였을 가능성이 존재했다. 페르시아는 알렉산더보다 훨씬 이전에 더 넓은 제국을 건설했다. 그리고 그 제국에 속한 모든 나라들은 페르세폴리스에서 서로의 존재를 인식하고 교류했다. 그리스를 중심으로 한 유럽에서는 페르시아가 아크로폴리스를 점령한 사건이 증오와 동경의 대상이 되었을 것이라고 앞서 언급한 바 있다. 그 당시 초기 그리스 철학자들의 사상은 이러한 접점을 통해 동방의 사상가들에게 전파되기에 충분했을 것으로 보인다. 많은 교류의 가능성이 있었던 만큼, 그들은 놀라울 정도로 유사한 결론에 도달했다. 맹자의 '사단(四端)'과 아리스토텔레스의 '덕' 개념은 인간 본성의 선함과 그것의 실현이라는 점에서 닮았다. 마치 거울에 비친 듯, 동서양의 지혜는 서로를 비추고 있었다.

맹자와 아리스토텔레스가 공유한 참조 방식에는 분명한 차이가 있었다. 맹자는 공자로 이어지는 유학의 전통을 수직적으로 계승했으나, 아리스토텔레스는 당대 그리스의 여러 학파를 수평적으로 아우르며 사유를 전개했다. 이러한 차이는 두 철학자의 사상을 더욱 풍성하게 만드는 요인이 되었다. 기원전 380년경, 유라시아 대륙의 양 끝에서 두 철학자는 깊은 사유에 몰두하고 있었다. 중국 추나라의 맹자는 인간의 선한 본성에 관해 고민하였고, 그리스의 아리스토텔레스는 덕성과 행복에 관한 철학적 탐구를 진행하였다. 그들은 서로의 존재를 알지 못했으나, 놀랍게도 인간 본성과 윤리에 관한 유사한 질문을 던지고 있었다. 만약 실크로드를 통해 서로의 사상이 전해졌다면, 맹자는 아리스토텔레스의 '인간은 행복을 추구하는 존재이며, 이는 덕성의 실현을 통해 가능하다.'라는 명제에 깊은 공감을 표했을 것이다. 이는 맹자 자신의 사상과 놀라운 일치점을 보이기 때문이다. 마찬가지로 아리스토텔레스 역시 맹자의 "사단(四端)" 개념, 즉 측은지심, 수오지심, 사양지심, 시비지심에 관한 이론을 접했다면 이를 자신의 덕성론과 연결하여 깊이 탐구했을 것이다.

두 철학자는 서로 다른 문화적 배경과 언어 속에서 활동했음에도 불구하고, 인간 본성에 관한 유사한 통찰에 도달했다. 맹자의 성선설과 아리스토텔레스의 덕성론은 마치 거울의 양면과 같이 서로를 비추고 있었다. 그들은 공통적으로 인간의 본성이 근본적으로 선하며, 그 선한 본성을 실현하는 것이 인간 삶의 궁극적 목적이라고 보았다. 이런 사상적 일치는 인류 철학사에서 주목할 만한 현상으로, 동서양의 철학적 전통이 서로 다른 경로를 통해 유사한 진리에 도달할 수 있음을 보여주는 중요한 사례이다.

현대 학계에서는 일부 학자들이 서구 이론에 주로 의존하거나, 동양 전통에 상대적으로 더 비중을 두는 경향이 있다. 이러한 접근은 맹자와 아리스토텔레스가 보여준 다양한 지식 체계를 폭넓게 참조하는 균형 잡힌 지혜의 모범에 비해 제한적일 수 있다. 그들은 비록 서로의 존재를 몰랐지만, 각자의 전통 안에서 최대한의 참조 범위를 확보하려 노력했다. 인공지능이 인간의 창작물을 학습하는 것에 대한 우려가 크지만, 인류 역사상 모든 위대한 창조는 참조에서 시작되지 않았던가! 맹자와 아리스토텔레스가 보여준 것처럼, 중요한 것은 참조 자체가 아니라 그것을 통한 창조적 발전이다. 학생들은 정보를 검색하는 법은 배우지만, 참조하는 법은 배우지 못한다. 맹자처럼 깊이 있게, 아리스토텔레스처럼 체계적으로 참조하는 법을 배웠다면, 그들의 학습은 더 창조적이지 않았을까! 결국 맹자와 아리스토텔레스가 인류에게 가르쳐주는 것은 참조의 윤리다. 참조는 단순한 모방이 아니다. 그것은 과거와 현재, 동양과 서양, 전통과 혁신을 아우르는 창조적 종합의 과정이다. 그들이 보여준 참조의 지혜야말로, 지금 시대가 가장 필요로 하는 것인지도 모른다. 지금 인류 역사상 가장 복잡한 참조의 변곡점에 서 있다. 인공지능은 인간의 모든 창작물을 순식간에 참조하고 재조합할 수 있으며, 디지털 기술은 동·서양의 경계를 허물었다. 이런 시대에 맹자와 아리스토텔레스의 참조 방식은 더욱 중요한 의미가 있다.

미래 세대는 더 이상 얼마나 많은 지식을 보유하는가가 아니라 어떻게 참조하는가로 평가받게 될 것이다. 맹자처럼 전통의 깊이를 존중하면서도, 아리스토텔레스처럼 다양한 관점을 포용할 줄 아는 능력이 핵심 역량이 될 것이다. 참조 없는 창조는 없다. 이것이 바로 2,400년 전 두 위대한 철학자가 전하고자 했던 메시지다. 그들은 각자의 방식으로 인류의 보편적 지혜를 탐구했으며, 놀랍게도 같은 진실에 도달했다. 그들의 여정이 보여주듯, 진정한 창조는 언제나 깊이 있는 참조에서 시작된다. 맹자와 아리스토텔레스의 지혜를 오늘날 다시 읽는 행위 역시 하나의 참조 과정이다. 중요한 것은 이 참조를 통해, 시대에 맞는 새로운 지혜를 창조해 내는 것이다. 그것이 바로 그들이 가르쳐준 호모레퍼런스의 진정한 의미다.

15. 시안의 증인들

진시황릉의 병마용과 시안의 유물들은 수은 정제, 청동 합금, 안료, 건축 등 다양한 기술과 재료에서 고도의 기술 발전과 문화적 성취가 실크로드 이전부터 활발히 이루어졌음을 보여주는 인류 문화 발전의 중요한 증거였다.

몇 년 전 시안을 방문했을 때, 필자는 마치 시간여행을 한 듯한 경험을 했다. 현대적인 공항에서 내려 병마용갱에 들어서는 순간, 필자는 기원전 221년 진시황제의 통일 제국으로 돌아갔다. 그리고 그 여행은 인류의 지속적인 문화의 연속성과 참조를 증명하는 것 같아 놀라운 경험이 되었다. 시안의 현재 모습은 과거, 현재가 공존했다. 2,000년 전 최첨단 도시였던 이곳이, 오늘날에는 중국의 다른 대도시들보다 다소 불편한 도시가 되어 있었다. 도보 여행자의 입장에서 매연과 대중교통은 작은 도전이었다. 하지만 이런 불편함이 오히려 이 도시의 매력을 더한다고 할까. 고도(古都)의 정체성을 고스란히 간직한 채, 현대화의 물결 속에서 자신만의 속도를 유지하고 있는 듯했다. 이런 모습이 반드시 부정적인 것만은 아니다. 상하이나 선전이 미래로 질주할 때, 시안은 과거와 현재 사이의 균형을 찾아가고 있다. 아마도 이것이 3,000년 역사를 가진 도시의 지혜일지도 모른다. 때로는 천천히 가는 것이 더 멀리 갈 수 있으니까.

시안은 역사적으로 동서양 문명의 교류에 있어 중요한 길목이었다. 진시황릉을 건설하는 데 사용된 기술 중 일부는 실크로드를 통한 문명 교류의 산물이었다. 시안 역사박물관의 유물들은 페르시아, 중앙아시아, 인도의 기술이 이곳에서 융합되었음을 보여준다. 아직 발굴되지 않은 진시황릉에 대한 기록에는 여러 가지 당시 기술이 나열되어 있다. 그중에서도 가장 흥미로운 것 중 하나가 바로 '수은 강'이다. 사마천의 『사기』에 따르면, 지하 궁전에는 수은으로 만든 강과 바다가 있었다고 한다. 최근 발굴 현장 주변의 토양에서 비정상적으로 높은 수은 농도가 검출되면서, 이 기록이 단순한 전설이 아니었음이 밝혀졌다. 그렇다면, 2,200년 전 사람들은 어떻게 수은을 다룰 수 있었을까? 오늘날에도 수은은 위험한 물질로 취급되지만, 고대인들이 이를 정제하고 활용했다는 사실 자체가 상당한 기술적 발전을 의미한다. 수은은 고대부터 알려진 금속으로, 붉은색 광물인 진사(수은 황화물, HgS)에서 주로 추출되었다. 동양과 서양 모두 독립적으로 수은 정제 기술을 발전시켰으며, 학자들은 중국에서는 기원전 7세기 이전부터, 그리스에서는 기원전 4세기경부터 구체적인 정제법이 문헌에 등장했다고 보고 있다.

동양과 서양의 수은 제조 방법은 기본 원리에서 매우 유사했다. 두 문명권 모두 주로 두 가지 방식을 사용했다. 첫째, 열분해법에서는 진사(HgS)를 고온에서 가열하여 수은 증기를 발생시키고 이를 냉각시켜 액체 수은을 얻었다. 중국에서는 밀폐된 도기나 대나무 관을 이용했고, 그리스-로마에서는 디오스코리데스(Pedanius Dioscorides)가 기록한 것처럼 철 숟가락과 도자기 그릇을 사용했다. 둘째, 화학적 환원법에서도 유사점이 있었다. 중국과 그리스 모두 진사를 구리나 철과 같은 금속과 함께 산성 물질(식초 등)과 섞어 수은을 추출했다. 그리스의 테오프라스토스(Theophrastus)는 진사를 구리 절구와 식초로 갈아 수은을 얻는 방법을 기록했는데, 이는 중국에서도 유사하게 발견된다. 방법의 원리는 거의 동일했으나, 사용된 도구와 세부 기술에는 약간의 차이가 있었다. 지금까지 학자들은 동·서양의 수은정제 기술은 독립적으로 발전했다고 주장한다. 필자는 이런 유사한 과정이 기원전에 각각 독립적으로 발생했다고 주장하는 것보다는 서양이 동양을 참조했다고 보는 게 더 합리적이라 생각한다. 그 참조의 연결 고리가 반드시 존재할 것으로 보인다.

기원전 7세기 동양에서 수은 정제 기술이 처음 개발되었다고 본다면, 이는 인류 문명의 지형도가 크게 변화하던 시기와 맞물려 있다. 메소포타미아에서는 신바빌로니아가 부상하고 아시리아가 쇠퇴하는 권력 이동이 있었으며, 페르시아 고원에서는 메디아 왕국(Median Empire)이 형성되어 후대 페르시아 제국의 기반을 다졌다. 동아시아에서는 중국 춘추시대가 한창으로, 제후국들이 서로 패권을 다투며 철학적 사상이 태동하기 시작했다. 유럽에서는 그리스의 도시국가들이 번성하고 지중해와 흑해 연안으로 식민지를 확장하던 때였으며, 아나톨리아의 리디아(Lydia) 왕국은 세계 최초로 주화를 사용하기 시작했다. 이 시기는 철기 문명이 보편화되고 문자 체계가 발전하며 대륙 간 문화 교류가 활발해지던 인류 문명의 중요한 전환점이었다. 이 시기에 수은의 정제 기술을 중국에서 발명했다면 그 정제 기술은 빠른 속도로 중국(동주시대의 춘추시대)에서 인도(후기 베다 시대/초기 우파니샤드 시대), 페르시아 지역(메디아 왕국), 메소포타미아(신바빌로니아 제국, 쇠퇴기의 아시리아 제국), 이집트(제26왕조 사이트 왕조), 페니키아(지중해 동부 해안 도시국가들), 리디아 왕국(아나톨리아 서부), 그리스 도시국가들(폴리스), 에트루리아(Etruria, 이탈리아 중부)로, 점진적으로 서쪽으로 참조 전파되었다고 보는 게 합리적인 추론이다.

위의 추론을 제외한 고고학적 증거로는 중국이 더 이른 시기에 대량 정제 및 사용을 했다는 점이 확인되며, 진시황릉(기원전 3세기)에서 대량의 수은이 발견된 것은 당시 이미 상당한 수준의 정제 기술이 있었음을 보여준다. 동양과 서양을 연결하는 인더스 문명은 동서 교역의 중심지였으나, 이들을 통해 수은 기술이 전파되었다는 명확한 증거는 발견되지 않았다. 수은 정제와 같은 것도 다른 문명과 지속적인 참조와 역참조를 거듭하면서, 기원전 4세기 정도에는 안정적인 기술이 정착되었던 것 같다. 이러한 고도의 기술은 홀로 발전한 것이 아니었다. 이 외에도 병마용에 사용된 청동 합금의 성분 비율은 중앙아시아 초원 지대에서 발견된 청동기와 거의 동일하다. 갑옷의 비늘 모양은 스키타이 전사들의 것과 닮았다. 이는 유라시아 대륙을 가로지르는 오래된 기술 교류의 증거다. 당시 아마도 하라파, 박트리아, 파르티아 문명을 통해 서양과도 활발한 왕래가 있었을 것이다. 타킬라 대학에서 공부하고 돌아온 자국인과 외국인들이 시안에 넘쳐 났을지도 모른다. 지금도 시안에 있는 회족 타운에 가면, 이 지역이 오랫동안 서양과 왕래해 왔음을 충분히 짐작할 수 있다.

다시 진시황의 병마용갱에 대해 보면, 진시황의 병마용은 동양의 기술과 서양의 기술을 구분하는 것이 과연 의미 있는 일인가에 대한 질문을 던진다. 인류는 오랫동안 서로의 지혜를 참조하고, 이쪽에서 만든 기술이 넘어가서 업그레이드되고 다시 역참조를 되풀이하면서 문화와 기술이 정착되는 과정을 거쳤다. 제1호 갱에서 마주한 병마용은 현대 과학기술로도 설명하기 어려운 수수께끼를 던진다. 8,000개가 넘는 병사상은 각각 다른 표정과 골격 구조로 되어 있다. 고고학자들의 분석에 따르면, 이 작업에는 최소한 몇 가지의 혁신적인 기술이 사용되었다. 그 혁신적인 기술 중 하나가 정교한 주형 제작 기술이다. 기원전 3세기에 이미 그들은 부품을 규격화하는 모듈러 시스템을 개발했다. 머리, 몸통, 팔다리를 각각 다른 형태로 제작한 뒤 조립하는 방식이다. 이는 현대의 조립 설비 생산 방식과 놀라울 정도로 유사하다. 이 병마용갱 병사상이 들고 있는 청동 무기에서 발견된 크롬 도금 기술은 산화 방지 효과가 탁월했다. 이 기술은 유럽에서 18세기에야 발견되었다고 알려져 있다. 2,000년이라는 시간 차를 어떻게 설명할 수 있을까? 물론 이후에 많은 연구에서, 크롬 도금이 자연환경에서 오염된 것일 수도 있다는 결과가 나오기는 했다. 최근의 연구에 따르면, 무기의 우수한 보존 상태는 크롬 때문이 아니라 주석이 풍부한 청동 조성, 고온 단조 등 제작 기술, 그리고 중성 또는 알칼리성의 건조하고 미세한 입자를 가진 토양 환경 덕분이라는 주장이 나오면서, 크롬 도금 기술 자체에 대한 주장은 학계에서 힘을 잃고 있다. 그러나 이 부분에서, 그 당시 사람들이 이러한 모든 조건을 인식하고 무기를 제작했으며, 결과적으로 자연적으로 크롬 도금이 되도록 의도했다면, 이는 오히려 한 단계 진보한 기술로 해석할 수 있다. 병마용갱에서 발견된 무기에 실제로 크롬 도금이 이루어졌는지에 대한 결론은, 보다 심층적인 연구가 필요해 보인다. 병마용갱에서 발굴된 청동 검의 주석 함량은 현대 금속공학에서 이야기하는 이상적인 비율인 약 10%~15%와 거의 일치한다. 이는 수많은 시행착오를 거쳐 축적된 지식 없이는 불가능한 정밀도다. 지금도 거의 비슷한 함량으로 제작되고 있다. 당시 수많은 시행착오와 과학적 근거에 기반해 함량을 계산했다는 사실을 알 수 있다.

기원전 200년경에 만들어진 병마용갱에서 조금 떨어진 곳에 있는 시안 역사박물관의 유물은 병마용갱의 기술에 대한 추가적인 설명을 제공해 준다. 기원전 8세기부터 시안은 이미 실크로드의 동쪽 출발점이었다. 페르시아의 유리 제작 기술, 중앙아시아의 금속 가공법, 인도의 직물 염색 기술이 이곳에서 만나 융합되었다. 진시황 병마용갱은 현재는 거의 채색이 사라졌지만, 원래는 뛰어난 채색 기술로 정교하게 칠해져 있었다. 발굴 당시에는 선명했던 색상이 공기와 접촉하면서 거의 사라졌지만, 과학적 분석 결과 여러 가지 채색이 사용되었던 것으로 밝혀졌다. 사용된 모든 안료는 중국 내에서 구할 수 있는 자연 재료로 만들어졌다고 한다. 그런데 그 안료의 제조 기술을 살펴보면, 동·서양 간의 교류가 있었음을 시사하는 부분이 발견된다. 병마용갱에 많이 사용된 안료 중 청색은 '차가운 청'($BaCuSi_4O_{10}$) 색으로, 중국에서 개발된 인공 합성 안료이다. 이 안료는 이집트 청색($CaCuSi_4O_{10}$)과 결정 구조와 화학적 조성이 매우 유사하다. 이집트 청색에는 칼슘(Ca)이, 중국의 '차가운 청'에는 바륨(Ba)이 사용되었으며, 그 외에 실리카(SiO_2)와 구리(Cu)는 모두 포함되어 있다. 구성 성분 중 단 하나의 원소만 지역에 따라 달라졌을 뿐, 나머지 성분은 동일한 조성을 보인다. 이 재료를 이용한 안료의 제조는 약 850~1,000℃의 높은 온도에서 인공적으로 이루어졌다. 재료 중 하나만 다르다고 해서 이를 고유한 채색 물감이라 단정하기보다는 오히려 동·서양 간의 교류 흔적으로 보는 것이 더 합리적인 추론이다. 이러한 교류의 증거로, 이 안료의 제조 방식이 유리 및 도자기 유약 기술과 밀접한 관련이 있다는 점을 들 수 있다. 유리 및 도자기의 유약 기술은 메소포타미아 문명에서 기원전 4,000년경에 나타나 인류 전반으로 퍼져나간 기술이다. 이 기술을 응용한 안료 제조가 각 문명에서 독자적으로 이루어졌다고 보기보다는, 교류의 결과로 형성되었다고 보는 것이 더욱 타당한 주장이라 할 수 있다.

　참조와 역참조를 통한 동·서양의 문화 교류를, 진시황을 통해 설명하다 보니 진시황의 전부를 이야기할 수는 없었다. 병마용갱을 통해 본 동·서양의 문화 교류 현상은 충분히 많이 존재한다. 다수의 학자는 그 예로 건축용 목재 접합 기술을 말하기도 한다. 이 부문까지 설명하려고 하니 너무 많은 예에 또다시 열거식이 될까 싶어 이 부분은 다른 장에서 다른 문명을 통해 하겠다. 실크로드 이전부터 존재했던 동·서양의 기술 교류의 네트워크는, 동양의 기술 혹은 서양의 기술이라고 구분 짓는 것이 얼마나 의미 없는 일인지를 보여준다. 진시황의 병마용이 보여주는 것은 결국 인류가 얼마나 오래전부터 서로의 지혜를 참조하며 발전해 왔는지에 대한 확실한 증거다. 시안의 석양 속에서, 필자는 유라시아 초원의 메아리를 듣는다. 서로 다른 문명들이 만들어낸 기술과 지혜가 이곳에서 어떻게 하나로 융합되었는지, 그리고 그것이 어떻게 다시 새로운 혁신을 만들어냈는지를. 병마용은 침묵 속에서 이 오래된 참조의 역사를 증언하고 있다.

▶ **중국 시안 진시황릉(사진ⓒ저자 촬영)**

진시황릉은 중국 최초의 황제 진시황의 무덤이며, 기원전 246년부터 208년까지 38년 동안 건설된 거대한 유적지이다. 이 무덤은 외성 둘레가 약 6.3km, 내성 둘레가 2.5km에 달하고, 봉분의 높이는 약 76m로 웅장한 규모를 자랑한다. 진시황릉 내부에는 아직 완전히 발굴되지 않은 지하 궁전과 수많은 부장품, 그리고 6,000여 점이 넘는 실물 크기의 병마용이 함께 묻혀 있다. 유네스코 세계문화유산으로 등재된 진시황릉은 고대 중국 문명의 정수와 황제의 권위를 보여주는 대표적인 유적지이다.

▶ 중국 시안 병마용갱에서 전시된 발굴 유물 1(사진ⓒ저자 촬영)

중국 시안(Xi'an) 근처에 위치한 진시황릉(Mausoleum of the First Qin Emperor)에서 세계적으로 유명한 진시황의 테라코타 군사(Terracotta Army, 병마용)들이 정렬된 모습을 보여준다. 병마용은 기원전 3세기 진시황(Qin Shi Huang, 진나라의 첫 황제)의 무덤을 지키기 위해 만들어진 실물 크기의 도자기 병사, 장수, 말, 전차 등으로 구성되어 있다. 각 조각상은 얼굴 표정, 복장, 자세가 모두 다르게 제작되어 당시 장인들의 정교한 기술과 진나라 군대의 위엄을 잘 드러낸다. 이 유적은 1974년 농부에 의해 처음 발견된 이후 유네스코 세계문화유산(UNESCO World Heritage Site)으로 등재되었으며, 고대 중국의 예술과 군사 문화를 대표하는 상징적 유적으로 평가받는다.

▶ 중국 시안 병마용갱에서 전시된 발굴 유물 2(사진ⓒ저자 촬영)

①. 단독으로 전시된 병사 상: 세부적인 의복과 갑옷의 묘사가 생생함, 실제 크기로 제작된 테라코타 병사.
②. 발굴 현장의 전경: 수많은 병사가 열을 지어 서 있는 모습, 실제 발굴 진행 중인 모습이다.
③. 복원된 병사들의 모습: 원래의 채색이 어떠했는지 보여주고 있다.
④. 박물관의 전시장 모습: 말과 전차를 포함한 종합적인 전시.

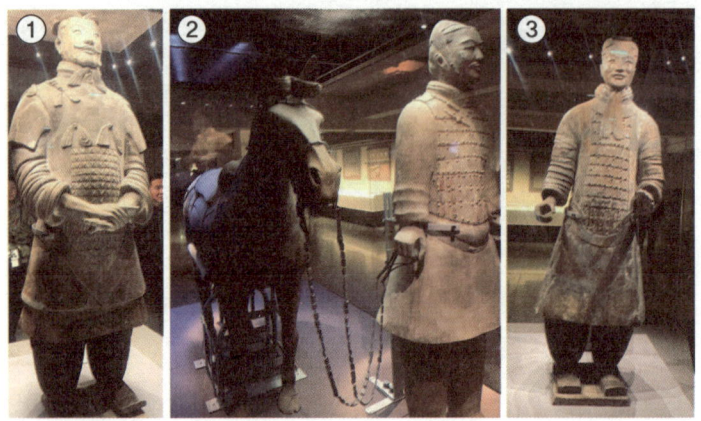

▶ 중국 시안 병마용갱에서 전시된 발굴 유물 3(사진ⓒ저자 촬영)

①. 갑옷을 입고 두 손을 모은 채 서 있는 진시황 병마용의 보병상이다.
②. 말을 이끄는 기마병과 실제 크기의 말이 함께 전시된 병마용 조각상이다.
③. 갑옷을 입고 한 손에 무기를 들고 있는 듯한 자세의 병마용 장교상이다.

〈참 고〉

▶ Martinón-Torres, M., Li, X., Bevan, A., Xia, Y., Zhao, K., Rehren, T., ... & Wang, Q. (2019). Surface chromium on Terracotta Army bronze weapons is neither an ancient anti-rust treatment nor the reason for their good preservation. Scientific Reports, 9, 4418.

오랫동안 진시황 병마용에서 발견된 청동 무기 표면의 크롬은 고대 중국이 개발한 놀라운 방청 기술의 증거로 여겨져 왔다. 하지만 Martinón-Torres 연구팀(2019)이 XRF(X-선 형광 분광법) 등의 정밀한 과학 분석을 실시한 결과, 이 크롬은 인위적인 처리가 아니라 매장 과정에서 자연스럽게 형성된 것으로 밝혀졌다. 논문에는 출토된 청동 검과 각종 부속품의 실제 사진들이 상세히 수록되어 있어 무기들의 보존 상태를 직접 확인할 수 있다. 특히 XRF 분석 결과를 보여주는 그래프들(청동 방아쇠 부분별 비교, 옻칠과 토양 샘플 분석, 도자기 표면과 파손면 대조)은 크롬이 어떻게 자연적으로 분포되었는지를 과학적으로 입증하고 있다.

▶ Miller, A. R. (2022). Painting bronze in early China: Uncovering polychrome in China's classical sculptural tradition. Archives of Asian Art, 72(1), 1-53.

연구자는 고대 중국 청동기에서 발견된 다양한 채색(polychrome) 흔적을 고고학적·과학적 방법으로 분석하였다. 전국시대와 한대(漢代) 청동기 표면에 남아 있는 안료와 색소를 조사한 결과, 당시 청동기들이 원래는 매우 화려하게 칠해져 있었음을 밝혀냈다. 논문에서는 채색 기법에 사용된 재료의 종류, 안료를 바르는 방식, 현재의 보존 상태를 자세히 기록하며, 동서 문화 교류를 통한 기술 전파 가능성도 제기하였다. 이 연구는 중국 고대 조각 전통에 대한 이해를 크게 넓히고, 청동기 예술이 지닌 시각적 · 문화적 의미를 새롭게 조명하였다.

16. 실크로드의 기원

진나라 시기 시안은 유라시아 대륙의 오랜 문화 교류와 참조 네트워크의 중심지로, 중앙아시아 등과의 교류를 통해 후의 실크로드 발전의 토대가 되었으며, 도로 체계 · 군사 전략 · 청동기 기술 · 화폐 교류 등 다양한 증거가 이를 뒷받침한다.

진나라가 중국을 통일한 시점에 많은 변화가 있었다. 이 많은 변화의 중심에는 서쪽으로부터 온 문화 교류가 중요한 역할을 했다. 통일 이후의 변화는 수천 년에 걸친 유라시아 문화 교류의 결과물이었다. 변화는 우연만으로 일어나지 않는다. 진나라의 수도인 시안의 지정학적 위치가 중요한 역할을 했고 지속적인 문화 교류가 변화를 촉발한 주요 원인 중 하나였다.

여러 고고학적 증거에 따르면, 기원전 3,000년경부터 시안 지역에서는 중앙아시아와 유사한 토기 문화가 발견된다. 청동기 제작 기술과 군사 전략에서도 주변 문화권의 영향을 받은 흔적이 있다. 심지어 진시황 무덤의 설계와 천문 지식에서도 페르시아와 바빌로니아, 아나톨리아 문화권의 영향을 받았을 것으로 추론되는 요소들이 발견된다. 기원전 221년, 진시황이 중국을 통일했을 때, 그의 제국은 이미 수천 년에 걸친 문화 교류의 결과물이었다. 시안(西安)이 실크로드의 시작점이 된 것은 우연이 아니었으며, 이곳은 훨씬 이전부터 유라시아 문명 교류의 핵심 거점이었다. 동양의 4대 발명품인 나침반, 화약, 인쇄술, 제지술도 시차를 두고 시안을 통과하여 서양까지 전달되었다. 오늘날에도 시안 서쪽 외곽성 개원문 앞에는 실크로드, 페이퍼로드(Paper Road)의 출발점이자 기착점을 알리는 상징적인 동상이 서 있다.

기원전 3,000년경부터 시안 지역에서 발견되는 채색 토기는 중앙아시아의 것과 놀라울 정도로 유사하다. 기원전 5,000년경 황허강을 중심으로 형성된 양사오 문화(仰韶文化)에서 출토된 많은 유물에서도 중앙아시아 안드로노보 문화의 흔적이 확인된다. 이는 실크로드가 형성되기 훨씬 이전부터 문화 교류가 이루어졌음을 증명한다. 일부 학자는 실크로드뿐만 아니라 파미르고원(Pamir Mountains)을 통과하는 고원로를 통해 동서 문명이 연결되었을 가능성이 있다고 주장한다. 이러한 주장은 문화 교류가 존재했다는 사실을 인정하면서, 그 구체적인 경로를 연구하는 과정에서 제기된 것이다. 진나라의 청동기 제작 기술에서도 여러 증거가 발견된다. 기원전 1,200년경부터 시안 지역에서 출토된 청동기의 주석 함량은 우랄산맥 지역에서 발견된 청동기와 정확히 일치한다. 이는 유라시아 문화 기층의 직접적인 교류를 시사하는 중요한 증거다. 진나라의 군사 기술에서도 유라시아 문화 기층의 영향을 받은 흔적이 뚜렷하게 나타난다. 기원전 300년경 진나라가 사용한 기병 전술은 스키타이 문화에서 영향을 받은 것이었다. 병마용에서 발견되는 말 장신구들은 알타이 산맥 지역의 유물과 제작 기법이 동일하다. 병마용갱에서 발견된 문화적 유사성은 단순히 스키타이 문화에 국한되지 않는다. 지리적으로 더 멀리 떨어진 폼페이 유적에서 볼 수 있는 알렉산더 대왕 시대의 갑옷 역시 병마용갱의 갑옷과 놀라울 정도로 닮아 있다. 폼페이에서 발견된 갑옷과 시안의 병마용갱에서 출토된 진시황 군사들의 갑옷은 마치 같은 설계도를 공유한 듯 정교하게 일치하며, 특히 비늘 모양의 갑옷 연결 방식은 거의 동일하다. 기원전 4세기 마케도니아에서 기원전 3세기 중국까지, 8,000km를 넘어 전해진 기술 교류는 경이롭다. 이는 유라시아 대륙을 가로지르는 문화 교류의 규모와 깊이를 보여주는 중요한 증거다.

진나라 시대의 문화 교류 흔적은 유리 유물을 통해서도 확인할 수 있다. 신장 키질 무덤에서 발견된 유리 유물의 성분을 분석한 결과, 서아시아 유리와 놀라운 유사성을 보였다. 그뿐만 아니라 기원전 약 1,000년경 주(周) 시대의 유리 제품이 발굴되어 조사한 결과, 서아시아의 영향을 받았을 가능성이 높은 것으로 나타났다. 이 발견은 실크로드가 공식적으로 형성되기 훨씬 이전부터 유리 제작 기술이 서역에서 중국으로 전해졌음을 시사한다. 이러한 유리 제품들은 그로부터 몇 백 년 후 신라 적석 목관 분에서도 발견되었다. 문화 교류의 흔적은 유리 유물뿐만 아니라 화폐 교류에서도 뚜렷하게 드러난다. 고고학적 발굴 결과, 베트남 옥에오(Óc Eo) 유적지에서 2~3세기경 로마 황제의 금화와 메달이 출토되었으며, 중국에서도 로마의 주화와 유리 제품이 발견되었다. 비단 무역을 통해 로마의 금화가 동방으로 유입되었는데, 기록에 따르면 로마는 매년 약 7톤에 달하는 황금을 동방 무역을 통해 유출했다고 한다. 이는 당시 실크로드를 통한 간접 교역이 매우 활발했음을 보여준다. 이러한 문화 교류의 증거들은 실크로드가 갑자기 형성된 것이 아니라 오랜 시간에 걸쳐 자연스럽게 형성되었음을 입증한다. 기원전 200년경 한나라가 본격적으로 비단길을 개척했을 때, 이미 그 길은 수천 년간 사용되어 온 교역로였다.

기원전 문화 교류의 흔적은 유물을 통한 유사성뿐 아니라 사회의 운영 시스템인 도로 체계에서도 나타난다. 기원전 221년 완성된 직도(直道)는 현재의 시안에서 북쪽의 몽골고원까지 이어졌는데, 이 길은 놀랍게도 기원전 1,000년경부터 스키타이 유목민들이 사용해 온 이동 경로와 일치한다. 진나라는 이 오래된 교역로를 참조하여 포장도로로 발전시켰다. 한나라의 장건이 서역을 다녀온 후 작성된 사기(史記)를 보면, 이미 그 이전부터 중앙아시아 지역뿐 아니라 멀리 로마와도 교류가 있었음을 알 수 있다. 한나라 초기 문헌에 기록된 서역 왕국들과의 외교 관계를 고려할 때, 진나라 시기에도 함양에 중앙아시아 지역과 로마의 사절단이 방문했을 가능성이 높다. 이들은 단순한 외교관이 아닌, 문화와 기술의 전달자 역할을 했을 것이다. 지속적으로 언급했던 페르시아의 역참제도를 참조한 것은 서쪽에서는 로마였다면 동쪽에서는 진나라로 보아도 무리가 없어 보인다.

진나라의 유산은 인류가 얼마나 오래전부터 현명한 참조자였는지를 보여준다. 그들은 유라시아 대륙의 다양한 문명들이 발전시킨 기술과 지식을 참조하고, 그것을 자신들만의 방식으로 재해석하여 새로운 혁신을 이루어냈다. 기원전 221년 진시황의 통일은 단순한 정치적 통합이 아니었다. 그것은 수천 년에 걸친 문명 간 교류와 참조의 집대성이었다. 페르시아의 제철 기술, 스키타이의 기마 전술, 그리스의 건축 기술,

바빌로니아의 천문학이 모두 진나라라는 도가니 속에서 새롭게 융합되었다. 오늘날 시안이 실크로드의 시작점으로 불리는 것은 역사의 우연이 아니다. 이곳은 이미 수천 년 전부터 유라시아 문명의 지식과 기술이 모이고 섞이며 새로운 혁신을 만들어내는 창조적 참조의 중심지였다. 진나라는 이 오래된 교류의 네트워크를 공식화하고 체계화했을 뿐이다. 인류의 모든 위대한 성취는 서로의 지혜를 참조하고 발전시킨 결과물이었다. 이것이 바로 호모레퍼런스의 역사가 알려주는 가장 중요한 메시지일 것이다.

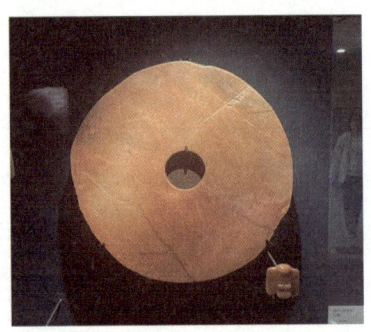

▶ **홍산문화기 유물(사진ⓒ저자 촬영) 대만국립박물관 소장**

중국 북동부지역(지금의 내몽골)에서 발견된 신석기 후기 문화, 기원전 4,700년에서 2,900년.
당시 의례용 도구나 권위의 상징물로 사용되었을 것으로 추정되며, 홍산 문화의 높은 공예 기술 수준을 증명하는 중요한 유물이다.

▶ **한국에서 출토된 기원전 중요 유물(사진ⓒ저자 촬영) 도쿄 국립박물관 소장**

두 유물 모두 초기 한반도의 도자기 문화와 생활상을 이해하는 데 중요한 실마리를 제공한다.
  ①. 굽다리 접시, 한국 출토, 기원전 4세기에서 기원전 2세기 추정. 높은 굽이 특징적인 이 토기는 청동기 시대 한반도의 제작 기술을 보여주는 대표적 유물이다.

②. 그릇, 한국 경주 출토, 기원전 1세기 추정. 삼한시대의 생활상을 보여주는 토기로, 당시 한반도 남부 지역의 도자 제작 기술 수준을 가늠할 수 있는 중요한 유물이다.

▶ **한국과 중국의 신석기 유물(사진ⓒ저자 촬영) 도쿄 국립박물관 소장**

①. 신석기 시대 기원전 7,000년에서 3,000년. 돌날 화살촉, 돌화살촉, 찌르개 조각, 뚜르개, 긁개, 몸돌, 돌날몸돌, 양면 가공 석기. 중국 내몽골 자치구 후룬베이얼(Hulunbuir) 지역에서 출토되었다.
②. 신석기 시대 기원전 10세기에서 2세기. 돌창 날, 돌팽이, 반달 모양 돌칼, 돌화살촉. 한국에서 출토되었다.

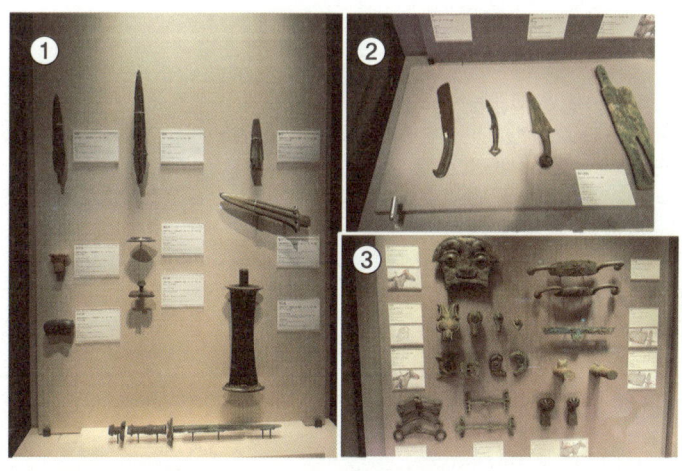

▶ **한국과 중국의 청동기 유물(사진ⓒ저자 촬영) 도쿄 국립박물관 소장**

①. 기원전 3세기에서 1세기, 한국에서 출토. 동검, 칼자루 장식, 날밑 금속 장식, 칼자루 끝장식, 칼집 금속 장식, 청동 투겁창, 청동 꺾창. ②. 기원전 13세기에서 18세기 중국 북부에서 사용된 손칼, 고리자루 손칼, 방울 달린 단검. ③. 기원전 11세기에서 8세기 중국 서주 시대. 말 머리 꾸미개, 말 얼굴 꾸미개, 말 재갈, 마차 장식물 등의 말과 관련된 유물이다.

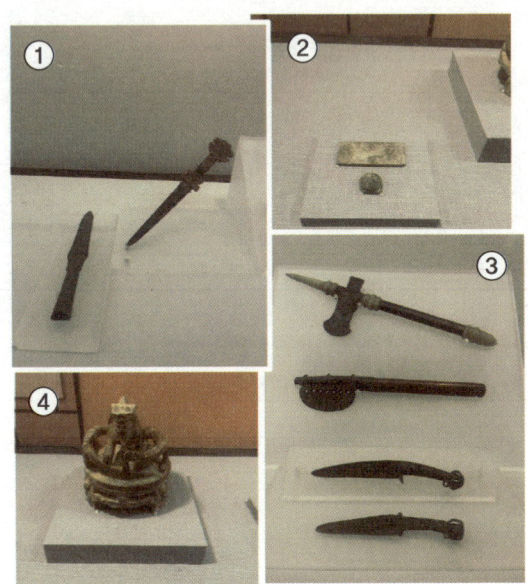

▶ **기원전 아시아 문화 유물(사진ⓒ저자 촬영) 대만국립박물관 소장**

고대 아시아의 다양한 문화와 기술 발전을 보여주는 중요한 역사적 유물

①. 투각 장식으로 휘감은 단검(기원전 7세기~3세기)은 정교한 장식이 있는 손잡이와 날카로운 칼날이 특징이다. 이는 당시의 뛰어난 금속 가공 기술과 예술성을 보여준다.

②. 숫돌이 있는 벼루. 기원전 206년에서 서기 220년. 글씨를 쓰는 데 사용되는 먹을 갈던 도구로 문자 역사 연구의 중요한 유물이다.

③. 칠공반원형 칼 관철. 기원전 11세기에서 10세기. 도끼 모양의 무기로, 군사적 용도뿐만 아니라 의례용으로도 사용되었다.

④. 비시, 삼각대 벼루, 신화 속 동물. 기원전 206년에서 서기 220년까지의 유물이다.

▶ 청동 칼(사진ⓒ저자 촬영) 대만국립박물관 소장

중국 전국시대 기원전 475년에서 221년 추정. 청동으로 제작된 이 칼은 시간이 지나며 형성된 짙은 녹색 파티나로 덮여 있다. 긴 직선형 칼날과 끝부분이 넓어지는 특징적인 손잡이 형태를 가지고 있다. 주로 무기로 사용되었을 것으로 추정되나, 의례용 도구나 권력의 상징으로도 활용되었을 가능성이 있다. 전국시대는 중국 청동기 문화의 절정기로, 이 칼은 당시의 뛰어난 금속 가공 기술을 잘 보여준다. 전체적으로 보존 상태가 양호하며, 중국 고대 무기 제작 기술, 군사 문화, 그리고 당시의 금속 가공 기술 수준을 이해하는 데 중요한 고고학적 자료가 된다.

▶ 갈도 물병 모양 토기(사진ⓒ저자 촬영) 대만국립박물관 소장

중국에서 출토된 이 토기는 기원전 2,200년에서 1,600년 사이의 것으로 추정된다. 토기는 전체적으로 황토색을 띠고 있으며, 표면에는 세밀한 무늬가 새겨져 있다. 병의 형태는 둥근 몸체에 좁은 목 부분을 가지고 있으며, 주둥이 부분이 약간 기울어져 있는 독특한 디자인을 보여준다. 이러한 형태는 실용성과 미적 요소를 동시에 반영한 당시의 도예 기술을 보여준다. 표면의 무늬는 당시 사회의 예술적 취향과 문화적 특성을 보여주는 중요한 단서다. 이 토기는 중국 초기 청동기 시대의 생활상과 도예 기술, 그리고 예술적 표현을 이해하는 데 중요한 고고학적 자료이다.

〈참 고〉

▶ Li, X., Bevan, A., Martinón-Torres, M., Yin, X., & Zhao, K. (2016). Marking practice and the making of the Qin Terracotta Army. Journal of Anthropological Archaeology, 42, 169-183.

기원전 1천년대 유라시아(Eurasia) 전역에서는 문자, 숫자, 기호를 조합한 비슷한 표식 시스템이 널리 발달하여 생산부터 유통, 소비에 이르는 전 과정을 체계적으로 관리하였다. 진시황 병마용갱에서 발견된 무기들은 기원전 240~220년 사이에 제작된 것으로, 주조·새김·도장·채색 등 다양한 각인 방식이 사용되었다.
무기 종류에 따라 표식의 위치와 방식이 일정한 규칙을 보이며, 이는 중앙 관영 공방에서 실시한 체계적인 품질 관리와 행정 시스템을 보여준다. 청동 도끼의 긴 명문, 검과 끝단 장식의 사공(寺工) 표식, 석궁 방아쇠의 갑(甲) 문자 등은 제작 시기와 제작자를 추적할 수 있는 소중한 고고학적 증거로 평가된다.

▶ 박은수, & 김지은 (2014). 실크로드를 통해 본 전통 공간 시안(西安)의 문화기술 융합 콘텐츠 연구. 한국과학예술포럼, 18, 281-298.

이 논문은 시안이 실크로드(Silk Road)의 핵심 거점으로서 동양과 서양을 잇는 문화 교류의 중요한 지정학적 위치를 차지했음을 분석하였다. 시안의 오랜 전통 공간과 역사적 배경을 토대로 다양한 문화와 기술이 어우러진 구체적인 사례들을 제시하였다. 실크로드를 통한 시안의 활발한 교류는 예술, 건축, 생활양식 등 여러 분야에서 혁신적인 변화를 불러일으켰다. 논문은 이러한 문화 융합의 전통이 현대에도 창의적인 문화산업 발전에 중요한 밑거름이 될 수 있음을 시사한다.

▶ Wu, M., & Wang, D. (2024). Tracing the evolution of ancient Chinese military science through classical texts. Heritage Science, 12, 431.

이 연구는 춘추전국시대부터 청나라까지 중국 고대 군사 무기들을 토픽 모델링과 자동 요약 기법을 활용해 분석하였다. 손자병법(The Art of War)의 사상이 전국시대와 송원시대에 가장 많이 계승되었으며, 군사 무기와 기술들이 역사적으로 점차 풍부해지고 다양화되는 경향을 보였다. 무기의 종류는 춘추전국시대에 29가지로 가장 다양했다가 점차 감소하였으나, 수당시대 화약의 등장으로 냉병기 시대에서 화기 시대로 전환되는 중요한 변화가 나타났다. 고대 중국 군사학에서 공격용 무기 개발에 더 많은 관심을 기울였으며, 방어 장비와 진법은 상대적으로 안정적인 발전 양상을 보였다.

▶ Huang, S., Wang, Z., & Zhu, J. (2025). Research on glass imitation jade culture in the ancient Chinese Silk Road. Scientific Reports, 15, Article 2247.

이 연구는 고대 실크로드(Silk Road)를 통해 서아시아에서 중국으로 전해진 유리 제조 기술이 중국 전통 옥 문화와 결합하여 독특한 유리 모옥(glass imitation jade) 공예를 형성한 과정을 고고학적으로 규명하였다. 한나라 이후 실크로드 무역이 활발해지면서 외래 유리 기술과 중국 고유의 옥 모방 전통이 융합되어, 중국 유리 제품이 외국 기법을 도입하면서도 옥의 질감과 문화적 상징성을 강조하는 특징을 보였다. 출토된 유리 모옥 제품들의 제조 기술과 장식 양식 변화를 통해 동서 문화 교류의 구체적 양상을 제시하였다. 이 연구는 실크로드가 단순한 무역로를 넘어 중국 내 유리 공예 발전과 문화적 융합에 결정적 역할을 했음을 보여준다.

▶ Borell, B. (2017). Coins from western lands found in Southeast Asia. Paper presented at the International Symposium on "Byzantine Gold Coins in the World of Antiquity," Northeast Normal University, Changchun, China, 23-26 June 2017.

이 연구는 동남아시아에서 출토된 로마, 갈리아 제국(Gallic Empire), 아랍, 당나라 등 서양 화폐의 고고학적 사례를 체계적으로 분석하였다. 태국과 베트남에서 발견된 도미티아누스 황제(Emperor Domitian)의 금화는 심하게 마모되고 구멍이 뚫려 장신구로 재활용된 흔적을 보여주며, 이는 화폐가 본래 기능을 잃고 장식품으로 전환되었음을 보여준다. 이러한 서양 화폐의 분포와 재사용 양상은 로마-인도 무역로(Roman-Indian trade route)를 거쳐 동남아시아까지 서양 화폐가 광범위하게 유통되었음을 입증한다. 연구 결과는 동남아시아가 1세기부터 10세기까지 인도양(Indian Ocean)과 남중국해(South China Sea)를 잇는 해상 무역의 핵심 거점이자 고대 세계 교역망의 중추적 역할을 담당했음을 명확히 보여준다.

▶ Leslie, D. D., & Gardiner, K. H. J. (1982). Chinese knowledge of Western Asia during the Han. T'oung Pao, 68, 254-308.

이 연구는 한나라(Han Dynasty) 시기 중국이 서아시아 지역에 대해 보유했던 지리적·정치적 지식을 다양한 사료와 기록을 바탕으로 체계적으로 분석하였다. 논문에서는 실크로드의 북부·중부·남부 해상 루트 등 주요 교역로와 파르티아(Parthia), 인도, 시리아(Syria), 안티옥(Antioch), 셀레우키아(Seleucia), 알렉산드리아(Alexandria) 등 핵심 도시들의 위치와 역할을 상세히 기술하였다. 기원전 여러 시기 사신들의 기록을 통해 한나라와 서역(Western Regions), 로마 제국(Roman Empire) 간에 활발한 외교 교류 및 교역 활동이 있었음을 구체적 사례로 입증하였다. 이러한 연구는 동서 교역로의 복합적 구조와 고대 국제관계의 실상을 규명하는 데 중요한 학술적 토대를 제공한다.

17. 사막의 교차로

타림분지와 신장 위구르 지역은 기원전 2,000년 이전부터 안드로노보·아파나시에보·샤오허 등 다양한 문화와 인종, 기술, 언어, 교역이 융합된 동서 문명 교류의 핵심 교차로이자, 인류사 참조 네트워크의 중요한 연결고리였다.

필자는 어린 시절 처음으로 실크로드에 관한 책을 접했을 때 큰 충격을 받았다. '과연 그 옛날 사람들이 그 험한 길을 실제로 걸을 수 있었을까? 그리고 왜 그 위험을 감수하며 걸었을까?' 이런 궁금증에 빠져들면서 그 광활한 교역로에 매료되었다. 중국에서 로마까지 이어지는 이 길에서 신장 위구르 지역은 단순한 통과 지점이 아닌, 문명의 교차로였다. 흥미롭게도 이 지역의 문화적 중요성은 실크로드가 본격적으로 열리기 훨씬 전인 기원전 2,000년 이전부터 시작되었다고 한다. 타림분지(Tarim basin)는 타클라마칸 사막(Taklamakan Desert)에 있는 기원전 문화이다. 타클라마칸 사막을 둘러싼 세 문화권은 동서 문명 교류의 숨겨진 연결고리다. 서쪽의 안드로노보 문화(기원전 2,000년~900년)는 중앙아시아에서 유럽까지 청동기 기술을 전파했고, 북쪽의 아파나시에보 문화(Afanasievo culture, 기원전 3,300년~2,300년)는 광범위한 금속 가공 기술을 발전시켰다. 동쪽의 샤오허 문화(小河沿文化, 기원전 2,000년~1,200년)는 신장 지역에서 번성하며 이들 문화 요소를 중국 문명권과 연결했다. 이 세 문화는 실크로드가 본격적으로 열리기 훨씬 전부터 기술, 예술, 종교적 관념이 유라시아 대륙을 가로질러 교류되었음을 보여주는 중요한 증거다. 현대인들은 비행기를 타고 아시아와 유럽을 쉽게 오갈 수 있지만, 기원전 인류에게 이러한 지리적 제약을 극복하는 것은 엄청난 도전이었을 것이다. 그런데도 타클라마칸 사막을 중심으로 형성된 문화권은 이러한 한계를 뛰어넘은 동서 교류의 핵심적인 증거로 남아 있다.

타림 분지에서 발견된 기원전 2,000년경의 미라들은 신장 지역의 고대 문화를 이해하는 데 핵심적 단서를 제공한다. 이 미라들이 특별한 이유는 그들의 외모와 의복 때문이다. 금발이나 붉은 머리카락, 커다란 눈을 가진 이들은 서구적 외모와 함께 정교한 직물 의복을 입고 있었다. 타림 분지의 샤오허(Xiaohe) 묘지와 로프노르(Lop Nor) 지역의 미라들은 놀라울 정도로 보존 상태가 좋아 당시 문화의 세부 사항까지 알려준다. 타림 분지 문화의 중요성은 그 기술적 수준에서도 확인된다. 기원전 2,000년경 이들은 이미 정교한 직조 기술을 보유하고 있었다. 발견된 미라들의 의복을 보면 트위드, 타탄(tartan, 격자무늬), 대각선 직조 등 복잡한 패턴이 사용되었으며, 이는 당시 메소포타미아나 이집트의 직물과 비교해도 손색이 없는 수준이었다. 주목할 점은 이들이 유라시아 스텝 지역의 기마 유목민족인 초기 스키타이 문화권과도 긴밀한 교류가 있었다는 점이다. 샤오허와 구무고우(Gumugou) 유적지에서 발견된 말 관련 유물과 장식품들은 스키타이 계통의 디자인 요소를 보여주며, 이는 타림 분지가 동서 문화 교류의 중요한 지점이었음을 보여준다. 청동 가공 기술도 초기 단계에 진입해 있었고, 목공과 마구(말 장비) 제작 기술도 발달했다.

스키타이 문화는 유라시아에 광범위하게 걸쳐 문화 교류의 많은 역할을 했다. 이 지역이 동서 교류의 중심지였다는 증거는 여러 고고학적 발견에서 확인된다. 타림 분지에서 발견된 유물들은 서쪽으로는 스키타이 문화권, 북쪽으로는 알타이 지역, 동쪽으로는 중국 중원 지역, 남쪽으로는 티베트 및 인도 문화권의 영향을 모두 보여준다. 크로인-민-구어(Krorain-Min-Gur) 유적지에서 발견된 청동기와 도기는 스테프 지역의 안드로노보 문화, 중국의 초기 청동기 문화, 그리고 중앙아시아의 박트리아-마르기아나 고고학 복합체(BMAC)와의 연결점을 보여준다. 또한 이 지역은 언어적으로도 중요한 교차점이었다. 후대에 기록된 토카리안어는 인도·유럽어족에 속하면서도 독특한 특성을 가진 언어로, 동서 문화 교류의 언어학적 증거가 된다. 타림 분지의 고대 주민들이 이미 기원전 2,000년경 이전부터 다양한 문화권과 교류했음을 시사한다.

지역의 전략적 위치가 이러한 문화 융합을 가능하게 했다. 타림 분지는 북쪽으로 천산산맥, 서쪽으로 파미르고원, 남쪽으로 쿤룬산맥(Kunlun Mountains)과 티베트 고원(Tibetan Plateau), 동쪽으로 고비 사막(Gobi Desert)에 둘러싸여 있다. 이 지형적 특성은 다양한 지역에서 오는 문화적 영향이 한곳에 모여 독특한 융합 문화를 형성하게 했다. 기원전 4,000년경으로 추정되는 타림분지에 있는 샤오허 묘지에서 발견된 인골의 미토콘드리아 DNA와 Y 염색체 DNA 분석을 통해, 청동기 시대 초기에 서-동 아시아 혼합 인구가 존재했다는 증거를 제시한다. 미토콘드리아 DNA는 동아시아 하플로그룹(haplogroup) C와 서아시아 하플로그룹 H 및 K를 나타냈고, Y 염색체 DNA는 서아시아 하플로그룹 R1a1a만을 보였다. 이러한 결과는 타림 분지에서-동 아시아 혼합 인구가 초기부터 존재했음을 시사한다. 이미 그 당시부터 이 지역에서는 동서양의 활발한 교류가 일어나고 있었다는 증거이다. 무역은 타림 분지 문화의 중요한 측면이었다. 비록 실크로드라는 이름이 붙기 전이었지만, 이 지역은 이미 기원전 2,000년 이전부터 옥, 청동, 직물, 말과 같은 상품의 교역 중심지였다. 타림 분지에서 발견된 라피스 라줄리(청금석)와 같은 물품은 아프가니스탄이나 이란 지역에서 온 것으로, 이미 장거리 무역이 존재했음을 증명한다.

중앙아시아의 유목민 문화, 중국의 초기 농경 문화, 서아시아의 도시 문화는 타림 분지에서 만나 서로를 참조하고 발전시켜 왔다. 타림 분지의 주민들은 이러한 다양한 문화적 요소를 자신들의 환경에 맞게 적응시키는 뛰어난 능력을 보여주었다. 그런데, 왜 이토록 중요한 문화적 십자로가 세계사에서 제대로 주목받지 못했을까? 이는 현대의 역사관이 너무 오랫동안 서구 중심으로 형성되었기 때문이다. 그리스, 로마, 이집트와 같은 문명에 초점이 맞춰지면서 유라시아 내륙에서 이루어진 풍부한 문화 교류가 간과되었다. 또한, 신장 지역은 동서 문명의 경계에 위치하여 양쪽 모두에서 주변부로 취급되는 경향이 있었다. 그러나 현대 고고학과 유전학적 연구는 이 잊혀진 지역이 인류 문명 발전에 얼마나 중요한 역할을 했는지 점점 더 분명히 보여주고 있다. 타림 분지 미라의 DNA 분석 결과, 이들은 동아시아와 서유라시아 집단의 유전적 특성을 모두 가지고 있었으며, 이는 이 지역이 진정한 의미의 문화적·유전적 교차로였음을 증명한다.

인류 최초의 문명으로 메소포타미아, 이집트, 인더스, 황하 문명만을 꼽는 것은 지나친 단순화다. 지금 문명의 발상지로 부르는 4개의 문명은 중요한 문명이다. 그러나 인류사에서 많은 문명들이 그 이전에 존재하였다. 유럽을 중심으로 한 국가의 문화만이 존재한 것이 아니라, 그 외의 지역의 문화도 인류사에서 그 중요도가 기존의 4대 문명권에 뒤지지 않는다. 오히려 많은 문명이 존재하였고, 현대인의 생각보다 훨씬 이전에 상호 교류하고 참조하여 발전해 왔다.

타림 분지의 기원전 2,000년 문화는 비록 문자 체계나 대규모 도시 같은 문명의 정형화된 기준은 갖추지 못했을지 모르나, 정교한 기술과 광범위한 교역망, 복잡한 사회 조직을 통해 문명의 발전에 중요한 역할을 했다. 신장 위구르 지역의 고대 문화를 단순한 동서 교류의 통로로만 보는 것이 아니라, 고유한 문화적 정체성과 역할을 가진 중요한 문명의 한 축으로 이해해야 한다. 그래야만 인류 문명의 발전 과정을 더 정확하게 그려낼 수 있을 것이다. 타림 분지 문화의 재평가는 호모레퍼런스로서 인류의 본질을 다시 한번 확인시켜 준다. 인류 문명은 결코 고립된 섬들이 아니라, 끊임없는 참조와 교류의 네트워크 속에서 발전해 왔다. 그리고 신장 위구르 지역은 그 네트워크의 핵심 중의 하나이다.

▶ 실크로드 상인들이 이용했던 숙박업소(사진ⓒ저자 촬영)

실크로드를 오가던 대상들이 장거리 여행 중 숙박했던 곳이 지금은 카페로 개조되어 있었다. 당시 대상들이 묵었던 방은 세 평 정도로 매우 작았으며, 1층과 지하에 여러 방들이 있었다. 가운데 작은 마당에서는 식사를 하고 물담배를 피웠다고 한다. 이곳은 당시 상인들의 일상을 엿볼 수 있는 역사적인 공간이었다. 산르우르파와 가지엔테프에는 이런 공간들이 많이 남아 있다. 지금은 카페, 식당, 상점으로 이용되고 있지만 옛 모습을 고스란히 보존하고 있었다. 대상들이 머물렀던 그 자리에서 마신 피스타치오 커피는 특별한 맛이었다.

〈참 고〉

▶ Li, C., Li, H., Cui, Y., Xie, C., Cai, D., Li, W., Mair, V. H., Xu, Z., Zhang, Q., Abuduresule, I., Jin, L., Zhu, H., & Zhou, H. (2010). Evidence that a West-East admixed population lived in the Tarim Basin as early as the early Bronze Age. BMC Biology, 8, 15.

이 연구는 타림 분지(Tarim Basin) 샤오허 묘지(Xiaohe cemetery)에서 출토된 청동기 시대 초기 인골의 고대 DNA를 분석하여, 당시에 이미 서아시아와 동아시아 계통이 혼합된 인구가 존재했음을 밝혔다. 미토콘드리아 DNA 분석 결과 동아시아 계통의 하플로그룹 C(haplogroup C)와 서아시아 계통의 하플로그룹 H, K(haplogroups H, K) 등이 모두 확인되어 혼합 유전적 특성을 입증하였다. 논문에 제시된 유전자 데이터와 지리적 분포 지도는 샤오허 인구의 다양한 기원과 주변 집단과의 복잡한 상호작용 양상을 명확히 보여준다. 이러한 고고유전학적(archaeogenetic) 증거는 타림 분지에서 청동기 시대부터 동서 간 문화 및 인구 교류가 활발하게 이루어졌음을 입증하는 중요한 학술적 근거가 된다.

18. 실크로드의 맛

시안 회족 거리의 대추 약밥과 탕탕면 등은 페르시아·아랍 상인들이 실크로드를 통해 전한 음식 문화가 중국 현지 재료와 조리법, 이슬람 할랄 식문화와 융합되어 발전한 결과이며, 이러한 음식 문화는 한반도까지 영향을 미친 동서 교류와 참조의 역사적 증거다.

늘 외국에 나가면 음식 때문에 고생하는 필자는 시안에서 뜻밖의 경험을 했다. 시안(西安)의 회족 거리에서 마주한 대추 약밥의 맛은 놀라웠다. 물론 그 음식의 실제 이름이 회족어로 '대추 약밥'은 아닐 것이다. 하지만 나에게는 우리나라의 대추 약밥과 매우 유사해 보여서 그렇게 부르겠다. 중국의 소수민족인 회족의 음식을 먹는다는 생각에 낯설 것이라는 선입견을 가졌지만, 첫맛을 보는 순간 그러한 생각은 사라졌다. 이것은 분명 우리가 알고 있는 바로 그 대추 약밥이었다. 뒤이어 주문한 탕탕면(Tang Tang Noodles) 역시 마찬가지였다. 이토록 친숙한 맛이 이곳에서 나는 이유는 무엇일까?

답은 역사 속에 있었다. 회족(回族)은 당나라 시대부터 실크로드를 통해 중국에 정착한 페르시아, 아랍 상인들의 후예다. 시안은 당시 세계 최대 도시였던 장안(長安)으로, 실크로드의 동쪽 출발점이었다. 이곳에서 동·서양의 문화는 자연스럽게 섞였고, 그 흔적이 음식에 고스란히 남아 있다. 회족의 대추약밥이 한국인의 입맛에 친숙한 것은 우연이 아니다. 당나라 시대(618년~907년) 장안에는 수만 명의 외국인이 살았다. 페르시아 상인들은 대추야자를 가져왔고, 이는 현지의 대추와 만나 새로운 요리법을 만들어냈다. 당시 신라와 당나라의 빈번한 교류를 고려하면, 이 조리법이 한반도까지 전해졌을 가능성이 높다. 탕탕면의 제작 방식, 반죽을 늘리는 기술은 페르시아의 전통 제면 기술과 유사하다. 같은 기술이 고구려 벽화에서도 발견되는데, 이는 실크로드를 통한 음식 문화의 전파를 보여주는 명확한 증거다.

양념의 구성 역시 주의 깊게 볼 만하다. 회족이 사용하는 향신료 중 상당수가 우리나라 전통 음식의 그것과 비슷하다. 이는 실크로드를 통해 전파된 향신료 문화가 각 지역에서 비슷한 방식으로 현지화되었음을 시사한다. 필자가 회족의 음식이 친숙하게 느껴진 것은, 아마도 그들의 독특한 역사적 배경 때문일 것이다. 회족은 7~13세기 사이 실크로드를 통해 중국에 정착한 페르시아, 아랍 상인들의 후예다. 이들은 중국의 한족과는 다른 식문화를 발전시켜 왔다. 일반적인 중국 음식과 회족 음식의 차이는 명확하다. 한족의 음식이 주로 강한 향신료와 기름을 사용한다면, 회족의 음식은 상대적으로 담백하고 깔끔한 맛을 추구한다. 이는 이슬람교도인 그들의 종교적 음식 규율과도 관련이 있다. 대추약밥의 경우, 페르시아, 아랍 지역의 조리법이 한반도까지 전해진 대표적인 예로 볼 수 있다. 당시, 이 경로는 중국 한족의 음식 문화와는 별개의 전파 경로였을 가능성이 높다.

이러한 차이를 이해하기 위해서는 실크로드의 여러 경로를 살펴볼 필요가 있다. 일반적으로 알려진 육상 실크로드는 크게 세 갈래였다. 북쪽 초원 루트, 중앙아시아를 통과하는 중간 루트, 그리고 타림 분지를 지나는 남쪽 루트다. 회족의 조상들은 주로 중간 루트를 통해 들어왔다. 이 중간 루트는 페르시아, 중앙아시아, 둔황(敦煌), 시안으로 이어졌는데, 흥미로운 점은 이 경로가 당시 불교 승려들의 주요 이동 경로이기도 했다는 것이다. 신라의 승려들도 이 길을 통해 왕래했다는 기록이 남아 있다. 이는 한반도까지 이어지는 독특한 음식 문화 전파 경로가 존재했음을 시사한다.

회족 음식의 특징 중 하나는 조리법의 단순성이다. 복잡한 양념을 쓰지 않고도 재료 본연의 맛을 살리는 조리법은 한국의 전통 음식과도 맥이 닿아 있다. 이는 일반적인 중국 음식의 특징과는 확연히 다른 점이다. 이 단순성은 회족 음식의 또 다른 특징인 종교적인 할랄에서 온 조리법과 연관이 깊다. 이슬람교의 율법에 따른 엄격한 식재료 선택과 조리 방식은 오히려 중국 전통 음식과의 차별화를 만들어냈다. 돼지고기를 사용하지 않고, 과도한 향신료 사용을 피하며, 술을 사용하지 않는 조리법은 결과적으로 한국인의 입맛에 더 가까운 결과를 만들어냈을 수 있다. 시안 회족 거리의 대추 약밥이 필자의 입맛에 잘 맞는 이유는 할랄(halal)에서 온 단순한 양념에서 찾을 수 있다. 회족은 감미료로 주로 대추, 대추야자, 꿀을 사용한다. 이는 한국의 전통적인 감미료 사용과 유사하다. 반면 일반적인 중국 요리에서는 설탕이나 다른 인공 감미료의 사용이 두드러진다. 같이 앞에서 언급했던 탕탕면의 경우도 마찬가지다. 면을 반죽하고 늘리는 방식이 우리나라의 수타면과 비슷하고, 국물 맛도 복합적인 중국식 양념 대신 단순하고 깔끔한 맛을 추구한다. 이는 페르시아에서 시작된 제면 기술이 실크로드를 따라 전파되면서 각 지역의 특성에 맞게 변형된 결과일 것이다. 필자의 이런 생각은 그동안 연구와 경험을 통한 추론이지만 상당히 근거가 있다고 생각한다. 물론 이것이 회족 음식을 설명하는 데 유일한 이유라고는 생각하지 않는다는 것을 밝혀둔다.

시안 회족 거리에서 마주한 친숙한 맛의 비밀은 참조의 역사를 보여준다. 페르시아 상인들이 자신들의 조리법을 가지고 왔을 때, 그들은 현지의 재료와 방식을 참조했다. 그들의 후손인 회족은 이슬람의 전통을 지키면서도 중국의 식재료를 참조했다. 이렇게 만들어진 음식 문화는 또다시 한반도에까지 영향을 미쳤다. 인류는 늘 참조하는 존재였다. 지금으로부터 2,500년 전, 기원전 5세기의 세계로 돌아가 보면 이는 더욱 분명해진다. 당시 페르시아 제국의 다리우스 1세가 제국의 도로망을 건설할 때, 그는 이미 메소포타미아와 이집트의 건설기술을 참조했다. 이 도로들은 후에 실크로드의 기초가 되었고, 오늘날 시안의 회족 거리에서 친숙한 맛을 발견하게 된 것도 이 오래된 참조의 역사 덕분이다.

수많은 인류의 역사에서 참조의 증거는 끊임없이 이어져 왔다.

▶ **시안 회족 거리 풍경(사진ⓒ저자 촬영)**

필자는 음식과 관련된 일을 오래 해왔지만, 업무로서의 음식과 실제로 먹는 경험은 별개로 느껴지는 경우가 많았다. 해외여행 중에는 음식으로 고생하는 편인데, 회족 거리에서만큼은 그런 거부감이 전혀 들지 않았다.

19. 올림포스의 비밀

아테네 아크로폴리스와 파르테논 신전은 미케네, 미노스, 키클라데스 문명 등 고대 지중해 문명 교류의 산물로, 청동기 기술과 문자 체계, 신화와 예술 양식에서 다양한 문화적 융합이 이루어졌음을 보여준다. 이들은 단순한 물질적 교역을 넘어 지식과 사상의 전달 통로였으며, 그리스 문명이 오랜 시간 축적된 지중해 지역의 문화적 성취를 집약한 증거이다.

그날은 하늘이 유난히 맑았다. 아테네 아크로폴리스로 향하던 중 길을 잘못 들어 한참을 헤맸고, 정오의 뜨거운 햇살은 여정을 더욱 고되게 만들었다. 다행히 위안이 되었던 것은 가는 길에 아테네 유적을 볼 수 있다는 정도였다. 불평하면서도 아크로폴리스 언덕을 계속 올랐고, 마침내 파르테논 신전을 처음 보는 순간 그동안의 모든 불평은 감동으로 바뀌었다. 그 순간을 지금도 잊지 못한다. 물론 등에 아들을 업고 DSLR 대포 사진기, 비디오 카메라를 들고 올라가는 것은 보통 고역이 아니었지만,

보는 순간만큼은 감동이었다. 물론 그 이후 여행에서 여간해서 많은 짐을 들고 다니는 짓은 안 한다. 올림포스 언덕으로 오르는 대리석 계단이 전 세계 방문객들의 발길에 닳아 반들반들 빛나는 모습을 보며 걷는 내내 가슴 한켠에 설렘이 일었다. 실제 눈앞에 서 있는 파르테논은 필자의 생각보다 훨씬 더 웅장하고 경외심마저 들었다. 그 당시 외부 사람들이 이걸 보면 어떤 감정을 느꼈을까? 그 당시 기원전 5세기 전후는 고조선이 멸망하고 부여, 고구려, 신라, 백제의 고 왕국 시대이다. 조선시대 박지원이 청나라에 가서 느낀 경외심 가득한 감정을 『열하일기』로 남겼는데 이곳을 방문한 사람도 같은 방문기를 남겼을 것이다. 기원전 5세기 페리클레스 시대에 완성된 이 건축물은 단순한 신전이 아닌, 인류 문명 교류의 살아 있는 증거였다.

진짜 이야기는 아테네 국립고고학박물관(National Archaeological Museum)에서 시작된다. 이곳에서 만난 미케네 문명(기원전 1,600년~1,100년)의 유물은 생각보다 섬세하고 잘 보존되어 있었다. "아가멤논의 황금 마스크"(Mask of Agamemnon)로 알려진 미케네의 장례용 가면은 메소포타미아 문명과 맞먹는 수준의 뛰어난 야금술을 보여준다. 더 오래된 미노스 문명(Minoan civilization, 기원전 3,000년~1,100년)은 크레타섬의 크노소스(Knossos) 궁전에서 발견된 도자기를 통해 메소포타미아와 이집트 양쪽의 영향을 받았음을 알 수 있다. 또한 이 시기의 청동기 도구 제작 기술은 유라시아 초원 지대에서 발견되는 것들과 놀라운 유사성을 보인다. 비슷한 시기에 형성된 키클라데스 문명(Cycladic culture, 기원전 3,200년~2,000년)도 흥미로운 연결고리를 제공한다. 에게해의 작은 섬들에서 발견된 대리석 조각상들은 중앙아시아 초원 지대의 석상들과 유사한 양식을 보이는데, 단순화된 인체 표현 방식이 수천 킬로미터 떨어진 곳에서도 같은 예술적 언어를 사용한 듯하다. 이 키클라데스 문명은 아나톨리아 문화와 깊은 연관성을 보이며, 후에 미노아 문명과 융합되어 미케네 문명의 기반이 되었다. 미노스 문명과 그 영향권에 있던 엘람 문명의 문자 체계가 인더스 문명의 문자 체계와 구성 방법 및 일부 기호에서 유사성을 보인다는 것이다. 직접적인 접촉의 증거는 없지만, 이는 유라시아 전역에 공통된 문자 개념이 문화 교류를 통해 전파되었을 가능성을 시사한다.

아테네 국립고고학박물관의 청동기 전시실에서 전시된 청동검 역시 문화 교류의 흔적을 보여준다. 미케네 시대의 청동검에서 발견된 주석 성분은 흥미로운 단서를 제공한다. 당시 주석을 생산한 주요 지역은 오늘날의 아프가니스탄과 포르투갈로, 이 청동검에 사용된 주석 역시 이곳에서 유래했을 가능성이 높다. 이는 기원전 1,500년경 이미 대륙을 가로지르는 광물 교역망이 존재했음을 의미한다. 설명을 하다 보니 연결 관계가 복잡해 보여 독자 입장에서 다소 어려울 수도 있겠지만, 인류는 끊임없는 참조와 역참조를 통해 문화를 발전시켜 왔다. 오히려 문명의 흐름을 단순히 어디서 어디로 이동했다고 보는 것이 인류사를 암기 과목으로 전락시킨 원인이라고 생각한다. 문화는 결코 한쪽 방향으로 일방적으로 흘러가지 않았다. 오랜 시간에 걸쳐 참조와 역참조를 거듭하며 형성되었다.

앞에서 논했던 파르테논 신전의 기둥도 도리스식 건축 기법으로 참조의 연결고리를 보여준다. 이 기둥의 비율은 메소포타미아의 지구라트 건축에서 사용된 황금비율과 일치한다. 우연의 일치라기에는 너무나 정확한 수치다. 파르테논 신전 앞에 서서 본 아티카(Attica) 평원의 풍경은, 마치 수천 년 전 이곳이 동·서양 문명의 교차로였음을 말해주는 것 같았다. 이곳에서 발견되는 모든 증거는 그리스 문명이 결코 고립된 발전이 아닌, 유라시아 대륙을 가로지르는 거대한 문명 교류의 산물이었음을 보여준다. 올림포스 신화에 등장하는 신들의 이야기를 보면, 제우스와 같은 하늘의 신, 포세이돈과 같은 바다의 신 개념은 유라시아 초원의 샤머니즘적 요소와 놀라운 공통점을 보인다. 이는 신화마저도 이 거대한 문화 교류의 산물이었음을 암시한다.

문명은 지속적으로 서로 참조와 역참조를 거듭하면서 발전하였다. 신화처럼 여기는 올림포스의 신도, 신화같은 파르테논 신전도 자생적이고 독립적으로 형성된 게 아니라 참조의 결과물이다. 실크로드로 명명되기 훨씬 이전인 기원전 7,000년 이전부터, 이미 유라시아 대륙을 가로지르는 보이지 않는 실크로드가 존재했다. 미케네의 청동 기술, 미노스의 문자 체계, 키클라데스의 예술 양식은 모두 이 고대의 네트워크를 통해 전파되었다. 이는 곧 동·서양의 철학자들이 서로의 사상을 참조할 수 있는 기술적 토대가 이미 마련되어 있었다는 뜻이다. 미케네 시대부터 이어져 온 교역망은 단순한 물건의 이동이 아닌, 지식과 사상의 전달 통로였다. 그리스의 소크라테스가 영혼을 이야기할 때, 동양의 공자가 인(仁)을 말할 때, 그들은 이미 수천 년에 걸쳐 축적된 인류의 지혜를 참조하고 있었다.

파르테논 신전의 기둥 사이로 비치는 석양을 바라보며, 이 오래된 문명 교류의 흔적을 생각했다. 지금 이 책을 써야겠다고 어렴풋하게나마 마음을 먹은 곳도 바로 이 파르테논 신전 앞에서 아들을 업고 있을 때였다. 이제 그 아들이 자라 군대에 가 있으니, 세월이 많이 흘렀다. 그동안 계속 이 주제를 가지고 생각만 하다가, 본격적으로 몇 년 전쯤부터 글을 쓰기 시작했고, 쓰다가 멈추기를 반복한 횟수는 헤아릴 수 없을 정도다. 파르테논 신전은 단순한 종교 건축물이 아니다. 인류가 얼마나 오래전부터 서로의 지혜를 나누고 발전시켜 왔는지를 보여주는 살아 있는 증거다. 이 웅장한 구조물은 인류가 알고 있는 것보다 훨씬 더 오래전부터 동양과 서양이 하나의 거대한 문명 네트워크로 연결되어 있었음을 말해주고 있다.

▶ 신바빌론 시대 두상(사진ⓒ저자 촬영) 메트로폴리탄 박물관 소장. 한국중앙박물관에 임시 전시된 유물

이것은 기원전 8세기 후반에서 9세기 초반 신바빌론 시대의 구운 점토 두상으로, 메소포타미아 문명을 잘 보여주는 작품이다. 깊숙이 들어간 눈, 튀어나온 눈썹, 길고 곱슬거리는 수염을 가진 초인적인 인물의 흉상이다. 머리카락과 왕관의 정교한 표현은 메소포타

미아 조각에서 흔히 볼 수 있는 특징이지만, 이 흉상은 특히 기원전 1천 년 초의 바빌로니아 예술 양식과 가장 유사하다. 아마도 다른 재료로 만든 더 큰 조각품을 위한 예술가의 모델 작품이었을 것으로 추정된다.

▶ **미노스 문명 도자기, 미케네 문명 황금가면(Bone Armor Helmet)(사진ⓒ저자 촬영) 아테네 아크로 폴리스 박물관 소장**

①. 미노스 문명에서 제작된 해양 양식(marine style) 토기의 대표적인 예로, 약 기원전 1,500년~1,450년경 제작 추정. 이 시기의 도자기들은 바다와 해양 생물에 대한 사랑과 경외심을 표현한 독특한 디자인으로 잘 알려져 있다.

②. 이 황금 가면은 1876년 독일 고고학자 슐리만이 미케네의 무덤에서 발굴한 유물로, 흔히 아가멤논의 가면으로 알려짐. 이 가면은 기원전 1,550년~1,500년경의 후기 청동기 시대 미케네 문명에서 제작된 것으로 추정된다.

▶ **그리스 아테네 올림포스 언덕(사진ⓒ저자 촬영) 올림포스 언덕 위의 파르테논 신전, 니케 신전 등**

기원전 480년, 페르시아 왕 크세르크세스 1세가 이끄는 군대가 아테네를 침공하여 도시와 아크로폴리스를 불태웠다. 이 사건은 페르시아의 아테네 파괴로 알려져 있으며, 당시 아크로폴리스에 있던 구 파르테논 신전과 구 아테나 신전도 전소되었다. 100년 후, 그에 대한 보복으로 알렉산더 대왕은 기원전 330년 5월경 페르세폴리스를 불태웠다. 이 사건은 아케메네스 왕조의 의식 수도였던 페르세폴리스의 궁전과 도시 대부분을 파괴한 역사적 사건이다. 두 사건 모두 폭력에 의해 문명이 큰 타격을 입은 대표적인 사례로 기록된다.

▶ 그리스 문화 중 기원전 750년에서 480년 사이인 아르카익 시대(Archaic Greece)(사진ⓒ저자 촬영)이스탄불 고고학 박물관 소장

그리스 문명은 현재의 그리스뿐만 아니라 튀르키예를 포함하는 지역에 걸쳐 있어 많은 유물이 튀르키예에서 발견된다.
　①. 쿠로스, 6세기 중반, 그리스 조각 양식 중 하나. 주로 상위 남성을 묘사한 대형 석상.
　②. 화살을 쏘는 헤라클레스 조각상. 기원전 500년에서 490년. 그리스의 타소스 섬에서 발굴.
　③. 전차. 기원전 5세기 클라리오스(Claros)에서 출토. 이 지역은 현재 튀르키예의 이즈미르 주(İzmir Province) 아흐메트베일리(Ahmetbeyli) 근처를 말한다.

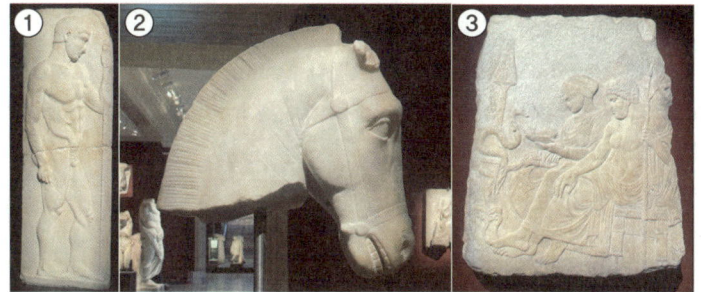

▶ 그리스 문명의 전성기인 클래식 시대 유물(사진©저자 촬영) 이스탄불 고고학 박물관 소장

①. 기원전 480년에서 450년 도리포로스(Doryphoros)의 묘비석에 창을 든 사람을 표현. 그리스 조각은 인간을 자연스럽게 표현하는 방식으로 유명. 그리스 니시로스섬(Nisyros)에서 출토.
②. 5세기 후반 유물로 그리스 시대 말은 부와 권력의 상징.
③. 기원전 4세기 유물로 고대 그리스 신화에서 의술의 신 아스클레피오스(Asclepius)와 건강의 여신 히기에이아(Hygieia)를 묘사한 부조 유물.

▶ 그리스 문명의 도자기 유물(사진©저자 촬영) 이스탄불 고고학 박물관 소장

①. 히드리아(Hydria). 기원전 5세기에서 4세기. 출토 지역은 로도스로, 현재는 그리스에 속하는 에게해의 섬. 히드리아는 고대 그리스에서 물을 운반하고 저장하는 데 사용된 특수 도자기이다. 이 항아리는 보통 세 개의 손잡이가 특징적인데, 두 개는 옆면에 있어 들어 올릴 때 사용되고, 하나는 뒷면에 있어 물을 따를 때 사용되었다.
②. 크라테르(Krater). 기원전 6세기. 고대 도시 크산토스(Xanthos)에서 발굴. 이 도자기는 고대 그리스에서 와인과 물을 혼합하는 데 사용된 큰 그릇이다. 컬럼 크라테르(Column Krater)라는 이름은 손잡이 아래에 기둥처럼 생긴 지지대가 있는 디자인에서 유래되었다.
③. 레키토스(Lekythos). 기원전 6세기. 에게해의 로도스섬(Rhodes)에서 발견. 고대 그리스에서 향유나 올리브 오일을 담는 데 사용된 가느다란 목이 있는 도자기이다. 장례 의식에서 많이 사용되었다.

〈참 고〉

▶ Wardle, K., Higham, T., & Kromer, B. (2014). Dating the end of the Greek Bronze Age: A robust radiocarbon-based chronology from Assiros Toumba. PLoS ONE, 9(9), e106672.

그리스 북부 아시로스 투바(Assiros Toumba) 유적지에서 수집된 동물 골편, 식물 잔존물, 건축재 목재 등 60여 점의 시료에 대한 방사성탄소 연대측정법을 실시하여 청동기 말엽(기원전 14~10세기)의 절대적 시간축을 확정하였다. 베이지안 통계모형을 도입한 분석 결과, 종래 남부 그리스 지역에서 제시되었던 연대관보다 70~100년 소급된 새로운 연대체계를 도출함으로써 청동기-철기 시대 과도기의 편년학적 틀을 전면 재구성하였다. 목재 시료의 연륜연대학적 위글매칭(dendrochronological wiggle-matching) 기법과 단명성 유기체 잔해를 병용하여 고목재 효과(old wood effect)를 완전히 배제한 정밀한 벌채시점을 산정하였다. 본 연구는 이집트 및 근동 지역의 문헌사학적 연대와의 상당한 괴리를 지적하면서, 과학적 연대측정법의 우선적 적용 필요성을 역설하였다.

▶ Broodbank, C., & Kiriatzi, E. (2007). The first "Minoans" of Kythera revisited: Technology, demography, and landscape in the prepalatial Aegean. American Journal of Archaeology, 111(2), 241-274.

본 연구는 키테라 섬 프로젝트(Kythera Island Project)의 조사 성과를 토대로 최종 신석기-초기 청동기 I기(Final Neolithic-Early Bronze I), 초기 청동기 II기(Early Bronze II), 초기 미노스 III-중기 미노스 IA기(Early Minoan III-Middle Minoan IA) 등 각 시대별 유적 분포 양상과 문화적 변천을 체계적으로 해석하였다. 초창기에는 토착 문화적 전통이 지배적 위치를 점하였으나, 초기 청동기 II기에서 초기 미노스 III-중기 미노스 IA기로 이행하는 과정에서 크레타 미노스 문명의 문화적 영향력이 점진적으로 확장되어 양대 문화 체계가 공간적으로 병존하는 현상을 보였다. 시대별 분포 지도는 정착지 수량, 분포 범위, 밀집도 등의 지표를 통해 토착 전통과 외래 미노스 요소 간의 상호작용 양상을 가시적으로 제시하였다. 이 연구는 키클라데스 문명이 미노스·미케네 문명의 근간을 형성하였음을 실증적으로 규명하며, 에게해 선사시대 문화 교류와 변동의 역동성을 규명하였다.

▶ Berger, D., Soles, J. S., Giumlia-Mair, A. R., Brügmann, G., Galili, E., Lockhoff, N., & Pernicka, E. (2019). Isotope systematics and chemical composition of tin ingots from Mochlos (Crete) and other Late Bronze Age sites in the eastern Mediterranean Sea: An ultimate key to tin provenance? PLoS ONE, 14(6), e0218326.

본 연구는 동지중해권 주요 유적지(모클로스, 울루부룬, 히슐레이 카르멜, 크파르 사미르 남부, 하이파)에서 출토된 27점의 주석 주괴(tin ingots)를 대상으로 주석 및 납 동위원소 분석(tin and lead isotope analysis)과 미량원소 분석(trace element analysis)을 병행한 복합적 접근법을 통해 처음으로 주석의 잠재적 공급원을 특정하는 데 성공하였다. 이스라엘 출토 주석 주괴에서 검출된 강방사성 납 성분(strongly radiogenic lead composition)을 바탕으로 모광석(parental tin ores)의 지질학적 모델 연령을 291 ± 17 Ma로 산정하였으며, 이를 통해 아나톨리아 및 중앙아시아 주석 광상을 배제할 수 있었다. 주석 동위원소 조성(tin isotope composition)과 미량원소 데이터를 종합한 결과, 유럽 대륙의 다수 주석 자원을 제외하고 현재 가용한 자료를 고려할 때 콘월 주석 광산(Cornish tin mines)이 기원전 13~12세기 이스라엘 주석 주괴의 최유력 공급원으로 판정되었다. 이러한 연구 성과는 청동기 시대 주석 교역로(tin trade routes)와 유통망에 대한 고고학적 해석에 결정적 전기를 마련하는 중대한 학술적 기여를 하였다.

20. 티볼리의 증언

하드리아누스 빌라는 기원후 2세기 로마 황제가 아나톨리아, 이집트, 그리스, 페르시아, 메소포타미아 등 다양한 문명의 건축·공학·예술 기술을 참조·융합해 창조한 집대성의 공간으로, 인류 문화 교류와 기술 축적의 상징적 증거다.

기원후 2세기, 하드리아누스(Hadrian) 황제의 별장은 수천 년에 걸친 건축 기술의 집대성이다. 이 거대한 건물의 돔과 아치 구조는 아나톨리아, 이집트, 미케네, 페르시아, 메소포타미아 등 다양한 문명의 기술을 참조하여 발전시킨 결과물이다. 하드리아누스 빌라의 수로, 콘크리트, 바닥 패턴 등은 과학적 설계를 보여준다. 이는 단순한 모방이 아닌, 과거의 지혜를 창의적으로 재해석한 것이다. 미케네 문명의 가채 구조, 페르시아의 공간 구성, 메소포타미아의 수리 기술 등 다양한 문명이 이 건축물에 참조되어 있다.

하드리아누스 황제 자신도 위대한 참조자였다. 그는 제국을 순방하며 각지의 기술을 수집했고, 그것을 자신만의 방식으로 결합했다. 하드리아누스 빌라는 단순한 건물이 아닌, 당시까지의 모든 건축 지식이 집약된 결과물이다. 그는 당시 로마의 광대한 영토의 모든 기술에 대해 익히 알고 있었다. 역사적 기록으로 하드리아누스는 현제(賢帝)이기도 했기만 평화주의자였다. 하드리아누스는 소아시아(현재의 튀르키예) 전역을 순방했으며, 123년~124년에 북서부 아나톨리아의 여러 도시(페르가몬, 사르디스, 에페소스, 스미르나 등)를 방문했다. 그의 고대 문명에 대한 방문 기록은 이뿐 아니였다. 하드리아누스 황제는 재위 기간 동안 기록된 것만 볼 때, 로마 제국의 광대한 영토를 직접 살피기 위해 대규모 순시 여행을 두 차례 실시했다. 그 중 130년경에는 이집트를 방문하여 나일강을 따라 탐사 여행을 했으며, 알렉산드리아와 나일강 델타 지역의 주요 도시들을 순방했다. 이 여행은 단순한 관광이 아니라 제국의 동방 속주에 대한 정치적, 문화적 관심의 일환이었다. 하드리아누스는 로마 제국의 다양한 지역을 직접 시찰하고 지방 행정을 점검하는 것이 제국 통치에 필수적이라고 믿었던 것으로 보인다.

　이 순시 여행 중에는 당시 로마 지도층이 방문하고 싶어 하던 이집트도 빠지지 않았다. 당시 로마의 지도자로 성장하기 위해서는 그리스와 이집트 여행이 필수적인 과정이었다. 이집트는 로마 제국의 곡창지대로서 경제적으로 매우 중요한 지역이었기에, 그의 방문은 전략적 의미도 가졌다. 나일강 유람은 로마 황제들의 이집트 방문에서 전통적으로 행해지던 의례적 행사였으며, 하드리아누스 역시 이 관례를 따랐다. 이 이집트 방문 중에 불행한 에피소드도 존재한다. 지금으로 보면 조금은 이해가 안 될 수도 있지만, 당시 로마에는 동성의 미소년 애인을 가지는 동성애가 지도층에서는 흔한 일이었다. 하드리아누스 역시 동성 미소년 애인인 안티노우스(Antinous)가 있었는데 그만 방문 중 나일강에서 익사하는 비극적 사건이 발생했다. 이 사건은 하드리아누스에게 큰 충격을 주었고, 후에 그는 안티노우스를 신격화하여 추모했다. 그의 방문은 여기서 그치지 않고 여러 차례 그리스를 방문하여 그리스 문화를 즐겨 참조했으며 그리스 전역에 그의 동상을 만들어 놓았다. 지금 아크로폴리스 언덕을 올라가면 정상 부분 입구 텅 비어 있는 공간에 하드리아누스 황제의 커다란 동상이 있었다고 한다. 그 동상은 5세기 이후 로마가 쇠퇴하면서 로마를 싫어했던 아테네 시민들에 의해 부서졌다고 전해진다. 하드리아누스의 흔적은 아직도 아크로폴리스 아래쪽 제우스 신전 입구 부근에 '하드리아누스의 문'으로 남아 있다. 이 문에는 지금도 선명한 글귀가 새겨져 있다. 아크로폴리스 언덕 방향 문설주에는 "이곳은 아테네, 테세우스(Theseus)의 옛 도시"라고 적혀 있고, 반대편인 제우스 신전이 있는 신시가지 방향 문설주에는 "이곳은 하드리아누스의 도시, 테세우스의 도시가 아니다"라고 새겨져 있다. 이는 당시 로마 황제의 위세가 얼마나 대단했는지를 보여주는 증거다.

　하드리아누스 황제는 로마 제국 곳곳을 순방하며 이집트, 그리스 등의 건축과 문명에 깊은 애정을 보였으며, 이후 그의 참조 지식은 티볼리(Tivoli) 별장 곳곳에 반영되었다. 하드리아누스의 이집트, 그리스, 소아시아 등의 방문은 단순히 영토 순시 차원을 넘어, 다양한 문화를 존중하고 통합하려 했던 그의 통치 철학을 보여주는 중요한 사례다. 그는 로마와 그리스뿐만 아니라 이집트와 같은 선진 문명에도 깊은 관심을 가졌으며, 이를 통해 로마 제국 내의 문화적 다양성을 인정하고 존중하는 정책을 펼쳤다. 그가 페르시아(파르티아)와 직접적인 전쟁을 벌인 기록은 없다. 오히려 그는 파르티아 왕(페르시아 왕)과 외교적 협상을 통해 평화 조약을 맺었고, 무력 충돌을 피했다. 당시 로마와 파르티아는 국경 지대에서 긴장이 있었으나, 하드리아누스는 외교와 방어에 치중했다.

그는 자신이 가진 참조 지식을 모두 동원하여 티볼리에 황제의 여름 별장을 만들었다. 이 별장은 여러 문화가 가진 기술을 집약시켰다. 돔 구조를 지탱하는 콘크리트 기술은 현재까지도 사용하는 건축 공법 중 하나이다. 화산재와 석회, 해수를 독특한 비율로 배합한 이 콘크리트는 시간이 지날수록 더 단단해지는 특성이 있다. 이러한 혁신은 현대에도 여전히 연구되고 있을 정도로 뛰어난 것이다. 티볼리에 있는 동상들은 로마인들이 이집트의 거대 신상을 참조하여 만든 것이다. 로마인들은 이집트를 방문하고 그곳의 거대한 신상들을 보고 감탄했다. 그리고 이를 바탕으로 공공 건축물과 가옥에 이집트 신상의 축소판을 배치하기 시작했다. 우스운 이야기지만, 지금의 시각으로 보면 이집트 신상을 축소하여 만든 그리스의 초기 신상은 모방품이라 할 수 있다. 그러나 그 모방품으로 만든 신상들도 2,000년이 지난 지금은 진품으로 인정받고 있다. 이는 모방품 제작을 권장하는 것이 아니라, 참조와 모방의 역사적 의미를 보여주는 사례이다. 중요한 점은 그리스가 단순한 모방에서 멈추지 않고, 참조한 신상 제작 기술을 예술적 수준으로 발전시켰다는 것이다. 인류는 지속적으로 서로의 지혜를 참조하며 건축 기술을 발전시켜왔다. 하드리아누스 황제의 여름 별장에 구현된 기술적 정수는 미케네에서 시작되어 그리스와 로마를 거쳐 현재까지 이어지고 있다. 이는 인류가 호모레퍼런스임을 보여주는 명확한 증거이다.

팔월, 로마 근교 티볼리의 햇살은 하드리아누스 황제의 별장 유적을 비추고 있었다. 주제와 다소 벗어난 이야기이지만, 이탈리아를 여름에 방문하여 그늘이 거의 없는 유적지를 걷는 것은 역사에 깊은 관심이 있어 감동을 주체할 수 없는 사람을 제외하고는 자제하기를 권한다. 하드리아누스 황제의 별장을 4시간 동안 돌아본 후, 필자의 옷은 거의 염전을 방불케 할 정도로 소금 결정체가 보일 만큼 땀에 젖었다. 여름 이탈리아에서 그늘 없는 광장과 같은 장소를 걷는 것은 지양할 필요가 있다. 그럼에도 불구하고 필자에게는 이 경험이 큰 감동으로 다가왔다. 기원후 2세기에 건설된 이 웅장한 건축물은 오늘날 방문객들에게도 여전히 경이로움을 자아내며, 고대 로마 건축 기술의 정점을 보여주는 증거로 남아 있다.

하드리아누스 빌라의 돔형 천장과 아치 구조물들은 단순한 건축물이 아닌, 수천 년에 걸친 인류의 기술 축적을 보여주는 증거다. 이 건축 기술의 계보를 추적하다 보면, 놀라운 참조의 네트워크를 발견하게 된다. 이 기술의 첫 번째 층위는 미케네 문명에서 시작된다. 기원전 1,300년경 아트레우스의 보물창고에서 이미 로마의 돔 구조와 유사한 가채 구조가 사용되었다. 이 기술은 그리스를 거쳐 로마로 전해졌고, 판테온의 거대한 돔으로 완성되었다. 두 번째 층위는 페르시아의 영향이다. 알렉산더 대왕의 동방 원정(기원전 334년~323년)은 단순한 정복이 아닌, 거대한 기술 교류의 시작이었다. 페르세폴리스의 기둥 구조와 공간 구성은 후에 로마 건축의 중요한 참조점이 되었다. 하드리아누스 황제의 여름별장의 페키레(Pechile) 정원은 페르시아 왕궁의 공간 구성을 직접적으로 참조했다는 증거가 발견된다. 세 번째 층위는 수로 시스템이며, 이는 메소포타미아의 물 관리 기술을 기반으로 한다. 바빌론의 공중정원에서 시작된 이 기술은 페르시아를 거쳐 로마에 전해졌고, 더욱 정교하게 발전되었다. 빌라 내의 수백 개의 분수와 목욕탕은 이 기술의 정점을 보여준다.

건축 자재의 사용에서도 참조의 흔적이 발견된다. 앞에서 논한 로마의 콘크리트(opus caementicium) 기술은 그리스의 석회 모르타르 기술과 에트루리아의 화산재 활용 기법이 결합한 것이다. 하드리아누스 빌라의 돔은 이 혁신적 건축 자재가 없었다면 불가능했을 것이다.

하드리아누스 황제 자신이 위대한 참조자였다. 그는 제국을 순방하며 각지의 건축 기술을 수집했다. 아테네의 파르테논, 이집트의 피라미드, 페르시아의 궁전 등, 그가 본 모든 것은 티볼리의 별장에 녹아들었다. 그의 별장은 단순한 건물이 아닌, 당시 알려진 모든 건축 지식의 집대성이었다. 대표적인 것이 빌라의 카노푸스(Canopus) 구역이다. 이집트 알렉산드리아 근교의 도시 이름을 딴 이 공간은, 나일강 유역의 건축 양식을 로마의 기술로 재해석한 것이다. 이는 단순한 모방이 아닌, 창조적 참조의 걸작이다. 2,000년이 지난 후에도 햇살 아래 하드리아누스 빌라의 바닥에서 발견되는 헤링본(herringbone) 패턴은 지금까지도 이어지고 있다. 이 물고기 뼈 모양의 바닥 패턴은 단순한 장식이 아니라 보행 시 하중을 효과적으로 분산시키고, 지진에도 강한 내구성을 제공하는 과학적 설계였다. 오늘날 도시의 보도블록과 건물 바닥재에서 여전히 이 패턴을 발견할 수 있는 것은 우연이 아니다. 벽을 쌓는 오푸스 레티쿨라툼(opus reticulatum) 기법은 더욱 놀랍다. 마름모꼴 석재를 그물망처럼 배열하는 이 방식은 건축물의 하중을 균등하게 분산시키는 동시에 시각적 아름다움도 제공했다. 이 기술은 현대 건축에서 프리캐스트 콘크리트 패널의 설계에 영향을 미치고 있다. 이곳에 쓰인 아치형 터널 공법은 오늘날 지하철 건설에도 참조되는 기술이다. 하드리아누스 빌라의 지하 통로들은 완벽한 반원형 아치를 이루고 있는데, 이는 현대 터널 공학의 기본 원리와 일치한다. 2,000년이 지난 지금도 이 구조물들이 무너지지 않고 있다는 사실이 이 기술의 우수성을 증명한다.

이처럼 하드리아누스 빌라는 참조의 연속성을 보여주는 살아 있는 교과서다. 미케네에서 시작되어 그리스를 거쳐 로마에 이른 건축 기술은, 다시 현대에 참조되고 있다. 이는 인류의 기술 발전이 결코 단절되지 않은 하나의 거대한 참조의 흐름이었음을 증명한다. 호모레퍼런스의 지혜는 2,000년이 지난 지금도 티볼리의 폐허 속에서 여전히 살아 숨쉬고 있다.

▶ 티볼리 하드리아누스 별장(사진ⓒ저자 촬영)

약 2,000년 정도의 세월이 흘렀지만, 그 웅장함과 세련된 건축물은 방문객들을 여전히 압도한다.

▶ 티볼리 하드리아누스 별장에 벽 건축 디자인(사진ⓒ저자 촬영)

별장 곳곳에서 현대 건축에서도 여전히 사용되는 디자인을 발견할 수 있다. 이는 현재의 건축술이 2,000년 전 로마의 건축 기술을 토대로 발전해왔음을 보여준다.

▶ **티볼리 빌라 데스테(Villa d'Este)(사진ⓒ저자 촬영)**

빌라 데스테는 16세기에 이폴리토 데스테(Ippolito d'Este) 추기경에 의해 건설되어 르네상스 시대의 정원과 궁전으로 아름다운 분수와 수로 시스템, 계단식으로 조성된 정원, 푸른 식물로 둘러싸인 산책로, 정교하게 꾸며진 수많은 분수 장식과 조각품으로 유명하다. 입장료가 비싸다는 의견도 일부 있다. 이는 비단 이곳뿐 아니라 최근에 튀르키예를 포함한 유럽 모든 유적지에 입장료가 상당히 인상되었다. 우리나라는 내국인과 외국인 구분 없이 동일한 요금을 받고 있는데, 유럽 국가들도 이런 방식을 배워가면 좋겠다.

▶ **로마 교황청 박물관(Vatican Museums)에 전시된 에트루리아 청동 조각상(사진ⓒ저자 촬영)**

기원전 5세기~4세기경으로 추정, 에트루리아 예술 양식, 긴 다리와 새 발 같은 발, 특이한 모자 형태를 갖춘 한 인물상, 에트루리아인들은 고대 로마 이전 이탈리아 중부 지역에서 번성했던 문명으로, 뛰어난 청동 주조 기술을 보유. 이러한 청동상들은 종교적, 의례적 목적으로 제작되었을 가능성이 높다.

▶ **로마 시내에 있는 로마 시대 유적(사진ⓒ저자 촬영)**

로마를 대표하는 건축물인 콜로세움, 포로로마노, 개선문, 판테온이다.

▶ **티볼리 하드리아누스 별장 '카노푸스'라고 불리는 대형 수영장과 기둥(사진ⓒ저자 촬영)**

하드리아누스 별장은 그리스와 이집트 등 다양한 문화의 영향을 받은 독특한 건축양식으로 방문객을 매혹시킨다. 방문 시 주의할 점은 주변 광장에서 잘 보이지 않는 공식 주차장을 반드시 이용해야 한다는 것이다. 이미 비싼 입장료를 지불하고 들어온 후에 주차 위반 과태료까지 부과된다면, 역사적인 감동보다는 금전적 아쉬움이 더 강하게 남을 수 있기 때문이다. 문화유산을 즐기는 여행의 기분을 온전히 유지하려면 사소한 주차 규정도 미리 확인하는 것이 현명하다.

▶ 아테네 아크로폴리스와 제우스 신전 사이에 하드리아누스 문(사진ⓒ저자 촬영)

하드리아누스의 흔적은 아크로폴리스 아래쪽 제우스 신전 근처에 위치한 하드리아누스의 문(Hadrian's Gate)으로 남아 있다. 그 문에는 지금도 선명하게 아크로폴리스 언덕 쪽의 문설주에 "이곳은 아테네, 테세우스의 옛 도시"라고 새겨져 있으며, 반대 방향인 신시가지 방향인 제우스 신전 쪽에는 "이곳은 하드리아누스의 도시, 테세우스의 도시가 아니다"라고 새겨놓았다. 로마 황제는 당시 거의 신과 대등한 대접을 받았다.
①. 아크로폴리스 언덕 ②. 하드리아누스의 문 ③. 제우스 신전

▶ 아테네 아크로폴리스 언덕에 하드리아누스 동상이 있었던 곳(사진ⓒ저자 촬영)

지금 아크로폴리스 언덕을 올라가면 정상 부분 입구의 텅 비어 있는 공간(빨간색 원)에 하드리아누스 황제의 커다란 동상이 있었다고 한다. 그 동상은 5세기 이후 로마가 쇠퇴하면서 로마를 싫어했던 아테네 시민들에 의해 부서졌다고 전해진다. ①. 아크로폴리스 언덕을 아래에서 조망한 장면 ②. 하드리아누스 황제 동상이 있었던 것으로 추정되는 공간 근접 장면.

〈참 고〉

▶ Lohmann, D. (2010). War Baalbek/Heliopolis im 1. Jh. v. Chr. ein römischer Stützpunkt? In F. Daubner (Hrsg.), Militärsiedlungen und Territorialherrschaft in der Antike (pp. 101–114). Berlin.

연구자의 2010년 연구는 바알베크(헬리오폴리스, Baalbek/Heliopolis)가 기원전 1세기 로마 제국의 군사적 거점(military stronghold) 역할을 수행했는지에 대한 고고학적·사료학적 검증을 실시하였다. 연구자는 로마의 식민지화 정책(colonization policy)과 군사 주둔군 배치(military garrison deployment), 그리고 신전 복합단지 건설(temple complex construction)이 해당 지역의 전략적·정치적 통제 체계와 불가분의 연관성을 지니고 있음을 규명하였다. 바알베크 신전의 거대한 건조물(monumental structures)과 도시 계획(urban planning)은 로마 제국의 군사적·종교적 위상을 상징하는 동시에, 로마의 동방 국경 방어(eastern frontier defense)와 지역 통치의 핵심 기능을 담당했음을 논증하였다. 본 논문은 바알베크가 단순한 종교적 중심지(religious center)가 아니라, 로마의 동방 진출과 지중해–내륙 교통로 통제(Mediterranean-inland transportation route control)의 전략적 거점이었음을 실증적으로 입증하였다.

21. 표준화의 기원

진시황의 도량형 표준화는 메소포타미아의 60진법, 페르시아의 금속 주조, 그리스의 검증 시스템 등 동서양 여러 문명의 지혜와 기술을 참조·융합하여 창조된 혁신적 시스템으로, 화폐·측정 단위의 국제적 표준화와 정교한 무역 네트워크를 이룬 인류 교류의 상징적 유산이었다.

기원전 221년 진시황은 중국을 통일하며 제국 전체의 도량형을 표준화했다. 고궁박물원(故宮博物院)의 유물들을 보면 이 표준이 메소포타미아, 페르시아 등 다른 문명의 지혜를 참조한 결과물임을 알 수 있다. 진나라의 도량형 체계는 단순한 모방이 아니라 동서양의 측정 단위를 융합하고 재해석하여 새로운 시스템을 창조한 것이다. 청동 도량형기의 정교한 아름다움은 금속 주조 기술에서 페르시아 영향을, 눈금 체계에서 메소포타미아 영향을, 검증 시스템에서 그리스 영향을 보여준다. 이처럼 진나라는 이전 문명들의 도량형 지식을 창의적으로 참조했다. 그 결과 제국 전역에 표준화된 도량형이 널리 보급되었으며, 이는 천 년 이상 지속되었다. 이는 단순한 측정 도구가 아니라 인류 교류의 흔적이다.

인류는 기초적인 물건이나 기술을 한 곳에서 발명하게 되면, 어떤 경로로든 인근 지역으로 전파했다. 이렇게 전파된 것은 그대로 이용되기도 하고, 때로는 더 유용하게 발전되어 다시 다른 곳으로 전파되거나 처음 만들어진 곳으로 역전파되는 과정을 거쳤다. 이 과정이 오랜 시간에 걸쳐 무한 반복되면서 안정화 단계로 나아갔다. 지금까지 밝혀진 인류 최초의 신전이 있던 괴베클리 테페에서도 이러한 현상이 발견된다.

튀르키예 정부가 모아놓은 타스테펠러에 속한 12개의 테페에서는 같은 형태의 기둥, 비슷한 형태의 돌조각, 식기, 건축구조들이 공통으로 나타난다. 이를 통해 그 당시에도 이런 차용과 역차용의 교류가 끊임없이 일어나 아나톨리아 테페 문화가 형성되었음을 확인할 수 있다. 이러한 교류는 좁은 지역에 국한된 것이 아니었다. 아나톨리아 문화는 가깝게는 그리스, 이집트, 메소포타미아로, 멀게는 인더스, 황하문명으로까지 연속적인 연쇄 현상을 일으키며 영향을 주고받았을 것이다. 인류 문명의 발전은 이렇게 끊임없는 지식과 기술의 교류 속에서 이루어졌다. 진나라의 참조도 이와 같은 문화 교류의 방식을 따라 양방향으로 이루어졌다. 그들은 화폐제도까지도 양방향의 참조에 의해 만들어졌을 것으로 보인다. 그들의 화폐 단위인 반량전(半兩錢)은 서아시아에서도 통용되었다. 이처럼 동양과 서양은 서로의 측정 체계를 참조하며 발전해 왔다. 이것이 바로 인류가 현명한 참조자였다는 것을 보여준다.

타이페이의 국립고궁박물원(國立故宮博物院)에서 마주한 진나라의 도량형 유물들은 인류 최초의 표준화 시도를 보여주는 증거였다. 기원전 221년, 진시황은 단순히 영토만 통일한 것이 아니라 제국 전체에서 사용할 측정 단위와 무게를 표준화했다. 이는 현대의 국제 단위 체계보다 2,000년 이상 앞선 혁신이었다. 물론 지금의 시리아에서 발원한 아람 제국이 먼저 도량형을 통일했을 가능성과 이후 페르시아에서도 도량형 통일이 이루어졌으므로, 세계 최초의 위치에 대해서는 여전히 이론의 여지가 많다. 박물관의 유리 케이스 안에서 본 청동 도량형기는 놀라울 정도로 정교했다. 반량(半兩)이라 새겨진 청동 추는 현대 측정으로 정확히 7.5g을 나타낸다. 2,200년이 지난 지금도 오차 범위가 1% 미만이라는 사실은 경이로움을 자아낸다. 필자는 진나라의 도량형 체계를 자세히 들여다보면 메소포타미아의 60진법 영향이 있다고 생각한다. 다만 이제 필자는 모든 문화가 연결되어 보이는 편향이 있음을 미리 밝혀둔다. 진나라의 도량형은 서아시아와의 교역 과정에서 활용되었을 가능성이 높다. 당시 서아시아는 다시 메소포타미아와 교역 관계를 유지하고 있었다. 교역의 원활함을 위해서는 모두에게 통용되는 계량의 표준화가 필수적이었으며, 이는 모든 교역 당사자가 만족하고 이해하는 선에서 이루어졌다고 보는 것이 타당하다. 이러한 합리적 추론에 따르면, 진나라의 도량형 체계에는 어떤 방식으로든 메소포타미아가 동의하는 측정 방식이 도입되었을 가능성이 크다.

진나라와 교역했던 다른 문명권과 도량형의 유사성은 우연의 일치라고 보지 않는다. 고궁박물관의 또 다른 전시품인 진나라의 자(尺)는 23.1cm로 메소포타미아의 큐빗(cubit) 단위인 49.5cm의 거의 절반에 해당한다. 아마도 두 문명권 간 교류에서 우리가 외국을 여행할 때 환율표를 보고 돈을 계산하는 방식과 유사한 환율표가 존재했을 것으로 추정된다. 이는 기원전 3세기 이전부터 이미 동서양 간에 정교한 무역 체계가 있었다는 것이 여러 자료에 의해 증명되고 있어 충분히 합리적인 추론이다. 박물관의 문서 기록을 보면 더 흥미로운 사실이 발견된다. 진나라는 도량형 표준화와 함께 화폐 제도도 통일했다. 이를 통해 중앙집권을 강화하고, 체제 안정화의 수단으로 활용했다. 반량전에 대한 학자들의 연구 결과, 이 화폐는 80% 구리(Cu), 15% 주석(Sn), 5% 납(Pb)의 기본 합금 비율을 사용한 것으로 분석되었다. 이는 진나라 시기의 화폐 주조 기술이 이전 시대와 비교해도 비약적인 발전을 이루었음을 보여준다. 그러한 발전의 배경에는 다른 문명권의 기술이 참조되었을 가능성도 존재한다. 또한, 당시 사용된 반량전(半兩錢)은 서아시아에서 온 무역상들도 함께 사용했으며, 일부는 자신의 나라로 가져갔을 것으로 추론된다. 일부 지역에서는 달러와 같은 국제 표준 통화로 기능했을 가능성도 있다.

인류는 참조의 존재다. 국립고궁박물관에서 마주한 진나라의 도량형 체계는 이를 완벽하게 증명한다. 서로 다른 문명들은 각자의 방식으로 측정 체계를 발전시켰지만, 결국 서로를 참조하며 더 나은 시스템을 만들어냈다. 메소포타미아의 60진법, 이집트의 큐빗 같은 다른 문명의 참조가 진나라의 도량형 체계에서 하나로 융합되었다고 보는 것은 논리적인 비약일지 모르지만 불가능한 일도 아닌 것 같다. 진나라와 다른 문명국은 서로 단순한 모방이 아닌 창조적 참조를 했을 것이다. 진나라는 이전 문명들의 지혜를 참조하되, 자신들의 필요에 맞게 재해석하고 표준화했을 것이다.

타이페이 고궁박물관의 유물들을 살펴보면 여러 문명의 흔적이 층층이 쌓여 있는 듯한 인상을 받는다. 금속 주조 기술에서는 페르시아의 영향이, 눈금 체계에서는 메소포타미아의 특징이, 검증 시스템에서는 그리스의 방식이 엿보인다. 이러한 연결고리를 찾아내는 작업이 단순한 상상에 불과할지도 모르지만, 고궁박물관을 나서며 인류 문명이 서로를 참조하며 발전해 온 놀라운 여정을 다시 한번 실감하게 되었다. 실크로드라는 이름이 붙기 훨씬 전부터, 인류는 이미 지식과 지혜의 거대한 참조 네트워크를 구축하고 있었다. 이 네트워크를 통해 동양과 서양은 서로의 지식을 공유하고 발전시키며 함께 성장해 왔음을 유물들은 증명하고 있다. 진나라의 표준화된 도량형은 단순한 측정 도구를 넘어 호모레퍼런스로서의 인류가 남긴 위대한 유산으로 볼 수 있다.

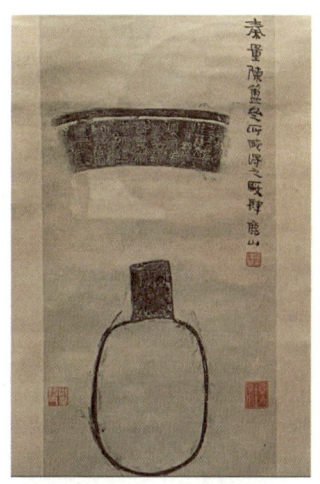

▶ **진나라 시대의 탁본(사진ⓒ저자 촬영) 대만국립박물관 소장**

이 탁본은 진나라 시기에 사용된 무게와 측정 단위를 표준화하는 데 사용되었던 도구에 대한 정보를 담고 있다.

〈참 고〉

▶ Kakinuma, Y. (2014). The Emergence and Spread of Coins in China from the Spring and Autumn Period to the Warring States Period. In: P. Bernholz & R. Vaubel (eds.), Explaining Monetary and Financial Innovation: A Historical Analysis (pp. 79–126). Springer.

본 연구는 전국시대에 출현한 패조형 동전(cowry-shaped bronze coins)을 비롯하여, 춘추전국시대 중국에서 다양한 형태의 청동 화폐(bronze currency)가 어떠한 방식으로 출현하고 확산되었는지에 대한 종합적 분석을 실시하였다. 패조형 동전은 조개껍질 형상(cowry shell shape)을 모방하여 제작된 청동 화폐로서, 주로 기원전 312년~278년 기간 중 초국(楚, Chu state) 지역에서 주조되고 유통되었으며, 실제 출토 유적지와 유통 범위가 지도(distribution map)와 함께 상세히 제시되었다. 이 동전은 조개껍질을 귀중품(precious goods)으로 간주했던 상·주 시대의 전통에서 연원하며, 전국시대에 화폐 경제(monetary economy)가 발전하면서 본격적인 화폐로 활용되기 시작하였다. 논문은 패조형 동전이 국가 주도(state-led initiative) 하에 대규모로 주조·유통되었으며, 고대 중국에서 교역과 경제 활동에 화폐가 본격적으로 도입된 중요한 실증적 증거임을 명확히 입증하였다.

22. 헬레니즘

헬레니즘 시대는 알렉산더 대왕의 제국 건설을 통해 그리스, 페르시아, 동양 문명이 상호 차용과 융합을 이루며 탄생한 문화로, 이는 유라시아 전역의 다양한 고고학적 증거와 문헌에서 확인되는 인류 문명 교류와 참조의 대표적 사례다.

현재 역사관은 왜 그토록 서구 중심적인가? 이 책을 쓰면서 의도적으로 그리스, 로마 중심의 서술을 피하고자 했다. 현대 인류의 역사 인식이 지나치게 서구 중심적이라는 문제의식 때문이었다. 하지만 이러한 시도 자체가 얼마나 깊이 서구 중심적 사고에 경도되어 있는지를 보여준다. 세계사라고 배우는 내용의 대부분은 그리스, 로마 문명과 그들의 신화다. 메소포타미아 문명은 문명의 발상지라는 타이틀로만 기억되고, 인더스 문명은 하나의 에피소드로 축소된다. 중국의 5천 년 문명사는 실크로드의 동쪽 종착지 정도로 언급될 뿐이다. 중남미의 역사는 마치 외계인의 역사처럼 취급된다. 이러한 편향된 역사 인식은 세계관 자체를 왜곡시켰다.

책을 써 내려가다 피하고자 했던 알렉산더 대왕의 이야기를 다루기로 했다. 하지만 이는 그의 군사적 정복이나 제국 건설 때문이 아니다. 그가 만들어낸 문명의 융합과 그 파급효과야말로 호모레퍼런스의 본질, 즉 인류 문명의 상호 차용성을 잘 보여주는 사례 중 하나이기 때문이다. 물론 이러한 선택 자체가 고정관념일 수 있다는 점을 인정한다. 오랫동안 서구 중심의 역사관 속에서 알렉산더의 중요성을 배워왔기에, 그의 이야기를 제외하고 기원전 인류사를 서술하는 것이 어려운 일이었다. 이는 얼마나 깊이 특정한 역사관에 물들어 있는지를 보여주는 또 하나의 증거이다.

알렉산더는 기원전 323년 서쪽으로는 아드리아해(Adriatic Sea)와 발칸반도에서, 동쪽으로는 인도의 펀자브(Punjab) 지역까지, 북쪽으로는 다뉴브강(Danube)과 흑해 연안을 포함한 스키타이 지역까지, 남쪽으로는 이집트 전역을 포함한 북아프리카 지역까지 이르는 제국을 세웠다. 이 제국의 영토는 550만 ㎢로 한반도의 55배에 달하는 규모였으며 유럽, 아시아, 아프리카 3개 대륙에 걸쳐 있었다. 알렉산더가 점령한 지역에는 그리스 문화를 기반으로 페르시아를 비롯한 동양 문화가 융합되어 새로운 헬레니즘 문화가 탄생했다. 서로의 문화를 차용하고 융합하여 독특한 문명이 형성된 것이다. 이 새로운 문화는 알렉산더 사후에 이집트의 프톨레마이오스 왕조(Ptolemaic dynasty), 시리아의 셀류키드 왕조(Seleucid Empire), 그리스와 마케도니아의 마케도니아 왕국이라는 세 개의 주요 왕국으로 정착되었고, 이들은 유럽과 아시아, 아프리카 3개 대륙에 헬레니즘 문화를 발전시켰다. 알렉산더는 정복자였지만, 동시에 문명의 매개자였다. 그는 페르시아의 관습을 받아들이고, 박트리아의 공주와 결혼했으며, 그의 군대는 인도의 철학자들과 대화를 나눴다. 이 과정에서 탄생한 헬레니즘 문화는 단순한 그리스 문화의 동방 전파가 아닌, 쌍방향적 문명 교류의 산물이었다. 이러한 문명 융합의 증거들은 유라시아 전역에서 발견된다. 폼페이의 벽화, 요르단 사막의 동굴 벽화, 튀르키예 남동부 가지엔테프의 고대 도시 제우그마에서 발견된 벽화들은 놀라운 공통점을 보여준다. 이들은 비슷한 형태와 안료를 사용했을 뿐만 아니라, 모자이크 타일의 문양과 제작 기법까지 거의 동일하다. 이는 헬레니즘 문화의 영향력이 얼마나 광범위했는지를 단적으로 보여준다.

그러나 문명 간의 상호 차용은 헬레니즘 시대에 갑자기 시작된 것이 아니었다. 광장, 목욕탕, 체육관이 있는 도시 형태가 헬레니즘의 고유한 창조물이라는 통념에 대해, 기원전 문화를 깊이 살펴볼수록 의문이 깊어진다. 사실 헬레니즘 문화의 특징이라 일컬어지는 요소들은 그 이전에 존재했던 다양한 인류 문화의 지혜로운 조합이었다고 볼 수 있다. 고고학적 발굴과 문헌 연구는 이미 그 이전부터 인더스 문명과 중국 문명이 활발히 교류했음을 보여준다. 그리스, 인더스 문명에서 발견되는 아나톨리아 문명의 흔적들, 시안에서 발견되는 서아시아의 문양과 동전들은 생각했던 것보다 훨씬 이른 시기부터 문명들이 서로를 차용하고 있었음을 증명한다. 아프가니스탄 아이 카눔(Ai-Khanoum) 유적에서 발견된 건축물들은 그리스 신전의 구조와 페르시아 궁전의 장식이 절묘하게 융합된 모습을 보여준다. 알렉산더 사후, 그의 제국은 분열되었지만 이 분열은 문명 융합을 더욱 가속했다. 각 왕국은 자신만의 방식으로 헬레니즘 문화를 발전시켰고, 이는 다시 주변 문명들과 상호작용을 했다. 문명의 융합과 차용은 시대를 넘어 계속되었다. 스페인 그라나다의 알람브라 궁전(Alhambra)은 그 정점을 보여준다. 이슬람 기하학과 로마 건축, 기독교 예술이 한데 어우러진 이 건축물은 문명의 경계를 넘어선 인류의 창조성을 증명한다.

알렉산더가 인류사에서 중요한 위치를 차지하는 이유는 특정 문명의 우월성을 증명하기 위해서가 아니라 모든 위대한 문명적 성취가 상호 차용과 융합의 산물임을 보여주기 때문이다. 인류사는 호모레퍼런스 현상을 통해 발전해 왔다.

▶ 알렉산더 동상과 석관(사진ⓒ저자 촬영), 이스탄불 고고학 박물관 소장

①. 알렉산더 동상.
②. 알렉산더 석관은 기원전 4세기 후반 헬레니즘 시대의 걸작으로, 레바논 시돈(Sidon) 근처의 왕실 네크로폴리스(Necropolis)에서 발견되었다. 이 석관에는 실제 알렉산더의 시신이 들어 있지 않다. 알렉산더는 기원전 323년 바빌론에서 사망한 후, 처음에는 이집트 멤피스(Memphis)에 묻혔고, 이후 알렉산드리아로 옮겨졌다. 이후 헬레니즘 문명권의 국가들은 알렉산더의 시신을 차지하여 정통성을 확보하고자 치열한 쟁탈전을 벌였다. 그로 인해 알렉산더의 시신은 어디에 있는지 모르는 상태이다. 이는 당시 정치인들의 이기심과 폭력으로 인해 많은 유물이 파괴되는 현상을 보여준다. 이러한 문제는 과거나 현재나 크게 다르지 않다.

▶ 헬레니즘 문화권의 타일 유물(사진ⓒ저자 촬영)

이탈리아 나폴리에 인접한 폼페이 유적지, 튀르키예 남쪽에 위치한 제우그마에 있는 벽화, 티볼리의 하드리아누스 황제의 별장 바닥에 있는 모자이크 타일. 헬레니즘 영향으로 거의 비슷한 느낌의 벽화가 존재한다.
  ①. 폼페이 주택에 대문 안쪽에 있는 개 모자이크 작품.
  ②. 제우그마 고대 유적지에서 나온 집시여인 모자이크 작품. 가지엔테프 제우그마 모자이크 박물관 소장.
  ③. 티볼리의 하드리아누스 황제의 별장 바닥에 있는 모자이크 타일.
*. "집시여인"은 가지엔테프 모자이크 박물관을 대표하는 작품이다. 실제로는 모자이크 타일로 만들어졌지만 수채화로 그린 것 같은 부드러운 곡선과 색상이 돋보이는 유물로, 특별 보존 전시되고 있다. 이 유물이 너무 아름답고 놀라워서 필자는 서너 번 연속으로 특별 전시실을 방문했다. 이 방은 조명을 거의 없애고 유물을 훼손하지 않을 정도의 미약한 조명만 비추고 있었다. 필자가 커다란

카메라를 가지고 있어서 그런지 경비원이 계속 따라다녔다. 어두운 방에 아무도 없다고 생각하며 멍하니 이 작품을 보고 있었는데, 검은 옷을 입은 경비원이 옆에 있는지 전혀 몰랐다. 세 번째 들어가서야 경비원이 계속 함께 있었다는 사실을 알았다. 아마도 동양인이 거의 없는 도시에서 커다란 카메라를 든 필자가 의심스러웠던 모양이다. 지금 생각해보면 재미있는 추억이다.

▶ **폼페이, 제우그마, 빌리케시르의 채색 유물(사진ⓒ저자 촬영)**

이탈리아 나폴리에 인접한 폼페이 유적지, 튀르키예 남쪽에 위치한 제우그마와 발르케시르(Balıkesir)에서 발견된 벽화들은 매우 유사한 안료를 사용한 것으로 나타났다. 이는 당시 지역 간에 문화적 교류가 활발히 이루어졌다는 간접적인 증거로 해석될 수 있다.
  ①. 폼페이 주택 안쪽 벽화.
  ②. 제우그마 고대 유적지에서 나온 벽화. 가지엔테프 제우그마 모자이크 박물관 소장.
  ③. 기원전 6세기 유물로 라힙카바르트마스라(Rahipkabartmasra)는 튀르키예 발르케시르에서 발굴. 이스탄불 고고학 박물관 소장.

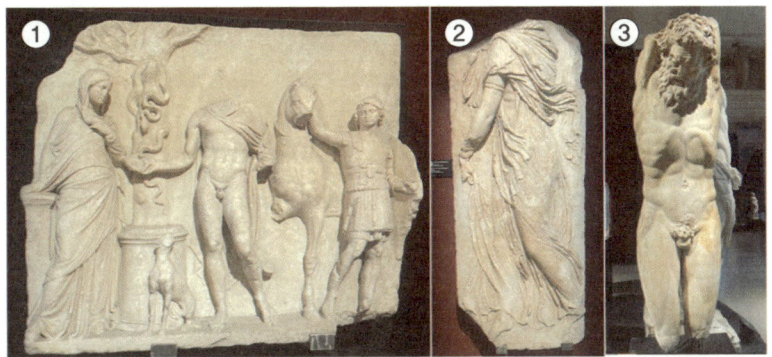

▶ **헬레니즘 시대의 유물**(사진©저자 촬영) 이스탄불 고고학 박물관 소장

①. 영웅의 부조(Relief of a Hero). 기원전 4세기에서 1세기. 페르가몬 지역에서 발굴. 영웅이나 신화적 인물을 기리기 위해 제작, 종교적 의식이나 추모의 목적으로 사용되었다.
②. 우아한 드레이프 천을 입은 여성 부조. 기원전 323년~30년경. 헬레니즘 예술의 특징적인 요소인 '젖은 드레이프 기법'이 돋보이는데, 이는 마치 천이 몸에 밀착되어 신체의 윤곽을 자연스럽게 드러내는 표현 기법이다.
③. 마르시아스 조각상(Statue of Marsyas). 기원전 유물. 튀르키예 쿠레 지역에서 발굴. 마르시아스는 그리스-로마 신화에 나오는 사티로스(반인반양의 숲 정령)로, 아폴론 신과의 음악 경연에서 패배한 뒤 잔인하게 생가죽이 벗겨지는 형벌을 받은 이야기로 잘 알려져 있다.

▶ **로마 제국의 헬레니즘 영향**(사진©저자 촬영) 이스탄불 고고학 박물관 소장

지금 그리스 국경을 기준으로 기원전 1,000년 전 상황을 예측하면 안 된다. 그 당시의 그리스 세계는 현재 튀르키예 해안 지역뿐 아니라 이탈리아 북부까지 포함한 훨씬 넓은 범위를 아우르는 개념이었다.
①. 카리아티드(Caryatid). 기원전 5세기에서 1세기. 트리키아 지역에서 발굴. 카리아티드는 고대 그리스 건축에서 흔히 볼 수 있는

5장 사상의 교차로 **379**

독특한 형태의 기둥으로, 특히 에레크테이온(Erechtheion) 같은 아크로폴리스 건축물에서 대표적으로 확인. 단순한 기둥 대신 여성의 형상을 본떠 만들어졌으며, 미적 아름다움과 기능성을 동시에 갖춘 고대 건축의 걸작으로 평가된다.
②. 에페보스(Ephebos). 기원전 2세기 또는 기원후 1세기. 에페소스(Ephesus) 지역과 관련된 유물. 고대 그리스의 청소년(특히 군사 훈련을 받는 젊은 남성) 조각이다.
③. 남성조각상. 기원전 1세기말. 마그네시아 아드 마이안드룸(Magnesia ad Maeandrum) 지역에서 발굴. 마르시아스 조각상(Statue of Marsyas). 고대 그리스 도시로, 미케네 이후에도 문화와 정치의 중요한 중심지로 기능한 고대 그리스 도시였다.

〈참 고〉

▶ Martinez-Sève, L. (2014). The spatial organization of Ai Khanoum, a Greek city in Afghanistan. American Journal of Archaeology, 118(2), 267–283.

이 논문은 아프가니스탄 북동부에 위치한 고대 그리스 도시 아이 카눔(Ai Khanoum)의 도시 구조와 건설 과정을 최신 발굴 성과를 토대로 종합 분석한 연구이다. 아이 카눔은 기원전 3세기 셀레우코스 왕조의 안티오코스 1세(Antiochus I)가 세운 도시로, 기원전 2세기 유크라티데스 왕(Eucratides) 치세에 완전한 모습을 갖추었다. 이 도시는 그리스식 왕궁과 체육관, 극장 등의 공공시설과 동방식 건축 양식이 조화롭게 결합되어 있으며, 공적 영역과 사적 영역이 명확히 구분된 도시 계획을 보여준다. 아이 카눔의 공간 구성은 헬레니즘 시대 중앙아시아에서 그리스 문화와 현지 문화가 융합되어 형성된 독특한 도시 문명의 특징을 잘 드러내고 있다.

23. 페르시아의 세계화

페르시아 제국은 기원전 6~4세기 동안 다양한 고대 문명과의 교류, 포용적 통치, 다문화 융합, 효율적 행정과 기술 발전을 통해 진정한 세계화와 문화 참조의 본보기를 이룬 인류사 최초의 다문화 제국이었다.

필자는 어린 시절 '신밧드의 모험'이라는 만화 영화를 보며 성장했다. 지금은 유튜브나 넷플릭스 같은 서비스를 통해 언제든 원할 때 볼 수 있지만, 당시에는 방영 시간 외에는 시청할 방법이 없었다. 늘 그 시간이 되면 TV 앞에 달려가곤 했던 기억이 난다. 신밧드의 모험 무대가 오만의 항구도시 소하르(Sohar)라는 이슬람 도시였다는 사실은 대학교에 다닐 때 알게 되었다. 어린 시절 많은 사람이 그렇듯 필자도 고고학자가 되고 싶었다. 그런 어렴풋한 생각 때문인지 역사에 대한 관심이 깊었다. 그 관심으로 인해 자연스럽게 그리스와 로마의 역사를 탐독했고, 그러다 페르시아 제국을 접하게 되었다. 페르시아가 알렉산더보다 앞서 제국을 건설했다는 사실에 놀랐지만, 그 문화가 범상치 않다는 점에서 더욱 놀랐다. 페르시아 제국은 기원전 546년에 시작하여, 기원전 330년 알렉산더 대왕에 의해 멸망할 때까지 페르세폴리스를 중심으로 약 200년 동안 번성했다. 페르시아는 다리우스 1세 시대에 최대 영토를 달성했다. 그 범위는 동쪽으로 인더스강 유역(현재의 아프가니스탄, 파키스탄), 서쪽으로 아나톨리아와 발칸반도의 트라키아, 북쪽으로 중앙아시아의 아랄해(Aral Sea)와 카스피해, 남쪽으로 이집트와 에티오피아(Ethiopia)에 이르는 광대한 지역이었다. 페르시아의 영토는 전성기에 약 620만km^2에 달했으며, 이는 후대 알렉산더 제국의 영토(550만 km^2)보다 더 광대했다. 이러한 규모만으로도 진정한 의미의 제국이라 부를 만했다.

페르시아는 점진적으로 제국을 형성했다. 그들은 하라파, 메소포타미아, 인더스, 사마르칸트(Samarkand), 옥서스, 엘람 문명 등 수많은 고대 문명권과 접하고 있었으며, 아나톨리아 문명권과도 긴밀히 교류했다. 페르시아 문명은 최소 기원전 1,000년 이상 된 문명권에 인접하여 영향을 받으며 성장한 끝에 형성된 제국이었다. 이 제국이 얼마나 위대했는지를 보여주는 상징적인 흔적이 수도 페르세폴리스의 세르케스 궁 입구에 있다. 이 웅장한 대문의 높이는 11m에 달하며, 아케메네스 제국의 공식 언어였던 고대 페르시아어, 엘람어, 아카드어로 '모든 나라의 문'이라는 문구가 새겨져 있다. 그들은 자신들의 제국을 세계의 중심이라 여길 만큼 강력한 문화를 이루었다. 이 제국의 수도이자 당시 최고의 문화를 꽃피운 페르세폴리스는 알렉산더 대왕에게 점령당한 후 전소되었다. 그리스의 후예를 자처한 알렉산더의 군대는 크세르크세스 1세가 기원전 480년 아테네를 점령하고 아크로폴리스의 목조 신전들을 불태운 것에 대한 보복으로 페르세폴리스를 완전히 불태웠다. 페르세폴리스의 파괴는 네로 황제 시기의 로마 대화재를 뛰어넘는 문화적 손실이었다. 그러나 이 사건은 세계사에서 제대로 된 주목을 받지 못했다. 대신, 인류의 기억에는 승자인 알렉산더와 그의 헬레니즘 제국의 영광스러운 역사만이 남아 있을 뿐이다. 알렉산더의 이 만행이 오히려 페르세폴리스를 후세에 온전히 보존하는 결과를 낳았다. 화염에 휩싸인 건물들의 무너진 잔해가 두꺼운 보호층을 형성하면서 살 수 없는 도시가 되었고, 이는 유적을 보존하는 역할을 했다. 그러나 이는 단순히 결과론적 해석에 불과하다. 만약 페르세폴리스가 파괴되지 않았다면, 그곳에서 어떤 더 위대한 문명이 꽃피었을지, 어떤 더 아름다운 인류사가 탄생했을지는 영원히 알 수 없다. 인류는 승자의 서사를 가장 이상적인 역사로 여기며 동경하는 경향이 있다. 서구 중심적 사고는 로마, 파리, 런던, 아테네를 문화와 역사의 중심축으로 설정하는 한편 페르시아, 중국, 중동, 아시아, 아프리카, 중남미의 풍요로운 문명들을 주변부 또는 열등한 문화로 격하시킨다. 이 편향된 시각은 인류 역사의 다채로운 모자이크를 단순화하고 왜곡하는 근본적인 문제 중 하나로 작용하고 있다.

페르시아 제국의 통치 방식은 로마와는 매우 달랐다. 로마가 점령지를 로마화(Romanization)하는 과정에서 무자비한 학살과 문화적 말살을 자행했다면(다른 해석도 존재한다. 이런 필자의 표현도 서유럽 문화에 대한 기피는 아니다. 서유럽 문화가 인류에 미친 긍정적인 효과도 분명 존재한다.), 페르시아는 놀랍게도 점령지의 문화와 종교를 인정하고 보호했다. 키루스 2세의 키루스 실린더(Cyrus cylinder)에는 바빌론의 신들을 존중하고 포로들의 귀환을 허용한다는 내용이 새겨져 있다. 이는 단순한 선전이 아니었다. 페르시아 제국은 실제로 유대인들의 예루살렘 귀환과 성전 재건을 허락했고, 이집트의 신들을 존중했으며, 각 지역의 전통적 통치 체제를 그대로 유지했다. 이러한 차이는 두 제국의 본질적 성격을 보여준다. 로마가 획일적 통합을 추구했다면, 페르시아는 다양성 속의 통합을 추구했다. 서구 중심의 역사관에서 페르시아는 종종 야만의 제국으로 그려졌지만, 실제로는 인류 역사상 가장 포용적인 제국 시스템을 구축한 문명 중의 하나였다.

페르세폴리스의 문서 보관소에서 발견된 점토판들은 많은 흥미로운 사실을 보여준다. 그 중에서도 이집트인들이 페르시아 제국의 심장부에서 높은 전문성을 인정받으며 활발히 활동했다는 기록이 주목할 만하다. 금세공, 목각, 회화, 도예, 석공예, 양조 등 고도의 기술이 필요한 분야에서 이집트 장인들이 두각을 나타냈다는 기록이 남아 있다. 이들의 사회적 지위와 급여 체계가 공식 문서에 상세히 기록되어 있다는 사실이다. 페르시아 제국은 이들에게 페르시아 출신 장인들과 동등한 대우를 했던 것으로 보이며, 때로는 더 높은 급여를 지급하기도 했던 것 같다. 이는 페르시아 제국이 단순히 영토만 통치한 것이 아니라, 진정한 의미의 다문화 제국을 지향했음을 보여주는 결정적인 증거다. 그들은 피정복민의 문화와 기술을 인정하고, 그것을 제국의 발전 동력으로 삼았다. 문화면에서도 페르시아는 헬레니즘보다 열등하지 않다. 오히려 페르시아는 위의 사례처럼 다양한 민족과 문화를 포용하는 제국 시스템을 최초로 구축했으며, 효율적인 도로망과 통신 체계, 화폐 제도를 발전시켰다. 역사적 중요성 면에서도 페르시아가 헬레니즘에 뒤지지 않는다. 헬레니즘 문화를 최초의 세계적 문화로 보는 관점은 근대 유럽 중심주의의 산물이다. 인류는 끊임없는 참조를 통해 역사를 만들어 갔고, 인류의 위대한 문명들이 유럽 이외의 지역에서도 꽃피웠다는 사실을 기억해야 한다. 문화에는 우열이 없으며, 다만 다름이 있을 뿐이다. 모든 인류의 문화는 서로에게 참조의 대상이 되었으며, 이것이야말로 호모레퍼런스로서 인류의 본질을 보여주는 증거다.

▶ **고대 아나톨리아와 페르시아 문명의 복합체 아케메네스 제국 유물(사진ⓒ저자 촬영)**
 이스탄불 고고학 박물관 소장

약 200년 동안 페르시아가 아나톨리아를 지배하면서, 두 지역 간 경제적·문화적 관계 심화. 페르시아인들은 정복한 땅에서 자신들의 문화를 강요하기보다는 현지 문화와 융합하는 방식을 택했으며, 그 결과 아나톨리아-페르시아 양식 탄생. 이는 이후 그레코-페르시아 양식으로 발전하는 데 중요한 토대를 제공하였다.
- ①, ④.는 마자르 석비. 기원전 300년에서 100년. 고대 페르시아에서 사용된 장례용 석비로, 각각 기원전 3세기와 2세기에 제작되었으며 다레이온 지역(현재의 발키스탄으로 추정됨)에서 출토되었다.
- ②. 여성 부조. 기원전 550년에서 330년. 아케메네스 시대에는 여성들이 높은 사회적 지위를 가지거나 의례에 참여하는 모습의 부조들이 다수 존재한다.
- ③. 여성 기수들의 부조. 기원전 약 750년에서 650년. 고대 페르시아 지역 여성들의 사회적 위치와 의례적 활동에 대한 중요한 역사적 정보를 제공한다.

〈참 고〉

▶ Henkelman, W. F. M., & Stolper, M. W. (2008). The Persepolis fortification archive and the Achaemenid Empire. In J. Curtis & N. Tallis (Eds.), The Forgotten Empire: The World of Ancient Persia (pp. 46-61). British Museum Press.

이 논문은 페르세폴리스 유적에서 출토된 수만 점의 점토판 문서들을 통해 아케메네스 제국(Achaemenid Empire)의 실제 행정 운영과 경제 체계를 체계적으로 규명한 연구이다. 엘람어(Elamite), 고대 페르시아어(Old Persian), 아카드어(Akkadian) 등 여러 언어로 작성된 이 문서들은 거대한 다민족 제국에서 각기 다른 언어와 문화를 가진 민족들이 어떻게 통합된 행정 체계 하에서 관리되었는지를 생생하게 보여준다. 문서 내용은 곡물과 가축의 저장 및 분배, 노동력 배치와 관리, 종교 의식과 국가 행사 준비 등 제국 운영의 구체적이고 일상적인 측면들을 상세히 기록하고 있다. 이를 통해 페르세폴리스가 단순한 왕실 거주지나 의례 공간이 아니라 제국 전체를 효과적으로 통제하고 관리하는 핵심적인 행정 거점이었음이 명확히 드러난다.

▶ Mousavi, A. (2012). Persepolis: Discovery and afterlife of a world wonder. De Gruyter.

이 저서는 기원전 330년 마케도니아의 알렉산드로스 대왕이 페르세폴리스를 불태운 이후부터 현대까지 이어진 고고학적 발굴과 탐사 과정을 최초로 체계적으로 정리한 연구서이다. 저자 무사비(Ali Mousavi)는 각종 보관 기록과 발굴 참가자들의 증언, 그동안 공개되지 않았던 자료들을 종합하여 이 고대 페르시아 왕궁 유적의 재발견과 학술적 연구 과정을 상세히 기록하였다. 특히 시카고 대학교 동양연구소의 공식 발굴 보고서에서 다루지 못한 이란 자체 발굴팀의 활동과 성과를 포함하여 페르세폴리스 연구사의 빈 부분을 메우고 있다. 이 책은 고대 근동 지역의 가장 중요한 유적 중 하나인 페르세폴리스가 어떻게 세계 문화유산으로 인정받게 되었는지 그 과정을 보여주는 귀중한 학술 자료이다.

〈 참고 문헌 〉

<국내 문헌>
1. 김상환 (2016). 『공자의 생활난』. 북코리아.
2. 나준식 (2008). 『맹자』. 새벽이슬.
3. 남경희 (2000). 『플라톤, 서양철학의 기원과 토대』. 아카넷.
4. 시오노 나나미 (2019). 『그리스인 이야기 1,2,3』. (주)살림출판사.
5. 아이라 M. 라피두스 (2008). 『이슬람의 세계사 1,2』. 이산.
6. 앨빈 토플러 (2006). 『부의 미래』. 김중웅 옮김. 청림출판.
7. 전용주 (2018). 『공자를 찾아가는 인문학 여행』. 문예출판사.
8. 진현종 (2005). 『여기 공자가 간다』. 갑인공방.
9. 클라우스 헬트 (2007). 『지중해 철학기행』. 이강서 옮김. 효형출판.
10. 황광우 (2006). 『철학콘서트』. 웅진지식하우스.
11. Histoire & Civilisations (2015.1.16). 고대 도시 제우그마의 실종. https://www.youtube.com/watch?v=UGqL3HJWPck
12. 김채수 (2010). 실크로드와 고원(高原). 일본학연구, 30, 1-36.
13. 리펑페이 (2021). 시안(西安): 고대 실크로드의 기점에서 국가 중심도시에 이르기까지.
14. 박은수, 김지은 (2014). 실크로드를 통해 본 전통 공간 시안(西安)의 문화기술 융합 콘텐츠 연구. 한국과학예술포럼, 18, 281-298.
15. 심재훈 (2021). 중국에 나타난 그리핀과 문명의 동진. 동양학, 83, 247-271.
16. 우실하 (2012). 북방 유라시아 모태문화 '3수 분화의 세계관(1-3-9-81)'. 한국사회학회 사회학대회 논문집, 87-98.
17. 이석우, 이주형 (2012). 메소포타미아 고대도시의 변천과정과 특징에 관한 연구. 한국산학기술학회 논문지, 13(12), 6118-6127.
18. 이종근 (2008). 고대 메소포타미아의 수메르 우르-남무 법의 도덕성에 관한 연구. 법학연구, 32, 1-21.

<국외 문헌>

1. Alizadeh, A. (2010). The rise of the highland Elamite state in southwestern Iran: "Enclosed" or enclosing nomadism? Current Anthropology, 51(3), 353-383.

2. Armbruster, B. (2009). Gold technology of the ancient Scythians – gold from the kurgan Arzhan 2, Tuva. ArchéoSciences, 33, 187-193.

3. Bär, J. (2003). Der Ischtar-Tempel von Assur: Die Baugeschichte eines mesopotamischen Heiligtums. Harrassowitz Verlag.

4. Berger, D., Soles, J. S., Giumlia-Mair, A. R., Brügmann, G., Galili, E., Lockhoff, N., & Pernicka, E. (2019). Isotope systematics and chemical composition of tin ingots from Mochlos (Crete) and other Late Bronze Age sites in the eastern Mediterranean Sea: An ultimate key to tin provenance? PLoS ONE, 14(6), e0218326.

5. Biran, A., & Naveh, J. (1995). The Tel Dan Inscription: A new fragment. Israel Exploration Journal, 45(1), 1-18.

6. Borell, B. (2017). Coins from western lands found in Southeast Asia. Paper presented at the International Symposium on "Byzantine Gold Coins in the World of Antiquity," Northeast Normal University, Changchun, China, 23-26 June 2017.

7. Brixhe, C. (2006). Thracian. In R. D. Woodard (Ed.), The Cambridge encyclopedia of the world's ancient languages (pp. 774-793). Cambridge University Press.

8. Broodbank, C., & Kiriatzi, E. (2007). The first "Minoans" of Kythera revisited: Technology, demography, and landscape in the prepalatial Aegean. American Journal of Archaeology, 111(2), 241-274.

9. Caspari, G., Sadykov, T., & Blochin, J. (2020). New evidence for a Bronze Age date of chariot depictions in the Eurasian steppes. Rock Art Research, 37(1), 53-58.

10. Chang, C. & Tourtellotte, P. A. (2003). Iron Age society and chronology in South-east Kazakhstan. Antiquity, 77(296), 298-312.

11. Foster, B. R. (1993). From the oral to the written: Administration and writing in early Mesopotamia. In J. Sasson (Ed.), Civilizations of the ancient Near East (Vol. 1, pp. 303-315). Scribner's.

12. Goldwasser, O. (2011). How the alphabet was born from hieroglyphs. Biblical Archaeology Review, 37(2), 40-47, 69.

13. Grenet, F., & Minardi, M. (2021). The image of the Zoroastrian god Srōsh: New elements. Ancient Civilizations from Scythia to Siberia, 27, 154-173.

14. Henkelman, W. F. M., & Stolper, M. W. (2008). The Persepolis fortification archive and the Achaemenid Empire. In J. Curtis & N. Tallis (Eds.), The Forgotten Empire: The World of Ancient Persia (pp. 46-61). British Museum Press.

15. Houal, J. B. (n.d.). The Hellenistic period through the ceramics of Termez (Uzbekistan) and Balkh (Afghanistan). In S. Japp & P. Kögler (Eds.), The Graeco-Bactrian and Indo-Greek World.

16. Huang, S., Wang, Z., & Zhu, J. (2025). Research on glass imitation jade culture in the ancient Chinese Silk Road. Scientific Reports, 15, Article 2247.

17. Jia, P. W., Betts, A., Cong, D., Jia, X., & Doumani Dupuy, P. (2017). Adunqiaolu: New evidence for the Andronovo in Xinjiang, China. Antiquity, 91(357), 621-639.

18. Laursen, S. T. (2010). The westward transmission of Indus Valley sealing technology: Origin and development of the 'Gulf Type' seal and other administrative technologies in Early Dilmun, c.2100-2000 BC. Arabian Archaeology and Epigraphy, 21(2), 96-134.

19. Leslie, D. D., & Gardiner, K. H. J. (1982). Chinese knowledge of Western Asia during the Han. T'oung Pao, 68, 254-308.

20. Lewis, M. J. T. (2001). Surveying instruments of Greece and Rome. Cambridge University Press.

21. Li, C., Li, H., Cui, Y., Xie, C., Cai, D., Li, W., Mair, V. H., Xu, Z., Zhang, Q., Abuduresule, I., Jin, L., Zhu, H., & Zhou, H. (2010). Evidence that a West-East admixed population lived in the Tarim Basin as early as the early Bronze Age. BMC Biology, 8, 15.

22. Liu, Y., et al. (2024). An open dataset for oracle bone script recognition and decipherment. Scientific Data Data, 11, 976.

23. Martinez-Sève, L. (2014). The spatial organization of Ai Khanoum, a Greek city in Afghanistan. American Journal of Archaeology, 118(2), 267-283.

24. Matthews, R., & Richardson, A. (2020). Uruk and Ur in the city seal impressions, 3100-2750 BC: New evidence, new approaches. In W. Sommerfeld (Ed.), Dealing with Antiquity: Past, Present & Future (AOAT 460, pp. 285-293). Münster: Ugarit Verlag.

25. Miller, A. R. (2022). Painting bronze in early China: Uncovering polychrome in China's classical sculptural tradition. Archives of Asian Art, 72(1), 1-53.

26. Moeller, N. (2016). The archaeology of urbanism in ancient Egypt: From the Predynastic period to the end of the Middle Kingdom. Cambridge University Press.

27. Mousavi, A. (2012). Persepolis: Discovery and afterlife of a world wonder. De Gruyter.

28. Naveh, J. (1970). The development of the Aramaic script. Proceedings of the Israel Academy of Sciences and Humanities, 5, 1-19.

29. Olivelle, P. (1996). Upaniṣads (Oxford World's Classics). Oxford University Press.

30. Polosmak, N. V., et al. (2019). The Xiongnu Gold from Noin-Ula (Mongolia). Archaeology, Ethnology and Anthropology of Eurasia, 47(1), 83-94.

31. Proctor, L., Smith, A., & Stein, G. J. (2022). Archaeobotanical and dung spherulite evidence for Ubaid and Late Chalcolithic fuel, farming, and feasting at Surezha, Iraqi Kurdistan. Journal of Archaeological Science: Reports, 43, 103449.

32. Robson, E. (2001). The tablet house: A scribal school in Old Babylonian Nippur. Revue d'Assyriologie et d'archéologie orientale, 95, 39-66.

33. Sallaberger, W., & Westenholz, A. (1999). Mesopotamien: Akkade-Zeit und Ur III-Zeit. Freiburg, Schweiz: Universitätsverlag; Göttingen: Vandenhoeck & Ruprecht. (Orbis Biblicus et Orientalis 160/3).

34. Singh, U. (2008). A history of ancient and early medieval India: From the Stone Age to the 12th century. Pearson Longman.

35. Smith, M. E. (2007). Form and meaning in the earliest cities: A new approach to ancient urban planning. Journal of Planning History, 6(1), 3-47.

36. Spengler, R. N. (2014). Early agriculture and crop transmission among Bronze Age mobile pastoralists of Central Eurasia. Proceedings of the Royal Society B: Biological Sciences, 281(1783), 20133382.

37. Stausberg, M., & Vevaina, Y. S. (2015). Zoroastrianism in Central Asia. In M. Stausberg & Y. S. Vevaina (Eds.), The Wiley Blackwell Companion to Zoroastrianism (pp. 129-146). Oxford: Wiley Blackwell.

38. Stevenson, A. (2016). Material culture and cultural identity in early Egypt. In T. Insoll (Ed.), The Oxford Handbook of Prehistoric Egypt (pp. 799-818). Oxford University Press.

39. Stolper, M. W. (1984). The neo-Babylonian text from the Persepolis fortification. Journal of Near Eastern Studies, 43(4), 299-310.

40. Tian, D., Festa, M., Cong, D., et al. (2021). New evidence for supplementary crop production, foddering and fuel use by Bronze Age transhumant pastoralists in the Tianshan Mountains. Scientific Reports, 11(1), 13718.

41. Tiede, V. (2021). Ziggurats: An astro-archaeological analysis. In Harmony and Symmetry: Celestial regularities shaping human culture, Proceedings of the SEAC 2018 Conference in Graz, Österreich (pp. 179-192).

42. Wardle, K., Higham, T., & Kromer, B. (2014). Dating the end of the Greek Bronze Age: A robust radiocarbon-based chronology from Assiros Toumba. PLoS ONE, 9(9), e106672.

43. Weiss, H., Courty, M.-A., Wetterstrom, W., Guichard, F., Senior, L., Meadow, R., & Curnow, A. (1993). The genesis and collapse of third millennium North Mesopotamian civilization. Science, 261(5124).

44. Wu, M., & Wang, D. (2024). Tracing the evolution of ancient Chinese military science through classical texts. npj Heritage Science, 12, 431.

45. Zheng, X. Y. (2015). The ancient urban water system construction of China: The lessons from history for a sustainable future. International Journal of Global Environmental Issues, 14(3/4), 187-199.

46. Martinez-Sève, L. (2014). The spatial organization of Ai Khanoum, a Greek city in Afghanistan. American Journal of Archaeology, 118(2), 267-283.

Homoreference

1부
참조하는 인간의 탄생과 진화

2부
문명의 기원과 확장

3부
호모레퍼런스의 미래와 본질

Homoreference

호모레퍼런스의 미래

6장

1. 호모레퍼런스의 탄생
2. 진실과 생존
3. 진실의 두 얼굴
4. 변하는 진실
5. 참조와 진화
6. 이기성의 본질
7. 망각의 경계
8. 문명의 몰락
9. 인류사의 흐름

6장을 시작하며

　인류의 진화와 문명 발전은 독창적 창조의 연속이 아니라, 끊임없는 '참조'와 교류의 결과였다. 고고학적 증거들은 이미 농경 이전인 12,000년 전 괴베클리 테페에서부터 인류가 정교한 신전과 주거지를 건설하며, 서로 다른 지역의 기술과 문화를 참조해왔음을 보여준다. 이러한 창조적 참조의 흐름은 철학과 사상의 발전에서도 뚜렷이 드러난다. 기원전 6~3세기 유라시아 대륙 동서에서 소크라테스, 공자, 플라톤, 맹자, 아리스토텔레스, 장자 등은 유사한 질문을 던지고 비슷한 답에 도달했다. 이는 실크로드가 열리기 전부터 이미 인류가 지식과 문명의 네트워크를 구축하고 있었음을 시사한다.

　문자의 발명은 지식의 전승을 혁신적으로 변화시켰지만, 동시에 구전 지식의 소멸이라는 한계도 가져왔다. 아람어와 같은 고대 공용어는 페르시아에서 인도, 그리스, 중앙아시아까지 지식과 사상을 연결하는 매개체가 되었다. 문명과 기술의 발전은 언제나 기존의 지식과 경험을 참조하고, 재해석하며, 새로운 가치를 창출하는 과정이었다.

　현대 사회는 정보의 홍수 속에서 진실의 가치와 참조의 본질을 다시 성찰해야 하는 전환점에 서 있다. 진정한 참조란 단순한 모방이 아니라, 과거의 지혜를 현재의 맥락에서 재해석하고, 새로운 창조로 이어가는 과정이다. 인류는 진실을 추구하며, 그 과정에서 서로의 경험과 지식을 참조해왔다. 이 과정에서 개인적 이기심이 아니라 집단의 공익과 협동이 중요한 생존 전략이었음을 인류사는 반복적으로 증명한다.

　문명의 흥망성쇠 역시 폭력, 기후변화, 도덕적·문화적 퇴폐 등 복합적 원인에 의해 결정되어 왔다. 그러나 궁극적으로 인류 문명의 지속성과 발전을 이끈 힘은 '호모레퍼런스' 즉, 서로를 참조하고 배우며, 창조적으로 재해석하는 인간의 본능이었다. 고대의 갑옷, 건축, 농기구, 예술, 철학 등 다양한 분야에서 발견되는 유사성은 인류가 오랜 시간에 걸쳐 글로벌 네트워크를 형성해왔음을 보여준다.

오늘날 인공지능과 디지털 기술의 발전은 참조의 가능성을 무한히 확장하고 있지만, 정보의 신뢰성과 창조적 재해석의 필요성도 함께 커지고 있다. 인류는 이제 더 이상 단순한 정보의 소비자가 아니라, 참조를 통해 새로운 의미와 가치를 창출하는 적극적 생산자가 되어야 한다. 호모레퍼런스의 시대, 인류는 과거의 지혜를 창조적으로 참조하며, 미래를 향해 나아가야 한다.

1. 호모레퍼런스의 탄생

인류는 고대부터 서로의 경험과 지식을 창조적으로 참조하며 문명과 사상을 발전시켜온 '호모레퍼런스'로, 독창적 창조가 아니라 지속적 참조와 교류가 인류 진화와 문화 발전의 핵심이었다.

인류의 진화에 대한 근본적인 재정립이 필요하다. 그동안 인류의 발전을 독창적 창조의 연속으로 이해해 왔다. 그러나 고고학적 증거들은 이와는 다른 이야기를 들려준다. 인류는 처음부터 참조하는 존재였다. 타인의 경험과 지식을 관찰하고, 학습하며, 그것을 바탕으로 새로운 것을 창조해 왔다. 튀르키예의 쾨베클리 테페 유적은 인류사 이해에 근본적인 의문을 제기한다. 농경이 시작되기도 전인 12,000년 전, 수렵 채집민들은 이미 정교한 신전 건축물과 주거지를 만들어냈다. 거대한 석조 기둥들과 정교한 조각들은 당시 인류가 이미 높은 수준의 기술력과 조직력을 갖추고 있었음을 보여준다. 더욱 놀라운 것은 이러한 건축 기술이 메소포타미아와 이집트 문명의 건축 기술과 놀라운 유사성을 보인다는 점이다. 빌렌도르프의 비너스, 바알베크의 트릴리톤, 구눙 파당 같은 유적들 앞에서 학자들은 해석의 어려움을 겪고 있다. 기존의 인류사 관점으로는 이러한 유물들을 충분히 설명하기 어렵다. 이들을 단순히 역사적 변칙이나 예외로 치부하는 것은 진정한 인류학적 접근이 아니다. 과학 기술이 발달할수록 발견이 쉬워지고 더 많은 설명하기 어려운 유적들과 마주하게 될 것이다. 이제 인류는 긴 시간을 가지고 창조적 참조를 통해 문화를 발전시켜 왔다는 연결고리를 찾아야 할 시점에 이르렀다.

이러한 창조적 참조의 증거는 철학과 사상의 발전에서도 뚜렷이 나타난다. 기원전 6세기에서 3세기 사이, 유라시아 대륙의 양 끝에서는 놀랍도록 유사한 철학적 통찰이 등장했다. 필자는 이 책을 쓰면서 소크라테스와 공자, 플라톤과 맹자, 아리스토텔레스와 장자는 서로의 존재를 알고 있었다는 확신이 굳어졌다. 그 철학자들은 유사한 질문을 던지고 놀랍도록 비슷한 답에 도달했다. 이는 실크로드가 본격적으로 열리기 훨씬 이전부터 인류가 이미 거대한 지식의 네트워크를 구축하고 교류하고 있었음을 보여준다. 고고학적 발굴은 계속해서 새로운 증거들을 제시하고 있다. 현대 과학으로도 설명하기 어려운 건축 기술이 메소포타미아 문명 이전부터 존재했다. 인도의 모헨조다로와 하라파의 도시 계획, 이집트 피라미드의 건축 기술, 중국 은대의 청동 주조술은 모두 그 이전 시기의 지식과 기술을 참조했다는 것이 밝혀졌다. 우리가 지금 사실로 믿고 있는 것보다 훨씬 더 많은 고대 문명들이 기원전부터 존재해왔다. 이들 문명은 매우 이른 시기부터 기술, 문화, 철학 등 다방면에서 직·간접적으로 서로 교류하고 있었다. 너무 멀리 떨어져 있어 직접적인 교류가 불가능했을 것 같은 문화권에서 놀랍도록 유사한 기술적 원리를 공유하고 있던 것도 우연이 아닌 참조의 결과였다. 언어와 문자의 발전 과정도 창조적 참조의 증거를 제공한다. 아람어는 고대 세계 최초의 공용어로서, 페르시아에서 인도까지, 그리스에서 중앙아시아까지 광범위한 지역에서 사용되었다. 이를 통해 조로아스터교의 세계관, 메소포타미아의 천문학 지식, 인도의 철학적 통찰이 서로 교류될 수 있었다. 문자는 시공간을 초월한 소통을 가능하게 한 최초의 타임머신이었다.

문자의 발명은 문화와 지식의 전승에 있어 양날의 검이 되었다. 문자는 지식을 기록하고 전달할 수 있게 했지만, 동시에 구전으로 전해지던 다양한 지식이 사라지게 된 원인이 되기도 했다. 마야 문명의 수학적 지식, 이집트의 건축 기술, 폴리네시아(Polynesia)의 항해 기술처럼 문자로 온전히 담아내기 어려운 실천적 지식은 시간 속에 묻혀버렸다. 문자는 인류의 지식을 담아내기에는 너무나 좁은 그릇이었다. 더구나 현대의 디지털 기술은 이러한 한계를 더욱 극명하게 드러내고 있다. 지금은 그 어느 때보다 많은 정보를 기록하고 저장할 수 있게 되었지만, 정작 그 의미와 맥락을 이해하고 전승하는 능력은 오히려 퇴보하고 있다. 개인매체의 파편화된 정보들은 깊이 있는 지식의 전승을 방해하고, 알고리즘은 인류를 정보의 거품 속에 가두고 있다. 이런 지식과 기술의 전승에서 나타나는 한계는 인류 문명의 취약성을 보여준다. 4대 문명이라 부르는 메소포타미아, 이집트, 인더스, 황하 문명도 그 이전 시기의 지식과 기술을 참조한 결과물이라고 판단된다. 하지만 그들이 참조한 원천 문명의 많은 부분이 효율적으로 문자화되지 못한 채 사라져 버렸다. 이 맥락에서 고대 그리스의 철학자들과 중국의 사상가들이 보여준 통찰의 놀라운 유사성은 더욱 의미심장하다. 마키아벨리(Niccolò Machiavelli)가 "과거의 역사는 현재를 이해하는 거울이며, 미래를 준비하는 도구다"라고 말했듯이, 인류는 늘 과거의 지혜를 참조하며 발전해 왔다. 그러나 그 참조의 원천이 되는 지식이 온전히 전승되지 못하면서, 종종 같은 발견을 반복하고, 같은 실수를 되풀이하게 된다.

현대 사회는 참조의 의미를 왜곡하고 있다. 무분별한 베끼기와 짜깁기가 창조적 참조로 오인되는 경우가 많다. 하지만 진정한 의미의 참조는 단순한 모방이 아니다. 그것은 이전 세대의 지혜를 깊이 이해하고, 현재의 맥락에서 재해석하며, 새로운 가치를 창출하는 과정이어야 한다. 인류는 지금 문명의 중대한 전환점에 서 있다. 인공지능과 같은 새로운 기술은 인류의 참조 능력을 획기적으로 확장할 수 있는 잠재력을 가지고 있다. 하지만 동시에 진정한 이해와 창조적 재해석이 결여된 채 단순 모방과 복제만 양산할 위험도 있다. 인류는 이제 호모레퍼런스의 정체성을 다시 한번 깊이 성찰해야 할 시점에 있다.

이제 창조적 참조의 진정한 의미를 되새겨야 한다. 그것은 과거를 단순히 모방하는 것이 아니라, 과거의 지혜를 통해 현재를 이해하고 미래를 준비하는 것이다. 인류가 지금까지 그래왔듯이, 앞으로도 서로의 지혜를 참조하고 발전시키며 새로운 도약을 이뤄낼 것이다.

▶ **우리나라의 고대 갑옷과 고대 그리스의 투구**(사진ⓒ저자 촬영)

고대 그리스와 우리나라 삼국시대는 지리적으로 매우 멀리 떨어져 있었음에도 불구하고, 두 지역 모두 작은 철판을 엮어 만든 찰갑(미늘 갑옷, lamellar armor)과 같은 유사한 제작 방식의 갑옷을 사용했다. 이는 서로 직접적인 교류가 없었던 지역에서도 비슷한 기술이 독립적으로 등장하거나, 혹은 간접적인 문화적 영향을 주고받았을 가능성을 보여준다. 이러한 현상은 고대 세계가 완전히 단절된 것이 아니라, 다양한 경로를 통해 기술과 문화가 전파되고 참조되는 '글로벌 네트워크'가 존재했음을 시사한다. 즉, 전 세계적으로 서로 다른 문명 사이에서도 참조와 역참조가 지속적으로 이루어졌다는 증거라고 할 수 있다.

　①. 고대 그리스 뼈 갑옷 투구. 아테네 아크로 폴리스 박물관 소장
　②. 기원전 4~5세기경 삼국시대 갑옷. 국립춘천박물관 소장

▶ **산타 마리아 델 피오레 대성당**(Cattedrale di Santa Maria del Fiore), 일명 피렌체 두오모(Duomo di Firenze)의 건축 도구들(사진ⓒ저자 촬영)

이 전시물들은 산타 마리아 델 피오레 대성당, 일명 피렌체 두오모의 건축 도구들. 두오모는 피렌체의 상징적인 건축물로, 13세기 말부터 15세기까지 건설되었으며, 브루넬레스키(Filippo Brunelleschi)가 설계한 거대한 돔으로 유명하다. 당시에도 생각보다 많은 건축 도구가 존재하였음을 알 수 있고, 이 도구들 역시 오랜 시간 동안 참조되어 개량된 건축 도구이다.

▶ 메소포타미아의 고대 농기구들(사진ⓒ저자 촬영) 마르딘 박물관 소장

메소포타미아 평원에서는 포도를 짜는 기계, 베틀, 쟁기 등 다양한 농기구들이 발견되었다. 이들 대부분이 중세 농기구와 놀랍도록 유사했다. 베틀의 경우는 우리나라의 전통 베틀과도 거의 같은 구조를 보여주었다.

▶ 가우디의 공간건축과 몬세라토(Montserrat)(사진ⓒ저자 촬영)

건축가 가우디는 몬세라토 수도원에서 깊은 영감을 받았다. 그는 학생 시절 몬세라토 수도원 복원 작업에 참여했으며, 후에 몬세라토의 묵주길 프로젝트에서 조형물을 설계하기도 했다. 가우디의 독특한 건축 스타일에서 보이는 자연적 형태와 영적 상징주의는 몬

세라토의 독특한 바위 형상과 종교적 분위기에서 비롯된 것으로 여겨진다. 사그라다 파밀리아(Sagrada Família), 구엘 공원(Park Güell) 같은 그의 대표작에서 몬세라토의 영향을 분명히 확인할 수 있다. 이는 가우디가 지역적 영감을 어떻게 독창적인 건축 언어로 승화시켰는지 보여주는 좋은 사례다. 가우디의 건축 철학은 자연에서 얻은 영감을 끊임없이 건축에 적용하는 것이었다.
①. 바르셀로나 사그라다 파밀리아 ②. 구엘 공원 ③. 몬세라토 전경 ④. 몬세라토 시내.

2. 진실과 생존

진실은 인류 생존의 본질적 조건으로, 호모 사피엔스는 인지 혁명 이후부터 진실을 추구하고, 질문하며, 서로의 경험과 지식을 참조하는 '호모레퍼런스'로 진화해왔으며, 이러한 창조적 참조와 진실 탐구가 문명과 삶의 발전을 이끌어왔다.

회사, 학교, 공동의 사회에서 생활하다 보면 사람들에게 '어떻게 살아야 하는가?'라는 질문을 받을 때가 있다. 필자는 이 질문에 항상 이렇게 대답한다. 사람이 천년을 넘게 산다면 자신의 생존을 위해 부를 축적하면서, 조금은 비겁하게 때로는 비굴하게 살아도 될 것 같다. 모아놓은 재산을 가지고 하고 싶은 것을 다 누릴 수 있는 시기가 많으니 말이다. 그리고 어느 정도 욕을 먹어도 천년을 잘 살 수 있다면 눈 한번 찔끔 감을 만하다. 그러나 사람은 백 년도 못 산다. 그런데 뭐 그리 집착하면서 사냐. 하고 싶은 것 실컷 하면서 살아라. 돈이 조금 없다고 지금 현대 사회는 굶어 죽게는 안 한다. 겁내지 말고, 살아라. 그게 마음대로 살라는 것은 아니다. 이왕 태어났으니 하고 싶은 것이 나쁜 것이 아니라면 최선을 다해서는 해봐라.

매 순간 최선을 다하라는 것은 아니다. 때로는 아무것도 하고 싶지 않은 순간이 찾아온다. 그럴 때는 죄책감이나 뒤처진다는 불안감 없이 온전히 쉬어라. 다만 어정쩡하게 쉬지는 마라. 쉰다면 쉬는 것에도 최선을 다하라. 그렇다고 될 대로 되라고 막살라는 것이 아니라 마음에 짐을 남기지 말고, 이왕 태어난 인생 하고 싶은 것은 다 하고 살라는 것이다. 지상에 발을 디뎠는데 누구나 똑같이 태어나고, 자라나고, 공부하고, 다음에 취직하고, 결혼하고, 아이 낳고, 아이 열심히 키우다 아이 결혼시키고,

노후 보낼 준비 하고, 그다음 죽고, 이게 인간사다. 그게 아무것도 아니라는 것이 아니다. 그렇게 살아도 가치 있는 삶이라고 느낀다면 그건 가치 있는 삶이다. 그렇다고 꼭 그렇게 살라는 법도 없다.

그다음에 따라오는 질문은 '이제 무엇을 해야 하는가'이다. 많은 이들이 하고 싶은 것이 없다고 말하고, 무엇을 해야 할지 모르겠다고 한다. 이에 대해 필자는 언제나 같은 대답을 해준다. "그렇다면 일단 무작정 공부해보세요. 그렇게 하다 보면 길이 보일 겁니다." 필자는 아직 많은 나이는 아니지만, 십 대와 이십 대 시절에는 어른들이 뚜렷한 목표를 가지고 있는 것처럼 보였다. 그런데 나이가 들어보니 어른들에게도 목표가 없다는 것을 깨달았다. 물론 일부 어른들은 분명한 목표를 가진 듯 보이기도 한다. 그런데 그 목표가 진정한 의미에서 '목표다운 목표'인지 묻는다면, 어느 누구도 쉽게 그렇다고 말하지 못한다. 대부분의 어른들은 살아보니 목표가 없는 게 오히려 당연하다는 사실에 이르게 된다. 어렴풋하게 목표가 보이거나 어느 때는 앞이 전혀 보이지 않는 것이 인생이라고들 말한다. 그렇다면 이런 상황에서 무엇을 해야 할까? 필자는 언제나 '공부하라'고 말한다. 공부라고 하면 뭔가 고지식해 보이고 틀에 박힌 것처럼 보인다. 공부란 것은 여러 가지가 있다. 독서하는 것, 여행을 하는 것, 학위를 위해 공부를 하는 것, 하던 일을 아무 생각 없이 보다 더 열심히 해보는 것이 모두 포함된다. 그러다 보면 어딘가에 닿아 있고 그게 걸어가야 할 길이 될 것이다. 공부하란 말과 더불어 경제학자나 대부분의 부모가 놀라겠지만 30살이 되기 전까지는 저금하지 말라는 말을 한다. 그럼, 뭐 하라는 것인가? 자신을 위해 투자하라. 술을 먹고, 약을 하고, 낭비하고 이렇게 퇴폐적인 것에 돈을 소비하지 말고, 여행을 한다거나 좋은 책을 산다거나 여러 음식을 접하거나 하는 등의 경험하고 배우는 데 투자하라는 말을 같이 해준다.

장황하게 이야기하는 이유는 바로 여기에 호모레퍼런스로서의 중요한 생존 전략이 숨어 있기 때문이다. 필자는 행동이론을 연구했다. 사람의 행동에는 반드시 동기가 수반되고, 대개 그 의도와 일치하는 행동을 보인다. 때로는 역으로 그의 행동이 의도와 동기를 수정하기도 한다. 이 모든 과정에서 인류는 본능적으로 진실에 가까워지려 노력했다. 그래야만 생존할 수 있었기 때문이다. 거짓과 위선은 생명을 위협하는 직접적인 요소였다.

진실이라는 단어를 들으면 무언가 고차원적이고 철학적인 의미가 숨어 있을 것으로 생각한다. 하지만 인류가 이성을 갖기 전부터, 진실을 말하고 듣는 것은 생명을 유지하는 가장 근본적인 출발점이었다. 인류는 언제부터 진실을 중요하게 여기기 시작했을까? 놀랍게도 이는 불과 7만 년 전, 인지 혁명이 일어난 시기와 맞물린다. 그 이전의 호모 종에게 진실이란 단순히 포식자의 위험을 알리는 경고음이나 식량의 위치를 알리는 신호음 정도였다. 그러나 인지 혁명을 통해 추상적 사고가 가능해지면서, 인류는 처음으로 진실이란 무엇인가를 고민하기 시작했다. 이는 혁명적인 변화였다. 진실에 대한 추구는 인류를 다른 종들과 구분 짓는 결정적인 특징이 되었다. 침팬지는 바나나의 위치를 알리는 소리를 낼 수 있지만, "바나나란 무엇인가?"라는 질문을 던질 수는 없다. 호모 사피엔스만이 이런 추상적인 질문을 던지고, 그 답을 찾기 위해 끊임없이 노력한다.

동양의 철학자들은 일찍이 이 점을 간파했다. 공자는 "진실하지 않은 사람은 오래 살 수 없다(人而無信 不知其可也)"고 했다. 이는 단순한 도덕적 훈계가 아니다. 진실이 인류의 생존과 직결되어 있음을 정확하게 지적한 것이다. 실제로 거짓말쟁이는 원시 수렵채집 사회에서 오래 살아남지 못했다. 누군가 "저쪽 들판에 맹수가 있다"는 말을 반복해서 거짓으로 하다가는 정작 진짜 위험이 닥쳤을 때 아무도 그의 말을 믿지 않게 되기 때문이다. 서양의 철학자들도 비슷한 관점을 제시했다. 플라톤은 진실을 동굴 밖의 실제로 비유했다. 보이는 것들이 모두 그림자에 불과하다고 말이다. 이는 인류가 진실을 추구하는 과정이 얼마나 어려운지를 잘 보여준다. 그러나 더 중요한 점은, 그런데도 진실을 추구해야만 한다는 사실이다.

왜일까? 그것은 진실이 인류의 생존과 번영에 필수적이기 때문이다. 고대 인류가 불을 발견하고 농업을 발전시키고 문자를 만들어낸 것은 모두 진실 추구의 결과였다.

"이 식물은 먹어도 안전한가?", "이 동물은 길들일 수 있는가?", "이 소리는 어떻게 기록할 수 있는가?" 이러한 질문들에 대한 끊임없는 탐구가 인류를 현재의 자리에 올려놓았다. 이는 현대 사회에서도 마찬가지다. 과학 기술의 발전, 민주주의의 확립, 인권의 신장은 모두 진실을 향한 인간의 끊임없는 노력에서 비롯된 성과다. "자연의 법칙은 무엇인가?", "더 나은 사회는 어떻게 만들 수 있는가?", "인간의 권리란 무엇인가?" 이러한 물음에 대한 끊임없는 탐색이 인류 문명의 발전을 이끌었다.

그런데 한편으로는, 진실은 때로 불편하게도 만든다. 다윈이 진화론을 발표했을 때 사회가 보인 격렬한 거부반응을 생각해 보자. 인간이 신의 특별한 창조물이 아니라 다른 동물들과 마찬가지로 진화의 산물이라는 진실은 많은 사람들의 세계관을 뒤흔들어 놓았다. 이런 불편한 진실이야말로 가장 중요한 것일 수 있다. 믿음이나 편견을 흔드는 진실은 더 나은 이해와 발전으로 가는 징검다리가 되기 때문이다. 코페르니쿠스가 지동설을 주장했을 때도 마찬가지였다. 당시 사람들은 그의 이론을 격렬히 반대했지만, 이러한 불편한 진실이 없었다면 현대 천문학의 발전은 불가능했을 것이다.

진실에는 자연의 움직임과 같은 객관적 진실, 문화 환경에 따른 상대적 진실, 개인의 경험이나 교육에 따라 생긴 주관적 진실, 과학적으로 입증된 과학적 진실이 있다. 초기 인류에게는 이 네 가지 진실의 차이가 거의 나지 않았다. 인류가 분화될수록 과학적 진실은 점점 수렴되어 가는 모습을 보였다. 그러나 이 네 개의 진실 중에 상대적 진실과 주관적 진실의 괴리로 인한 갈등과 대립이 격렬해지는 것을 볼 수 있다. 현대 사회로 갈수록 인류는 두 가지 진실 앞에서 어쩔 줄 몰라 하는 듯 보인다.

어떻게 하나! 현대 사회는 이전과는 비교할 수 없을 정도로 많은 정보를 쏟아낸다. 소셜 미디어와 인터넷은 하루에도 수백만 개의 새로운 사실을 생산해 낸다. 그러나 이처럼 정보가 넘쳐나는 시대에 진실을 찾는 것은 더욱 어려워졌다. 너무 많은 정보는 오히려 진실을 가리는 안개가 되기도 한다. 그 정보들은 앞에서 언급한 주관적 진실과 상대적 진실의 틈을 벌어지게 하고 있다. 그렇다면 어떻게 진실에 다가갈 수 있을까? 해답은 의외로 단순할 수 있다. 바로 끊임없이 질문하는 것이다. 고정관념에 의문을 제기하고, 당연해 보이는 것들을 다시 살펴보고, 새로운 가능성을 탐구하는 것이다. 이것이 바로 인류가 해온 일이고, 앞으로도 현재를 살아가는 인류가 해야 할 일이다.

진실은 절대 편안하지 않다. 그것은 때로 믿음을 뒤흔들고, 익숙한 세계관을 붕괴시키며, 새로운 도전을 요구한다. 그러나 바로 그래서 진실은 강력하다. 진실은 우리 스스로를 성장시키고, 변화시키고, 더 나은 존재로 만든다. 이것이 바로 70만 년 전부터 지금까지, 그리고 앞으로도 인류가 진실을 추구해야 하는 이유다.

▶ **여러 종류의 인장(사진ⓒ저자 촬영)**

인류는 신석기 시대에도 '인장'을 통해 자신을 표현하는 방식을 고안해냈다. 이러한 방식도 인류는 오랜 시간 동안 참조하였다.

① 인장. 기원전 4,500년에서 3,500년. 튀르키예의 카자네 호유크(Kazane Höyük) 지역에서 발견. 물건이나 문서를 인증하거나 소유권을 표시하기 위해 사용하였다. 산르우르파 고고학 박물관 소장.

② 실린더 인장(cylinder seals). 기원전 12,000년에서 10,000년. 튀르키예의 네발리 초리에서 발견. 사용 시 점토나 다른 연질의 재료 위에 굴려서 문양을 찍어내는 방식으로 활용되었다. 이는 신분, 소유권, 혹은 종교적 의례와 관련된 표시로 사용하였다. 산르우르파 고고학 박물관 소장.

③ 실린더 인장. 기원전 9,000년에서 600년. 네오 아시리안 시대에 사용된 인장이다. 마르딘 박물관 소장.

3. 진실의 두 얼굴

진실은 인류 생존의 필수 조건이다. 올바른 정보의 축적과 전달을 통해 인류는 복잡한 사회와 문명을 유지·발전시켜 왔다. 거짓말은 단기적 생존 전략일 수 있지만, 결국 신뢰 붕괴를 초래하여 공동체 해체로 이어진다. 따라서 진실 추구는 공동체 유지를 위한 필수 조건이다. 진실은 인류가 서로의 경험을 참조하는 근간이며, 문명 발전과 협력 체계 유지의 토대가 된다.

사람들은 종종 진실은 중요하다고 말한다. 하지만 왜 중요한지에 대해 깊이 고민하지는 않는다. 대부분은 도덕적으로 옳다거나, 거짓말은 나쁘다는 식의 피상적인 설명에 그치는 경우가 많다. 그러나 진실의 가치는 그보다 훨씬 근원적인 곳에 있다. 그것은 바로 인류의 생존과 직접적으로 연결되어 있기 때문이다.

인류가 다른 동물들과 구별되는 큰 특징 중 하나는 정보를 축적하고 전달하는 능력이다. 사자는 오직 자신의 경험에 의존해 살아가지만, 인간은 수천 년 전 조상들의 경험까지 활용할 수 있다. 이것이 가능한 이유는 올바른 정보를 보존하고 전승할 수 있기 때문이다. 만약 앞선 인류가 "이 버섯은 독이 있다"라거나 "이 강은 우기에 범람한다"라는 정보를 정확하게 전달하지 않았다면, 지금처럼 번영하지 못했을 것이다. 너 근본적으로, 진실은 뇌가 현실을 올바르게 인식하고 대응하게 만드는 도구다. 원시시대에 맹수의 발자국을 보고 그것이 진짜 맹수의 흔적임을 정확히 파악하는 능력은 생존의 필수 조건이었다. 거짓된 정보는 곧 죽음을 의미했다. 현대 사회도 마찬가지다. 의사가 정확한 진단을 내리지 못하거나, 건축가가 구조물의 안전성을 제대로 계산하지 못했다면, 사회는 지금처럼 안정적으로 운영되지도 발전할 수도 없었을 것이다. 이런 관점에서 보면, 진실 추구는 단순한 도덕적 미덕이 아니라 인류의 가장 강력한 생존 전략이었다. 진실을 중시해야 하는 이유는 그것이 옳아서가 아니라 그것 없이는 살아남을 수 없기 때문이다. 진실은 자신을 보호하는 방패이자, 더 나은 미래를 향해 나아가는 길이다. 이것이 바로 진실이 지닌 가장 본질적인 의미다. 진실은 인류의 생존과 번영을 위한 필수 조건으로, 과거에도 그랬듯이 미래에도 변함없이 그 역할을 할 것이다. 특히 개인 미디어와 인공지능이 주도하는 현대 사회에서는 정보의 홍수 속에서 진실의 가치가 더욱 빛을 발하고 있다.

그런데 여기서 한 가지 더 깊이 생각해 볼 것이 있다. 인류는 왜 거짓말을 하는가? 진실이 그토록 결정적이라면, 왜 인류는 거짓말이라는 행위를 완전히 버리지 못하는 걸까? 이 질문에 대한 답을 찾아가다 보면, 진실이 지닌 또 다른 의미 있는 측면이 드러난다. 흥미롭게도 거짓말 역시 인류의 생존 전략 중 하나였다. "저기 맛있는 과일이 많다"라는 말로 경쟁자를 다른 곳으로 보내거나, "나는 강하다"는 허세로 적을 물리치는 것이 가능했기 때문이다. 하지만 이런 전략은 단기적으로만 효과가 있었다. 거짓말쟁이로 낙인찍힌 사람은 결국 공동체에서 신뢰를 잃고 고립되었다. 그리고 진실을 추구하지 않고 거짓말이 주류를 이루는 사회는 공동체가 해체되는 과정을 거친다. 여기서 진실의 또 다른 핵심적 가치를 발견한다. 진실은 단순한 생존 도구를 넘어, 인류가 복잡한 사회를 구성하고 유지할 수 있게 만드는 근간이 된다. 수천 명이 모여 사는 도시, 수백만 명이 참여하는 경제 활동, 수십억 명이 연결된 인터넷 네트워크 등에서 최소한의 출발점은 진실이 전제되지 않으면 시스템을 유지하는 게 불가능하다.

화폐를 생각해 보자. 지폐는 종잇조각에 불과하지만, 그것이 가치를 지닌다는 것을 믿기 때문에 경제 활동이 가능하다. 법률 체계도 마찬가지다. 재판관이 거짓말을 하고, 증인이 거짓 증언을 하고, 문서가 위조된다면 어떻게 정의를 실현할 수 있겠는가! 진실은 인류가 만들어낸 가장 위대한 발명품인지도 모른다. 그것은 인류의 생존을 가능하게 했을 뿐만 아니라 문명이라는 거대한 협력 체계를 만들어내는 토대가 되었다. 모든 사람이 진실을 계속해서 추구해야 하는 이유는 여기에 있다. 진실은 단순히 도덕적으로 옳아서가 아니라 그것이 인류 문명의 존립 근거이기 때문이다. 그리고 진실을 근거로 사람은 서로의 경험을 참조한다. 만약 허구나 거짓을 참조한다면 그로 인한 결과는 결코 긍정적이지 않았다는 것을 인류는 경험을 통해 알게 되었다. 인류는 생존을 위한 진실을 바탕으로 서로가 서로를 위해 참조를 진행했고, 그 참조는 또 다른 진실을 만들어 갔다. 그 진실을 참조하지 못해 사라져간 인류의 문화도 볼 수 있는

데, 그 대표적인 예가 다마스쿠스 검이다. 다마스쿠스 검은 여러 가지 이유로 오늘날까지 그 제작법이 전해지지 않았다. 그중 하나는 제작 공정이 철저히 비밀에 부쳐졌고, 오직 장인의 가족에게만 전수되었기 때문이다. 외부에 공개되지 않음으로써 다른 이들이 그 기술을 참조할 기회를 잃은 것이다. 일부 유물로서 다마스쿠스 검이 남아있지만, 인류는 여전히 검의 제작 공정을 참조할 수 있는 기회를 잃어 버렸다. 진실은 인류에게 생존을 위한 무기이자 참조의 출발점이다. 오늘날 사회는 정치 문제로 시끄럽고, 사람들은 종종 인간을 이기적인 존재라고 착각하는 경우가 많다. 진정한 호모 레퍼런스의 출발은 진실이다.

4. 변하는 진실

진실은 주관적·상대적 관점들에 의해 끊임없이 변화하며, 참조를 통해 사회와 문화 속에서 지속적으로 업데이트된다. 다윈의 진화론처럼, 새로운 진실은 광범위한 연구와 상호 참조를 거쳐 점진적으로 받아들여진다.

진실은 마치 변하지 않을 것만 같다. 어떤 면에서 안 변해야만 진실처럼 느껴진다. 하지만 진실은 늘 변해왔다. 앞서 진실에는 여러 유형이 있다고 언급했다. 그중에서도 진실을 변화시키는 가장 큰 요인은 주관적 진실과 상대적 진실이다. 1910년대 농촌에서 가장 지혜로운 자는 보통은 가장 나이가 많은 노인이었다. 농촌 중심의 사회에서는 누가 절기를 가장 잘 알고 경험이 풍부한지가 한 해 농사의 성패를 좌우했을 것이다. 절기가 거의 일정한 농촌 사회에서 진실은 노인들의 입을 통해 전해진다고 보고 그들을 존경했다. 그 당시 노인들의 판단이 가장 현명했을 것이다. 늘 지난해와 같은 올해가 왔고 다음 해도 반복되는 동일한 시간과 일들이 이어지는 사회 속에서 노인들은 보편타당한 진실을 가장 많이 알고 있었다. 순환적 사고의 시대에서 경험 많은 노인은 최고의 길 안내자였다.

현대 사회에서는 어떨까? 노인을 경시하는 것이 아니라 유튜브나 인공지능 같은 첨단 산업 분야에서 노인층이 젊은 세대에 비해 상대적으로 적응 속도가 느리다는 현실을 고려해야 한다. 미국에서 일어나는 일이 거의 실시간 영향을 미친다. 과연 이런 시대에 노인이 가장 현명한 판단을 내린다고 생각할 수 있겠는가. 물론 대부분의 노인이 젊은이들보다 경험을 통한 현명함을 갖고 있다고 본다. 1950년대 본격적으로 우리나라에 자동차가 생산되고 보급되었다. 그때 진실은 서울에서 부산까지는 거의 하루가 소진된다는 것이었다. 그러나 현대에는 서울에서 부산까지 세 시간 반 정도면 도착하는 것이 진실이다. 물론 이 진실도 어느 순간 틀리게 될 것은 자명하다. 이 진실은 어떻게 계속 바뀌게 되는가? 그것이 바로 참조이고 이 책에서 이야기하고자 하는 것이다. 진실은 끊임없이, 그리고 참조를 통해 우리가 느끼지 못할 정도의 속도로 빠르게 변화해 간다. 현대 사회에서는 어느 한순간 참조에 의해 진실이 완전히 뒤바뀌기도 하며, 우리는 그 변화를 빠르게 체감하기도 한다. 필자가 대학 때 친구를 종로에서 자주 만났다. 그곳에서 만나기로 한 이유는 당시 지금의 종각에서 종로 3가 방향으로 약 30m 정도만 가면 종로서적의 큰 게시판이 있었기 때문이다. 종로서적 1층의 한쪽 벽에 큰 코르크판이 있었다. 종로서적은 그 당시 랜드마크로 종로서적에서 만나기로 한 사람은 한두 시간씩 늦는 경우도 많았고 이럴 경우 그 게시판에 조그마한 쪽지를 붙여 놓을 수 있었다. 그러면 그 커다란 코르크판은 약속 게시판이 되었고, 주말이면 빼곡히 쪽지들로 가득 차 있었다. 그러나 지금은 어떠한가. 아마 약속이 취소되면 즉시 휴대폰이나 카카오톡과 같은 메신저를 통해 연락이 와서 더 이상 누구를 기다리는 일도, 그때와 같이 바람 맞는 일도 없어졌다. 그 당시 누구와 약속을 하고 바람을 맞는 일은 한두 시간, 때로는 서너 시간이 지나가는 것도 흔한 일이었다. 사람과 사람이 만나는 방식에 대한 진실이 짧은 순간에 바뀐 것이다. 진실은 이렇게 느리게 혹은 때로는 빠르게 변하며, 그 중심에는 참조라는 행위가 자리한다. 인류는 참조를 통해 바뀐 진실을 계속 업데이트하면서 문화를 쌓아왔다. 또한 참조를 바탕으로 진실을 수정하고, 그 변화를 뼈대로 문화를 지키거나 새롭게 변화시켜왔다. 이렇게 참조는 문화에서 중요한 자리를 차지하고 있다.

필자는 오래전에 이 책을 구상하던 중 다윈이라는 인물을 접했다. 이 사람은 혼자의 힘으로(물론 전적으로 혼자만의 힘은 아니었겠지만), 그 사회의 진실을 바꾸었다. 다윈은 갈라파고스를 경유하는 긴 여정 동안 다양한 자료를 수집한 뒤, 이를 가지고 영국으로 돌아왔다. 다윈은 그 수집품 중 여러 가지 다른 형태의 핀치새(finches)를 관찰하며, 당시 영국 사회에서 통용되던 창조론이라는 진실과 마주했다. 그 이후 다윈은 오랜 시간 정원에서 앵초꽃을 키우며 진화론에 한 걸음 더 다가갔다. 그는 부딪친 진실에 의문을 품었고, 수많은 참조를 통해 새로운 진실에 다다랐다. 처음에 다윈의 주장은 진실로 받아들여지지 않았으나, 그의 연구 이후 사회 구성원들의 지속적인 후속 연구가 이어졌고, 새로운 연구 결과를 토대로 점차 인류가 참조하게 되는 여러 가지 가설들을 사람들에게 알리게 되었다.

▶ **찰스 다윈 연구소 내 육지 거북이 산란장과 포육장(사진ⓒ저자 촬영)**

갈라파고스 제도의 찰스 다윈 연구소는 다윈의 진화론과 깊은 관련이 있는 육지 거북이의 보존과 번식을 위한 시설을 운영한다. 이 산란장에서는 갈라파고스 각 섬의 고유한 특성을 지닌 육지 거북이들을 인공 부화시키고, 4~5년간 보호하며 키운다. 이는 갈라파고스 거북이의 유전적 다양성을 보존하는 데 중요한 역할을 하고 있다.

▶ 갈라파고스 제도 내 동물(사진ⓒ저자 촬영)

갈라파고스 제도는 남미 에콰도르 영토에 속하며, 태평양 적도 부근(남위 1°40'~북위 1°36', 서경 89°16'~92°01')에 위치한다. 에콰도르 해안에서 서쪽으로 972km 떨어진 이 제도는 13개의 큰 섬과 6개의 작은 섬, 그리고 107개의 바위섬으로 이루어져 있으며, 총 면적은 7,844km²이다. 1835년 찰스 다윈은 비글호를 타고 이곳을 방문하여 다양한 생물을 채집한 후 영국으로 돌아갔다. 영국에서 다윈은 섬마다 서식하는 핀치새의 부리 모양이 서로 다르다는 것을 발견했다. 이 관찰은 후에 진화론을 발전시키는 핵심 근거가 되었다. 현재 이 제도 전체에는 자연 생태계가 잘 보전되어 있다.

▶ 갈라파고스 제도 내 거북이 공원(사진ⓒ저자 촬영)

갈라파고스 제도의 산타크루즈 섬에 위치한 이 거북이 공원은 독특한 경험을 제공한다. 갈라파고스의 여러 섬에서 육지 거북이를

6장 호모레퍼런스의 미래

만나는 것은 어렵지 않지만, 이 공원에서는 특별히 큰 육지 거북이들을 한곳에서 여러 마리 함께 관찰할 수 있다. 전문 안내인의 상세한 설명과 함께 투어가 진행되어 거북이들에 대해 더 깊이 알 수 있다.

5. 참조와 진화

참조는 인류 진화와 문명 발전의 핵심 동력이다. 호모 사피엔스는 타인의 경험과 지식을 관찰·학습·비판적으로 재해석하여 새로운 가치와 창조를 이뤄왔다. 이러한 참조 과정은 마키아벨리의 정치 이론, 뉴턴의 과학 혁명, 그리고 예술·비즈니스·교육·디지털 혁신에 이르기까지 모든 분야에서 창의성과 혁신의 원천이 되어왔다.

인류의 역사는 끊임없는 학습과 모방, 그리고 혁신의 과정이었다. 호모 사피엔스는 다른 종과 달리 다른 이의 경험과 지식을 관찰하고, 학습하며, 그것을 바탕으로 새로운 것을 창조해 왔다. 이 과정에서 핵심적인 역할을 한 것이 바로 참조다. 참조는 단순한 모방을 넘어, 기존의 지식과 경험을 재해석하고 재구성하여 새로운 가치를 창출하는 인간 고유의 능력이다. 이러한 참조의 힘은 역사 속 위대한 인물들의 삶과 작품에서 잘 드러난다. 인류는 자연을 관찰하고 그 패턴을 이해하며 생존에 필요한 지식을 축적해 왔다. 들판의 식물이 자라나는 모습을 보고 농업 산업을 구축했으며, 동물의 행동을 관찰하여 사냥 기술을 발전시켰다. 이러한 초기의 참조는 인류가 지구상에서 번영할 수 있는 토대를 마련해 주었다.

참조의 중요성을 명확하게 인식한 사상가 중 한 명이 니콜로 마키아벨리다. 그는 『로마사 논고』 서문에서 "과거의 역사는 현재를 이해하는 거울이며, 미래를 준비하는 도구다(History is the mirror of present and the tool for preparing future)"라고 말했다. 이는 단순한 수사가 아닌 그의 사상 전체를 관통하는 핵심이었다. 마키아벨리의 이 통찰은 오늘날 이야기하는 호모레퍼런스의 개념과 놀랍도록 맞닿아 있다. 그는 이미 500년 전에 인류 발전의 근본적인 메커니즘이 과거의 지혜를 현재에 창조적으로 적용하는 데 있다는 것을 간파했다.

마키아벨리는 고대 로마의 역사와 당대 이탈리아의 정치 상황을 면밀히 관찰하고 분석하여 자신만의 독특한 정치 이론을 발전시켰다. 그의 대표작 『군주론』(The Prince, 君主論)은 과거의 역사적 사례들을 현재의 정치 상황에 적용한 탁월한 참조의 결과물이라고 할 수 있다. 마키아벨리는 단순히 과거의 사례를 나열하는 데 그치지 않았다. 그는 로마 공화정의 흥망성쇠, 그리스 도시 국가들의 정치 체제, 그리고 당대 이탈리아의 복잡한 권력 구도를 종합적으로 분석하여 새로운 통찰을 끌어냈다. 이는 참조의 진정한 힘을 보여주는 것으로, 과거의 지식을 단순히 받아들이는 것이 아니라 비판적으로 검토하고 재구성하여 새로운 지식을 창출하는 과정이었다.

마키아벨리의 사상 형성 과정과 그의 참조 방식을 이해하기 위해서는 그의 독서 습관과 연구 방법에 주목할 필요가 있다. 그는 리비우스의 로마사를 비롯해 키케로(Cicero), 타키투스(Tacitus), 플루타르코스(Plutarch) 등 고대 저자들의 작품을 끊임없이 탐독했다. 이는 단순한 독서가 아닌 과거의 사례들을 현재 상황에 적용하고 새로운 통찰을 얻는 과정이었다. 마키아벨리가 당시의 혼란스러운 이탈리아 정치 상황에서 추구했던 것은 안정과 번영을 위한 실용주의적 해결책이었다. 그의 저작들은 냉혹한 권력 이론서가 아닌, 과거의 지혜를 현재에 적용하여 조국의 통일과 번영을 모색한 한 애국자의 기록이었다. 이러한 마키아벨리의 면모는 로베르토 리돌피(Roberto Ridolfi)의 『마키아벨리 평전』(The Life of Niccolò Machiavelli)과 시오노 나나미(塩野七生)의 『나의 친구 마키아벨리』에서 상세히 다루어지고 있다.

필자는 이런 마키아벨리의 흔적을 되짚고 싶었다. 어느 해 8월 말, 피렌체에서 남쪽으로 12km 떨어진 페르쿠시나(Percussina)를 찾았다. 500년 전 마키아벨리는 이곳에서 『군주론』과 『로마사 논고』를 집필하며, 과거의 지혜를 현재에 적용하는 것의 중요성을 깨달았다. 토스카나의 포도밭 사이에 자리 잡은 이곳은 와이너리(winery)라기보다 평범한 시골집에 가까웠다. 그의 집무실에 놓인 소박한 책상을 바라보며, 참조의 의미를 통찰한 이 사상가의 흔적에서 화려한 피렌체에서는 느끼지 못했던 깊은 감동을 받았다. 피렌체에서 본 마키아벨리의 흔적은 화려하지만 안쓰러웠다. 필자만의 기분인지도 모른다. 마키아벨리의 흔적을 보러 피렌체에 갔던 이야기를 좀 더 해보겠다. 메디치 가문(House of Medici)의 궁전과 시뇨리아 광장(Piazza della Signoria)을 둘러보며, 당시의 정치적 긴장과 권력 투쟁의 흔적을 상상해 보기도 했다. 이러한 경험은 마키아벨리의 저작을 더 깊이 이해하는 데 큰 도움이 되었다. 이는 역사적 장소를 직접 방문하는 것이 얼마나 강력한 참조가 될 수 있는지를 보여준다. 피렌체의 건축물들, 베키오 궁전(Palazzo Vecchio)과 두오모 성당은 마키아벨리 시대의 정치적, 종교적 권력의 상징이었다. 이 건물들을 직접 보고 그 안에 들어가 보는 경험은 책으로만 접했던 역사를 생생하게 느끼게 해주었다. 책과 여행은 서로 다른 방식으로 경험을 축적하는 두 가지 길이다. 독서가 타인의 문자를 통해 세상을 보는 것이라면, 여행은 자신의 발로 직접 그 흔적을 쫓는 일이다. 마키아벨리의 피렌체를 거닐며, 학생들에게 필자가 했던 이 이야기가 다시금 떠올랐다. 책으로 접한 역사적 순간들이 실제 공간에서 만나는 순간, 지식은 비로소 살아 있는 경험이 된다. 베키오 다리(Ponte Vecchio)를 건너 백 미터 지점에 있는 그의 집은 현재 평범한 상가 건물의 2층이다. 이 건물 왼편으로는 메디치 가문의 저택이 있다. 1494년부터 1512년까지 피렌체 공화정 시기에 마키아벨리는 이곳에서 살았으며, 메디치 가문의 동태를 관찰했다. 그의 집 창가에서 바라본 메디치 저택과의 거리는 가깝지만, 그 사이에는 권력과 이상, 현실과 이론 사이의 깊은 간극이 존재했다. 마키아벨리는 1512년 메디치 가문이 권력을 되찾은 후 정치에서 밀려났고, 이후 작가로서의 삶을 시작했다. 그는 그렇게 생각하지 않겠지만 가장 빛났던 시기는 오히려 곤란에 빠져 있던 때였다. 그 시절에 대표작 『군주론』이 나왔다.

이런 마키아벨리의 사례는 참조가 어떻게 새로운 사상과 이론의 발전으로 이어지는지를 입증해준다. 그는 고대의 지혜와 당대의 현실을 참조하여 새로운 정치 이론을 만들어냈다. 이는 단순한 모방이 아니라 과거의 지식을 현재의 맥락에 맞게 재해석하고 적용하는 창조적 과정이었다. 마키아벨리의 방법론은 현대의 비교 정치학의 기초가 되었다. 그는 다양한 정치 체제와 역사적 사례들을 비교 분석하여 보편적인 정치 원리를 도출하려 했다. 이러한 접근 방식은 현대 정치학에서 널리 사용되는 방법으로, 참조의 창조적 활용이 어떻게 새로운 학문 분야를 탄생시킬 수 있는지를 제시한다. 참조의 힘은 비단 정치 이론에만 국한되지 않는다. 과학, 예술, 기술 등 모든 분야에서 참조는 혁신의 원동력이 되어왔다. 아이작 뉴턴(Isaac Newton)의 유명한 말, "내가 더 멀리 볼 수 있었던 것은 거인의 어깨 위에 올라섰기 때문이다"는 과학에서의 참조의 중요성을 여실히 드러낸다. 뉴턴은 갈릴레오(Galileo Galilei), 케플러(Johannes Kepler) 등 선배 과학자들의 연구를 바탕으로 자신의 이론을 발전시켰다. 그의 중력 이론과 운동 법칙은 이전 과학자들의 작업을 종합하고 확장한 결과물이었다. 이는 과학적 발견이 진공 상태에서 이루어지는 것이 아니라 이전 세대의 지식을 기반으로 한다는 것을 보여준다. 지금도 참조 없이는 어떤 학문 분야의 논문도 존재할 수 없다. 모든 논문은 참조를 바탕으로 쓰여지며, 논문을 쓴다는 것은 참조 문헌을 찾는 것에서 시작된다. 논문의 합리성, 정통성, 논리성은 모두 참조를 통해 확보된다. 참조가 없었다면 오늘날의 학문체계 자체가 성립하지 않았다고 해도 과언이 아니다.

예술 분야에서도 참조는 창조의 핵심적인 요소다. 르네상스 시대의 화가들은 고대 그리스와 로마의 미술을 참조하여 새로운 미학을 창조했다. 피카소(Pablo Picasso)는 아프리카 미술에서 영감을 받아 입체주의를 발전시켰다. 모네(Claude Monet)는 프랑스 지베르니(Giverny)에서 40년 이상을 거주하면서 자연과 빛의 변화에 따른 미묘한 색채와 분위기를 예술적 영감의 원천으로 삼았다. 현대 음악에서 샘플링과 리믹스는 기존 음악을 창조적으로 재해석하는 참조의 한 형태다. 이들 예술가는 단순히 과거의 작품을 모방한 것이 아니라, 그것을 자신만의 관점에서 재해석하고 새로운 맥락에 적용했다. 이는 참조가 어떻게 창조성의 촉매제가 될 수 있는지를 보여준다. 현대 사회에서도 참조의 중요성은 계속해서 커지고 있다. 인터넷과 소셜 미디어의 발달로 우리는 전 세계의 지식과 경험에 실시간으로 접근할 수 있게 되었다. 이는 참조의 가능성을 크게 확장했지만, 동시에 정보의 신뢰성과 저작권 문제 등 새로운 과제도 제기하고 있다. 위키피디아(Wikipedia)와 같은 온라인 백과사전은 집단 지성을 통해 지식을 축적하고 공유하는 새로운 형태의 참조 플랫폼이다. 이는 지식의 생산과 소비 방식을 근본적으로 변화시키고 있다. 한편으로 이는 지식의 민주화를 가져왔지만, 다른 한편으로는 정보의 정확성과 신뢰성에 대한 우려를 낳고 있다. 교육 분야에서도 참조의 중요성은 점점 더 강조되고 있다. 전통적인 암기 위주의 방식에서 벗어나, 다양한 지식과 경험을 참조하고 재구성하는 역량을 기르는 교육이 중요해지고 있다. 핀란드의 교육 혁신은 이와 같은 접근의 대표적 사례다. 핀란드 교육은 학생들이 다양한 정보원을 활용하여 문제를 해결하는 능력을 기르는 데 초점을 맞추고 있다. 이는 단순한 지식의 암기가 아니라 참조를 바탕으로 새로운 지식을 창출하는 능력을 키우는 것이다. 이러한 교육 방식은 급변하는 현대 사회에서 더욱 중요해지고 있다.

참조와 창의성의 관계도 주목할 만하다. 어떤 이들은 지나친 참조가 창의성을 저해한다고 주장하지만, 최근의 연구들은 오히려 다양한 참조가 창의성을 촉진한다는 결과를 보여주고 있다. 이는 서로 다른 분야의 지식과 경험을 참조하고 연결하는 능력이 창의성의 핵심임을 시사한다. 스티브 잡스는 "좋은 예술가는 베끼고, 위대한 예술가는 훔친다"고 말했는데, 이는 참조의 창조적 활용을 강조한 것이다. 진정한 창의성은 무에서 유를 창조하는 것이 아니라, 기존의 아이디어를 새롭게 조합하고 재해석하는 데서 나온다. 이는 마키아벨리가 고대 로마의 정치 체제와 당대 이탈리아의 현실을 결합하여 새로운 정치 이론을 만들어낸 것과 같은 원리다.

인류의 지식과 경험이 전 지구적으로 공유되는 이 시대에, 참조 능력은 그 어느 때보다 중요해지고 있다. 마키아벨리가 그랬듯이, 과거의 지혜를 현재에 적용하고, 현재의 경험을 미래를 위한 토대로 삼아야 한다. 그것이 바로 참조가 인간 문화 발전의 원동력이 되는 이유이며, 인류가 계속해서 발전할 수 있는 근본적인 메커니즘이다. 디지털 시대의 도래는 참조의 개념과 실천을 근본적으로 변화시켰다. 과거에는 도서관이나 박물관 같은 물리적 공간에서 제한적으로 이루어지던 참조 활동이 이제는 인터넷을 통해 시공간의 제약 없이 가능해졌다. 구글 검색 한 번으로 수백, 수천 개의 관련 자료를 쉽게 찾을 수 있게 된 것이다. 이는 참조의 양적 확대를 가져왔지만, 동시에 질적 문제에 대해서도 제기했다. 정보의 홍수 속에서 신뢰할 수 있는 정보를 선별하고, 이를 효과적으로 활용하는 능력이 더욱 중요해지고 있다.

이 글을 쓰는 중에도 중국에서 딥시크(DeepSeek)라는 인공지능을 개발했다는 소식이 들려왔다. 미국이 막대한 자금을 투자해 오랜 기간 개발한 최신 인공지능 기술을 중국은 단기간에 1/20 정도의 자금만으로 만들어낸 것이다. 미국은 이 기술로 '미국 대 나머지 세계'라는 구도를 확고히 했다고 착각하고 있었는데, 중국이 이를 개발하고 기초 데이터까지 공개해버렸다. 물론 중국이 무에서 유를 창조한 것은 아닐 것이다. 분명 미국의 앞선 기술을 철저히 참조했을 것이다. 이에 대한 도덕적 시비를 따지기 이전에, 현존하는 최첨단 기술조차 인류의 참조 능력 앞에서는 무력해졌다는 사실이 중요하다. 소셜 미디어의 발달은 참조의 개념을 더욱 확장시켰다. 페이스북(Facebook), 트위터(Twitter), 인스타그램(Instagram) 같은 플랫폼을 통해 실시간으로 다른 사람들의 경험과 생각을 공유하고 참조할 수 있게 되었다. 이는 개인의 일상적인 경험까지도 참조의 대상이 될 수 있음을 의미한다. 여행을 계획할 때도 가이드북뿐만 아니라 다른 여행자들의 소셜 미디어 포스팅을 참조한다. 이는 참조의 범위가 공식적인 지식과 정보를 넘어 개인의 경험과 의견으로까지 확장되었음을 보여준다.

인공지능의 발전은 참조의 새로운 지평을 열고 있다. 대규모 언어 모델과 같은 인공지능은 방대한 양의 텍스트 데이터를 학습하여 인간의 질문에 답하고 새로운 텍스트를 생성할 수 있다. 이는 인간의 참조 능력을 크게 확장하는 도구가 될 수 있다. 연구자들은 인공지능을 활용하여 수많은 학술 논문을 빠르게 검토하고 관련 정보를 추출할 수 있다. 이는 인간의 지식 생산 방식을 근본적으로 변화시킬 수 있는 잠재력을 가지고 있다. 그러나 인공지능의 발전은 동시에 새로운 윤리적 문제를 제기한다. 인공지능이 생성한 텍스트나 이미지의 저작권은 누구에게 있는가? 인공지능의 판단을 어디까지 신뢰할 수 있는가? 인간의 창의성과 인공지능의 능력은 어떻게 조화를 이룰 수 있는가? 이러한 질문들은 앞으로 우리 사회가 해결해야 할 중요한 과제다. 마키아벨리가 고대의 지혜를 당대의 현실에 적용했듯이, 우리도 이러한 새로운 기술을 우리의 가치와 필요에 맞게 적용해야 할 것이다.

참조의 중요성은 비즈니스 세계에서도 점점 더 커지고 있다. 많은 기업이 개방형

이노베이션 전략을 채택하고 있는데, 이는 기업 내부의 자원뿐만 아니라 외부의 아이디어와 기술을 적극적으로 활용하는 혁신 방식이다. 이는 비즈니스 영역에서 참조의 개념이 어떻게 적용되고 있는지를 보여주는 좋은 예다. 기업들은 다른 산업의 혁신 사례를 참조하여 자사의 문제를 해결하거나 새로운 비즈니스 모델을 개발한다. 자동차 회사인 테슬라는 소비자 가전 업체의 사용자 인터페이스 디자인을 참조하여 자동차 내부의 인포테인먼트(infotainment) 시스템을 혁신했다. 참조의 개념은 개인의 정체성 형성 과정에서도 중요한 역할을 한다. 우리는 다른 사람들의 삶과 경험을 관찰하고 참조하면서 자신의 가치관과 생활 방식을 형성해 간다. 소셜미디어의 발달로 이러한 과정은 더욱 가속화되고 있다. 소셜미디어를 통해 전 세계 사람들의 일상과 생각을 실시간으로 접하면서, 우리는 끊임없이 자신의 삶을 재평가하고 재구성한다. 이는 개인의 정체성이 더 이상 고정된 것이 아니라, 끊임없는 참조와 재해석의 과정을 통해 형성되는 유동적인 것임을 보여준다.

마키아벨리의 사례로 돌아가 보자. 그가 『군주론』을 통해 보여준 것은 단순히 정치 이론이 아니었다. 그것은 과거와 현재, 이론과 현실을 넘나드는 참조의 힘이었다. 마키아벨리는 고대 로마의 정치 체제, 르네상스 시대 이탈리아의 복잡한 권력 구도, 그리고 자신의 외교관 경험을 모두 참조하여 새로운 통찰을 끌어냈다. 이는 참조가 단순한 지식의 축적이 아니라, 다양한 맥락과 관점을 융합하여 새로운 의미를 창출하는 과정임을 보여준다. 우리는 지금 마키아벨리보다 훨씬 더 방대하고 다양한 참조에 접근할 수 있다. 그러나 동시에 이는 더 큰 책임을 부여한다. 정보의 홍수 속에서 가치 있는 참조를 선별하고, 이를 비판적으로 해석하며, 창조적으로 재구성하는 능력이 그 어느 때보다 중요해졌기 때문이다. 이는 단순히 많이 아는 것이 아니라, 알고 있는 것을 어떻게 연결하고 활용하는가의 문제다.

결국 호모레퍼런스의 시대는 새로운 도전을 제시한다. 그것은 끊임없이 학습하고, 비판적으로 사고하며, 창조적으로 문제를 해결하는 능력을 요구한다. 우리는 이제 더 이상 단순한 정보의 소비자가 아니라, 참조를 통해 새로운 의미와 가치를 창출하는 적극적인 생산자가 되어야 한다. 이것이 바로 호모레퍼런스 시대가 요구하는 새로운 능력이자 책임이다.

▶ 남성을 통해 다산을 기원하는 사고는 모든 문명권에서 존재(사진ⓒ저자 촬영)

기원전의 모든 문명권에서는 남성의 성기를 매개로 다산을 기원하는 상징적인 유물이 유사한 형태로 발견된다. 이는 모든 문명이 서로 지속적인 참조와 역참조를 거쳐 인류 문화를 형성해왔다는 중요한 증거로 볼 수 있다. 남성의 성기를 상징하는 유물은 중앙아시아와 중남미를 비롯하여 전 세계 문명에서 놀라울 정도로 유사한 형태로 나타난다. 이러한 현상을 단순한 우연의 일치로 해석하기보다는 문명 간 직간접적인 참조가 있었다고 보는 것이 더 합리적인 설명이다. 지리적으로 멀리 떨어진 문명들 사이에서도 이처럼 공통된 상징이 발견된다는 사실은 인류의 문화적 연결망이 생각보다 더 광범위하고 오래되었음을 시사한다.
①. 기원전 10,000년 카라한 테페의 유물. ②. 기원전 10,000년 아나톨리아의 유물. 이 조각상은 현존하는 실물 크기의 인간 형상 중에서 가장 오래된 작품. 샨르우르파 고고학 박물관 소장. ③. AD 1세기에서 3세기 판(염소발을 가진 목동). 마드린 박물관 소장. ④. 기원전 5세기 암파레테의 장례비석으로 아테네의 유물. 이스탄불 고고학 박물관 소장. ⑤. 기원전 1세기 포세이돈으로 레바논에서 출토된 유물. 이스탄불 고고학 박물관 소장.

▶ 다른 문명권의 건축 재료 중 거의 흡사한 벽돌(사진ⓒ저자 촬영)

이탈리아 티볼리에 위치한 아우렐리우스 황제의 여름 별장에 사용된 층계 벽돌은 스페인 그라나다의 아람브라 궁전에 사용된 층계 벽돌과 거의 흡사한 건축 구조와 형태를 보인다. 이러한 현상은 메소포타미아 문명에서도 발견되며, 단순한 우연으로 보기 어려울 정도의 유사성을 지닌다. 이는 참조 없이는 엄청난 우연이 있어야 가능하다.

▶ 헬레니즘 문화권과 메소포타미아 문화권에서 보이는 유사한 형태의 무덤(사진ⓒ저자 촬영)

헬레니즘과 메소포타미아 문화권 모두 바위나 지하에 굴을 파서 여러 명이 함께 묻히는 무덤을 만들었으며, 이는 단순한 매장이 아니라 당시 사회의 권력 구조, 종교관, 예술 감각, 내세관까지 반영한 복합적인 문화유산이다. 이러한 유사성은 고대 문명 간의 교류, 혹은 인간이 죽음과 내세를 대하는 보편적 태도를 보여주는 사례로 볼 수 있다.

▶ 마키아벨리 와이너리(사진ⓒ저자 촬영)

산트안드레아 인 페르쿠시나(Sant'Andrea in Percussina)의 알베르가치오(L'Albergaccio, 현재의 마키아벨리의 집[Casa di Machiavelli])는 마키아벨리가 피렌체에서 나온 후 은거한 곳이다. 1513년부터 이곳에서 『군주론』과 『로마사 논고』를 집필했다. 이 건물은 현재 와이너리와 레스토랑으로 운영되며, 마키아벨리의 서재가 보존되어 있다. 흥미로운 점은 이곳이 마키아벨리의 처가집이라는 사실이다. 실직한 상태에서 처갓집에 머물며 글을 쓴 것을 생각하면, 아마도 편안하지만은 않았을 것이다. 이곳은 피렌체에서 남쪽으로 약 12km 떨어진 키안티 와인 산지의 중심부에 자리 잡고 있다. 그러나 실제로는 호화로운 와이너리라기보다 토스카나의 전형적인 시골 농가에 가깝다. 마키아벨리가 친구 베토리(Francesco Vettori)에게 보낸 편지에 따르면, 그는 이곳에서 낮에는 농부들과 어울리며 시간을 보내고, 저녁에는 고전을 읽고 글을 썼다고 한다. 방문했을 때 박물관은 불이 꺼져 있었고, 입장권은 함께 있는 레스토랑에서 판매하고 있었다. 마키아벨리의 명성에 비해 방문객이 없어서 아쉬웠지만, 덕분에 혼자서 오롯이 관람할 수 있어 감동은 더욱 깊었다.

▶ 피렌체 우피치 미술관(Uffizi Gallery) 내 유물(사진ⓒ저자 촬영)

우피치 미술관은 단위 면적당 유물의 수로 보면 바티칸과 버금갈 정도로 많은 유물을 보관하고 있다. 이 당시 이 가문의 주인은 없고 유물만 가득하게 있어 인간이라는 존재가 찰나의 존재라는 생각을 더 하게 만든다.

▶ 피렌체 시내 유적지(사진ⓒ저자 촬영)

베키오 다리, 다비드상, 베키오 궁전, 두오모 성당을 보며 사람들은 메디치 가문을 떠올릴지도 모르지만, 필자는 마카아벨리를 먼저 생각하게 된다. 이 모든 것을 만든 이들이 메디치일지라도, 그곳에서 「군주론」을 집필한 마카아벨리가 눈치를 보며 생활했을 모습을 떠올리는 것이 더 인상 깊다.

▶ 모네의 지베르니 정원과 그림(사진ⓒ저자 촬영)

지베르니는 프랑스 파리 근교의 작은 마을로, 인상파 거장 모네가 1883년부터 1926년 생을 마감할 때까지 약 43년간 거주하며 작품 활동을 한 곳이다. 모네는 대부분의 작품에서 지베르니에 있는 자신의 정원을 배경으로 그렸다(왼쪽 사진). 오른쪽 사진은 파리 오랑주리 미술관(Orangery Museum)에 전시된 모네의 작품이다.

6. 이기성의 본질

인류는 본질적으로 이기적 존재가 아니라 집단의 공익과 협동을 통해 생존·진화해왔으며, 공익 추구와 사회적 협력이 호모레퍼런스의 핵심임을 인류사와 민주주의의 발전이 증명한다.

사람들은 개인이 근본적으로 이기적이라고 생각한다. 마치 당연한 사실인 양, 인간은 이기적일 수밖에 없다고 말한다. 호모 사피엔스 사회의 역사는 정말 개인의 이기심을 전제로 해야만 설명할 수 있는 것일까? 오스트랄로피테쿠스 시대부터, 그리고 이후 호모 속으로 분류되면서도, 인류는 언제나 무리 생활을 기본으로 생존해 왔다. 이 집단은 작게는 몇 개체에서 많아야 수백 명을 넘지 않는 규모였을 것이다. 무리 생활에서 개인의 것이란 개념은 존재하지 않았다. 당시 서식했던 강력한 포식자들 앞에서 각 개체는 한없이 무력한 존재였다. 이들에게 무리는 단순한 모임이 아닌, 생존을 위한 필수적인 도구였다. 집단에서 추방된다는 것은 곧 죽음을 의미했다. 물론 개체들이 먹이를 먹거나, 물을 마시거나, 자신을 보호하거나, 번식하는 순간에는 일시적으로 이기적 행동이 나타날 수 있었다. 그러나 이러한 모든 행동의 근간에는 무리 전체의 공익이 우선되고 일부 상황에서만 극히 한정적인 이기주의 현상이 일어났다. 호모 속의 진화 과정에서도 이는 마찬가지였을 것이다. 공익을 저버린 극단적 이기주의 개체들은 가장 먼저 도태되었을 것이며, 자연선택의 원리에 따라 집단에 기여하는 특성을 가진 개체들이 더 많이 살아남아 번식했을 것이다. 다윈의 『종의 기원』(On the Origin of Species)에서는 이기적일수록 살아남는다고 했지만, 이는 일반 동물에게는 한정적으로 적용되고, 인간에게는 다르게 적용된다고 생각한다.

호모의 무리 규모가 점차 커지면서, 더 많은 식량 자원이 필요해졌다. 이 식량을 구하는 행위 역시 사회적 협동이 필수적이었다. 매머드와 같은 거대 동물을 사냥할 때도 집단의 조직적 협력 없이는 불가능했을 것이다. 그 인류가 농업혁명을 거치고, 산업혁명과 정보혁명을 통해 사회적 집단의 크기와 종류는 측정할 수 없을 정도로 팽창했다. 집단의 규모와 다양성이 증가하면서 문화가 발달했고, 이 과정에서 사유재산이 인정되며 이기주의도 급속도로 확산하였다. 문화가 발달하기 이전에는 한 무리에서 다른 무리로 이동하는 것은 극히 이례적인 일이었으며, 그 과정에서 목숨을 잃는 경우도 흔했을 것이다. 그러나 문화의 발달로 인해 다른 나라를 여행하거나 다른 집단에 속하는 일이 더 이상 생명의 위협이 되지 않게 되었다. 인류의 이성이 깨어나면서 이런 현상은 더욱 가속화되었다.

현대 대부분의 국가는 민주주의를 표방한다. 민주주의의 발상지라 불리는 고대 그리스에서, 이 제도의 근간은 사회 지도층의 공익 추구였다. 그러나 오늘날 민주주의를 실행한다는 많은 나라에서 지도층의 기본 덕목이어야 할 공익성은 점점 희미해지고 있다. 현재도 많은 나라들이 정치적 갈등으로 혼란스러운 상황에서, 흔히 인간이 본질적으로 이기적이라고 착각하게 된다. 그러나 초기 호모 무리의 공익적 사고가 생존의 출발점이었다는 사실을 망각해서는 안 된다. 또한 민주주의의 근본이 공익 추구라는 사회적 약속이라는 점도 기억해야 한다. 민주사회 지도층의 공익적 사고방식은 필수적 덕목이다. 사회가 문화적 발전을 거듭하며 여러 병리 현상이 나타날 때, 그 현상 중 공익 의식의 상실은 그 사회의 쇠퇴 징후임을 인류사는 반복적으로 증명해 왔다. 이 글을 읽는 모든 이들이 사회의 존속이 개인의 생존 조건이라는 기본적 진리를 이해하리라 믿는다. 정치인과 공직자들의 평가는 이기심이 아니라 공익 실현의 정도를 기준으로 이루어지길 바란다.

그것이 호모레퍼런스의 본질이다.

▶ 로마 위정자들의 기부를 나타내는 모자이크 유물(사진ⓒ저자 촬영)

그리스, 로마 시대에는 위정자들이 공공시설과 공익을 위해 기부하는 것을 가장 영광스러운 행동으로 생각했다. 위정자들이 공공시설이나 시민 구제를 위해 기부한 사례는 로마 제국 전역에서 관찰된다. 그리스와 로마는 현대 민주주의가 발원한 곳이다. 민주주의의 근본은 공익을 추구하는 위정자가 지도자가 되어, 개인의 이기심을 채우는 것이 아니라 공익을 위해 영광스럽게 봉사하는 것이다.

①. 그리스어로 된 글에는 "테오도로스가 서원하고 이 경기를 기부하였다"라고 적혀 있다. 가지엔테프 제우그마 모자이크 박물관 소장.
②. 그리스어로 된 글에는 "소피오스의 아들 에게이우스가 수포스의 아들 페게이시스의 도움으로 이 아름다운 작품을 만들었다"라고 적혀 있다. 가지엔테프 제우그마 모자이크 박물관 소장.
③. 그리스어로 쓰인 글로, 일부만 판독 가능한 상태이다. 내용은 누가 어떻게 만들어서 기부했다는 것으로 추정된다. 산르우르파 모자이크 박물관 소장.

7. 망각의 경계

고정관념과 사회적 프레임은 차별과 갈등을 조장한다. 돈과 권력을 목표로 삼는 것은 문명 쇠퇴의 주요 원인이 된다. 돈과 권력은 수단으로서만 존재해야 하며, 이를 깨닫는 것이 개인과 사회의 건강한 발전, 그리고 호모레퍼런스의 본질이다.

사람들은 모두 보이지 않는 고정관념의 감옥 속에 살고 있다. 필자 역시 예외는 아니다. 지금이 그렇다는 것은 아니다. 필자가 성장하고 살고 있는 사회의 프레임을 성찰해 보았다.

첫째, 왜 미국인과 백인을 마주하면 무의식적으로 뭔가 좋을 것이라는 프레임이 작동하는가? 더 넓게 보면, 사회에서 백인은 기준이 되고, 흑인이나 유색인종은 뒤처진 것으로 규정되는 현상이 있다. 둘째, 중동이라는 단어가 왜 자동으로 폭력과 위험을 연상시키는가? 이런 프레임은 어디서 왔으며, 얼마나 현실을 반영하는가. 셋째, 학교에서 배운 4대 문명이라는 개념은 마치 불변의 진리처럼 받아들여진다. 이 개념에 의문을 제기하는 것조차 어색하게 느껴진다. 넷째, 돈을 많이 버는 것이 왜 궁극적 목표처럼 여겨지는가. 공개적으로 말하기는 꺼려도, 사회는 끊임없이 재산 축적을 성공의 척도로 삼는다. 이 고정관념들은 단순한 생각의 틀이 아니다. 그것은 차별, 갈등, 극단적 이기주의, 무한 경쟁이라는 사회적 병리를 만들어낸다. 네 번째로 언급한, 돈을 궁극적 목표로 여기는 관념은 현대 사회의 많은 문제의 근원이 되고 있다.

여기서 잠시 개인적인 이야기로 넘어가려 한다. 필자는 젊은 시절 앨빈 토플러라는 미래학자와 피터 드러커(Peter F. Drucker)라는 경제학자를 좋아했다. 그러던 중 드러커의 "돈은 자원이다"라는 말에 그가 위선자라고 생각했다. 당시 필자는 젊은 열정 때문인지 사업은 돈을 벌기 위해 하는 것이라는 믿음이 강했다. 사람들이 표면적으로는 돈만 보고 사업하는 게 아니라고 말하지만, 궁극적으로는 돈을 위해 일한다고 생각했다. 그런데 모두가 이 사실을 숨기고 있다고 여겼고, 드러커마저 위선적으로 느껴졌다. 아둔한 필자는 세월이 흐르고 나이가 들어서야 드러커의 말이 옳다는 것을 깨달았다. 이는 개인적으로 큰 전환점이었다. 막연히 돈만을 위해 사는 것이 아니라는 것을 알면서도 그 이유를 명확히 설명하지 못했던 필자에게, 드러커의 말은 오랜 경험을 통해 비로소 이해되었다. 돈이 목표가 된다면, 가난한 이들을 끝없이 경멸하고 부유한 이들에게는 한없이 비굴해져야 한다. 그러나 돈이 무언가를 이루기 위한 수단과 자원이 될 때, 비로소 인간은 모두가 평등해지고 자신도 비굴하거나 차별주의자가 되지 않을 수 있다. 이런 단순한 진리를 왜 처음부터 깨닫지 못했을까.

권력 역시 목표가 아닌 수단이 되어야 한다. 권력이 목표가 되는 순간, 권력자는 약자를 경멸하고 강자에게 비굴해진다. 이런 사회에서는 눈치 보기, 맹목적 복종, 이기주의가 성공의 열쇠로 여겨진다. 이처럼 지도층은 이런 인물들로 채워지고, 사람들은 그 같은 모습을 지향하게 된다. 기원전 역사는 돈과 권력을 좇은 문명의 몰락 사례를 수없이 보여준다. 로마 제국의 네로 황제는 권력에 취해 로마를 불태우고 기독교인들을 박해했다. 그의 광기는 로마 사회의 도덕적 기반을 무너뜨렸고, 그가 스스로 생을 마감한 후 로마는 서서히 쇠퇴의 길로 접어들었다.

20세기 아돌프 히틀러(Adolf Hitler)는 권력 집착이 얼마나 끔찍한 결과를 가져올 수 있는지 보여주는 극단적 사례다. 그의 나치즘은 자국민을 포함한 수백만 명의 목숨을 앗아갔고, 결국 독일은 분단되어 수십 년간의 고통을 겪었다. 중국 진(秦)의 시황제 역시 권력을 목적화한 비극적 인물이다. 그는 통일 제국을 이루었지만, 분서갱유와 같은 학문 탄압, 만리장성 건설에서의 가혹한 노역으로 수많은 백성을 희생시켰다. 그의 사후 진나라는 불과 15년 만에 멸망했고, 이는 권력 자체가 목적이 되면 그 문명이 얼마나 취약해지는지 보여준다. 불과 얼마 전, 우리나라에서도 이와 같은 문제가 발생한 적이 있었다. 권력자들이 자신의 말에 순종하는 사람들을 사회 각 분야의 리더로 선발하고 이를 통해 자신들의 부와 명예를 영속시키려 했던 시도가 있었다. 이 시도 역시 문명의 말기적 현상 중의 하나인 것은 분명해 보인다. 기원전 문명들을 살펴보면 시간이 흐름에 따라 필연적으로 소멸의 길을 걷게 된다는 사실을 알 수 있다. 현재 인류는 거대한 사회적 공동체를 이루고 있으며, 이 공동체는 복잡성의 엔트로피(Entropy) 이론처럼 명확히 설명할 수 없는 이유로, 놀랍게도 동일한 결말로 수렴해 간다. 한마디로 설명하기 어렵지만, 돈과 권력을 추구하는 리더와 추상적인 이상이 지배하는 사회는 인류사에서 살아남지 못했다. 이러한 가치들이 신격화된 사회에서는 비합리, 모순, 비도덕, 비이성이 만연하게 되고, 그로 인해 사회는 옳고 그름에 대한 분별력을 잃고, 결국 역사 속으로 사라지게 된다.

호모레퍼런스의 관점에서 인류사가 주는 가장 중요한 교훈은 명확하다. 돈과 권력은 수단으로만 존재해야 하며, 그것이 목표가 되는 순간 그 문명은 소멸의 길을 걷게 된다는 사실이다. 인류가 수천 년 동안 서로를 참조하며 발전시켜 온 지혜의 핵심은, 수단과 목적의 전도가 가져오는 비극을 끊임없이 경고하고 있다.

8. 문명의 몰락

문명의 몰락은 외부·내부 폭력, 기후·지리 변화, 도덕적·문화적 퇴폐 등 복합적 원인에 의해 발생하며, 특히 권력과 욕망의 수단과 목적 혼동이 문명 쇠퇴의 핵심임을 인류사는 보여준다.

문명이 몰락하는 데에는 복합적인 원인이 작용하기도 하고, 때로는 간명한 계기로 인해 무너지기도 한다. 문명이 어떻게 소멸하거나 퇴보하는지에 대해서는 학자들마다 다양한 견해를 제시하고 있다. 기원전 만년부터 기원전 문명이 몰락하는 원인은 크게 세 가지 정도로 보인다.

첫째, 예기치 않게 발생하는 폭력이다. 기원전 문명은 인류가 지금과 같은 규범을 형성해 가던 시기로 당시의 도덕적, 법적 잣대는 현대와는 많은 차이를 보인다. 물론 여기에는 '현대의 규범이 과연 옳은가'에 대한 성찰도 함께 이루어져야 할 것이다. 규범이 어떤 기준에서 발달하였는지에 대해서는 의문이 들지만, 일단 그것이 발달해왔다는 전제는 받아들이겠다. 현대 민주주의를 바탕으로 한 도덕적, 법적 잣대가 본격적으로 형성된 것은 근대에 들어서면서부터이다. 그 이전까지 인류는 평등에 대한 인식 자체가 지금과는 달랐다. 원시 시대에는 물리적 폭력이 사회구조의 기본 요소였으며, 이후에도 폭력을 기반으로 한 왕권 중심 체제와 신에 대한 의존을 바탕으로 기준이 형성되었다. 현대에 와서야 권력의 원천이 적은 소수 권력자를 위한 것이 아니라 국민이라는 구성원 전체를 위한 기준으로 변화하였다. 기원전 문명은 소수 권력자에 의해 행사된 폭력에 따라 존폐가 좌우되었다. 그 폭력은 외부 적의 침입으로 발생하기도 했고, 내부 갈등에서 비롯된 폭력으로 인해 문명의 쇠락이 결정되기도 했다. 외부적인 폭력은 물론이지만, 내부적인 폭력에 대해서도 심각하게 생각해 봐야 할 시점이다. 알렉산더는 페르시아의 크세르크세스가 그리스 아크로폴리스를 불태운 복수로 100년 후에 페르시아의 수도 페르세폴리스를 점령 후 불태워 버렸다. 페르시아의 찬란한 문명은 하루아침에 잿더미로 변했다. 또한 네로 황제는 로마를 불태웠다. 물론 그 결과로 로마 문명이 완전히 없어지지는 않았지만, 문화적인 측면에서 큰 충격과 손실을 입었다. 이렇듯 내·외부의 폭력에 의해 한순간에 문명이 후퇴한 경우가 있다. 폭력에 의해 문명이 큰 충격을 받은 사례는 현대에서도 많이 볼 수 있다. 가깝게는 우크라이나, 이란, 이라크, 시리아 전쟁이 있을 수 있다. 근대에는 히틀러가 일으킨 전쟁, 중국의 문화대혁명 등 폭력에 의해 문화 자체가 심각한 위기에 직면한 경우는 인류사에서 많이 일어나는 사례 중 하나이다.

둘째, 기후변화와 지리적 변화이다. 기원전 만년 전후는 홀로세가 시작되고 얼마 안 되는 시점이다. 마지막 빙하기가 끝나면서 해안선은 지금보다 120m 아래에 있었으나 이 해안선의 높이가 점점 올라가면서 지구의 환경은 급속도로 변하였다. 이런 시기에 물줄기 자체가 바뀌면서 역사적으로 보면 한 도시가 완전히 없어지는 경우도 생겨났다. 대표적으로 메소포타미아의 아카드 문명은 지속적인 가뭄이 붕괴의 주요 원인으로 지목된다. 그리고 인더스 문명의 중심지였던 모헨조다로 역시 기후 변화로 인한 강줄기 이동과 심각한 가뭄이 문명 붕괴의 주요 원인으로 여겨지는 대표적인 사례이다. 폼페이 역시도 화산 폭발로 한순간 없어지게 되었다. 튀르키예 아나톨리아 지방에 있던 제우그마 같은 로마 도시도 화재, 지진에 의해 도시 자체가 없어졌다. 그밖에 기원전 10,000년부터 기원전후 시기까지, 수많은 고대 문명과 도시 국가들이 급격한 기후 변화로 인해 쇠퇴하거나 완전히 사라졌다. 최근 일본에서 발생한 쓰나미와 해수면 상승으로 남태평양의 투발루(Tuvalu)는 국가 자체가 없어질 위기에 처했었다. 인류사에서 기후로 인해 문명이 없어진 사례는 비일비재하다.

셋째, 도덕적·문화적 퇴폐이다. 문명이 번영함에 따라 초기의 가치관은 점차 상실되고, 집단의 공익보다는 지도층의 개인적 욕망이 우선시되는 현상이 나타난다. 이러한 이기주의의 팽배는 결국 문명권 전체의 능력 저하로 이어진다. 그로 인해 사회 전반의 효율성이 떨어지고, 사회 구조가 점점 복잡해지면서 모든 과정에서 과도한 에너지가 소모되어 효율성이 극도로 저하된다. 이 현상이 그 문명을 점차 쇠퇴하게 만든다. 또한 이 원인이야말로 문명이 꼭 더 나은 방향, 올바른 방향으로 발전한다고 볼 수는 없다는 것을 말해주는 이유이다. 신바빌로니아 제국(Neo-Babylonian Empire)의 마지막 왕 나보니두스(Nabonidus)는 왕국의 시스템보단 개인적인 종교에 심취하였다. 이로 인해 엘리트 계층은 분열하고 제도는 부패하여 국가 시스템이 붕괴했고, 결국 기원전 539년경 페르시아 키루스 2세에게 쉽게 정복당했다. 외부의 침략보다 내부의 붕괴가 더 큰 원인이었던 셈이다. 기원전 1046년경 이집트 상왕조는 마지막 왕 디신의 사치와 향락으로 인해 왕조 자체가 몰락했다. 이처럼 기원전 시대의 많은 문명은 도덕적·문화적 퇴폐로 인해 스스로 붕괴의 길을 걸었다.

이러한 현상은 현대 문명이 붕괴하는 가장 큰 원인 중 하나로 지목된다. 기후 변화나 전쟁과 같은 외적 요인도 여전히 중요한 위협이지만, 도덕적·문화적 퇴폐에 따른 내부적 해체가 더욱 주목받고 있다. 우리나라에서도 1세대의 많은 경영인과 정치인들이 생물학적 노쇠로 인해 사망하거나 은퇴한 상태다. 그 뒤를 이은 2세대, 혹은 3, 4세대의 경영인, 정치인들은 1세대와 같은 극심한 어려움을 겪지는 않았다. 후속 세대는 이미 많은 부족한 부분이 채워진 상태에서 성장하고 교육받았다. 대부분의 일반인과 호흡을 같이한 1세대의 경영인과 정치인은 그 사회를 구성하는 사람들의 입장과 상황에 공감했다. 그 공감 능력은 현명하고 효율적인 시스템을 통해 조직을 경영할 수 있는 역량으로 성장할 수 있었다. 그러나 이후 세대는 일반인들의 상황과 입장을 직접 경험하지 못한 채 성장했기 때문에, 타인에 대한 공감 능력이 거의 전무한 상태에서 경영일선에 뛰어들었다. 그 사람들이 사회의 리더 그룹의 역할을 하게 된 사회에서는 앞에서 지적한 도덕적·문화적 퇴폐가 일어나게 되고, 그 결과로 복잡한 시스템이 형성된다. 비효율적이고 비이성적인 사회로 나아간 그 사회에는 문명 붕괴를 예고하는 여러 병리 현상이 나타난다. 리더 그룹이 공익을 추구하지 않고 개인적 욕망을 채우는 이기적인 모습을 보일 때, 사회적 갈등이 심화되고 복잡한 시스템을 요구하게 된다. 도덕적·문화적 퇴폐가 일어난 사회에서 리더에게만 국한하여 이러한 현상이 생겨나는 것은 아니다. 현대로 말하면 군, 경찰, 공무원 조직의 정점에 있는 지도 계층은 눈치를 잘 보고, 비위를 잘 맞추고, 절대복종하고, 비굴한 사람들로 채워지게 된다. 그러하지 않은 사람들은 융통성이 없다는 이유로, 너무 주관이 뚜렷하다는 이유로, 법대로만 한다는 이유로 대부분 각 계층에서 리더 그룹에 합류하지 못하고 중간에 잘려 나가거나 혹은 스스로 그만두게 된다. 문명의 말기로 가면 갈수록 이러한 상황은 리더와 공적 조직에만 일어나지 않고 사회 전반으로 퍼져 나가게 된다. 사회 구성원들 사이에서는 공적인 이유는 사라지고 돈이면 다 된다는 사고방식, 나에게 손해 안 되는 일을 해야 사회생활을 잘하는 것이라는 생각, 자신에게 이익이 된다면 사회 전체 구성원의 손해는 수천 배, 수만 배가 되더라도 상관치 않는 행동, 어떤 방식이든 돈을 벌어야 한다는 인식, 그리고 은퇴한 사회 구성원이 공익보다는 자신을 위해 어떻게든 돈을 벌려는 경향 등이 나타난다. 이런 사회는 문명의 멸망으로 나아가고 있다는 사실을 오랜 인류사가 말해주고 있다. 기원전 만년 경부터 기원 전후의 문명들은 폭력, 기후 변화, 도덕적·문화적 퇴폐 등으로 인해 쇠퇴하거나 붕괴해왔다.

호모레퍼런스의 관점에서 인류사가 우리에게 주는 가장 중요한 교훈은 명확하다. 인간이 아닌 개인의 욕망에서 비롯된 돈, 권력, 명예는 수단으로만 존재해야 하며, 그것이 목표가 되는 순간 그 문명은 소멸의 길을 걷게 된다는 사실이다. 인류가 수천 년 동안 서로를 참조하며 발전시켜 온 지혜의 핵심은 수단과 목적의 혼동이 가져오는 비극을 끊임없이 경고하고 있다.

인류사의 흐름을 살펴보면, 하나의 문화가 영원히 지속되는 일은 없다.

다만 변화와 참조를 통해 새로운 문화를 창조하려는 도전은 인류가 감당해야 할 몫이다.

▶ 네로 황제 동상 유물(사진ⓒ저자 촬영). 이스탄불 고고학박물관 소장

네로는 로마 제국의 제5대 황제로, 54년부터 68년까지 재위했다. 64년 로마 대화재가 발생한 후, 그는 기독교인들에게 책임을 돌려 대대적인 박해를 자행했다. 대화재 이후 로마를 재건하며 도시 계획을 혁신하기도 했지만, 호화로운 황금 궁전(Domus Aurea)을 건설하여 시민들의 비난을 받았다. 사치스럽고 방탕한 생활로 유명했던 네로는 폭정으로 악명이 높았으며, 결국 자살로 생을 마감했다. 네로는 로마 대화재와 관련하여 기독교인들을 희생양으로 삼는 등 폭력적인 통치 방식을 사용한 대표적인 폭군으로 기억되고 있다.

▶ 고대 로마 도시 제우그마(사진ⓒ저자 촬영)

이곳은 가지엔테프에서 약 45km 거리에 위치한 로마 시대 도시 유적지다. 3세기경 사산조 페르시아의 침략으로 도시가 크게 파괴되었고, 이후 지속된 비잔틴-사산 전쟁에서도 큰 피해를 입었다. 또한 지진 활동이 활발한 지역에 자리 잡고 있어 여러 차례 지진으로 인한 구조적 피해를 겪었다. 이 도시는 이러한 전쟁과 자연재해의 피해로 결국 버려지게 되었다. 현재는 인근 유프라테스강의 댐 건설로 인해 대부분이 수몰된 상태다.

▶ 하기아 소피아(Hagia Sophia), 블루 모스크(Blue Mosque)의 시대적 성격(사진ⓒ저자 촬영)

아직도 많은 곳에서 종교를 둘러싼 갈등이 존재하고 있다. 2007년 하기아 소피아를 방문했을 때 이곳은 박물관이었다. 그런데 2025년 다시 방문했을 때는 이슬람 모스크로 바뀌어 운영되고 있었다. 반면 블루 모스크는 그때나 지금이나 변함없이 모스크로 운

6장 호모레퍼런스의 미래 433

영되고 있다. 흥미롭게도 지금까지 발견된 최초의 문명 유적인 기원전 10,000년경의 괴베클리 테페도 신전이다. 인류가 최초로 집단을 이룰 때부터 종교를 활용했고, 지금도 수많은 공간이 종교적 용도로 사용되는 것을 보면 인류와 종교는 불가분의 관계에 있는 것 같다. 기원전 10,000년경의 지도자들도 종교를 사회 통합의 수단으로 이용했고, 현재도 같은 방식이 사용되고 있다. 이제는 옳고 그름의 문제보다 이런 현상에 대해 깊이 생각해볼 시점인 것 같다.
① 2007년 하기야 소피아 박물관. ② 2007년 블루 모스크.
③ 2025년 하기야 소피아 모스크. ④ 2025년 블루 모스크.

9. 인류사의 흐름

인류사는 아프리카에서 시작된 지구적 확산과 오랜 문화적 참조·교류를 통해 점진적으로 발전해온 연속적 과정으로, 괴베클리 테페 등 초기 유적이 증명하듯 4대 문명과 미케네·미노스 문명 등도 이 복합적 참조 네트워크 속에서 이해되어야 한다.

인류사를 마주할 때마다 언제나 그것은 신화처럼 다가왔다. 그리스·로마 문명만 해도 막연하고 신비로웠는데, 미케네와 미노스 문명 같은 이름이 등장하면 더욱 난해해져 때로는 이해하려는 시도조차 포기하곤 했다. 여러 번 각 문명을 이해하려 노력했지만, 늘 머릿속이 안개 낀 듯 멍했던 기억이 선명하다. 인류사 지식은 대개 단절적이다. 약 320만 년 전 오스트랄로피테쿠스 아파렌시스에 관한 이야기가 갑자기 나오고, 곧바로 4대 문명이라는 레이블과 함께 메소포타미아(기원전 3,500년), 이집트(기원전 3,000년), 황하(기원전 3,000년), 인더스(기원전 2,700년) 문명이 뚝딱 등장한다. 마치 수백만 년의 공백 뒤에 인류 문명이 하루아침에 발생한 것처럼 말이다.

인류사의 전달 방식은 마치 마술쇼와도 같다. 마술사가 빈 의자를 천으로 가리고 주문을 외우자 갑자기 아름다운 여인이 등장하는 것처럼, 수백만 년에 걸친 진화 과정이 몇 페이지로 압축되고, 갑자기 화려한 문명들이 완성된 형태로 등장한다. 그 과정에서 생략된 설명이나 빠진 연결고리를 의심 없이 받아들이도록 우리는 훈련되어 왔다. 그리고 이해 대신 단편적 사실은 열심히 암기한다. 메소포타미아, 지구라트, 파라오, 갑골문자와 같은 몇 개의 키워드만 외우면 인류사를 안다고 여기게 된다. 시험이 끝나면 대부분의 사람들은 그 지식을 곧바로 폐기해버린다. 그 내용은 현재의 삶과 동떨어진, 단지 한때 외워야 했던 옛이야기로 전락해버리기 때문이다. 그래서 매번 인류사를 접할 때마다 이해할 수 없는 따분하고 지루한 이야기로 받아들이게 된다.

왜 인류사가 이토록 소화하기 어려운 지식인지 오랫동안 의문이었다.

그러다 문득 깨달았다. 개별 문명의 세부 사항에만 몰두한 나머지, 정작 전체적인 흐름이나 큰 그림을 보지 못하고 있었던 것은 아니냐는 의문이 든다. 그 깨달음 이후 각 문명의 디테일보다는 인류 역사의 거시적 흐름을 파악하는 데 주력했다. 인류가 어떻게 아프리카에서 출발해 전 지구로 퍼져나갔는지, 각 대륙에서 어떻게 상호작용을 했는지를 이해하기 시작하자, 점차 분절된 지식이 하나의 이야기로 연결되기 시작했다. 물론 이는 전적으로 개인적인 경험이며, 다른 이들에게는 다른 접근법이 효과적일 수 있다. 하지만 필자에게 있어 인류사 이해의 장벽은 결국 인류의 이동 패턴과 문명 발생의 연속성을 파악하지 못했던 데서 비롯된 것이었다. 흩어진 퍼즐 조각들이 어떻게 하나의 그림을 이루는지 볼 수 없었기에, 그저 무작위 사실들의 나열로만 느껴졌었다.

오늘날 우리가 살고 있는 시대는 지질학적으로 홀로세라 불린다. 마지막 빙하기가 약 11,700년 전에 종료되면서 시작된 이 완전히 새로운 시대는 인류 문명 발전에 이상적인 기후 조건을 제공했다. 하지만 흥미로운 점은 홀로세가 시작될 무렵 인류는 이미 지구 전역에 퍼져 있었다는 사실이다. 약 65,000년 전, 인류는 남부 해안 경로를 따라 순다랜드(현재의 인도네시아)를 거쳐 중국까지 진출했다. 또 다른 집단은 북부 경로와 북아프리카 해안을 따라 유럽과 중동(이란, 이라크)을 지나 아시아 깊숙한 곳까지 이동했다. 심지어 기원전 16,000년경에는 베링 육교를 건너 북미 대륙에까지 도달했다. 이 광범위한 이주 기간(기원전 65,000년부터 16,000년까지) 동안 어떤 문화가 존재했는지 명확히 증명되지는 않았다. 그러나 중요한 점은 인류 문명 발전에 이상적인 조건을 제공한 홀로세의 시작(기원전 11,700년경)에 이미 인류는 전 세계

거의 모든 지역에 정착해 있었다는 사실이다. 문명이 갑자기 등장한 것이 아니라 오랜 시간에 걸친 인류의 지구적 확산이 문명 발생의 토대를 마련했다. 현재까지 발굴된 고고학적 증거들은 인류사 인식에 중요한 도전을 제기한다. 기원전 만년으로 추정되는 튀르키예 아나톨리아 지역의 괴베클리 테페, 레바논 바알벡의 거대한 트릴리톤(학자 간 연대 추정은 다르지만 800톤이 넘는 거석을 조각하고 운반했다는 사실), 그리고 인도네시아 순다랜드 중심부의 구눙 파당 유적은 통념적인 문명 발전 시기보다 훨씬 이른 시기에 인류가 놀라운 능력을 보유했음을 시사한다.

이 세 유적지가 보여주는 공통점은 무엇인가? 그것은 모두 단순한 유물이 아닌 고도로 조직화한 사회 없이는 불가능한 거대 건축물이라는 점이다. 수백 톤의 석재를 채굴하고, 운반하고, 정확하게 설치하는 일은 원시적 도구만으로는 설명하기 어려운 기술적 복잡성을 요구한다. 이는 인류가 이른바 4대 문명 등장 훨씬 이전부터 이미 상당한 수준의 사회적 조직화와 기술적 지식을 보유하고 있었음을 의미한다. 이러한 증거들은 인류 발전에 대한 우리의 통념적 시각에 의문을 제기한다. 원시적 수렵채집인들이 하루아침에 고도의 건축 기술을 터득했다는 설명은 오히려 더 비합리적인 가설이 아닐까? 이 건축물들이 가능해지려면 최소 수백 년, 어쩌면 천 년 이상의 기술 발전 과정이 선행되었어야 한다는 추론이 훨씬 논리적이다. 이 점에는 대부분이 동의할 것이다. 이 관점에서 생각해 보자. 만약 아나톨리아의 괴베클리 테페가 12,000년 전에 현존하는 가장 오래된 인류 문명의 흔적이라고 해도, 이른바 최초의 문명이라 불리는 기원전 4,500년 전 메소포타미아와는 약 5,500년의 간극이 존재한다. 이 긴 시간 동안 인류가 아무런 발전도 이루지 못했다고 볼 수 있을까?

그렇지 않다. 이 시기 아나톨리아와 메소포타미아 중간 지대에서는 누비아, 하라파, 하수나, 사마라, 우바이드, 에리두 등 셀 수 없이 많은 문화가 번성했다. 그러나 많은 논의에서 이러한 중간 단계의 문명들은 종종 간과된다. 인류가 아프리카를 떠나 세계로 퍼져나간 경로의 중요 지점마다 이러한 문명들이 존재했고, 그들은 수천 년에 걸쳐 서로의 지식을 참조하고 발전시켰다. 오스트리아에서 발견된 빌렌도르프의 비너스는 약 25,000년 전에 만들어졌다. 흥미로운 점은 이 조각상의 재료가 체코의 브르노 지역에서 가져온 것으로 추정된다는 사실이다. 두 지역 사이의 거리는 100~150km에 달한다. 흔히 돌도끼를 든 원시인으로 상상되는 구석기 시대에 이미 이처럼 광범위한 교역망이 형성되어 있었고, 정교한 상징적 예술품을 제작할 수 있었다는 것은 놀라운 일이다. 이러한 고고학적 증거들은 인류의 참조 역사가 생각했던 것보다 훨씬 오래전부터 활발하게 이루어지고 있었음을 보여준다.

메소포타미아 문명은 이러한 점진적 발전의 결과물이며, 이후 이집트 문명, 미케네 문명, 미노스 문명으로 이어져 결국 그리스 문명의 토대가 되었다. 이 연속성을 이해하면, 신화처럼 멀게만 느껴지던 미케네나 그리스 문명이 더 이상 불연속적인 신비가 아닌 인류 발전의 자연스러운 연장선상에 있는 실체로 다가오게 된다. 이 문명의 참조는 유라시아 기층을 중심으로 다시 수많은 기원전 문화가 징검다리처럼 연결되어 아시아 문화와 연결된다. 황하 문화는 순다랜드를 통해 유입된 인류와 아프리카를 떠나 아시아로 이주한 인류가 함께 만들어낸 문화이다. 이 문화는 중간 단계에서 양사오, 홍산(紅山), 하목수, 다원커우(Dawenkou culture) 등의 문화를 기반으로 발전했으며, 인도, 메소포타미아, 그리고 근동 지역의 문화들과도 상호 참조하며 형성되었다. 황하문명 역시 어느 날 갑자기 생겨났다고 보는 것이 더 비합리적인 추론이고 주장이다.

또한 인류는 단지 건축 기술만을 발전시켰던 것은 아닐 것이다. 거석문화가 발달한 만큼 철학, 신학, 사회 제도 등 사회 전반에 걸친 다양한 영역에서도 발전이 있었을 것으로 보는 편이 더 타당하다. 초기 인류사에 대한 이해를 바탕으로 할 때, 이후 공자와 소크라테스의 철학이 직·간접적으로 교류했을 가능성 역시 충분히 합리적인 추론이라 할 수 있다. 수백만 년 인류사 중에서 아무런 교류 없이 단순한 우연에 의해 거의 비슷한 시기에 유사한 철학적 사고를 했다고 보는 것이 더 비합리적인 주장이다.

인류사는 끊임없이 반복되고 참조된다. 필자 역시 이 글을 마치면서 예전에 치워두었던 토인비(Arnold J. Toynbee)를 생각하게 되었다. 예전 토인비의 『역사의 연구』를 읽었을 때는 채 다 읽기도 전에 고리타분하고 이걸 왜 읽는지 하는 생각에 아무런 감흥이 없고 지루하기만 했다. 단지 이런 고전이 있으니 읽으려고 노력하다 결국은 다 읽지도 못하고 책장에 꽂아 보관하다 버렸다. 얼마나 우매한 짓을 한 것인지 이 책을 쓰면 쓸수록 알았다. 그러고는 다시 토인비의 책과 그 책을 해설한 책까지 구입했다. 인간의 우매함의 대가이다. 다시 책 표지를 볼 때 느낌은 젊은 시절 대할 때와는 너무 달랐다. 고전이 왜 고전인지 새삼 느끼고 대학자가 왜 대학자인지 깨닫게 된다. 필자 스스로 인류가 아프리카에서 전 세계로 이동한 경로를 따라가 보고 나서야 토인비가 책을 통해 말하고자 하는 게 이해가 되었다. 그리고 하나 더 깨달은 것은 토인비의 역사 이해 방식이 지금도 반복되어 나타나고 있다는 사실이다. 영원할 것 같은 국가도 문명도 몰락의 길로 갈 수 있다. 하지만 자각하는 순간 인류는 항상 지속성 있는 문명을 지킬 수 있다는 사실도 명확하다.

인류는 호모레퍼런스의 지혜를 항상 기억해야 한다.

▶ **기원전 이전 인류 문화**

지금까지 발견된 고고학적 증거에 따른 기원전 32개 문화 중심지만을 정리하였다. 물론 기원전에는 여기 기록하지 않은 문화들이 더 존재한다. 여기 정리한 문화들도 필자의 판단에 따라 하나의 포스트로 표시하였지만, 각 문화권은 광범위한 지역에 영향을 미친 것으로 나타난다. 예를 들어 안드로노보 문화는 유라시아 지역 전반에 걸쳐 광범위하게 영향을 미쳤다. 정리한 32개 문화권을 보면 흥미롭게도 지리적으로 인접해 있으며, 상호 간에 끊임없는 참조가 일어난 것으로 보인다. 어느 날 갑자기 4대 문명이 생겨난 것이 아니었다. 이 지도에 표시되지 않은 문화 중 스키타이 문화도 유라시아에 광범위하게 영향을 미쳤다. 별다른 문화가 없었을 것 같은 지역인 A 지역 역시 4,000년 된 미라에서 동서양 혼혈의 유전자가 검출되는 등 문화 교류의 흔적이 나타났다. B 지역은 아직 학계에서 많은 의견이 갈리고 있으나, 구눙 파당과 같은 기원전 20,000년이 넘었을 것으로 추정되는 유적지가 발견되고 있다. 인류는 갑자기 4대 문명 같은 문명을 출현시킨 것이 아니라, 우리가 측정하기 어려운 수십만 년에 걸쳐 문화를 발전시키고 교류해왔다. 인류사를 이러한 연속성과 상호참조의 관점에서 바라보는 것이야말로 인류 문명의 발전 과정을 올바르게 이해하는 길이라 생각한다. 잊지 말자. 인류는 돌멩이를 100만 년 동안 들고 다니다가 비로소 돌도끼라는 복합도구를 만들었다. 이후 인류는 오랜 시간 동안 참조를 통한 기술의 연속성을 가지고 현재 우리가 알고 있는 문명들을 만들어냈다. 어느 날 갑자기 이루어진 것은 아니다.

지도상에 기록된 번호는 기원전 탄생 순서에 따라 부여하였다. 학자에 따라 문화권의 정의나 연도는 약간씩 상이하다. 4대 문명에는 빨간색을 표시하고 밑줄을 쳤다.

① 아나톨리아 석기 (기원전 9,500년~5,700년)
② 누비아 (기원전 8,000년~1,500년)
③ 하라파 (기원전 6,100년~5,100년)
④ 하수나 (기원전 6,000년~5,300년)
⑤ 사마라 (기원전 5,700년~4,900년)
⑥ 우바이드 (기원전 5,500년~4,000년)
⑦ 에리두 (기원전 5,400년~4,000년)
⑧ 양사오 (기원전 5,000년~3,000년)
⑨ 다원커우 (기원전 4,300년~2,600년)
⑩ 부토 마아디 (기원전 4,000년~3,200년)
⑪ 나카타 (기원전 3,800년~3,000년)
⑫ **메소포타미아 (기원전 3,500년~539년)**
⑬ 야므나야 (기원전 3,300년~2,600년)
⑭ 하라파 (기원전 3,300년~1,300년)
⑮ 키클라데스 (기원전 3,200년~2,000년)
⑯ 엘람 (기원전 3,200년~539년)
⑰ **이집트 (기원전 3,150년~2,181년)**
⑱ 아나톨리아 청동기 (기원전 3,100년~1,200년)
⑲ 룽산 (기원전 3,000년~2,000년)
⑳ 크레타 (기원전 3,000년~1,100년)
㉑ 히타이트 (기원전 3,000년~1,180년)
㉒ **황하 (기원전 3,000년~1,046년)**
㉓ **인더스 (기원전 2,800년~1,750년)**
㉔ 옥서스 (기원전 2,300년 ~1,700년)
㉕ 신타슈타 (기원전 2,100년~1,800년)
㉖ 안드로노보 (기원전 2,000년~900년)
㉗ 그리스 (기원전 2,000년~31년)
㉘ 미케네 (기원전 1,600년~1,100년)
㉙ 메소아메리카 (기원전 1,500년~서기 1,521년)
㉚ 아시로스 투움바(Assiros toumba) (기원전 1,395년~1,004년)
㉛ 박트리아 (기원전 250년~125년)
㉜ 파르티아 (기원전 247년~기원후 224년)

〈 참고 문헌 〉

< 국내 문헌 >
1. A. J. 토인비 (1978). 『역사의 연구』. 동서문화사.
2. 존 스튜어트 밀 (2017). 『자유론』. (주)문예출판사.
3. 최재천 (2025). 『양심』. 더클래스.
4. 피터 드러커 (2001). 『미래경영』. 청림출판.

< 국외 문헌 >
1. Drucker, P. F. (1974). Management: Tasks, responsibilities, practices. Harper & Row.
2. Pitulko, V. V., Tikhonov, A. N., Pavlova, E. Y., Nikolskiy, P. A., Kuper, K. E., &Polozov, R. N. (2016). Early human presence in the Arctic: Evidence from 45,000-year-old mammoth remains. Science, 351(6270), 260-263.